BONNER ARBEITEN ZUR DEUTSCHEN LITERATUR
HERAUSGEBER BENNO VON WIESE
BAND 26

Theodor Fontane: «Verklärung»

EINE UNTERSUCHUNG ZUM IDEENGEHALT SEINER WERKE

VON HUGO AUST

1974

BOUVIER VERLAG HERBERT GRUNDMANN · BONN

ISBN 3 416 00998 3

INHALTSVERZEICHNIS

Dem Andenken meiner Schwester Eleonora
und
meinen Eltern
gewidmet

VORBEMERKUNG

Diese Arbeit entstand im Anschluß an ein Oberseminar über Fontane, das Professor von Wiese im Sommersemester 1969 hielt. Für das Interesse, das Herr Professor von Wiese meinem Plan jederzeit entgegenbrachte, und für die mannigfache und großzügige Hilfe, zu der er stets bereit war, sei ihm an dieser Stelle gedankt. Auch der ständigen Hilfsbereitschaft von Herrn Professor Koopmann sei hier dankbar gedacht. Herrn Professor Steinecke bin ich ebenfalls verpflichtet. Schließlich richtet sich mein Dank an Herrn Professor Hönnighausen, der aus der Sicht des Anglisten meine Arbeit bereicherte.

EINLEITUNG

Die vorliegende Arbeit untersucht den Ideengehalt Fontanescher Werke, die ideelle Substanz seiner Wirklichkeits- und Figurendarstellung. Der Begriff der Verklärung motiviert und legitimiert einen solchen Ansatz. Der Zusammenhang zwischen Verklärung und Ideengehalt ergibt sich aus der Begriffsbestimmung. Sie weist Verklärung als eine auf den Gehalt ausgerichtete Kategorie aus, sie läßt die erzählerisch gestaltete Welt als einen v e r k l ä r t e n Bereich, als sinnorientiert verwandelte Wirklichkeit erscheinen. Hieraus erwächst die Frage, ob und inwieweit Fontanes Gestaltung von Zeitproblemen auch Möglichkeiten ihrer Überwindung umfaßt, ob seine Gesellschaftskritik die Energie zur positiven Alternative in sich birgt.

Keineswegs richtet sich dabei das Interesse in erster Linie auf die Weltanschauung *Fontanes*. Es geht vielmehr darum, die Ideen, Ideale und Wunschbilder der Fontaneschen *Figuren* darzulegen und in ihrer Art und Wirkungsweise zu veranschaulichen. Der Blick richtet sich vor allem darauf, wie sich solche Gedanken und Wunschträume heranbilden, wodurch sie einerseits verursacht bzw. gefördert, wodurch sie andererseits eingeschränkt bzw. wieder zerstört werden. Die zu untersuchenden Weltbilder der Figuren werden als wandelbare Resultanten sehr komplizierter persönlicher und unpersönlicher Kräfte und Einflüsse begriffen. Dennoch erschließen sie sich in ihrer Eigenart nicht unter den Perspektiven von Illusion und Desillusion. Es wird zu zeigen sein, wie genau und ernsthaft Fontane als Erzähler die Ideen und Ideale seiner Figuren entwickelt und in welchem Maße er sie als Material für eine Wirklichkeitsdarstellung auswertet, deren Ziel nicht nur in der Aufdeckung von Problemen und Konflikten liegt, sondern zugleich in ihrer Lösung, Überwindung oder Vermeidung.

Der Schwerpunkt der Untersuchung liegt in ihrem interpretatorischen Teil; es handelt sich um eine Reihe von Interpretationen, die durch gemeinsame Perspektiven und Problemstellungen zusammengehalten werden; sie sollen Linien innerhalb des erzählerischen Gesamtwerks sichtbar machen. Die leitende Idee ist die Vereinbarkeit, ja der komplementäre Zusammenhang von zeitkritischem Realismus und Verklärung. Werkimmanente Interpretation und historische Analyse kennzeichnen das methodische Verfahren der Arbeit.

Die interpretatorische Ermittlung von zentralen Zeichen, Motiven und Themen macht Kontinuität, Entwicklung und Wandlung in der erzählerischen Praxis Fontanes deutlich. Dabei kristallisieren sich drei wichtige Komplexe heraus, um die das Fontanesche Werk sich zentriert:

1. *Das Motiv der Sternengänger*. Dieses Motiv deutet auf eine irrationale Begnadung des individuellen Lebensweges hin. In jedem Werk Fontanes wird ein solcher Bereich der Innerlichkeit, des Herzens, in den Blick gefaßt; aber seine Ausgestaltung und erzählerische Bewertung verändern sich. Die Wertskala reicht von der märchenhaften Integrität bis hinab zum modischen oder verlogenen Luxus der reinen Seele. Fontanes Werk läßt sich wesentlich als Erforschung jener menschlichen Instanz begreifen, die ein Auskommen in der geschichtlichen und gesellschaftlichen Welt begründet. Wiederholt rückt der Begriff der Gesinnung als Konstituent eines authentischen Menschenbildes und als Vermittlung zwischen Ich und Geschichte in den Mittelpunkt.

2. *Formen des Zusammenlebens*. Fontanes Werk ergründet die Lebens- und Entfaltungsbedingungen des einzelnen und seiner Umwelt, der Gesellschaft. Sieg und Niederlage, Erfolg und Scheitern sind sowohl biographische als auch historisch-politische Stationen; sie sind eng ineinander verflochten und bedingen sich gegenseitig. Welche unterschiedlichen Möglichkeiten dem einzelnen bzw. dem Vereinzelten gegeben sind, ein sinnvolles und lebbares Leben zu führen, erforschen Fontanes Romane. Sie umfassen den Aktionsradius und den Erfahrungsbereich sowohl der Frau als auch des Mannes, sowohl des urbanen als auch des abenteuerlichen Menschen. Aufstieg und Untergang von Gesellschaftsformen, ihre Krankheitskeime und ihre Regenerationsmöglichkeiten werden auf unterschiedlichem Wege von Fontane gestaltet.

3. *Die Leistung der Dichtung*. Verklärte Wirklichkeit als interpretatorischer Ansatz lenkt den Blick immer wieder auf Leistung und Wirkung des Kunstwerks überhaupt. Was Kunst über ihren Mediencharakter hinaus vermag, was sie als Modell des Verstehens, als Repräsentant des Lebenssinns und als Bezugspunkt menschlicher Bedürfnisse ausrichten kann, ist in der Konzeption einer poetischen Welt als einer verklärten Wirklichkeit einbeschlossen.

Die Untersuchung steht vor einem arbeitstechnischen Problem. Ihr dient nämlich als Interpretationsgrundlage nur eine eng gezogene Textauswahl. Angesichts des umfassenden Fontaneschen Gesamtwerks liegt die Notwendigkeit einer solchen Konzentration auf der Hand. Doch müssen die Kriterien für die getroffene Wahl, die immer schon auf eine Vorentscheidung zurückweist, näher dargelegt werden. Es geht zunächst darum, die — vereinfacht gesprochen — zwanzigjährige Romancierpraxis Fontanes unter dem Gesichtspunkt ihres Beginns, ihrer Mitte und ihres Abschlusses zu repräsentieren („Vor dem Sturm" 1878, „Frau Jenny Treibel" 1892, „Der Stechlin" 1898). Darüberhinaus beabsichtigt die hier getroffene Textauswahl, auch die weniger bekannten, die — sozusagen — nicht typischen Werke gleichermaßen zum Gegenstand der Interpretation zu machen; eine dadurch bewirkte Erweiterung des allgemein vertrauten Fontane-Bildes ist ein zusätzliches Ziel dieser Arbeit. Um jedoch den Vorwurf einer eigenwilligen Überakzentuierung nicht unnötig herauszufordern, wurde versucht, dem sogenannten untypischen Werk ein ‚typisches' zuzuordnen: So ergänzt „Schach von Wuthenow" den Vorgänger „Vor dem Sturm", „Stine" und „Frau Jenny Treibel" balancieren „Quitt", und „Der Stechlin" bändigt die Wildheit der „Likedeeler".

Die Frage nach der verklärten, sinnorientiert verwandelten Wirklichkeit muß für die hier nicht genannten Werke offen bleiben. Sie ist in jedem Falle neu zu stellen; das gilt für „Irrungen, Wirrungen", „Unwiederbringlich" und „Effi Briest" ebenso wie für „Ellernklipp", „Unterm Birnbaum" und „Mathilde Möhring", ja selbst für eine frühe Erzählung wie „Tuch und Locke" erübrigt sich eine solche Fragestellung nicht. So sind die hier vorgelegten Interpretationen als Modelle zu lesen, die zur Weiterführung anregen möchten.

REALISMUS UND VERKLÄRUNG

Im Jahre 1853 erscheint in der Zeitschrift „Deutsche Annalen zur Gegenwart und Erinnerung an die Vergangenheit" ein Beitrag Theodor Fontanes unter dem Titel „Unsere lyrische und epische Poesie seit 1848", der seine erste literarhistorische Arbeit ist. Die Niederschrift dieses Aufsatzes steht in direktem Zusammenhang mit der politischen Situation der beginnenden 50er Jahre und ihrer Auswirkungen auf Fontane selbst (1). Fontane hatte sich in der 48er Zeit vor allem publizistisch engagiert; nachdem jedoch in ihrem weiteren Verlauf die Revolution als gescheitert angesehen werden mußte und die neue politische Richtung keine Rücksicht auf die in der Revolution erhobenen Forderungen genommen hatte, wandte er sich enttäuscht von seiner revolutionären Publizistik ab und suchte auf literarhistorischem Gebiet — nahezu fluchtartig — neue Aufgaben. Seine Neigung zu prinzipieller Auseinandersetzung und eine gewisse pathoshaltige Erregung ist auch in der ‚unpolitischen' Veröffentlichung spürbar. So beginnt Fontane bei seiner historischen Einteilung der Literatur gleich mit einer polemischen Abgrenzung:

„Es gibt neunmalweise Leute in Deutschland, die mit dem letzten Goetheschen Papierschnitzel unsere Literatur für geschlossen erklären. Forscht man näher nach bei ihnen, so teilen sie einem vertraulich mit, daß sie eine neue Blüte derselben überhaupt für unwahrscheinlich halten, am wenigsten aber auch nur die kleinsten Keime dazu in den Hervorbringungen der letzten zwanzig Jahre gewahren könnten. Wir kennen dies Lied. Die goldenen Zeiten sind immer *vergangene* gewesen. Wollten jene Herren, die so grausam über alles Neue den Stab brechen, nach der eigensten Wurzel ihres absprechenden Urteils forschen, sie würden sie in selbstsüchtiger Bequemlichkeit und in nichts Besserm finden". (2)

---

1 Vgl. die Anmerkung in HIII/I, 805.
2 HIII/I, 236.

Wenn der Anlaß für diesen Aufsatz auch in der Zeitsituation zu suchen ist, so erweisen sich nichtsdestoweniger gewisse darin niedergeschriebene Ansichten, Definitionen und Urteile Fontanes als richtungweisend und ausschlaggebend für die spätere Theorie und Praxis des Romanciers.

Die enttäuschte Hinwendung zu rein literarischen Dingen ließe erwarten, daß einer mehr esoterischen, von der aktuellen Wirklichkeit ferngehaltenen Dichtung das Wort geredet würde; aber genau das Gegenteil ist der Fall. Ausgangspunkt, Voraussetzung und Interessengebiet der modernen Literatur im Sinne Fontanes ist die empirische Wirklichkeit. Und zwar versteht er diese empirische Wirklichkeit nicht als eine Gegebenheit von Raum und Zeit schlechthin, wie sie immer existentiell vorgefunden wird, sondern er meint damit eine historisch umgrenzbare Zeitspanne, die er „unsere Zeit" nennt. Diese Zeitphase wird durch gemeinsame Merkmale auf unterschiedlichen Gebieten gekennzeichnet; ihre Gesamtheit ergibt ein Zeittypisches, den Zeitgeist, der für Fontane im Zeichen des „Realismus" steht.

„Was unsere Zeit nach allen Seiten hin charakterisiert, das ist ihr *Realismus.* Die Ärzte verwerfen alle Schlüsse und Kombinationen, sie wollen Erfahrungen; die Politiker (aller Parteien) richten ihr Auge auf das wirkliche Bedürfnis und verschließen ihre Vortrefflichkeitsschablonen ins Pult; Militärs zucken die Achsel über unsere preußische Wehrverfassung und fordern „alte Grenadiere" statt „junger Rekruten"; vor allem aber sind es die materiellen Fragen, nebst jenen tausend Versuchen zur Lösung des sozialen Rätsels, welche so entschieden in den Vordergrund treten, daß kein Zweifel bleibt: die Welt ist des Spekulierens müde und verlangt nach jener „frischen grünen Weide", die so nah lag und doch so fern". (3)

Es ist nach Ansicht Fontanes gerade die Kunst, nicht nur die Literatur, sondern auch die Malerei und die bildende Kunst, die diesen Zeitgeist spiegelt, sein „entschiedenstes Echo" (4) ist. Fontane vermutet sogar, daß sich der realistische Zeitgeist in der Kunst wie in keinem anderen Medium dermaßen „augenscheinlich" (5) äußere.

3 HIII/I, 236.
4 HIII/I, 237.
5 HIII/I, 237.

So überaus stark wirkt der Realismus als Zeitgeist, daß die Kunst, die in seinem Raum entsteht, selbst den Namen ‚Realismus' erhält. Das hat zur Folge, daß der Begriff des Realismus jetzt nicht mehr allgemein eine wissenschafts- und geistesgeschichtliche Epoche bedeutet, sondern daß er im besonderen zur Definition einer bestimmten Kunstrichtung dient; noch mehr, der Begriff des Realismus verwandelt sich in den systematischen Normbegriff einer neuen Poetik: „Der Realismus in der Kunst ist so alt als die Kunst selbst, ja, noch mehr: *er ist die Kunst.*" (6).

In seinen weiteren Ausführungen konzentriert sich Fontane auf den Realismusbegriff im Sinne eines literarischen Normbegriffs. Wenn die realistische Literatur auch im Gesamtraum des realistischen Zeitgeists ‚unserer Zeit' erwachsen ist, so bedeutet das jedoch keineswegs, daß es in früheren Zeiten keine realistische Literatur gegeben hätte. „Unsere moderne Richtung ist nichts als eine Rückkehr auf den einzig richtigen Weg, die Wiedergenesung eines Kranken, die nicht ausbleiben konnte, solange sein Organismus noch überhaupt ein lebensfähiger war." (7) Die realistische Tradition setzt mit Shakespeare ein und wird, trotz mancher Unterbrechungen (durch Gottscheds unnatürliche Geschraubtheiten und durch die verlogene Sentimentalität und den gedankenlosen Bilderwust der 30er Jahre des 19. Jahrhunderts), von Lessing, Bürger, Goethe („Werther") und Schiller („Fiesko", „Kabale und Liebe") fortgeführt.

Fontane deutet an, daß der literarische Realismus über einen eigenen Stoffbereich verfüge. Wichtiger aber als die angemessene Stoffwahl sei die Beachtung der „Form", die der Realismus einforderte. Was Fontane unter „Form" versteht, geht aus folgendem Zitat hervor: „[. . .] der Realismus ist der geschworene Feind aller Phrase und Überschwenglichkeit [Fontane wendet sich hier gegen die modische Überbewertung der Schillerschen „Räuber" auf Kosten „des ganzen übrigen Mannes"]; keine glückliche, ihm selber angehörige Wahl des Stoffs kann ihn aussöhnen mit solchen Mängeln in der Form, die seiner Natur zuwider sind." (8) Das klingt eher nach einer moralischen Maxime als nach

6 HIII/I, 238.
7 HIII/I, 238.
8 HIII/I, 239. — Vgl. auch im Scherenberg-Essay: „Man wollte Gegenwart, nicht Vergangenheit; Wirklichkeit, nicht Schein; Prosa, nicht Vers. Am wenigsten aber wollte man Rhetorik. Eine Zeit brach an, in der nach jahrzehntelanger lyrischer und lyrisch-epischer Überproduktion im ganzen genommen wenig Verse geschrieben und

einem Kunstgesetz. Dennoch bezeichnet die Betonung der Phrasenlosigkeit den Kern des realistischen Zeitgeistes, der, des Spekulierens überdrüssig, sich mit wissenschaftlichen Methoden an die Erforschung der Wirklichkeit begibt. In diesem Geiste steht auch die literarische Erforschung der Wirklichkeit.

„Das Leben ist doch immer nur der Marmorsteinbruch, der den Stoff zu unendlichen Bildwerken in sich trägt; sie schlummern darin, aber nur dem Auge des Geweihten sichtbar und nur durch seine Hand zu erwecken. Der Block an sich, nur herausgerissen aus einem größeren Ganzen, ist noch kein Kunstwerk, und dennoch haben wir die Erkenntnis als einen unbedingten Fortschritt zu begrüßen, daß es zunächst des Stoffes, oder sagen wir lieber des *Wirklichen*, zu allem künstlerischen Schaffen bedarf. Diese Erkenntnis, sonst nur im einzelnen mehr oder minder lebendig, ist in einem Jahrzehnt zu fast universeller Herrschaft in den Anschauungen und Produktionen unserer Dichter gelangt und bezeichnet einen abermaligen Wendepunkt in unserer Literatur." (9)

Der phrasenlose Realismus versteht sich als „Widerspiegelung alles wirklichen Lebens" (10), man sollte genauer sagen: alles jeweils wirklichen Lebens.

Die Interpretation der Kunst als Spiegelbild wirklichen Lebens kehrt in Fontanes späteren literaturkritischen Äußerungen unverändert wieder. Sie liegt auch seiner Definition des modernen Romans zugrunde. Im Jahr 1875 heißt es in seiner Rezension der „Ahnen" von Gustav Freytag: „Der Roman soll ein Bild der Zeit sein, der wir selber angehören, mindestens die Widerspiegelung eines Lebens, an dessen Grenze wir selbst noch standen oder von dem uns unsere Eltern noch erzählten." (11) Und auch im Jahre 1886 lautet es anläßlich einer Besprechung von Paul Lindaus „Der Zug nach dem Westen": „Aufgabe des modernen Romans scheint mir die zu sein, ein Leben, eine

---

noch weniger gekauft und gelesen wurden. Mit anderen Worten, es vollzog sich der große Umschwung, der dem *Realismus* zum Siege verhalf." HIII/I, 705.
9 HIII/I, 241.
10 HIII/I, 242.
11 HIII/I, 319.

Gesellschaft, einen Kreis von Menschen zu schildern, der ein unverzerrtes Widerspiel *des* Lebens ist, das wir führen." (12)

Zu diesem Zweck bedarf es neuer künstlerischer Darstellungsmittel, die die Widerspiegelung des gegenwärtigen Lebens angemessen zu leisten vermögen. Ein wichtiges Mittel stellt die *Beschreibung* dar, die auf genauester Beobachtung des wirklichen Lebens beruhen muß. Nicht selten nimmt sie dann die intensive Form der Reportage an, zuweilen will sie geradezu Photographie im Medium der Sprache sein. So lobt Fontane an Turgenjew das sich in dessen Werk ausdrückende Talent zur Beobachtung und weiß es mit keiner anderen Wendung zu umschreiben als mit jener, er habe „so was von einem photographischen Apparat in Aug und Seele" (13). An anderer Stelle würdigt Fontane grundsätzlich die Bedeutung des reportagehaften Berichts für die Widerspiegelungstheorie:

„Ich erkenne in dem Heranziehen des exakten Berichtes einen ungeheuren Literaturfortschritt, der uns auf einen Schlag aus dem öden Geschwätz zurückliegender Jahrzehnte befreit hat, wo von mittleren und mitunter auch von guten Schriftstellern beständig ‚aus der Tiefe des sittlichen Bewußtseins heraus' Dinge geschrieben wurden, die sie nie gesehen hatten." (14)

Die Frage soll hier nicht weiter verfolgt werden, ob dieses Mittel tatsächlich ausreicht, den geforderten modernen Roman mit seinem Interesse am gegenwärtigen Leben in die literarische Praxis umzusetzen;

12 HIII/I, 568. Vgl. auch Fontanes Tagebucheintragung vom 23. Mai 1881 über Kellers „Sinngedicht": „Eine exakte, natürlich in ihrer Art auch den Meister verratende Schilderung des wirklichen Lebens, das Auftretenlassen wirklicher Menschen und ihrer Schicksale, scheint mir doch das Höhere zu sein. Ein echtes ganzes Kunstwerk kann ohne Wahrheit nicht bestehen [. .,.]" SzL, 348.
13 Brief an Emilie vom 24. Juni 1881; PB, I, 154. – Vgl. auch in der Rezension von Freytags „Soll und Haben": „Boz und Thackeray sind unübertroffen, vielleicht überhaupt unübertrefflich, in daguerreotypisch treuer Abschilderung des Lebens und seiner mannigfachsten Erscheinungen. Der letzte Knopf am Rock und die verborgenste Empfindung des Herzens werden mit gleicher Treue wiedergegeben." HIII/I, 295. Die Wirklichkeitsschilderung Paul Lindaus lasse ebenfalls diesen ‚photographischen Apparat' erkennen; Theodor Fontane, Literarische Essays und Studien. Hrsg. von Kurt Schreinert, München 1963, Bd. 1, S. 289 (= NXXI, 1).
14 HIII/I, 528.

es ist bekannt — man braucht das letzte Zitat nur weiterzulesen —, daß sich die negativen Folgen der Reportage in der Literatur mit den positiven durchaus die Waage halten. Davon also abgesehen stellt sich jedoch ein anderes Problem für eine Romankonzeption, die in der Wirklichkeitswiderspiegelung ihr höchstes Ideal erkennt. Ist es dem einzelnen Schriftsteller gegeben, ganz genau bis ins kleinste Teil Wirklichkeit literarisch zu referieren, so wie man die Ausdehnung eines Raumes in allgemein verbindlichen Maßeinheiten ‚mitteilen' kann? Überdies stellt sich die grundsätzliche Frage, ob es für den Schriftsteller überhaupt möglich ist, Wirklichkeit sprachlich zu wiederholen, ohne sie bei diesem Vorgang von vornherein bereits verändert zu haben.

Jene Romane, die es darauf absehen, Wirklichkeit in exakter Dokumentation, (die also auch der nachmessenden Überprüfung standhält) wiederzugeben, ordnet man gemeinhin dem literarischen Naturalismus zu. Naturalistische Exaktheit als Stilintention läßt sich seitdem keineswegs nur bei den ausgesprochenen Naturalisten wiederfinden. Welch unermüdlichen Eifer mancher Schriftsteller dabei zeigt, mag am Beispiel James Joyces angedeutet werden. Dieser nämlich erkundigte sich danach, ob es tatsächlich möglich sei, in Dublin über einen Zaun in das Kellergeschoß des Hauses Eccles Street 7 zu klettern; denn diesen Weg läßt er in seinem „Ulysses" Leopold Bloom gehen, als dieser seinen Türschlüssel vergessen hat. (15) Dieses Beispiel für das Bemühen um getreue Wirklichkeitswiderspiegelung ist bereits im Hinblick auf Fontane gewählt. Fontane nämlich steht vor demselben konkreten Problem, nur seine Antwort fällt anders aus. Ein Bekannter Fontanes hat dessen nicht korrekte Wiedergabe des wienerischen Dialekts (in „Irrungen, Wirrungen") bemängelt (16). Für Fontane ist dies bereits ein altes Problem, hat er doch in früheren Fällen versucht, um seine Figuren so sprechen zu lassen, wie sie ‚wirklich' sprechen (17), Fachleute, also Einheimische zu Rate zu ziehen; jedoch mit dem Erfolg, daß die sogenannte richtige Dialektform künstlerisch falsch wirkte und er so am Ende wieder das ‚Falsche' dem ‚Richtigen' vorzog. Die Dialektfrage steht für Fontane in unmittelbarem Zusammenhang mit der Widerspie-

15 Brief an Mrs. W. Murray vom 2. November 1921; The Letters of James Joyce. Vol. 1, ed. by S. Gilbert, London 1957, p. 175.
16 Brief an Emil Schiff vom 15. Februar 1888; FrBr II, 147 f.
17 Brief an Mete vom 24. August 1882; PB II, 46.

gelungstheorie; sie stellt nicht die einzige ‚Unstimmigkeit' im Sinne des Realismus dar.

„Es bleibt auch hier bei den Andeutungen der Dinge, bei der bekannten Kinderunterschrift: ‚Dies soll ein Baum sein.' Mit gewiß nur zu gutem Rechte sagen Sie: ‚Das ist kein Wienerisch', aber mit gleichem Rechte würde ein Ortskundiger sagen (und ist gesagt): ‚Wenn man vom Anhaltischen Bahnhof nach dem Zoologischen fährt, kommt man bei der und der Tabagie n i c h t vorbei.' Es ist mir selber fraglich, ob man von einem Balkon der Landgrafenstraße aus den Wilmersdorfer Turm oder die Charlottenburger Kuppel sehen kann oder nicht. Der Zirkus Renz, so sagte mir meine Frau, ist um die Sommerzeit immer geschlossen. Schlangenbad ist nicht das richtige Bad für Käthes Zustände; ich habe deshalb auch Schwalbach noch eingeschoben. Kalendermacher würden gewiß leicht herausrechnen, daß in der und der Woche in dem und dem Jahre Neumond gewesen sei, mithin kein Halbmond über dem Elefantenhause gestanden haben könne. Gärtner würden sich vielleicht wundern, was ich alles im Dörrschen Garten *a tempo* blühen und reifen lasse; Fischzüchter, daß ich – vielleicht – Muränen und Maränen verwechselt habe; Militärs, daß ich ein Gardebataillon mit voller Musik vom Exerzierplatz kommen lasse; Jacobikirchenbeamte, daß ich den alten Jacobikirchhof für ‚tot' erkläre, während noch immer auf ihm begraben wird. Dies ist eine kleine Blumenlese, eine ganz kleine; denn ich bin überzeugt, daß auf jeder Seite etwas Irrtümliches zu finden ist." (18)

Ein Joyce hätte solche Unsicherheiten ganz gewiß nicht offengelassen und so lange nachgeforscht, bis er wirklich gewußt hätte, welcher Mond am besagten Abend geschienen hatte. Anders Fontane, und trotzdem verzichtet er keinesfalls auf den Anspruch, ‚Wirklichkeit' zu geben: „Und doch bin ich ehrlich bestrebt gewesen, das wirkliche Leben zu schildern. Es geht halt nit. Man muß schon zufrieden sein, wenn wenigstens der Totaleindruck der ist: ‚Ja, das ist Leben.'" (19)

18 FrBr II, 147 f.
19 FrBr II, 148. – Entscheidend bleibt die „Wahrhaftigkeit der Situation". Das betont Fontane ausdrücklich (in einer Rezension von Goethes „Hermann und Dorothea") am Beispiel Scotts: „Scott hatte (in ‚Waverley') eine Höhle beschrieben, die, als das Boot vom See aus in die Höhle einlief, nur an einer einzigen Stelle, auf

Aber es hieße Fontane mißverstehen, wollte man aus diesen Sätzen nur Resignation herauslesen und ihnen die Joycesche Akribie als unerreichtes Ziel vorhalten. Hinter dem Unterschied zwischen den beiden verbirgt sich ein grundsätzliches Problem, dessen sich Fontane auch bewußt war. Es geht um die Möglichkeit der wirklichkeitsgetreuen Spiegelung überhaupt, die Joyce im Detail offensichtlich für möglich und notwendig hält, während Fontane sie von vornherein bezweifelt. Anläßlich einer Kunstausstellung des russischen Malers Wassilij Wereschtschagin in Berlin kommt Fontane in einem Brief auf dieses Thema zu sprechen. Auch hier erklärt er die vollendete Wiedergabe der Natur als das Ideal der Kunst schlechthin: „Es gibt kein Kunstwerk ohne Poesie, wobei nur zu bemerken bleibt, daß die *vollendete Wiedergabe der Natur* auch allemal einen höchsten Grad poetischer Darstellung ausdrückt." (20) Aber es geht hier nicht mehr darum, mit welchen Mitteln der Schriftsteller dieses Ziel verwirklichen kann; von vornherein nimmt Fontane an, daß dies *überhaupt nicht* geschehen kann, daß ein solches Verdoppeln des Lebens in der Kunst nur „Gott" vorbehalten bleibe. Immer schon verwandelt der Künstler bei seiner Wirklichkeitsrezeption und -spiegelung die Gegenstände, Menschen und Situationen nach *seinem* Vor-Urteil.

„Nichts ist seltener als dieser höchste Grad, der absolute Gegenständlichkeit bedeutet. Die Regel ist, daß der Künstler in seinem Nachschaffen eben kein Gott, sondern ein Mensch, ein Ich ist und von diesem „Ich" in seine Schöpfung hineinträgt. Und von diesem Augenblick an, wo das geschieht, dreht sich alles um die Frage: *,Wie ist dies Ich?* '"(21)

Damit faßt Fontane seine anfängliche Konzeption der realistisch-wissenschaftlichen Widerspiegelung von Wirklichkeit im Kunstmedium

---

die das eindringende Tageslicht fiel, erleuchtet war. Trotzdem beschrieb er, während er sich gewissermaßen mit im Boote befand, oder vielleicht auch wirklich einen der Bootsleute die betreffenden Wahrnehmungen machen ließ, die dunkle Höhle in *all* ihren Teilen, also was gesehen werden konnte und was nicht. Ein Freund machte ihn darauf aufmerksam, daß die *Wahrhaftigkeit der Situation*, die für die Wirkung so wichtig sei, darunter leide. Scott erkannte diese Bemerkung sofort als richtig an und änderte die Stelle im Einklang damit." HIII/I, 463 f.
20 Brief an Emil Dominik vom 13. Februar 1882; AB II, 57.
21 Ebd.

genauer. Der Anspruch, ein *unverzerrtes* Spiegelbild des Lebens zu geben, konnte ja als eine Aufforderung verstanden werden, Wirklichkeit exakt zu dokumentieren. Diese Dokumentation aber kann der ‚menschliche' Künstler in ihrer Reinform offensichtlich nicht leisten. Immer schon steht zwischen der Wirklichkeit und ihrem künstlerischen Abbild die Subjektivität des jeweiligen Künstlers und verändert die Vorlage in vielfältiger Weise. Nicht der Grad der Wirklichkeitstreue also kann bei der Beurteilung des künstlerischen Werts entscheiden, sondern die Art und Intention des Schaffenden.

Die Erfahrung, daß Kunstwirklichkeit und empirische Wirklichkeit grundsätzlich nicht identisch sein können, wird von Fontane nicht nur in ihren negativen Auswirkungen hingenommen. Im Gegenteil verwendet er diese Tatsache zu einer neuen Seinsbestimmung von Kunst überhaupt. Die Kunstwirklichkeit unterscheidet sich nicht nur von der empirischen Wirklichkeit, sie *soll* sich auch von ihr unterscheiden. Der spezifische Kunstcharakter jedes Werks besteht gerade in diesem Unterschied. Eine falsch verstandene ‚getreue' Spiegelung des Lebens könnte dazu führen, daß man die Autonomie des Kunstwerks opferte zugunsten eines Berichts, der als wissenschaftlicher Essay zwar seine Qualitäten besitzen mag, als Kunstwerk aber nicht mehr gelten darf. In diesem Sinne kritisiert Fontane Turgenev: „Wer *so* beanlagt ist, muß *Essays* über Rußland schreiben, aber nicht Novellen. Abhandlungen haben ihr Gesetz und die Dichtung auch." (22) Zu mehreren Anlässen betont Fontane den entscheidenden Unterschied zwischen „Realwelt und Buchwelt, zwischen Wirklichkeit und Dichtung". (23) „Die Dichtung hat andere Wahrheitsgesetze als die Geschichte." (24) Und:

„Denn es bleibt nun mal ein gewaltiger Unterschied zwischen dem Bilde, das das Leben stellt und dem Bilde, das die Kunst stellt; der Durchgangsprozeß, der sich vollzieht, schafft doch eine rätselvolle Modelung und an dieser Modelung haftet die künstlerische Wirkung, die Wirkung überhaupt. Wenn ich das kleine Lieschen Selicke [aus Holz, Schlaf „Die Familie Selicke"] bei Nachbarsleuten im Hinterhause hätte

22 Brief an Emilie vom 24. Juni 1881; PB I, 155. Siehe auch Brief an Siegfried Samosch vom 18. September 1891; AB II, 303: „[. . .] die Kunst hat eben ihre eignen Gesetze."
23 Rezension über „A Foregone Conclusion" von W. D. Howells; AzL, 152.
24 Alexis-Essay; HIII/I, 451.

sterben sehen, so ist es mir zweifelhaft, ob ich geweint hätte, dem kleinen Lieschen, das gestern auf der Bühne starb, bin ich unter Tränen gefolgt. Kunst ist ein ganz besonderer Saft." (25)

Worin dieser Unterschied liegt, sagt Fontane in seiner Paul-Lindau-Rezension: Die gemodelte Wirklichkeit unterscheidet sich von der tatsächlichen durch „Intensität, Klarheit, Übersichtlichkeit und Abrundung". (26)

Diese Kategorien betreffen offensichtlich formale Gesichtspunkte der Auswahl und der Funktionalität. Man denke nur an die Worte, mit denen Fontane seinen Romantitel „L'Adultera" verteidigte: Die Aufnahme des im Roman verwandten Leitmotivs in den Titel verleihe dem Ganzen eine „rundere Rundung". (27)

Doch Fontane spricht mit diesen Kategorien noch ein anderes an. Er erwartet nämlich von der rätselhaften Modelung nicht etwa nur ein in sich formal suffizientes Kunstprodukt, das gegenüber der unendlichen Detailfülle der empirischen Wirklichkeit eine verkürzte, aber sinnvolle Einheit darstellt (28); vielmehr soll von dieser Modelung „die künstlerische Wirkung, die Wirkung überhaupt" ausgehen. Qualifizierte Dichtung muß in einem bestimmten Sinne auf den Leser bzw. Beobachter wirken So definiert Fontane den Roman, wie er ihn sich wünscht, geradezu von seiner Wirkung aus:

„*Was soll ein Roman?* Er soll uns, unter Vermeidung alles Übertriebenen und Häßlichen, eine Geschichte erzählen, an die wir *glauben*. Er soll zu unserer Phantasie und unserem Herzen sprechen, Anregung geben, ohne aufzuregen; er soll uns eine Welt der Fiktion auf Augenblicke als eine Welt der Wirklichkeit erscheinen, soll uns weinen und lachen, hoffen und fürchten, am Schluß aber empfinden lassen, teils unter lieben und angenehmen, teils unter charaktervollen und interessanten Menschen gelebt zu haben, deren Umgang uns schöne Stunden bereitete, uns förderte, klärte und belehrte." (29)

25 Theaterkritik über „Die Familie Selicke" von Holz/Schlaf; HIII/II, 847.
26 HIII/I, 569.
27 Brief an Salo Schottländer vom 11. September 1881; FrBr II, 56.
28 Vgl. in der Rezension über Freytags „Soll und Haben": „Da wird im ersten Bande kein Nagel eingeschlagen, an dem im dritten Bande nicht irgend etwas, sei es ein Rock oder ein Mensch aufgehängt würde"; HIII/I, 298.
29 Über Freytags „Ahnen"; HIII/I, 316 f.

Und in einem anderen Zusammenhang heißt es:

„Das wird der beste Roman sein, dessen Gestalten sich in die Gestalten des wirklichen Lebens einreihen, so daß wir in Erinnerung an eine bestimmte Lebensepoche nicht mehr genau wissen, ob es gelebte oder gelesene Figuren waren, ähnlich wie manche Träume sich unserer mit gleicher Gewalt bemächtigen, wie die Wirklichkeit." (30)

Um eine solche Wirkung auf den Leser zu erzielen, bedarf es zweier Voraussetzungen: Das Kunstwerk muß W a h r h e i t und S c h ö n - h e i t vermitteln. Der Begriff der Wahrheit, die Vorstellung, daß der Leser bei seiner Lektüre das Gefühl haben soll, Wahrem zu begegnen, ist eine zentrale Kunstkategorie in Fontanes Ästhetik. Die „wahrheitsvolle Wirklichkeit der Dinge", die sich grundlegend von der „allerwirklichste[n] Wirklichkeit" unterscheidet (31), ist das erste Gesetz des Romans. (32) Nur wo eine solche Wahrheit konstitutiv im Roman vorhanden ist, kann „sich uns das *Leben* in seinen Gestalten und den durch sie geschaffenen Situationen echt erschließen". (33)

Ergänzt und vollendet wird die geforderte Kunstwirkung durch ein zweites Gebot, das der Schönheit. Denn wenn der Roman „mich wohltuend berühren und mich entweder über das Alltägliche erheben oder aber — das schön Menschliche drin mir zeigend — mir auch das Alltägliche wert und teuer machen soll" (34), dann muß seine Kunstwirklichkeit aufs ganze gesehen eine Schönheitsvolle sein. Sorgt das Gesetz der Wahrheit dafür, daß sich dem Leser das echte Leben erschließt, daß er sich dafür ‚interessiert' (35), so trägt das Gebot der Schönheit dazu bei, daß diese Wirkung sich als wohltuend und erquicklich erweist. (36)

30 Über Paul Lindaus „Der Zug nach dem Westen (Nachlaßfassung); HIII/I, 568. — Vgl. Brief an die Zöllners vom 3. November 1874: „In meinem Gemüthe steht es aber felsenfest, daß es in aller Kunst — wenn sie mehr sein will als Dekoration — doch schließlich auf etwas Seelisches, zu Herzen Gehendes ankommt, und daß alles, was mich nicht erhebt, oder erschüttert, oder erheitert, oder gedanklich beschäftigt [. . .] keinen Schuß Pulver werth ist." PB IV, 55.
31 „Ein neues Bild Karl Gussows"; AzL, 355 f.
32 Über Spielhagens „Sturmflut"; AzL, 90.
33 AzL, 91.
34 AzL, 91.
35 AzL, 93.
36 Brief an Emilie vom 9. Juli 1881; PB I, 164.

Beide romanästhetischen Gebote fordern also nicht nur eine durch Kunstgesetze von der tatsächlichen Wirklichkeit abgehobene, autonome Kunstwelt, sondern sie verlangen eine bestimmte Qualität der Kunstwirklichkeit. Sie muß die G e s a m t h e i t d e s L e b e n s enthalten. Gesamtheit des Lebens bedeutet aber weder eine größtmögliche Detailfülle noch eine symbolische Repräsentanz des einzelnen durch das Ganze, sondern die *wahre* Verteilung von Häßlichkeit und Schönheit im Kunstmedium. Wollte die Kunst nur einen beliebigen Ausschnitt des Lebens bieten, so könnte sie sich mit dem zufällig angetroffenen Häßlichen begnügen. Da sie aber das *ganze* Leben erfassen will, ist sie verpflichtet, das irgendwo liegende Schöne, sei es auch noch so sehr entfernt oder verborgen, mit in die Kunstwirklichkeit einzubeziehen. Wahrheit, das erste Gesetz des Romans, bedeutet, den Bogen zwischen dem begegnenden Häßlichen und dem nicht minder vorhandenen Schönen sichtbar zu machen. Diese Auffassung spiegelt sowohl Fontanes weltanschauliches Bekenntnis als auch den Kern seiner Literaturtheorie. An seine Tochter schreibt er: „Ich bin kein Pessimist, gehe dem Traurigen nicht nach, befleißige mich vielmehr alles in jenen Verhältnissen und Prozentsätzen zu belassen, die das Leben selbst seinen Erscheinungen giebt." (37) Und als Theoretiker urteilt er gegenüber seiner Frau:

„So [wie in den Romanen Zolas] *ist* das Leben nicht, und wenn es so wäre, so müßte der verklärende Schönheitsschleier dafür geschaffen werden. Aber dies ‚erst schaffen' ist gar nicht nöthig, die Schönheit ist *da*, man muß nur ein Auge dafür haben oder es wenigstens nicht absichtlich verschließen. Der *ächte* Realismus wird auch immer schönheitsvoll sein, denn das Schöne, Gott sei Dank, gehört dem Leben gerade so gut an wie das Häßliche. Vielleicht ist es noch nicht einmal erwiesen, daß das Häßliche präponderirt." (38)

37 Brief an Mete vom 5. Mai 1883; PB II, 48.
38 Brief an Emilie vom 14. Juni 1883; PB I, 200. — Eine aufschlußreiche Ergänzung zu diesem Themenkreis bieten auch Fontanes „Aufsätze zur bildenden Kunst", hrsg. von Kurt Schreinert, Wilhelm Vogt, Rainer Bachmann und Edgar Groß, München 1970. Da heißt es im „Fünften Brief" aus Manchester (1857): „Die Kunst soll wahr sein, aber nicht ohne Idealität. Unter allen Umständen darf sie nicht aus bloßer Furcht, eine Sache schöner darzustellen, als sie ist, der Häßlichkeit geflissentlich in die Arme laufen." NXXIII, 1, 82. Besonders hervorgehoben sei auch der „Zehnte Brief", der sich mit den englischen Präraffaeliten und deren

Fontane nennt den Vorgang, bei welchem sich im Kunstmedium neben dem augenfälligen Häßlichen das Schöne erschließen soll, V e r k l ä r u n g. Der Begriff steht bereits in dem frühen Aufsatz über „Unsere lyrische und epische Poesie seit 1848" an zentraler Stelle. Er dient fortan in der Fontaneschen Romantheorie als Bezeichnung für die poetische Kernzone, für jene Instanz, die die Kunstwirklichkeit in ein ‚sonniges Reich' (39) verwandelt.

Verklärung ist in doppelter Hinsicht auslegbar: Einmal kann sie das künstlerische ‚Wie', die Seinsqualität der Kunst schlechthin betreffen. So interpretiert Wolfgang Preisendanz den Begriff, wenn er Verklärung als „Gewähr einer eigenständigen poetischen und d. h. erst durch die Sprache der Dichtung gestifteten Wirklichkeit" auslegt. (40) Durch das Gesetz der Verklärung wird das Kunstprodukt davor bewahrt, zum bloßen Organ außerpoetischer Mitteilungsformen (Essay etc.) abzusinken. Zum anderen impliziert der Begriff eine bestimmte weltanschauliche Qualität der Kunstwirklichkeit; dies zu bestreiten — Preisendanz spielt zu Unrecht die Frage nach dem ‚Was' in den Hintergrund (41) — hieße, einen großen Teil dahin gehender Äußerungen Fontanes zu übersehen. Verklärung verlangt, daß im Gehalt des jeweiligen Werks ein konkretes Sinnsubstrat anschaulich wird. So versteht z. B. Richard Brinkmann die Aufgabe der Verklärung als ein „Transparentmachen der bloßen Tatsächlichkeit auf ihren menschlichen Gehalt hin, ihre humanen Möglichkeiten als Sein und Tun". (42) In dieser Definition wird dem Begriff der Verklärung bereits existentialistische Absicht zugesprochen; ob dies zu Recht geschieht, kann erst die Interpretation der einzelnen Werke ergeben. Wichtig bleibt für den gegenwärtigen Zusam-

klassizistischem Realismusbegriff befaßt; NXXIII, 1, 139—146, bes. 140. Den Einfluß John Ruskins auf Fontane hebt neuerdings Charlotte Jolles hervor: „Fontanes Studien über England" in: FR, bes. S. 99 f.

39 Über Kiellands „Arbeiter"; HIII/I, 529.

40 Wolfgang Preisendanz, „Voraussetzungen des poetischen Realismus in der deutschen Erzählkunst des 19. Jahrhunderts" in: Formkräfte der deutschen Dichtung vom Barock bis zur Gegenwart. Göttingen 1963; wiederabgedr. in: Begriffsbestimmung des literarischen Realismus. Hrsg. von Richard Brinkmann, Darmstadt 1969, S. 469. Und Preisendanz, Humor als dichterische Einbildungskraft. München 1963, S. 216.

41 Preisendanz, „Voraussetzungen", S. 467.

42 Richard Brinkmann, Theodor Fontane. Über die Verbindlichkeit des Unverbindlichen. München 1967, S. 40.

menhang, daß der Verklärungsbegriff konstitutiv das ‚Was' der Kunstwirklichkeit betrifft. Verklärung bedeutet ‚verklärte Wirklichkeit', in der die Frage nach dem Sinn von Existenz, Welt und Geschichte nicht nur gestellt, sondern auch konkret beantwortet wird. Die von dem Kunstgesetz geforderte verklärte Wirklichkeit weist eine Sinndimension auf, die in der historischen Wirklichkeit nicht zu finden ist und die nur im Kunstmedium qua Kunst sichtbar werden kann und auch sichtbar werden muß.

Bei einem so gefaßten Verständnis des Verklärungsbegriffs wird die formalästhetische Seite des Begriffs keineswegs verkannt; es wird nicht abgestritten, daß die Verklärung die poetische Autonomie jeder Kunstwirklichkeit vor der empirischen garantiere. Gleichermaßen aber zeitigt dieselbe Instanz konkrete Auswirkungen auf den Gehalt. Es ist gerade die Autonomie des Kunstwerks, die die Gegenwart einer Sinndimension ermöglicht. Man darf nicht daran vorbeisehen, daß Fontane aufgrund des Verklärungsbegriffs nicht nur formale Ansprüche wie Abrundung, Einheit und Funktionalität an ein qualifiziertes Kunstwerk stellt, sondern mit gleichem Gewicht auch das konkret Versöhnliche, die Zukunftsperspektive im fiktiven Geschehensablauf verlangt; das Fehlen eines solch Versöhnlichen beeinträchtigt entscheidend den Wert der Dichtung. Das aber zeigt, daß für Fontane eine gewisse Sinnsubstanz im einzelnen Kunstwerk sich ausdrücken mußte, wenn es als wertvoll gelten wollte. Das sei nun an zwei Beispielen aus Fontanes Kritikerpraxis illustriert.

Die Tragödie „Tiberius" von Julius Grosse, deren Aufführung Fontane im März 1878 rezensierte, steht in der Zeitmode jener historischen Dramen, die es sich zur Aufgabe gemacht haben, die großen blutrünstigen Tyrannen der Weltgeschichte in ein neues besseres und gerechteres Licht zu rücken. Es handelt sich hierbei um ‚Rettungsversuche', die im historischen Bösewicht nur den tragischen Exponenten ihm fremder, außerhalb seiner liegender Kräfte sehen wollen; ihn als Opfer zwingender äußerer Einflüsse zu verstehen, bedeutet gleichzeitig, ihm zu verzeihen. (43) Auch Tiberius ist in dem Grosseschen Drama jener hehre Herrscher, der nicht ahnt, daß seine Mutter zahlreiche Morde zu seinen Gunsten begangen hat und sein engster Vertrauter und Freund

43 Hanns von Gumppenberg in der Einleitung S. VI zu: Julius Grosse. Ausgewählte Werke. II, 2; Dramen. Hrsg. von Antonie Grosse, Berlin 1909.

ihn vom Thron stürzen will. Vielmehr träumt er vom „Glück der Menschheit" (44), und wie er sie, die an „der Verzweiflung, an des Daseins Qual" erkrankt, „verjüngen" könnte (45); ein Traum freilich, an dessen Verwirklichung aus eigener Kraft er selbst nicht glauben kann; dies bleibt, so hofft er, dem „Meister" eines kommenden Tages (46), Christus, vorbehalten. Das alles bricht aber in dem Augenblick völlig zusammen, da er erfahren muß, was sich hinter seinem Rücken abgespielt hat. Aus dem Menschenbeglücker wird ein Menschenverächter, dessen Vermächtnis an die Nachwelt ihr Todesurteil ist:

Fluch über sie, Fluch tausendfach! Nur Lüge
Blieb einzige Wahrheit dieses Seins. Einst träumt' ich
Von besseren Tagen und vollkommenern Menschen.
Heut' sag' ich, nur die Niedertracht hat Dauer,
D'rum ist das Ganze werth des Untergangs.
Verkohlt ist diese Welt. Dämonen braucht sie,
Die niederfahren wie Gewittersturm;
Auf Trümmern mag dann wachsen wilder Wald,
Mag herrschen der Barbar mit neuer Jugend. — (47)

Und:

Ich seh's, die Welt ist reif zum Untergang,
Dämonen müssen sie zuvor verwüsten,
Und Du [Caligula] wirst einer ihrer besten sein.
In Flammen aufgeh'n wird die Welt durch Dich. (48)

Eine solche Wendung und Lösung kann Fontane im Namen der Kunst und ihres Verklärungsgesetzes nicht gutheißen: „[. . .] auf Tiberius folgt Caligula. Historisch ist das richtig, poetisch ist es falsch." (49) Die

44 III, 6; 88. Zitiert wird nach der Erstausgabe: Julius Grosse, Tiberius. Tragödie in fünf Acten. Wien 1876.
45 II, 1; 34.
46 II, 1; 34 und IV, 6; 111 f.
47 V, 4; 146.
48 V, 5; 149.
49 HIII/II, 336 f.

besonderen Gesetze einer autonomen Kunstwirklichkeit fordern eine andere Lösung. Die Tragödie, als eine Stätte, „die dazu da ist, das Schöne zu pflegen, dem Idealen ein Hüter zu sein" (50), verlangt nach der ganzen Wahrheit, die die Wahrheit der Kunst ist. Grosse aber gibt nur die halbe Wahrheit. (51) „Wir glauben es alles nicht recht", urteilt Fontane. Der Grund für diesen Mangel an Glaubhaftigkeit liegt in zweierlei: Einmal in der „Gesuchtheit" (52) der dramatischen Situationen und Motive; zum andern aber in dem „Geist" des Ganzen. Die weltanschauliche Quintessenz des Dramas erweist sich nicht als angemessen für das Kunstmedium Tragödie:

„Die Welt ist ein Narrenhaus; je früher man es verläßt, desto besser, und der einzige Spaß in diesem Narrenhause ist *der*, einen Erznarren als Hauswart und Doktor zu hinterlassen. Tiberius geht, aber Caligula bleibt. Wer lacht da? Ich glaub', ich war es selbst." (53)

Hat Fontane bereits zu Beginn seiner Besprechung dem Grosseschen Drama die ethische Dimension aberkannt (54), so verurteilt er nun den „Geist" des Stücks insgesamt als unkünstlerisch:

„Ob Julius Grosse [...] persönlich den sechsmal geschopenhauerten Pessimismus seines Tiberius teilt, weiß ich nicht, aber ja oder nein, ich muß ihn doch für ein Kunstwerk verantwortlich machen, das *so* ausklingt. So sollen Tragödien nicht enden, so sollen wir nicht von einer Stätte scheiden, die dazu da ist, das Schöne zu pflegen, dem Idealen ein Hüter zu sein. Freilich ist es jetzt Mode geworden, bei dem bloßen Worte „Idealität" zu lachen. Aber was kommt dabei heraus! Überhandnahme jeder äußeren und inneren Verwilderung. Entchristlicht ist die Welt bereits; entgöttert man sie auch noch von dem, was uns die Griechen hinterließen, so werden wundervolle Tage anbrechen. Ich mag sie nicht mehr sehen. Zu keiner Zeit, ich bin alt genug, um das zu wissen, ist die Weltgeschichte mit Lavendel- und Rosenwasser gemacht worden, immer hat das äußerlich Grobe den Tag bestimmt, aber das

50 HIII/II, 336.
51 HIII/II, 335.
52 HIII/II, 336.
53 HIII/II, 336.
54 HIII/II, 333.

innerlich Feine bestimmte die Zeit. Und jene Zeit hat das Bedürfnis nach Gerechtigkeit, nach Ausgleich, nach Versöhnung. Das ist eine schöne Dreiheit, auf der sich die Tragödie aufbauen soll. Wir wollen nicht fünf Akte lang durch Blut waten, um schließlich den Trost mit nach Hause zu nehmen, daß Tiberius sel. Erbe da sei, und mit frischem Cäsarenwahnsinn das Geschäft fortzusetzen gedenke. Wir wollen wissen, daß „Fortinbras klirrend einrückt" und daß der wüste Skandal endlich ein Ende nimmt. Selbst Richard III., in dem das „Kopf herunter" wie Morgen- oder Abendsegen mitklingt, entläßt uns mit der Gewißheit, daß ein hellerer Tag heraufzieht und dem Streit der Friede und dem Fieber die Genesung folgt." (55)

Aus diesen Sätzen geht hervor, wie sehr Fontane das Prinzip der Verklärung als eine qualitative, sinnorientierte Veränderung der empirischen Wirklichkeit verstand. Die Kunst muß qua Kunst Sinn entwerfen. Die sinnvoll entworfene Kunstwirklichkeit versteht sich als eine Funktion des Kunstgesetzes. Die historische Eskalation des Bösen von Tiberius zu Caligula, der existentielle Nihilismus, der sich selbst zugrunde richtet, widerspricht dieser Forderung und wird als unkünstlerisch verurteilt. Dagegen lobt Fontane jene wenigen Zeilen im „Tiberius", die ansatzweise eine messianische Geschichtsutopie entwerfen. (56)

Verklärte Wirklichkeit wurde von Fontane in der Theorie gefordert, damit die Kunst, die im Zeitalter wissenschaftlicher Wirklichkeitserforschung steht und dadurch selbst ihr zeitbildliches, ‚realistisches' Profil erhält, auch Kunst bleibt und nicht zum wissenschaftlichen Essay absinkt. Diese Verklärung erweist sich neben formalästhetischen Aspekten als eine sinnorientierte „Modelung" der erfaßten Wirklichkeit, die sich im konkreten Einzelfall als Versöhnung manifestieren kann. „Die Gnade fällt der Vernichtung in den Arm und wo Krankheit geboren werden sollte, blüht Gesundheit auf. Rätselhaft für uns (auch noch trotz Darwin), aber Rätsel oder nicht, die Tatsachen zeugen." (57) Das ist im Zusammenhang mit Ibsens „Wildente" niedergeschrieben und hebt

55 HIII/II, 336.
56 Die „Tiberius"-Fassung der Gesamtausgabe unterscheidet sich gerade in diesem Punkt von der Fassung der Erstausgabe; das Christus-Motiv wird noch weiter ausgebaut.
57 HIII/II, 775.

nochmals die spezifische Logik der Kunstwirklichkeit hervor, die es auf ein Versöhnliches absieht.

Man mag einwenden, daß es sich im Falle Grosses um eine Tragödie handelt, in der es andere Regeln zu beachten gilt als im Roman. Doch für Fontane gibt es jedenfalls in der Frage nach der poetisch verklärten, sinnvermittelnden Welt keinen Unterschied. Das zeigt eine Rezension des letzten Romans von Iwan Turgenjew, „Neuland". Kaum viel später als die Theaterrezension Grosses verfaßt, verfährt sie nach denselben Grundsätzen und urteilt nach denselben Kategorien. Auch hier geht es wesentlich, den Wert des Kunstprodukts entscheidend, um die Sinnqualität der vermittelten Welt. „Neuland" erzählt die Geschichte eines adligen, aber unehelich geborenen sensiblen, poetisch begabten jungen Studenten, Neshdanow, der, von den republikanischen Idealen der Freiheit und Gleichheit erfaßt, sich leidenschaftlich für das Wohl der Bauern einsetzen will. Die Gelegenheit, seinen Idealen näherzukommen, bietet sich ihm, als er die Stellung eines Hauslehrers bei einer einflußreichen aristokratischen Familie antritt. Hier lernt er die Nichte des Hauses, Marianne, kennen, die sich, wie sich bald herausstellen wird, noch energischer und sicherer für dieselben Ideale einsetzt. Beide glauben sich zu lieben und fliehen schließlich aus dem herrschaftlichen Haus, wo ihnen nur Demütigungen begegnen, in ein Versteck, wo sie heiraten und ihr Ideal, „sich gemeinzumachen" (58), zusammen verwirklichen können. Aber trotz größter Anstrengungen muß Neshdanow feststellen, daß weder die Bauern ihn verstehen, noch er selbst der rechte Mann für diese Aufgabe ist; er verliert den Glauben an die republikanische Idee. Darüber hinaus erkennt er, daß Marianne sich immer mehr dem Freund zuneigt, bei dem sie Unterschlupf fanden, und sich nur noch aus einer Art Pflichtgefühl an ihn gebunden weiß. Er sieht keinen anderen Ausweg, als sich zu erschießen. „Ich bin verrenkt geboren. . . . wollte mich einrenken und habe mich dabei noch ärger verrenkt." (59) Und in dem Abschiedsbrief heißt es: „Ich fand keinen anderen Ausweg! Ich verstand mich nicht zu v e r g e m e i n l e u t e n; da blieb mir nur übrig mich ganz auszustreichen." (60) Genau an diesem Punkt setzt Fontanes Kritik ein: Neshdanow habe sich als ein im

58 Iwan Turgéniew, Neuland. Berlin (Otto Janke) o. J., S. 254.
59 Neuland, S. 267.
60 Neuland, S. 274.

Grunde sympathischer Mensch erwiesen, dem man billigerweise ein besseres Los gegönnt hätte. Fontane geht in seiner Kritik sogar so weit, Alternativmöglichkeiten für einen glücklicheren Abschluß zu erwägen: Entweder hätte Neshdanows Begegnung mit Marianne zu dem ersehnten Liebesglück führen sollen, oder seine republikanischen Ideen hätten sich in irgendeiner Form erfüllen müssen, sei es, daß sie sich verwirklichten, sei es, daß er für sie „hoffnungsvoll-verklärt" (61) stürbe. Wenn aber alles fehlschlägt, so bleibe ihm immer noch die Möglichkeit, alle diesbezüglichen Wünsche aufzugeben, den Ort des Mißerfolgs zu verlassen und in England oder Amerika „ein neues, besseres Leben" zu beginnen. „Statt dessen", vermerkt Fontane nicht ohne Ironie, „verfällt er in einen Katzenjammer, stellt sich poetisch unter einen Apfelbaum und schießt sich tot." (62) Dieser Schluß, der nur den Eindruck des Trübseligen und Niederdrückenden hinterläßt, paßt allenfalls in einen komischen Roman. „Sind alle diese Dinge so kümmerlich, so ridikül wie Turgenjew sie darstellt, so sind sie Stoff für einen komischen Roman, und es verdrießt uns, einen guten und lieben Menschen, der all diese Dummheiten, den Schnaps und seine eigne Freiheitsapostelschaft ernsthaft nimmt, hingeopfert zu sehn." (63) Ein Roman, der trostreich, befriedigend und erfreulich wirken soll, bedarf einer Lösung, in der das Leben wieder sinnvoll erscheint. Turgenjews Fähigkeit, minutiös genau abzuschildern, hatte Fontane immer bewundert. Aber das eigentlich Poetische, worunter Fontane Gesinnung und Lebensanschauung konstitutiv subsumiert, fehlt diesem Roman: „Es fehlt alles Versöhnliche, kaum eine Zukunftsperspektive." (64) Mehrere Jahre später kommt Fontane nochmals auf „Neuland" zu sprechen. Sein Urteil fällt diesmal etwas günstiger aus, nicht aber deshalb, weil er einen neuen Maßstab angelegt hätte, vielmehr bestätigt das neue Urteil die Kategorien der alten Kritik. Fontane erinnert sich hier an jenen Freund Neshdanows, Ssolomin, der den beiden Flüchtigen ein Versteck zur Verfügung stellte. Dieser ruhige, sachliche und tüchtige Mechaniker — er wird am Ende Marianne heiraten — ist eine Art Kontrast- und Idealfigur; während sich die übrigen in fanatischer und unkluger Übereilung selbst zugrunde

---

61 HIII/I, 519.
62 HIII/I, 519.
63 HIII/I, 519.
64 HIII/I, 520; vgl. auch PB, I, 155.

richten, weiß er seine Ideale einer humanen Gesellschaft Schritt für Schritt zu verwirklichen.

„In Turgenjews letztem Romane „Neuland" verklingt auch alles trübe genug und alle die, die wirr und unklar strebten, gehen zu Grunde; aber auf den einen, der, allen Utopien feind, ohne Phrasen einfach *Nützliches* und zugleich nächstliegend Menschliches ins Auge faßt, auf *ihn* fällt das Licht eines kommenden Tages." (65)

Versöhnung und Zukunftsperspektive, Verklärung, Licht und Schönheit werden von Fontane in nahezu stereotyper Weise zum Kriterium poetischer Qualität erhoben. Ob er Scott (66), Spielhagen (67), Pantenius (68), Smollett (69), Hauptmann (70), Heyse (71) oder Fitger (72), Frenzel, Kretzer und Mauthner (73) kritisiert, überall entscheidet die Frage nach dem „verklärende[n] Zauber des Künstlerischen", nach jenem „Idealitätsmaß, dessen auch die vom sogenannten ‚Ideal' sich abwendende Schule nicht entbehren kann". (74) Idealität soll sich also im Gehalt, zuweilen sogar in der Handlungsführung selbst auswirken. Im „sonnigen Reiche der Kunst" (75) muß sich der Sinn von Existenz, Welt und Geschichte manifestieren. Während die historische Wirklichkeit einen solchen Sinn nicht kennt oder jedenfalls nicht anschaulich machen kann und während die Weltanschauung sich zwar um diesen Sinn bemüht, ihn aber mehr als begriffliches Soll denn als Sein repräsentiert, zeigt die Kunstwirklichkeit qua Kunst den Sinn als hier und jetzt wirklich.

Man hat vor allem von marxistischer Seite kritisiert, daß eine solche Definition der spezifischen Leistung der Kunst unglückliche Rudimente

---

65 Im Zusammenhang einer Kritik über Ibsens „Wildente"; HIII/II, 776.
66 HIII/I, 396.
67 HIII/I, 493 und AzL, 91.
68 AzL, 107.
69 AzL, 114.
70 HIII/II, 854.
71 AB I, 465.
72 HIII/II, 851: „Aber alles in allem, es ist ein Unsinn und ein Unrecht, zurückliegende Zeiten mit dem Maßstabe von heute ausmessen und Standes- und Klassengegensätze, statt sie verständig zu mindern, neu schärfen zu wollen."
73 HIII/I, 569.
74 „Ein neues Bild Karl Gussows"; AzL, 356.
75 HIII/I, 529.

einer romantischen Literaturauffassung aufweise; die Kategorie der Verklärung stünde Fontanes „Hinwendung zur konsequent realistischen Prosa im Wege". (76) Erst später habe das „Postulat des Wahren" den „Primat des Schönen" abgebaut. (77) Ein solches Urteil stellt die Fontanesche Literaturtheorie auf den Kopf. Fontane begann doch damit, daß er den Zeitgeist als Realismus charakterisierte und als dessen bestes Ausdrucksmedium die Kunst nannte, eine Kunst, deren Ideale die dokumentarische Treue in der Wirklichkeitsspiegelung waren. Erst die Erwägung der äußeren und inneren Grenzen, die die Möglichkeit einer empirisch-wissenschaftlichen Wirklichkeitsabbildung im Medium der Kunst grundsätzlich ausschlossen, zeigten, daß die Dokumentation immer nur die (notwendige) Voraussetzung, nicht aber das Wesen der Kunst sein kann. Es war gerade das Postulat des Wahren, das dazu zwang, die neuentdeckte Literatur der Reportage in die verklärte Wirklichkeit zu transzendieren. Wahrheit und Verklärung sind in Fontanes Theorie keine konkurrierenden, geschweige denn sich ausschließenden Begriffe; vielmehr ist die Verklärung die spezifische Funktion des Wahren, verklärte Wirklichkeit ist die sich ausdrückende und konkret erscheinende Wahrheit.

76 Erich Theodor Hock, „Fontanes Verhältnis zur Erzählkunst Turgenevs" in: I. S. Turgenev und Deutschland. Materialien und Untersuchungen, Bd. 1, hrsg. von Gerhard Ziegengeist. Veröffentlichungen des Instituts für Slavistik, hrsg. von H. H. Bielfeldt, Nr. 34, Berlin 1965, S. 310.
77 Ebd., S. 329.

VOR DEM STURM

„Es giebt einen Zeitraum in der Geschichte unseres engeren Vaterlandes Preußen, von dessen eigentlichem Wesen wir uns heut kaum noch einen rechten Begriff machen. Die Klage über schwere Zeiten ist ja auch heute noch in Aller Munde, aber wahrlich die schwere Noth der Zeit u. s. w. wie sie Chamisso in vierfacher Variation so treffend zeichnet, die kannten doch nur unsere Großeltern. Jener Franzosendruck hat doch ganz anders auf dem Leben unseres Volkes gelastet, als alle wirthschaftlichen Calamitäten von heut zu Tage und am Allerunerträglichsten mußte es werden, als die leise Hoffnung im Osten aufdämmerte, ihn abzuwerfen. Alle Stände standen bereit, Alles hatte so zu sagen, die Hand am Schwert, und der Befehl zum Losschlagen kam nicht. Das ist der schwerste Prüfstein für Preußische Unterthanentreue gewesen, dieses stumme Harren, diese Stille vor dem Sturm, die uns Fontane in dem vorliegenden Buche schildert." (1)

Mit diesen Worten begrüßt Ludovica Hesekiel — das „Ludchen" in Fontanes Briefen (2) — zum wiederholten Male Fontanes ersten Roman „Vor dem Sturm". Ihre erste, nicht minder lobende Rezension stand in der Kreuzzeitung, jenem erzkonservativen Blatt, in dessen Diensten auch der nunmehrige Romancierdebutant ein Jahrzehnt verbracht hatte. Man kann sich leicht vorstellen, was von seiten eines christlich-monarchistischen Organs an Fontanes Roman gelobt, für welchen parteilichen Zeitgeist er beansprucht wurde und was man von ihm auch für die Zukunft erwarten mochte: „Den Besten aber seiner Zeit, denen hat Fontane mit seinem Buche genug gethan und darum werden sie seinerzeit seinen zweiten Roman noch freudiger begrüßen als seinen ersten. Glückauf!" (3) Doch der fromme Wunsch ging nicht in Erfüllung. Als

---

1 Ludovica Hesekiel in: Wochenblatt der Johanniter-Ordens-Balley, Brandenburg, 20 (1879), Nr. 3 vom 15. Januar, S. 17.

2 PB IV, 139 ff.

3 L. Hesekiel in: Neue Preußische (‚Kreuz'-) Zeitung, Nr. 291 vom 12. Dezember 1878, Beilage.

„Schach von Wuthenow" erschien, konnte das „Ludchen" ihre Enttäuschung nicht verhehlen und gab ihr in der Kreuzzeitung auch Ausdruck. (4) Beruhte also das Einvernehmen zwischen „Vor dem Sturm" und der Kreuzzeitung auf einem Mißverständnis? Sah es der Roman in Wirklichkeit auf etwas anderes ab als auf das, was von konservativer Seite als poetische und gesinnungsmäßige Hauptsache hervorgehoben wurde? Keineswegs. Das zeigt schon die Tatsache, daß andere Zeitungen, die weniger konservativ eingestellt waren, genau dieselbe nationalpolitische Haltung Fontanes im Roman herausstellen und das sich darin aussprechende preußische Weltbild lobend vermerken. Das Interesse an der preußischen Vergangenheit war immer noch so stark, daß ein historischer Roman, der sich die eigene Landesgeschichte zum Thema erwählt hat, mit einer Wirkung auf breiter Ebene rechnen konnte. Die Kieler Zeitung befaßt sich damit grundsätzlich. (5) Nachdem programmatisch festgestellt wird, daß Schillers bekannter Satz von dem Romanschriftsteller als dem bloßen Halbbruder des Dichters „für unsere Zeit" nicht mehr zuträfe, heißt es weiter über die Aufgabe des historischen Romans:

„Wenn der Dichter einen Stoff aus der Geschichte wählt, so hat er mit einer doppelten Schwierigkeit zu kämpfen. Einmal muß er den eigenthümlichen poetischen Gehalt, den jene von ihm geschilderte Zeit hat, erkennen und darstellen und sodann darf er nie vergessen, daß die Vergangenheit uns nur so weit interessirt, als sie zu unsern Leiden und Freuden in Beziehung steht, als sie wie in einem Spiegel das verklärte Bild der Gegenwart zeigt."

Das ist in Anlehnung an Willibald Alexis gesagt, und so wird Fontane auch als ein „moderner Willibald Alexis" gewürdigt, der seinen Vorgänger freilich noch übertrifft. Die wesentliche Leistung von „Vor dem Sturm" liegt nach Meinung dieses Rezensenten darin, daß „die Gedanken, die sie [die Romanfiguren] bewegten und die Kämpfe, die sie durchzumachen hatten, in ähnlicher Art auch unsern Lebensinhalt gebildet haben und noch bilden. Indem wir unsern Muth an ihrer

4 L. Hesekiel in: Neue Preußische (‚Kreuz‘-) Zeitung, Nr. 290 vom 10. Dezember 1882.
5 „Ein moderner Willibald Alexis" in: Kieler Zeitung, Abendausgabe vom 10. März 1879.

Tüchtigkeit wieder aufrichten, kehren wir neugestärkt zu der Tagesarbeit zurück." Wie man während des Krieges gegen Frankreich 1870/71 die Aufführungen von Schillers „Wilhelm Tell" und Paul Heyses „Kolberg" enthusiastisch begrüßte (6), so läßt man auch knappe zehn Jahre nach dem ‚großen nationalen Moment' gern einen modernen „nationalen Dichter zum Volke sprechen". (7) Der Nachhall des letzten Krieges brachte die Befreiungskriege neu in Erinnerung und vergegenwärtigte ihre Aktualität. (8) „Vor dem Sturm" wurde als ein „schätzenwerther Beitrag zur Kenntniß einer Zeit, die mit der jüngst von uns durchlebten viel Verwandtes besitzt" (9), aufgenommen. Inmitten der neu errungenen Autonomie und Sicherheit des Kaiserreiches hörte man besonders interessiert von der „Zeit der tiefsten Erniedrigung Preußens" (10), von dem „Ausbruch jener gewaltigen Erhebung, die Preußen reinigte von jahrelanger Schmach und Deutschland befreite von der Fremdherrschaft" (11), und man verfolgte mit der Befriedigung des endlichen Siegers, wie die nationale Not beispielhaft überwunden wurde. (12)

6 Vgl. Fontanes Rezension HIII/II, 5 ff.
7 HIII/II, 5.
8 Ludwig Pietsch in: Die Gegenwart, 17 (1880), S. 264: „[...] Alles auf dem Hintergrund einer ewig bedeutsamen Epoche der vaterländischen Geschichte." Noch ausführlicher hatte es Pietsch in seiner ersten Rezension in der Vossischen Zeitung vom 22. November 1878 formuliert: „Seine Dichtung will das kraftvolle Wiedererwachen der preußisch-märkischen Kraft und Gesundheit nach der Zeit der tiefen Demüthigung, Niederbeugung und Bedrückung, theilweise sogar Entartung, unter der französischen Herrschaft, also jene Zeit schildern, welche dem großen preußischen Volksfrühling von 1813 unmittelbar voranging." Und weiter: „[...] welche Unabhängigkeit der Gesinnung [gesellt sich] diesen [!] hingebenden preußisch-märkischen Patriotismus und dieser reinen Erkenntniß und Schätzung der wahren Tugenden unserer, in den meisten modernen, gesinnungstüchtigen deutschen Zeitromanen mit so viel Behagen als Unverstand verketzerten, preußischbrandenburgischen Militär-Aristokratie!"
9 Eugen Zabel in: Mehr Licht, 1 (1878/79), S. 236.
10 Wilhelm Lübke in: Schwäbischer Merkur. Beilage der „Schwäbischen Kronik" zu Nr. 298 vom 15. Dezember 1878.
11 Julius Rodenberg in: DR, 18 (1879), wiederabgedr. in: FRB, 121.
12 Kieler Zeitung vom 10. März 1879: „Mit einem seltenen Gefühle der Befriedigung legt man das Buch aus der Hand [...] Man wird sehr bald bei der Lectüre das Gefühl des Behagens und Wohlseins empfinden, das der Rückzug in den einsamen schattigen Wald oder an das kühle Meer hervorzurufen pflegt. Die warme seelenvolle Sympathie, die in dem Herzen des Dichters lebt, geht auch auf uns über."

Die Tageskritik, ganz gleich welcher politischen Linie sie verpflichtet war, legte Wert auf die Bekundung eines „gesunden Patriotismus' (13), anerkannte die brandenburgisch-preußische, aristokratisch-königliche und christliche Gesinnung des Autors (14), das feinfühlige, warme, mannhafte und patriotische Herz, aus dem das Ganze geschrieben sei. (15) Doch man vergaß keineswegs, den Roman auf seinen ästhetischen Wert hin zu prüfen. (16) Noch heute diskutierte Problemstellungen nahmen damals ihren Anfang: Rodenbergs strukturelle Beschreibung des Romans als eine Aneinanderreihung von Balladen (17), die durch Heyse (18) angeregte Verteidigung des „Vielheitsromans' (19) und Zabels Kritik vom Standort der epischen Objektivität im Sinne

13 Friedrich K. Schubert in: Blätter für litterarische Unterhaltung, (1879), S. 132.

14 Hesekiel in der Kreuz-Zeitung vom 12.12.1878. Die Neue Evangelische Kirchenzeitung vom 7. Dezember 1878, Jg. 29, Nr. 49, Spalte 779, empfahl ihren Lesern den Roman mit den Worten; „[...] mit welcher Wahrheit F o n t a n e geschildert hat, das wird manchem die eigene Erinnerung bezeugen. [...] aber nicht minder schön weiß er die gesunde Frömmigkeit des Volkes darzustellen, welcher auch der Rationalismus seiner Geistlichen noch nicht hatte schaden können. Das dünkt uns nicht das geringste Lob des Buches, ein Zeichen von der edlen Gesinnung seines Verfassers, daß er das Wort Gottes in seiner Bedeutung für das Leben zu würdigen versteht und für die idealen Güter unseres Volkes eintritt."

15 Pietsch in der Gegenwart, 17 (1880), S. 263. Es wurde aber auch der Vorwurf erhoben, daß Fontane jene Zeit mit ihren „Leiden, Hoffnungen und Stimmungen" nicht so zu gestalten vermochte, „daß wir in ihr leben, von ihrem Odem umhaucht werden." Die Grenzboten, 41, 2 (1882), S. 542.

16 Die am häufigsten formulierte Kritik am Roman betraf seine lose Form. So schreibt die Kölnische Zeitung am 30. Dezember 1878: „Zwar einen Roman im gewöhnlichen Sinne des Wortes mit kunstvoll angelegtem Plane, mit einheitlicher, rascher Handlung, mit Schürzung und Lösung haben wir hier nicht vor uns. [...] Regelmäßiger Roman oder nicht, das Werk fesselt uns durch seine natürliche, frische Darstellung, durch seine treffenden Sittenschilderungen und feinen Bemerkungen in ungewöhnlicher Weise, und Niemand wird es ohne Befriedigung aus der Hand legen."

17 FRB, 122.

18 Brief Heyses an Wilhelm Hertz vom 27. November 1878; HyBr, 132 ff.

19 Fontane an Heyse am 9. Dezember 1878; AB I, 464. Siehe dazu Konrad Peters, Theodor Fontane und der Roman des 19. Jahrhunderts. Diss. Münster 1932, S. 7 f. Auch Demetz sieht hier Bezüge zu Karl Gutzkows „Roman des Nebeneinander"; Peter Demetz, Kitsch, Belletristik, Kunst: Theodor Fontane. Berlin 1970, S. 9.

Friedrich Spielhagens, die er im Hervorspringen des Fontaneschen Erzählers verletzt sah. (20)

Das eigentliche ästhetische Verdienst des Romans aber lag aus der Sicht der Tageskritik noch in etwas anderem. Von vornherein galt es als ein Vorteil, wenn der Dichter „die Leiden und Freuden des eigenen Volkes darstellt". (21) Allgemein erkannte man in Fontanes Werk eine deutliche Absage an den literarischen Naturalismus, wie er sich bereits bis 1878 (!) entwickelt hatte. (Der Einfluß Zolas und Turgenevs wird wohl gemeint sein, da der Beginn des deutschen Naturalismus ja gemeinhin erst mit den „Kritischen Waffengängen" der Gebrüder Hart, 1882, einsetzt.) So schreibt Ludwig Pietsch: „Der tiefe Widerwille gegen die Phrase in jeder Gestalt, gegen das nur tönende Erz und die klingende Schelle beseelt ihn. Und die echte Vornehmheit seines Denkens und Fühlens bewahrt ihn vor dem Trivialen wie vor dem Rohen und Gemeinen. [. . .] Er ist immer w a h r; aber nie vulgär und geschmacklos in der Weise der neusten ‚Naturalisten'." (22) Und ähnlich schreibt ein anderer Rezensent:

„In seinen [Fontanes] Erinnerungen an eine Zeit, w e l c h e a l s d i e g r ö ß t e u s e r e s V o l k e s z u v e r e h r e n u n s e r e J u g e n d n i e v e r l e r n e n s o l l t e, leuchtet das Buch, wie es da im Ganzen sich uns bietet, als ein freudig begrüßtes Unterpfand besserer Tage für unsere Romanliteratur über all' dem seichten und frivolen Geschreibsel, welches namentlich die letzten acht Jahre so massenhaft erzeugt und

20 Zabel, S. 325: „Anders stellte sich das Urtheil über den Roman allerdings, wenn man ihn unter ästhetische Gesichtspunkte bringt. Fontane ringt nach der Objectivität des Epikers, aber er erreicht sie nicht immer. Namentlich sind es die directen Wendungen zum Leser, welche die dichterische Illusion gefährden. Es ist ein Stilgesetz des Erzählers, daß er mit seiner Person nirgends hervortreten darf, sondern seine Gedanken und Empfindungen in Situationen und Handlungen umsetzen muß." Vgl. dazu Fontanes Reaktion in dem Brief an Wilhelm Hertz vom 14. Januar 1879; HzBr, 209.

21 Otto Roquette in: Augsburger Allgemeine Zeitung vom 5. Dezember 1878. Siehe dazu auch: Frederick Betz, „Theodor Fontane's *Vor dem Sturm* in the *Augsburger Allgemeine Zeitung*: Karl Gutzkow or Otto Roquette? " in: MLN, 87 (1972), S. 768—776.

22 Pietsch in der Gegenwart, S. 264.

dadurch vielleicht nicht wenig zu der tiefen Abwendung der Gesinnungen von allen irdischen Gütern unseres Volkes beigetragen haben." (23)

Der Herausgeber der Deutschen Rundschau, Julius Rodenberg, — Fontane hielt dessen Rezension für eine der besten Leistungen auf dem Gebiet der literarischen Kritik überhaupt (24), ohne zu ahnen, was gerade dieser Rezensent ‚eigentlich' über den Roman dachte (25), — hebt denselben Aspekt noch deutlicher hervor. Er würdigt die „moralische Haltung des Buches" gerade „in diesen Zeiten, wo die Begriffe von Gut und von Böse ins Schwanken gekommen scheinen". (26) Frei von den in Mode stehenden „Gemeinheiten" weise der Roman „gute[s] Betragen", „Anstand und Sitte" auf und deute somit darauf hin, „daß eine Besserung, eine Rückkehr zum Einfachen, Natürlichen und Anständigen sich vorbereitet bei unseren Schriftstellern". (27)

Idealität also als Gesinnung des Autors bzw. weltanschaulicher Gehalt des Werkes *und* als ästhetische Kategorie, als Exempel für eine Kunst des Guten, Gesunden und Natürlichen. Lag eine solche Aufnahme des Romans durch die Kritik im Sinne Fontanes?

Der ausführliche Brief an Wilhelm Hertz vom 17. Juni 1866, zu einer Zeit also, da „Vor dem Sturm" erst im Entstehen begriffen ist, läßt jedenfalls wenig von der ‚idealen' Absicht des Autors erkennen: Hier geht es nur darum, sich selbst und dem Stoff gerecht zu werden; und der

23 In: Norddeutsche Allgemeine Zeitung vom 30. November 1878. Während in den Anmerkungen der Hertz-Briefe Paul Lindau als Verfasser der Rezension angegeben ist, glaubt Nürnberger den Namen in H. Jacobi verbessern zu müssen; in: Germanistik, 14, 1 (1973).

24 Vgl. seinen Dankesbrief an Rodenberg vom 29. Januar 1879; FRB, 21. Dann an W. Hertz vom 30. Januar 1879; HzBr, 210; an Mathilde von Rohr vom 3. Februar 1879; PB III, 188; und an Emilie vom 17. Juni 1884; PB I, 267.

25 Zitiert bei Hans-Heinrich Reuter, Fontane. München 1968, S. 960.

26 FRB, 124.

27 FRB, 124. Siehe auch die Rezension von Pietsch in der Vossischen Zeitung: „Ich begrüße den Roman, wie er da ist, als eine der werthesten Bereicherungen unserer modernen erzählenden Literatur. Daß er die Schlagworte unserer Tage einmal nicht enthält, daß er uns wieder einmal andre Menschen als die, welche im Salon glänzen und die, welche die Börse unsicher machen, vorführt; daß er den gewohnten Cirkel der herrschenden geläufigen Anschauungen und Tendenzen durchbricht, macht mir ihn doppelt lieb. Er lügt uns keine schönere Welt und keine bessere fehlerlosere Menschheit, als die wirkliche. Aber er weiß zu trösten und zu erheben, denn er weiß uns jene idealen Güter in ihrem ganzen Werth zu zeigen, für die jeder tüchtige Mensch freudig auch das Leben hingiebt."

Stoff, das sind eine Anzahl liebenswürdiger Gestalten, wie sie damals lebten, aber auch heute noch vorstellbar sind, und die durch einen historischen Hintergrund *als Menschen* „gehoben" werden sollen. (28) Über das fertige Produkt aber urteilt Fontane im Jahr 1878 anders. Da entdeckt er plötzlich — als Leser seines eigenen Werks — eine Tendenz im Roman, eine *Idealität*, auf der das Ganze gründe und die sich selbst im Kleinsten und Nebensächlichsten auswirke und äußere. Idealität bedeutet jetzt konkret: die poetische Vermittlung einer Welt auf der Grundlage preußisch-loyaler und christlich-verbindlicher Gesinnung. Gegenüber dem Verleger Hertz heißt es:

„Der große Zug der Zeit ist *Abfall*; aber man hat es nach gerade satt; die Welt sehnt sich aus dem Häckelismus wieder heraus, sie dürstet nach Wiederherstellung des Idealen. Jeder kann es jeden Tag hören. Und es ist ernst gemeint. Da kommt nun *dieses* Buch, das dem in tausend Herzen lebendigen Gefühl Ausdruck leiht. Hätt' ich es gewollt, hätt ich auch nur einen Tropfen „fromme *Tendenz*" hineingethan, so wär es todt, wie alles zurechtgemachte. Aber es steckt in dem Buche ganz gegen mein Wissen und Willen; ich *finde* es jetzt zu meiner Überraschung darin und doch liegt eigentlich kein Grund zur Ueberraschung vor, denn alles was ich gegeben habe, ist nichts als der Ausdruck meiner Natur. Ich hoffe, daß es auch so wirkt. Trifft dies zu, so ließe sich sagen: „seht, der Wind dreht sich; die alten Götter leben noch. Unsinn. Das Christenthum ist nicht todt; es steckt uns unvertilgbar im Geblüt und wir haben uns nur darauf zu besinnen. Jeder der sich prüft, wird einen Rest davon in sich entdecken. Und diese Reste müssen Keime zu neuem Leben werden." Was sagen Sie zu dieser Nachmittagspredigt? " (29)

Knappe drei Wochen später schreibt Fontane an denselben Adressaten:

„Das Buch ist der Ausdruck einer bestimmten Welt- und Lebens-Anschauung; es tritt ein für Religion, Sitte, Vaterland, aber es ist voll Haß gegen die „blaue Kornblume" und gegen „Mit Gott für König und

---

28 HzBr, 130 f.
29 HzBr, 196 f. vom 5. November 1878.

Vaterland", will sagen gegen die Phrasenhaftigkeit und die Carikatur jener Dreiheit." (30)

Und wiederum etwas später nennt er nochmals seine Absicht:

„Verherrlichung der Vaterlandsliebe über die bloße, mehr oder weniger geschraubte „Loyalität" hinaus und Verherrlichung christlichen Sinnes und Lebens auf Kosten christlicher Bekenntnißformeln [. . .]" (31)

Daß sich Fontane mit einer solchen Absicht in eine gefährliche Nähe zum Kreuzzeitungslager begab, war ihm durchaus bewußt. Als es z. B. dazu kam, ein Rezensionsexemplar von „Vor dem Sturm" an einen weniger konservativen Kritiker, Ludwig Pietsch, abzuschicken, meldete Fontane seine Bedenken und Befürchtungen gerade in Hinblick auf die Tendenz des Romans an:

„Daß ihm [Pietsch] das Buch besonders gefällt, erwart' ich nicht; es ist ganz unmodern, etwas fromm, und etwas kirchlich, immer wird gepredigt, und Gott sei Dank *noch* häufiger zu Mittag gegessen. Dazu literarische Gespräche und dann und wann eine Eruption im Stil von „Mit Gott für König und Vaterland". An Zola, der einen unterirdischen Pariser Käseladen mit genialer Bravour zu beschreiben weiß, erinnert nichts. Und das spricht mir mein Urteil. Denn Pietsch ist für Zola." (32)

(Es sei nur am Rande bemerkt, daß Pietsch ihn im erfreulichen Sinne enttäuschte.) (33)

Fontanes Eigenkommentare zu der *Tendenz* seines Romans sind vor allem an den Verleger Hertz gerichtet; man könnte deshalb den Verdacht hegen, daß diese Äußerungen nicht gerade einen hohen Grad des Authentischen besäßen, vielmehr daß sie dem Verleger im Sinne einer zugkräftigen Werbeparole unterbreitet würden. So faßt z. B. Faucher Fontanes Wendung gegen den Häckelismus im besonderen Situationszusammenhang eines „texte commercial" auf. (34) Dagegen

30 HzBr, 198 vom 24. November 1878.
31 HzBr, 207 vom 8. Januar 1879.
32 KlBr, 58 vom 6. November 1878.
33 Vgl. Brief an Pietsch vom 22. November 1878; AB I, 461.
34 Eugène Faucher, „Fontane et Darwin" in: EG, 25 (1970), S. 8 f., Anm. 7.

spricht aber, daß Fontane wiederholt gerade jene Kritiken anerkennt, die den Roman von seiner ideal-patriotischen Gesinnung her begriffen. So erfreute ihn etwa die Nachricht, daß der Historiker Treitschke von seinem Roman schwärmte (35); auch im Lobe Geibels, der „an der schönen und ernsten Gesinnung", an dem „*wohlthuenden* Gesammteindruck" großen Gefallen fand (36), sah Fontane eine dem Roman gerechtwerdende Würdigung. In der Diskussion mit Heyse, der den Schwerpunkt des Werks in der Schilderung des Landschaftlichen erblickte (37), betont Fontane nochmals, daß der Schwerpunkt in der „Gesinnung" läge. (38)

Wenn Fontane also wiederholt und ausdrücklich auf der idealen Tendenz seines Romans beharrt, dann können solche Aussagen nicht mehr als bloße markttaktische Direktiven an den Verleger relativiert werden. Das I d e a l e ist für den ersten Roman Fontanes konstitutiv. Daraus ergibt sich die Aufgabe, das Werk selbst nach Ausdruck, Wirkungsweise und Konsequenz einer solchen Idealität zu befragen. Dazu tritt ein weiteres: Wird etwa auch ein ‚unidealer' Bereich im Roman dargestellt, gegen den sich der ideale erst durchsetzen muß? Welche Person oder welches Prinzip stellt diesen konkurrierenden, aber schließlich unterliegenden und abgewerteten Bereich dar? Allein die Tatsache — das sei bereits vorweggenommen —, daß es eine der Idealität entgegengesetzte Kraft gibt, kennzeichnet die besondere Form der vorherrschenden Idealität. Aus der Sicht der nachfolgenden Fontaneschen Werke, die nicht mehr ‚ideal' konzipiert sind, motiviert sich ein gesteigertes Interesse gerade an jenen Erscheinungen, die aus dem Kreis des Idealen ausgeschlossen bleiben. Es mag in doppelter Hinsicht nützlich sein, den Gründen für ein solches Außenseitertum nachzuforschen: Einmal wird das Phänomen der Idealität an seinem Gegenbild um so greifbarer, zum anderen aber lassen sich im Roman selbst bereits Anzeichen dafür entdecken, weshalb eine ideale Tendenz in Fontanes weiterer Produktion keine Zukunft mehr besitzen kann.

35 Brief an Emilie vom 29. Mai 1879; PB I, 79: „„Das sei doch mal ein deutscher Roman, an dem man seine Freude haben könne."' Fontane fährt fort: „Im Urtheil *solcher* Männer: Droysen, Treitschke, Julian Schmidt, Geibel etc hab' ich bisher am besten abgeschlossen."
36 Brief E. Geibels an W. Hertz vom 5. Januar 1879; HzBr, 491, Anm. 207, 21.
37 HyBr. 132.
38 HzBr, 200.

Fontanes „Roman aus dem Winter 1812 auf 13" — so der Untertitel — hat es mit einem eng umgrenzten, historisch und topographisch faßbaren Ausschnitt aus der preußischen Geschichte zu tun. Gemäß dem literarischen Typ des historischen Romans in der Nachfolge Scotts vermittelt er große Geschichte im Medium kleiner Lebenskreise; u. zw. wirkt diese Vermittlung wechselseitig: Die Auswirkungen großer geschichtlicher Strömungen und Kräfte auf die kleinen Leute werden ebenso sichtbar gemacht wie die einzelnen Taten dieser kleinen Leute, die in ihrer Summe erst das große geschichtliche Ereignis hervorbringen.

Der Romanwirklichkeit sind eine Reihe faktischer Fixpunkte durch den geschichtlichen Ablauf vorgegeben, nach denen sie sich richtet. Der Verlauf des Romans, seine Richtung und sein Abschluß, ist damit im Umriß festgelegt. Es geht um die Vorbereitung der Befreiung Preußens aus der französischen Fremdherrschaft. Innerhalb dieses Rahmens spielen sich politische und private Schicksale ab. Die Lösung des historischen Problems fällt im Roman zusammen mit der Erfüllung der individuellen Lebenswege. In jedem Moment der Romanwirklichkeit ist der dynamische Sog auf das Ende hin gegenwärtig. Der ‚Sturm' charakterisiert die Zeit ‚vor dem Sturm'. — Es gilt, ein Ziel zu erreichen, das zu Romanbeginn nur als Idee und Ideal in den Köpfen der Menschen existiert. Das befreite Preußen, die Zukunft, versteht sich als die Überwindung der Knechtschaft, der Gegenwart. Damit drückt sich die nationalpolitische Situation auch in den allgemeinen Formen der Zeit aus: Zeit wird nicht als ein neutrales Kontinuum von Augenblick zu Augenblick definiert, sondern als dramatische Antithese von Gegenwart und Zukunft. Gegenwart bedeutet, die demütigende, unerfüllte Wirklichkeit des Vor-der-Zukunft-Stehens; die Zukunft ist die eigentliche Wirklichkeit, wie sie sein soll. Die antithetische Gegenüberstellung der Zeitformen Gegenwart und Zukunft spiegelt und trägt demnach das Problem von schlechter Wirklichkeit und Idealzustand.

Trotz der engen Zusammengehörigkeit von politischem und privatem Bereich muß jedoch mit Rücksicht auf den Romanabschluß schon jetzt vorwegnehmend festgestellt werden, daß beide Bereiche keineswegs identisch sind; sie berühren und überschneiden sich zwar vielfältig, bleiben aber doch deutlich von einander getrennt. Der private, der ungeschichtlich menschliche Bereich scheint überall den Vorrang zu haben, wie noch gezeigt werden soll. Geschichte begreift sich als preußische oder, noch enger gefaßt, als friderizianische Geschichte, deren Aura seit Fehrbellin herrührt, deren Probestunde bei Jena schlug und deren endgültige Bewährung in den sogenannten Befreiungskriegen aussteht. Das letzte Romankapitel aber dient nicht — wie zu erwarten gewesen wäre — einer Apotheose des erreichten Geschichtsziels; vielmehr berichtet es von privaten, familiären Ereignissen: Im Mittelpunkt steht die Ehe zwischen Marie und Lewin, das neue Glück, das durch die Hochzeit begründet wird. Der Weg zu diesem Eheglück — parallel zur politischen Aktion — bezeichnet die Spanne der Romanhandlung. Dennoch ist „Vor dem Sturm" selbst in seinem unpolitischen Teil kein einfacher Liebesroman. Denn die Ehe zwischen Marie und Lewin besiegelt nicht nur das individuelle Glück der beiden, sondern sie soll gleichsam den Kern einer idealen Welt darstellen. Diese Welt, wie sie am Romanende gegründet wird, ist das Produkt zweier, genauer genommen dreier Faktoren: der Erfüllung einer Liebe, der Erlösung vom Familienfluch der Vergangenheit und der nationalen Befreiung von der Fremdherrschaft.

Auf seiner Fahrt zum väterlichen Haus Hohen-Vietz begegnet Lewin dem ersten Zeichen (man mag es mit Günther auch Chiffre nennen (39), das auf einen idealen Endzustand verweist. Auf einem Grabstein entdeckt er ein Bild, worauf sich zwei Lindenbäume zuneigen, und einen dazugehörenden Spruch, der jedoch nur noch zum Teil entzifferbar ist. Dieser Spruch verherrlicht eine unbekannte weibliche Person im Augenblick ihres Triumphs. Aus der Art der Beschreibung („Sie sieht nun..." (40) läßt sich entnehmen, daß der Kampf bereits siegreich beendet ist. Es fehlt jedenfalls jeglicher Blick in eine Zukunft etwa in Gestalt einer Vision oder Prophetie oder Botschaft an den Lesenden. Ganz zufällig und ohne sichtbares Motiv begegnet dieser Spruch der Hauptfigur, und weder Leser noch Figur können zum gegenwärtigen Zeitpunkt einen weiteren Zusammenhang entdecken. Zwar läßt sich gegebenenfalls eine Verbindung zwischen dem Schlüsselwort „Licht" der Verse und dem antithetischen Licht-Dunkel-Spiel der Anfangsabschnitte des Romans erkennen („weiße Decke" — „spärliches Licht", „Glanz" — „Dunkel" (41)), doch es bleibt zunächst bei dieser rein

39 Vincent Günther, Das Symbol im erzählerischen Werk Fontanes. Bonn 1967, S. 28 ff.
40 HI/III, 12.
41 HI/III, 7.

formalen Verbindung. Das Interesse Lewins an den Versen wird allein von dem ästhetischen Wert der Inschrift geweckt, von dem „tiefen Eindruck", „von dem er sich keine Rechenschaft geben konnte". (42) Die Frage nach dem intellektuellen Verstehen der Zeilen rückt demgegenüber in den Hintergrund. Den gesamten Roman über bleibt das gefühlsmäßige Begreifen des Spruchs bestimmend. Lewin bemüht sich nicht einmal, die erste unleserliche Strophe zu entziffern. Trotzdem aber werden ihn diese Zeilen bis zum Romanende hin begleiten. In mehreren Träumen *erlebt* er, was der Spruch bedeuten könnte, bis der letzte Traum den ‚richtigen' Sinn enthüllt.

Während der Weiterfahrt nach Hohen-Vietz fällt Lewin in einen leichten Schlaf, in dem sich die Eindrücke des Tages zu einem merkwürdigen und bedeutsamen Traumbild verdichten:

„Allerhand Gestalten zogen an seinem halbgeschlossenen Auge vorüber; aber eine dieser Gestalten, die glänzendste, nahm er mit in seinen Traum. Er saß vor ihr auf einem niedrigen Tabouret; sie lachte ihn an und schlug ihn leise mit dem Fächer, als er nach ihrer Hand haschte, um sie zu küssen. Hundert Lichter, die sich in schmalen Spiegeln spiegelten, brannten um sie her, und vor ihnen lag ein großer Teppich, auf dem Göttin Venus in ihrem Taubengespann durch die Lüfte zog. Dann war es plötzlich, als löschten alle diese Lichter aus; nur zwei Stümpfchen brannten noch; es war wie eine schattendurchhuschte Kirche, und an der Stelle, wo der Teppich gelegen hatte, lag ein Grabstein, auf dem die Worte standen:
Sie schwingt die Siegesfahne
Auf güldnem Himmelsplane
Und kann auf Sternen gehn." (43)

Das Motiv des Sieges erscheint in diesem ersten Traum nunmehr in Verbindung mit dem Motiv der Liebe; doch die traumhafte Assoziation ist doppeldeutig: Der Leser, der den Roman bereits kennt, wird den Wechsel der Szenerie nicht als Identifikation, sondern als Ablösung eines Bereichs durch den anderen auffassen; denn jene „glänzendste" Gestalt, die sich den Liebkosungen entzieht, ist keineswegs identisch

42 HI/III, 12.
43 HI/III, 13.

mit der Figur, die die Siegesfahne schwingt; wenn der Teppich mit der Göttin Venus sich in den besagten Grabstein verwandelt, so deutet das auf eine Entwicklung hin, in der eine alte Lebensphase überwunden und eine neue angetreten wird. Lewin freilich muß seinen Traum anders verstehen. Denn gerade dieser Teppich sagt ihm mehr als nur den allgemeinen Bezug zur Liebe; es handelt sich nämlich um denselben Teppich, den Lewin aus dem Zimmer einer polnischen Grafentochter, Kathinka von Ladalinska, her kennt (44); und diese Kathinka liebt er, ohne daß seine Liebe eindeutig erwidert würde. Da Lewin noch am selben Tag seiner Reise nach Hohen-Vietz Kathinka besucht hatte, erhält die traumhafte Verschmelzung des Liebesmotivs mit dem Siegesmotiv einen konkreten Bezug: Erfüllung der Liebe zu Kathinka. Im Traum verwandelt sich der anfängliche ästhetische Genuß an den Versen, ohne daß damit ein bestimmtes Ziel verknüpft war, in ein Interesse und eine Sehnsucht, die der Erfüllung harrt. Traumhaft werden eigene Wünsche auf ein scheinbar neutrales, zweckloses Medium übertragen; der weitere Romanverlauf wird dagegen zeigen, daß die Inschrift doch nicht so zwecklos ist wie sie erscheint und daß sie ganz im Gegenteil am Ende ihren ‚eigenen Willen' durchzusetzen vermag.

Schon die Traumbilder auf der Rückfahrt von der Silvesterfeier auf Guse berichtigen den Irrtum Lewins: Wieder erscheint Kathinka, jetzt direkt mit Namen genannt, und abermals ist der Träumende von ihrer Schönheit fasziniert; deutlicher denn je empfindet er aber auch das Hoffnungslose seiner Liebe zu ihr; gleichzeitig jedoch begreift er zum ersten Mal, daß Kathinka für ihn eine Verirrung bedeutet; der zufällige Blick auf die Sterne und die plötzliche Erinnerung an die letzte Zeile der Grabinschrift „Und kann auf Sternen gehn" hat diese klärende Wirkung zur Folge, die zwar schon im ersten Traum enthalten war, aber dort noch nicht verstanden wurde:

„Da fiel alles Verlangen von ihm ab. Er sah noch das Bild Kathinkas, aber es verdämmerte mehr und mehr, und der Friede des Gemütes kam über ihn, als er jetzt einsam über die breite Schneefläche des Bruches hinflog." (45)

44 HI/III, 472.
45 HI/III, 301.

Im dritten Traum Lewins (46) erscheint endlich jene Person, die „auf Sternen gehn" kann, Marie Kniehase, die Braut, die jetzt noch einem jungen Grafen Drosselstein zugesprochen wird, die aber für Lewin bestimmt ist. Erst der vierte Traum (47) enthüllt die Beziehung zwischen der Grabsteininschrift und dem Schicksal Lewins; im Angesicht dieses Grabsteins erlebt er die eigene Trauung mit der Sternenprinzessin Marie.

Die Annäherung an Marie vollzieht sich also ausschließlich in der Welt des Traums. Das kann nicht zufällig sein. Es charakterisiert einmal die Person, für die dieser Lebensweg bestimmt ist, zum anderen kennzeichnet es die besondere Art der Welt, in der die beiden leben sollen. Lewins Eigenart kommt dieser suggestiven Vermittlung von Bestimmung entgegen. Nur ein Mensch wie er, der zur phantasieerfüllten Betrachtung der Dinge neigt, so daß er die Grenzen zwischen Vorstellung und Wirklichkeit nicht als starr unüberbrückbar empfindet, vermochte wohl den tiefen Eindruck bei der Lektüre der Grabsteinverse empfunden zu haben. Kennzeichnend für sein Wesen ist seine Neigung zu dem Gesellschaftsspiel „Alles, was fliegen kann, fliege hoch", dessen Vorzüge er im vertrauten Kreise nicht anzupreisen versäumt:

„Es hat zunächst eine natürliche Komik, die sich freilich dem nur auftut, der ein bescheidenes Maß von Phantasie und plastischem Sinne mitbringt. Wem die Tiere, groß und klein, die genannt werden, nur Worte, nur naturhistorische Rubrik sind, wem sozusagen erst nachträglich als Resultat seiner Kenntnis und Überlegung beifällt, daß die Leoparden *nicht* fliegen, dem bleibt der Zauber dieses Spiels verschlossen. Wer aber in demselben Augenblick, in dem der Finger zur Unzeit gehoben wurde, inmitten von Kolibris und Kanarienvögeln einen Siamelefanten wirklich fliegen sieht, dem wird dieses Spiel, um seiner grotesken Bilder willen, zu einer andauernden Quelle der Erheiterung." (48)

Lewin besitzt die Gabe, die ihm begegnenden Objekte imaginativ zu verwandeln, sie gegebenenfalls auch zu verlebendigen. Er vermag die

46 HI/III, 479 f.
47 HI/III, 667.
48 HI/III, 105 f.

äußere, fremde Umwelt in die innere vertraute Welt der eigenen Bilder einzubeziehen; so daß ihm zuweilen die imaginierte Welt als die eigentlich wirkliche vorkommen mag; „er träumt mehr, als er handelt" (49), heißt es einmal von ihm. Damit steht Lewin in der Tradition des romantischen jungen Helden, wie ihn etwa Scott mit der Figur des Edward Waverley in dem gleichnamigen Roman (1814) geschaffen hat; freilich bezeichnete Scott eine solche romantisch-imaginative Haltung als „aberration". (50) Für Lewin hingegen bedeutet die Einbildungskraft mehr als nur ein persönliches Merkmal, und erst recht nicht sieht es der Roman darauf ab, seinen Helden von dieser Verirrung zu heilen. Im Gegenteil stellt Lewins Einbildungsvermögen die Voraussetzung für die Erfüllung seines Lebensweges dar: Nur aufgrund seiner imaginativen Sensibilität erkennt er die Besonderheit der Grabsteininschrift und erlebt die in ihr verborgene Bedeutung. Seine Fähigkeit zur traumhaften Aufnahme und Anverwandlung der äußeren Eindrücke ermöglicht die Erfüllung des Erträumten. Der Abstand des romantischen Träumers zur umgebenden Umwelt besitzt somit eine positive Dimension. Zwar wird auch hier schon in der Hinneigung zu Kathinka das Thema von Illusion und Desillusion als gefährliche Auswirkung einer romantischen Lebenshaltung berührt; aber dieser Irrtum geht nicht auf Kosten der im Traum und in der Imagination sich erschließenden Sinnbezüge; gerade der entrückte Ort des Traums bleibt auch im Augenblick des enttäuschten Zusammenbruchs der rettende feste und gültige Ort der Bestimmung. Lewins Abwendung von der Traumbotschaft, bzw. sein eigenwilliges Beharren auf einer Verbindung, die sich ihm imaginativ bereits als nicht verwirklichbar erwiesen hat, bringt den physischen Zusammenbruch nach sich. Es bedarf für eine erneute existentielle Orientierung einer letzten Klärung im Traum.

Es gehört zu den besonderen, ‚idealen' Kennzeichen dieses ersten Romans, daß Irrtum und Illusion einer Figur nicht zum tragischen Ende führen, sondern den eigentlichen Weg zur Erfüllung freilegen. So leicht

49 HI/III, 397.
50 Walter Scott, Waverley. Harmondsworth 1972, S. 55; The Penguin English Library.

wie hier werden die aus Sehnsucht geborenen Illusionen der Figuren späterer Fontanescher Werke nicht überwunden.

Was Lewin mit vielen Figuren aus Fontanes späterer Produktion verbindet, ist die Existenz zwischen zwei Welten, der tatsächlichen und ihrer Gegenwelt. Fast alle Figuren, von Schach von Wuthenow über Cécile, Stine, Lehnert Menz und Effi Briest bis zu Lorenzen helfen sich in ihrem Leben dadurch, daß sie sich eine nach ihren eigenen Vorstellungen entworfenen Gegenwelt bewahren, sei es in Form von phantastischen Zukunftsplänen, behüteten Inselbereichen oder missionarischer Tätigkeit. Diese Gegenwelten sind aber in den meisten Fällen sehr bewußte Reaktionen auf eine als unzureichend erlebte Umwelt. Anders bei Lewin: Er plant und entwirft in bezug auf Marie überhaupt nichts, da er ja erst zuletzt die Botschaft der Verse versteht; wo er aber selbst die Initiative ergreift, scheitert er. Nur im Halbschlaf, im Zustand gelöster, phantasievoller Aufnahmebereitschaft, erschließt sich der verbürgte Weg zum Glück. Ist die Gegenwelt in den späteren Werken reine Projektion, so erweist sie sich hier noch als objektiver, eigenständiger Bereich, dem sich der Protagonist auf eine imaginative, nicht aber rationale Weise annähert.

Es wird noch zu zeigen sein, wie wenig die Welt der Lichter, Engel und Sterne nur als bloße metaphorische Bildersprache gemeint ist, wie sehr sie in ihrer märchenhaften Geschichtsentrücktheit genau jene Wirklichkeit bezeichnet, in die der Roman zuletzt mündet: Denn nicht im restaurativen Geschichtsraum Metternichscher Prägung erfüllt sich das Glück Lewins, wie der „Blick in die weitere Zukunft" (51) zeigt, sondern im geschichtslosen Märchenraum liebenswürdiger Menschlichkeit.

Ein zweiter Hinweis auf eine ideale Welt des Triumphs und der Versöhnung findet sich in den Versen aus der Haus- und Familienchronik von Hohen-Vietz. (52) Wies der erste Spruch, den Lewin las, auf eine Idealfigur hin, deren außerordentliche Fähigkeit, „auf Sternen" zu gehen, die Welt des Märchens suggerierte, so beschreibt der zweite Spruch die Wiederherstellung eines verlorengegangenen Heils. Die Blutschuld eines Ahnen der Herren von Hohen-Vietz wirft seine düsteren Schatten bis in die Gegenwart der Generation Lewins und

51 HI/III, 709.
52 HI/III, 22.

40

seines Vaters. Wieder geht es um eine weibliche Idealfigur, eine „Prinzessin" des Märchens. Die bloße Ankunft dieser Prinzessin, so heißt es in den Versen, würde das Los der Familie verändern, die alte Schuld des Vorfahren auslöschen und das verlorengegangene Heil wiederherstellen. Anders als im Falle des ersten Spruchs ist der Zusammenhang mit dem Romangeschehen von Anfang an deutlich; die Erfüllung des Angekündigten liegt noch als Aufgabe in der Zukunft, wird aber im Augenblick seines Eintretens mit dem Familienspruch in Verbindung gebracht.

Auch bleibt es kein Rätsel, welche Romanfigur der Leser und die Romangestalten mit der „Prinzessin" identifizieren sollen: Marie Kniehase. Ihre Gegenwart im Hause der Vitzewitze scheint im Sinne des Familienspruchs gerade zu dem Zeitpunkt aktuell und wirksam zu werden, da Lewin zu seinem Weihnachtsbesuch nach Hohen-Vietz kommt; denn hielt sich Marie auch schon seit früher Jugend in dem herrschaftlichen Haus auf, so heißt es doch erst jetzt von ihr, daß sie in den drei Monaten der Abwesenheit Lewins „voll herangewachsen" sei. (53) Die im Spruch angezeigte erlösende Wirkung dieses ‚Eintritts' erfolgt bald darauf (nämlich in der Nacht vom 11. auf den 12. Januar 1813). Der Saalanbau des Schlosses brennt ab; gerade von diesem Gebäude aber heißt es, daß der alte Matthias, eben jener Vorfahre, der durch Brudermord die generationenüberdauernde Schuld auf sich geladen habe, darin als ruheloses Spukgespenst umgegangen sei. Damit hat das Feuer den „Fleck" ausgelöscht, und der Hausherr Berndt von Vitzewitz zitiert auch in diesem Augenblick die betreffenden Zeilen des Familienspruchs, nur freilich mit der einen Einschränkung: „Die Prinzessin läßt noch auf sich warten, aber der Fleck ist fort, das Feuer hat ihn ausgelöscht." (54) Der Brand des Saalanbaus bedeutet zwar — nimmt man es vordergründig — alles andere als ein Glück für die Schloßbewohner, ist doch der materielle Verlust empfindlich spürbar, zumal vor nicht allzu langer Zeit bereits eine Scheune abbrannte. Aber gerade der Schloßherr veranschlagt den materiellen Schaden am

---

53 HI/III, 25.
54 HI/III, 407.
55 HI/III, 407. — Als „teilweise Erfüllung" interpretierte schon Heinrich Waffenschmidt den Schloßbrand: Symbolische Kunst in den Romanen Theodor Fontanes. Diss. Frankfurt 1932, S. 88.

geringsten; vielmehr interpretiert er den Brand im Sinne des Familien-spruchs als die notwendige Reinigung von einer alten Schuld; und dieser Vorgang gibt ihm mehr Anlaß zur Hoffnung als zur Trauer: „[. . .] inmitten all dieser Prüfungen ist es mir, als müßten andere, bessere Zeiten kommen. Für uns, für alle." (55) Die konkrete Brandkatastrophe bedarf der Bändigung; erst durch die magisch-elementare Gegenkraft der Zwergin Hoppenmarieken wird die reinigende Funktion des Feuers vor seinem gefährlichen Umschlag in die totale Vernichtung bewahrt. Mit der positiven Wirkung des Feuers identifiziert sich denn auch Marie; es heißt von ihr: „[. . .] aus dem rot- und schwarzkarierten schottischen Tuch heraus [. . .] leuchteten ihre großen, dunklen Augen selber wie Feuer." (56)

Wer ist nun diese Marie Kniehase, die so entscheidend in den Hohen-Vietzer Menschenkreis eintritt? Sie verkörpert den ideellen, den durch die Verse gemeinten Mittelpunkt. Sie ist jene Figur, in der sich der Sinn dessen, was noch geschehen soll, erschließt. Ihre bloße Existenz deutet die Aussöhnung mit der Vergangenheit an und nimmt gleichzeitig das Glück einer zukünftigen, erfüllten Welt vorweg. „Sie wird ihm Segen bringen, wie die Schwalben am Sims" (57), sagt der Hohen-Vietzer Pastor; und dies wird nicht nur von anderer Seite bestätigt (58), sondern Maries eigenes Tun und Verhalten löst solche Urteile aus. — Dabei fällt es auf, daß sich ihr soziales Herkommen nicht genau bestimmen läßt (59); sie wirkt weder bäuerlich noch städtisch; aber auch adlig ist sie nicht. Das muß zunächst überraschen, sucht Fontane doch in den meisten Fällen den sozialen Ort seiner Figuren genau zu bestimmen. Trotzdem zeigt es sich, daß Marie innerhalb seines Gesamtwerkes nicht die einzige Gestalt ist, deren Herkommen dunkel bleibt; wenn man z. B. an Agnes aus „Der Stechlin" denkt, so ließe sich fast vermuten, daß Fontane gerade dann eine Figur sozial im Unbe-stimmten beliße, wenn er ihr eine zukunftsweisende Dimension zuspricht.

Marie ist das Kind einer Mesalliance: der Vater Schauspieler, die Mutter „eine Tochter aus gutem Hause" (60), das Bild der Ehe: „Ein

56 HI/III, 405.
57 HI/III, 76.
58 HI/III, 120.
59 Heinrich Spiero, Fontane. Wittenberg 1928, S. 169.
60 HI/III, 75.

gescheitertes Leben sprach aus allen [aus den Briefen, die man bei dem verstorbenen Vater fand], aber kein unglückliches, denn was sie zusammengeführt, hatte Not und Tod überdauert." (61) Das Leben der Eltern, so unzureichend ihre Ehe für den Lebensalltag vorbereitet war, wirkte sich gerade in der bewiesenen Treue bis zuletzt positiv auf Marie aus. Die äußeren Verhältnisse gelten für sie nur in zweiter Linie; das Entscheidende bleibt die Existenz aus der Innerlichkeit, aus dem Herzen. (62)

„Sie sah in die Welt wie in einen Traum und schritt selber traumhaft darin umher. Ohne sich Rechenschaft davon zu geben, stellten sich ihr die hohen und niederen Gesellschaftsgrade als bloße Rollen dar, die wohl dem Namen nach verschieden, ihrem Wesen nach aber gleichwertig waren." (63)

Diese Vorstellung von einer „letzten Gleichheit aller irdischen Dinge" gründet zu einem guten Teil in dem religiös-eschatologischen Erlebnis Maries, dessen bildhafter Ausdruck eine Nachbildung des Lübecker Totentanzes ist. Beurteilt Marie ihre Umwelt von einem eben bezeichneten religiösen Standort, so entzieht sie sich selbst hingegen einer ähnlichen Beurteilung durch eine Existenz, die mit moralischen Kategorien nicht mehr zu fassen ist: „[...] innerhalb einer Welt des Scheins war ein Menschenherz erblüht, über das die Lüge nie Macht gewonnen hatte. Noch weniger das Unlautere." (64) Sie kennt nicht die Gefährdungen durch das Böse, da sie das Böse nicht kennt. Jenseits aller moralischen Kategorien ist sie allein für das Schöne empfänglich: „Alles Schöne zog sie an; aber es drängte sie nur, daran teilzunehmen, nicht es zu besitzen. Es war ihr wie der Sternenhimmel; sie freute sich seines Glanzes, aber sie streckte nicht die Hände danach aus." (65)

61 HI/III, 75.
62 Conrad Wandrey, Theodor Fontane. München 1919, S. 118; Günther, S. 54—63, bes. 54 f. Allgemein zur traditionsreichen Bedeutung des ‚Herzens‘ im Zusammenhang mit religiösen (pietistischen) und literarischen Strömungen des 18. Jahrhunderts: Benno von Wiese, Friedrich Schiller. 3. Aufl., Stuttgart 1963, S. 69.
63 HI/III, 82.
64 HI/III, 82.
65 HI/III, 82.

Auch Marie ist wie Lewin eine ganz von der Phantasie bestimmte Natur. (66) Sie sieht die Dinge, Situationen und Menschen nicht so, wie sie sind, sondern wie sie ihr in ihrer phantasievollen Anverwandlung erscheinen, und sie handelt dementsprechend. Doch ihr Imaginationsvermögen verzerrt nicht etwa die Wirklichkeit, sondern gewährt ihr Einblick in die verborgenen Sinnbezüge alles Geschehens. Sie erahnt das Schicksal Tubals, weil sie personal an dem dunklen Bedeutungsgeflecht teil hat, weil sie mit jener Instanz elementar verbunden ist, die über Tubal richtet. Schneeflocken-, Sternen- und Flugmotiv beziehen sich wiederholt auf Marie und umgeben sie mit der Aura des Märchenhaften.

„So hatte sie wirklich eine unbezwingbare Vorliebe für den Schnee. Wenn die Flocken still vom Himmel fielen oder tanzten und stöberten, als würden Betten ausgeschüttet, dann entfernte sie sich aus dem Vorderhause, kletterte die lange Schrägleiter hinauf, die bis auf den First des Scheunendaches führte, und stand dort oben schneeumwirbelt." (67)

Aber — und das ist das Besondere — diese Motive sind nicht im Sinne einer bloßen Bildlichkeit für eine gemeinte Idealität aufzufassen. Die märchenhafte Bildlichkeit verweist gleichzeitig auf ein gemeintes märchenhaftes Sein. Marie gleicht nicht nur der Märchenprinzessin, sie *ist* es, sie besitzt all jene Fähigkeiten, die der Familienspruch der „Prinzessin" zusprach. (68) Ihr Leben vollzieht das in den Versen beschriebene magische Ritual der Erlösung nicht nur zeichenhaft, sondern tatsächlich. Was über Jahrhunderte als Spuk, Ahnung, Sage und Vision mit lockerer Verbindlichkeit tradiert wurde, manifestiert sich in Marie als elementar verbürgter Weltsinn; als personaler Bestandteil dieses Ordnungsgefüges reagiert sie spontan und unreflektiert auf alle Erscheinungen ihrer Umwelt; das zeigt schon früh ihr Verhalten gegenüber dem Majorssitz mit dem Blutfleck und gegenüber der Buche:

66 Vgl. HI/III, 227 f. und 275.
67 HI/III, 77 und auch 25 und 518.
68 Karl Richter, Resignation. Eine Studie zum Werk Theodor Fontanes. Stuttgart 1966, S. 100. Richter interpretiert Maries märchenhafte Züge als Ausdruck eines Übernatürlichen; sie ist „das Wunschbild einer wahren und heilen Menschlichkeit".

„Hier [in der Kirche] setzte sie sich mit halbem Körper auf das äußerste Ende der Frontbank, auf der am Tage nach der Kunersdorfer Schlacht der Major vom Regiment Itzenplitz verblutet war, blickte seitwärts scheu nach dem dunkeln Fleck, den alles Putzen nicht hatte wegschaffen können, und sah dann, um das selbstgewollte Grauen wieder von sich zu bannen, nach dem großen Vitzewitzschen Marmorbilde hinüber, das die Inschrift trug: „So Du bei mir bist, wer will wider mich sein". So blieb sie, bis der Glockenton verklang. Dann trat sie wieder auf den Kirchhof hinaus, sah der Magd nach, die den Schlängelpfad ins Dorf herniederstieg, und umkreiste bang, aber immer enger und enger die alte Buche, deren zweigeteilter Stamm, der Sage nach, an den Bruderzwist der Vitzewitze gemahnte. Fiel dann ein Blatt oder flog ein Vogel auf, so fuhr sie zusammen." (69)

Dieses Verhalten Maries zeigt, wie genau und adäquat sie sich innerhalb des vorgegebenen irrationalen Sinngefüges bewegt; sie entspricht in ihrem unreflektierten Tun exakt jenem Vorgang, wie er im Familienspruch vorausgesagt wurde. Wo immer sie ‚handelt', besitzt ihre Tat die magische Dimension der Erlösung. Deutlich unterscheidet sich diese Art des Handelns von der üblichen Form des Tätigseins; verglichen mit den Formen alltäglicher Lebenspraxis wirkt ihr Verhalten höchst passiv; sie lehnt zwar einen ersten Heiratsantrag ab, aber deutet bis zum Romanende an keiner Stelle an, daß sie auf eine Ehe mit Lewin hofft. Das Motiv des Wartens, das in Fontanes weiterem Werk immer wieder aufgegriffen wird, klingt hier zum ersten Mal an. Während aber das Warten einer Cécile oder Stine im abgeschlossenen Raum gesellschaftlicher Ächtung und Bedrohung ins existentielle Nichts führt, ist das Warten Maries in den magischen Zusammenhang eingebettet und somit des ‚Erfolges' sicher. Die Idealität des Romans drückt sich deutlich in dieser positiven Verwendung des Warten-Motivs aus. Auch von einer anderen Form der Passivität unterscheidet sich Maries tatsächliche Handlungslosigkeit: Jene languissante Hilde aus „Ellernklipp" verhält sich die gesamte Novelle über passiv, und dennoch verursacht ihre bloße Existenz das tragische Geschehen zwischen Vater und Sohn. (70) Maries Warten hingegen schlägt der Welt von Hohen-Vietz zum Heil aus.

69 HI/III, 78.
70 Dazu Günther, S. 44.

Da sich Marie und Lewin erst im 24. Kapitel des 4. Bandes verloben (Lewins letzter Traum fällt in das 22. Kapitel desselben Bandes), bleibt für das erst hier akut gewordene Problem der Mesalliance notgedrungen wenig Raum. Fontane vermeidet bewußt den herkömmlichen, zu seiner Zeit offensichtlich beliebten Weg der Lösung, indem er nämlich Marie am Ende doch noch von adligen Eltern abstammen ließe. So hat Ludwig Pietsch in seiner Rezension Fontanes Unnachgiebigkeit gegenüber der herrschenden Mode besonders gelobt:

„Die Leser der landläufigen deutschen Romane werden sicher etwas überrascht sein, daß dieses vom Dichter mit jedem poetischem Liebreiz geschmückte und doch von jeder krankhaften Romantik freigehaltene, holde Kind sich schließlich dennoch nicht als „Prinzessin", oder (mit Sacher-Masoch zu reden „mindestens Baronin") entpuppt, sondern bis zu Ende die leibliche Tochter des „starken Mannes" und seiner armen braven, angetrauten Ehefrau bleibt. Wie für so Vieles in Gesinnung, Weltanschauung, Erfindung, Auswahl und Zeichnung von Charakteren, worin diese Geschichte und diese Menschen Theodor Fontane's gründlich von der Mehrzahl auch der gepriesensten und gelesensten unserer modernen deutschen Romanliteratur unterschieden sind, weiß ich ihm auch für diese Enttäuschung des Lesers diese Abweichung von der gewohnheitsmäßigen Manier, ganz besonderen Dank." (71)

Fontane bestätigte dem Rezensenten, daß es ihm daran gelegen habe, Marie nicht im genealogischen, sondern im ‚natürlichen' Sinne zu adeln:

„Die Natur adelt; alles andre ist Unsinn, und eine der mir degoutantesten Erscheinungen ist es immer gewesen, gerade in den Romanen liberaler und allerliberalster Schriftsteller, den Hauslehrer oder die Gouvernante, wenn sie heldisch-siegreich auftreten, sich schließlich immer als Graf oder Gräfin entpuppen zu sehen. Wenn auch nur von der Bank gefallen." (72)

---

71 Pietsch in der Vossischen Zeitung; Entsprechendes hatte Pietsch auch später in der Gegenwart, S. 264, formuliert. Siehe auch die Rezension in der Kölnischen Zeitung vom 30. 12. 1878.
72 Brief an Pietsch vom 22. November 1878; AB I, 461. Siehe auch Schillers Brief an Goethe vom 5. Juli 1796, in dem Schiller hervorhebt, daß der Roman „Wilhelm Meisters Lehrjahre" mit drei Mesalliancen endet.

Als der Vater Lewins zum ersten Mal von der Liebe Maries zu seinem Sohn erfährt, erschrickt er freilich. Aber zu diesem Zeitpunkt ist seine Sorge um den gefangenen Lewin größer als alle Befürchtungen um die Reinheit des Stammbaums: „Gott, ich lege jeden Stolz zu deinen Füßen; demütige mich, ich will stillhalten; alles, alles; nur erhalte mir ihn." (73) Spricht sich in diesen Worten noch die Haltung eines resignierten Hinnehmens aus, die gleichsam das kleinere Übel als Opfer für ein abgewandtes größeres Übel auf sich nimmt, so rückt die unstandesgemäße Hochzeit in einem späteren Gespräch zwischen Berndt und Bamme in einen anderen Sinnzusammenhang. Schon vorher vermerkt Berndt gegenüber Lewin: „Und eines weiß ich, sie wird uns freilich den Stammbaum, aber nicht die Profile verderben, nicht die Profile und nicht die Gesinnung. Und das beides ist das Beste, was der Adel hat." (74) Als Berndt dann den General Bamme nach seiner Meinung zu diesem Problem fragt, erhält er zur Antwort: „Wetter, Vitzewitz, das gibt eine Rasse." (75) Mesalliancen sind zwar ein Lieblingsthema des kauzigen Generals, über die er immer zu parlieren geneigt ist; aber der Grund für seine Billigung einer Heirat zwischen Lewin und Marie liegt noch in etwas anderem: Der Geist der Französischen Revolution, der „Westwind" (76), hat auch ihn berührt. Vor allem in der Idee der Gleichheit, in dem „Mensch ist Mensch" (77), sieht er die Möglichkeit, sich aus dem sterilen „Vettern- und Muhmenprinzip" (78) zu befreien und durch „frisches Blut" (79) den Stammbaum zu erneuern. So bedeutet die Heirat zwischen Marie und Lewin nicht nur die Erfüllung einer privaten Liebe und die Erlösung von der Vergangenheit, sondern sie verwirklicht auch die Idee der Erneuerung. (80) Lewin und Marie sind die Protagonisten einer neuen Welt

73 HI/III, 650.
74 HI/III, 703.
75 HI/III, 705.
76 HI/III, 706.
77 HI/III, 706 und 587 f.
78 HI/III, 705.
79 HI/III, 705.
80 Dietrich Sommer, „Prädestination und soziale Determination im Werk Theodor Fontanes" in: TFW, S. 37; Richter, S. 100; Hubert Ohl, Bild und Wirklichkeit. Studien zur Romankunst Raabes und Fontanes. Heidelberg 1968, S. 222.

wesentlicher Menschlichkeit. Die Vorstellung von einer Gleichheit aller Menschen begegnete ja bereits im Zusammenhang mit Marie; in ihr, so hieß es (81), lebte dunkel, was das Christentum mit der „letzten Gleichheit aller irdischen Dinge" vor dem Tode meint. Wenn Lewin also erst im Augenblick des Todes den entscheidenden Traum hat, in dem sich sein Verhältnis zu Marie offenbart, dann vollzieht sich hier ein Vorgang nach jenen spirituellen Gesetzen, die Marie verkörpert.

Es versteht sich geradezu von selbst, daß Pastor Seidentopf zur Hochzeit in der Bohlsdorfer Kirche, wo der Grabstein mit dem bedeutungsvollen Spruch liegt, über die Verse predigt: „Und kann auf Sternen gehen." (82) Es kennzeichnet die Figuren aus „Vor dem Sturm", daß sie die Zeichensprache nicht nur verstehen können, sondern auch die durch die Zeichen vermittelte Welt als konkreten Zielort menschlicher Bestimmung verbindlich anerkennen. Man hat in der Fontane-Forschung wiederholt festgestellt, daß diese Zeichen oder Chiffren nicht nur funktionale Bedeutung für die Romaneinheit haben, sondern daß in ihnen ein Sinnbereich zur Geltung kommt, der der Romanwirklichkeit entgegentritt, mit ihr konkurriert, um sich schließlich auch durchzusetzen. (83) Am Ende des Romans dominiert jene Märchenwelt, die die beiden Sprüche beschrieben hatten. Die Zeichen nehmen also innerhalb der Romanwirklichkeit einen autonomen und vorherrschenden Wirklichkeitsbereich ein. Sie stellen die sinntragende Gegenwelt dar, die den beiden Figuren Lewin und Marie zuteil wird. Nur in der ihnen spezifischen Weltdimension erfüllen sich ihre Lebenswege und nicht etwa im geschichtlichen Bereich des befreiten Preußen. Die Sterne, die dem jungen Helden so oft erscheinen, bezeichnen den aus der Geschichte herausgenommenen, für Lewin und Marie sich verwirklichenden Ort der Erfüllung. Von diesem Ort gehen Kräfte aus, die das Interesse der Figuren wecken, die den dunklen Sehnsüchten ein verbürgtes Ziel entgegenhalten und die auf der weiteren Suche danach sicher zum Ende führen. Wenn Lewin zu Romanbeginn auf der nächtlichen Fahrt nach Hohen-Vietz zu den Sternen aufblickt und ihn plötzlich das Gefühl befällt, als „fielen alle dunklen Geschicke, das Erbteil seines Hauses, von ihm ab und als zöge es lichter und heller von

81 HI/III, 82.
82 HI/III, 710.
83 Günther, S. 41 f. und Brinkmann, S. 162.

oben her in seine Seele" (84), so wird hier zum ersten Mal die Kraft der Sterne wirksam. Es wäre falsch, diese heilsame Wirkung nur als Projektion eines sensiblen Romantikers zu relativieren; zwar gehört die Fähigkeit zur imaginativen Anverwandlung dazu, damit eine Annäherung an den Sternenbereich überhaupt möglich ist; doch ist dieser Bereich eben nicht nur ein imaginierter, sondern ein tatsächlich eigenständiger.

Die Beziehung Lewins und Maries zu der Sternenwelt bleibt den anderen Figuren nicht verborgen. Gleich zu Romanbeginn spricht es Lewins Schwester aus: „Sie ist wie ein Märchen. Wenn morgen eine goldene Kutsche bei Kniehases vorgefahren käme, um sie aus dem Schulzenhause mit zwei schleppentragenden Pagen abzuholen, ich würde mich nicht wundern." (85) Der Konrektor Othegraven verbindet mit Marie untrennbar die Vorstellung der „Erwähltheit": „sie wird beglücken und wird glücklich sein". (86) Und Seidentopf erkennt in der Verbindung Lewins mit Marie eine seit langem vorherbestimmte Entwicklung: „Es kommt doch, wie es kommen soll". (87) Man mag diese Aussagen als die subjektiven Meinungen und Eindrücke einzelner Figuren werten, die zwar Rückschlüsse auf das Wesen des Urteilenden erlauben, die aber als Grundlage für eine objektive Interpretation einen zu geringen Grad an Authentischem besitzen (88); so neigt etwa Othegraven, in dem „ein gut Stück prädestinationsgläubiger Calvinismus" (89) ruht, dazu, alles Geschehen und jeden Menschen unter das Gesetz von Gnade und Ungnade einzuordnen. Aber gerade der Erzähler selbst bestätigt die individuellen Interpretationen seiner Figuren, wenn er die Verlobung mit den Worten kommentiert: „Denn es war nur gekommen, was kommen sollte; das Natürliche, das von Uranfang an Bestimmte hatte sich vollzogen [. . .]" (90)

Daß der glückliche Ausgang des Romans im Sinne einer vorherbestimmten Erfüllung zu verstehen ist, hat die Fontane-Forschung

84 HI/III, 10.
85 HI/III, 25.
86 HI/III, 120.
87 HI/III, 532.
88 Lawrence Frye, „The Unreal in Fontane's Novels" in: GR, 37 (1962), S. 109; Frye spricht von Projektionen.
89 HI/III, 273.
90 HI/III, 679.

mehrmals ausgesprochen (91) und bedarf keines weiteren Belegs. Vorherbestimmung und Erwähltheit kennzeichnen als weltanschauliche Substrate den Lebensweg von Lewin und Marie. Eingehender nach dieser Schicksalsinstanz zu fragen — handelt es sich um eine theologische, metaphysische oder gesellschaftliche Größe —, führt ins Leere. Was greifbar wird, ist nicht die Instanz selbst, die erwählt, sondern die einzelne Person, die erwählt wird. Dem übergeordneten, wirkenden Bereich am nächsten kommt selbstverständlich Marie. Sie sehnt sich nicht nach der Erfüllung, sondern ihr Sein ‚von Anfang an‘ (im Sinne des: „Und eine Prinzessin kommt ins Haus") repräsentiert magisch den Zielort. Lewin hingegen muß erst den Prozeß der Annäherung vollziehen, und dies geschieht, wie bereits gezeigt wurde, auf imaginativem Wege. Am Ende weiß er sich den Versen, die er am Weihnachtsabend gelesen hatte, verpflichtet, und seine Hochzeit dort in Bohlsdorf, „wo sich sein Leben entschieden" hatte (92), ist gleichsam eine huldigende Geste an jene unbekannte Instanz. Damit aber findet dieser spirituell-imaginative Bereich auch schon seinen Abschluß: Erfüllung im Sinne der Verse und also Erfüllung in der Imagination und durch die Imagination; aber auch Vollendung, Zum-Abschluß-Bringen einer Lebensphase, wie sie der romantische Held erlebt und über die er schließlich hinauslebt.

Es wurde mehrmals hervorgehoben und wird noch eingehender im Zusammenhang mit der Geschichtsthematik des Romans behandelt werden, daß der Roman in eine geschichtslose Welt des Märchens mündet. Das bleibt insofern bestehen, als sich die Kräfte des konkret Geschichtlichen und Politischen nicht mehr auf den Lebensweg der Figuren auswirken. In dieses Vakuum tritt jene Wirklichkeitsform, in der Lewin und Marie bislang lebten: die Wirklichkeit des Romantikers und die der Märchenprinzessin. Aber gerade Marie ist in der Welt nach dem ‚Sturm‘ deutlich eine andere als davor. Wie Lewin durch die Verwundung auch äußerlich zum Manne gereift ist (93), verwandelt sich

91 Günther, S. 31; Sommer, „Prädestination", S. 38. — Das eigentliche Thema des Romans ist „die mystisch prädestinative Verbundenheit der beiden Hauptgestalten", schreibt Bruno Hillebrand: Mensch und Raum im Roman. Studien zu Keller, Stifter, Fontane. München 1971, S. 248.
92 HI/III, 709.
93 HI/III, 709.

das „Feenkind" (94) in die märkische Schloßherrin von Guse und Hohen-Vietz, die zudem noch über ein beträchtliches Vermögen verfügen kann (Bammes Erbschaft). Sie bleibt der glückbringende gute Engel (95) für die Familie; aber der Ton liegt nun nicht mehr auf der magisch-rituellen Aura der Erlösung und Erfüllung, sondern auf der Menschlichkeit eines familiären Lebens. Der Romanabschluß ist ein Kompromiß zwischen dem Absoluten des Märchens und dem Privaten einer glücklichen Ehe.

Imagination und Magie erweisen sich demnach als zweckgebundene Funktionen innerhalb der konkreten Situation der Erlösungs- und Glücksbedürftigkeit; sie werden im Augenblick der Erfüllung überflüssig. Ihre Aufgabe bestand darin, zwei voneinander getrennte Bereiche zu vermitteln: Imaginativ fand Lewin zu Marie, elementar spielte diese die magische Rolle der Erlösung vom Familienfluch.

Aus der Sicht der späteren Werke ist der hier vorliegende Tatbestand der Vermittlung und die Vermittlungsart wichtig. „Vor dem Sturm" zeigt die Möglichkeit — abstrakt gesprochen —, zwischen Ich und sinnvollem Weltganzen zu vermitteln. Die Ehe zwischen Lewin und Marie bedeutet eine Lebenserfüllung durch Vermittlung. Den Ehen in den späteren Romanen von „Cécile" über „Unwiederbringlich" bis „Effi Briest" fehlt diese Vermittlung. Freilich treten diese Figuren ihren Lebensweg in einem anderen, gesellschaftlichen Raum an, und die Art der Vermittlung, ihre Wirkungsweise, muß eine ganz andere sein als die in „Vor dem Sturm". In dem Umstand, *daß* hier Vermittlung vorliegt und darin, daß sie sich nur imaginativ bzw. magisch-elementar auswirkt, darf man eine erste Komponente jener Idealität erkennen, die Fontane als die Grundlage des Romans bezeichnete. — Zu prüfen bleibt noch, ob eine solche ungestörte, wohlfunktionierende Vermittlung auch im politischen Teil des Romans vorliegt.

Zuvor jedoch muß noch ein anderes bedacht werden: Lewin und Marie nehmen als Günstlinge der Sterne an der Sternenwelt teil, und als Protagonisten des Romans stehen sie für die ‚liebenswürdige' Menschheit allgemein, gilt ihr Ehebund als Kern einer humanen Gesellschaft.

---

94 HI/III, 77.
95 HI/III, 711.

(96) Aber innerhalb der „Vor dem Sturm"-Welt sind die beiden nicht die einzigen Menschen, die sich nach Glück und seiner Erfüllung sehnen. Es liegt ganz im Sinne des Fontaneschen Vielheitsromans, daß der Erzähler eine Menge anderer Figuren in wechselnden Konfigurationen vergegenwärtigt, deren Lebenswege zuweilen parallel mit dem des Hohen-Vietzer Paares verlaufen, die aber auch mit ihm konkurrieren: Lewin liebt Kathinka, Kathinka sucht mit Bninski ihr Glück, Othegraven sieht in Marie seine Lebenserfüllung und Tubal fühlt sich von Marie angezogen, obwohl er eigentlich mit Renate glücklich verbunden ist; auch das Leben Drosselsteins und Ladalinskis bewegte sich zwischen den beiden Polen der Erfüllung und der bitteren Enttäuschung. Gehen denn — so ist zu fragen — alle diese Lebenswege und Glücksmöglichkeiten in dem einen Glück von Hohen-Vietz auf? Umfaßt die Erfüllung der Liebe zwischen Lewin und Marie stellvertretend die gesamte Breite einer auf Erfüllung ausgerichteten Welt? Bedeutet Lewins und Maries Bestimmung zum Glück gleichzeitig eine totale heilsgeschichtliche Fixierung der Lebenswege aller Romanfiguren überhaupt? Diese Fragen sollen an mehreren Beispielen beantwortet werden. Dabei ist die Auswahl der Beispiele mit Vorbedacht getroffen: Lewins Liebe zu Kathinka steht im Gegensatz zu seiner Bestimmung, und die weitere Entwicklung dieser Zuneigung erklärt sich im Sinne der Bestimmung als Abweg, Kathinka entscheidet sich wörtlich gegen eine solche Bestimmung, indem sie Lewin abweist und mit Bninski flieht; Renate und Tubal sind nicht wie Lewin und Marie füreinander bestimmt, weder gebieten noch verbieten ihnen irgendwelche Verse bestimmte Wege; trotzdem aber steht auch ihr Schicksal, wie vorausgenommen werden darf, unter dem nämlichen Gesetz.

Es kennzeichnet abermals die besondere Stellung des ersten Romans innerhalb des Gesamtwerks, daß zunächst zwischen den Erwartungen der ‚Gesellschaft' und dem individuellen Anspruch, dem Anspruch des ‚Herzens', keine unüberwindbare, tragische Kluft liegt, sondern daß beide Interessen auf dasselbe Ziel sich richten. Sowohl Berndt als auch seine Schwester Amelie würden eine durch Doppelhochzeit vertiefte Verbindung mit dem Hause Ladalinski begrüßen; den Familienplänen

---

96 So faßt es auch Cordula Kahrmann: Idyll im Roman: Theodor Fontane. München 1973, S. 166: „So spiegelt denn das private, verdiente Glück am Ende Frieden und Freiheit für das Gemeinwesen."

zu entsprechen, fällt dem Geschwisterpaar Lewin und Renate nicht schwer, da auch ihre Herzenswünsche nichts anderes ersehnen. (97) Dennoch führen diese Pläne und Wünsche nicht zum glücklichen Ende. Kathinka trennt als erste wieder die „Sache des Herzens" von der „Sache des Hauses" (98):

„Ich fühle mich aber nicht getrieben, einer Guseschen Hof- und Hauspolitik zuliebe ein Verlöbnis einzugehen oder gar ein Bündnis zu schließen. Das sind Rheinsberger Reminiszenzen, die für Tante Amelie sehr viel, für mich sehr wenig bedeuten. Sie behandelt alles wie die Verbindung zweier regierender Häuser; das mag schmeichelhaft sein; aber Lewin ist kein Prinz, und ich bin keine Prinzessin." (99)

Damit lehnt sie genau jene Seinsweise ab, die Lewin und Marie gemäß ihren vorherbestimmten Rollen zukommt. Zwar meint Kathinka mit „Prinz" und „Prinzessin" die Atmosphäre des gesellschaftlichen Zeremoniells, um das Amelie in ihrer rokokohaften Hofwelt bemüht ist; aber die Assoziation auf die Attribute der Hohen-Vietzer Märchenwelt liegt nahe und erlaubt, die Absage Kathinkas an ein politisches Hochzeitszeremoniell im Sinne einer Absage an die Glücksart innerhalb der Sternenwelt aufzufassen. Wenn Kathinka für Lewin Täuschung und Abweg bedeutet, so bedeutet er für sie Veräußerlichung und Verrat an der „Sache des Herzens". Vom Romanende her gesehen, berufen sich beide auf dasselbe Recht auf natürliche Herzensbestimmung, das sie aber notwendigerweise auseinandergeführt hat; auch Kathinka lehnt nicht nur aus mangelnder Liebe eine Verbindung mit Lewin ab, sondern sie liebt den polnischen Grafen Bninski und zieht es vor, ihr Glück mit ihm auf eigenen Wegen zu verwirklichen.

Die Schlittenfahrt von Lehnin nach Berlin macht zum letzten Mal Möglichkeiten, mehr noch aber die Unmöglichkeit einer Verbindung zwischen Kathinka und Lewin deutlich. Über der Szene schwebt noch jene spukhaft irrlichternde Atmosphäre, die durch den Napoleon-Mummenschanz, einer übermütig-effektreichen Bekundung militant-patriotischer Gesinnung, hervorgerufen wurde. Lewin, der mit Kathinka

97 Vgl. HI/III, 159.
98 HI/III, 397.
99 HI/III, 397 f.

allein in einem Schlitten fährt, hält die lang ersehnte Gelegenheit einer Aussprache und Entscheidung für gekommen: „Ach, daß doch diese Stunde wüchse und mein Leben würde und daß ich so hinführe mit dir über die Welt, in Schnee und Wind, und nichts fühlte als dein wehendes Haar an meiner Stirn." (100) Doch es bleibt bei dem vergeblichen Versuch, in der abgeschlossenen Entrücktheit des einsamen Schlittens den flüchtigen Augenblick in die Dauer eines Lebens auszudehnen; die rasende Bewegung des Schlittens — Kathinka hat die Zügel übernommen — unterstützt den Eindruck, als ob beide aus Raum und Zeit herausgehoben würden, als ob sie flögen. Aber gerade die „Wonne des Fahrens und Dahinfliegens" verkürzt für Lewin die Chance einer günstigen Entscheidung, engt die Spanne einer Erfüllung in den einzigen unwiederbringlichen Augenblick ein, den Lewin verpaßt.

„Die Pferde, als empfänden sie die straffere Führung, griffen im Augenblick rascher aus, und der im Winde rückwärts wehende Mantel umflatterte Lewins erglühendes Gesicht. Unendliche Sehnsucht erfüllte sein Herz und zuckte und fieberte in jedem Tropfen seines Bluts, als Kathinka jetzt in der Wonne des Fahrens und Dahinfliegens sich weiter in den Sitz zurückwarf und ihre Schulter leicht an seine Brust lehnte. Aber die Scheu, die sein angeboren Erbteil war, überkam ihn wieder, und es war ein einziger Kuß nur, den er zitternd auf ihren Nacken drückte.
So vergingen Minuten, dann sagte Kathinka: „Der Wind geht zu scharf, Lewin; hilf mir wieder in meinen Mantel." Es klang fast wie Spott. Er empfand es, aber gehorchte." (101)

Bei der nächsten Station wechselt man die Plätze. „Du bist ein Kind" (102), sind Kathinkas letzte Worte, und der Augenblick ist vorbei. — Es mag die Laune einer übermütigen, auch etwas neugierigen, für pikante Grenzsituationen empfänglichen Kathinka gewesen sein, die sie dazu veranlaßt hatte, Lewin zur einsamen Schlittenfahrt einzuladen; daneben mag auch mitgewirkt haben, daß sie sich vor ihrer Entscheidung für Bninski (16. Kapitel des dritten Bandes) noch ein letztes Mal

100 HI/III, 470.
101 HI/III, 470.
102 HI/III, 471.

davon überzeugen wollte, ob eine Bindung an Lewin möglich wäre; in dieser Hinsicht suchte sie eher den dramatischen Höhepunkt und die Entscheidung, als daß sie sie aufschob. Sie spielt eine Rolle, um sie endgültig abzulegen. Lewin dagegen erliegt einer illusionären Sehnsucht, deren Enttäuschung ihn bis an den Rand seiner physischen und psychischen Möglichkeiten treibt; ein Zusammenbruch freilich, der sich als heilsam erweist, denn hier wird die ,Stimme der Natur' (3. Kapitel des vierten Bandes) um so deutlicher klingen im Sinne jenes Grundsatzes, daß die Auserwählten immer nur fielen, ,,um ihr Glück zu finden." (103)

Das Recht des Herzens setzt sich durch. Lewin muß erst den Anspruch seiner ,eigentlichen' Bestimmung erkennen; dabei leiten ihn die Sterne. Kathinka dagegen bedarf keiner solchen Lenkung; denn im Augenblick ihrer Begegnung mit Bninski wendet sie sich innerlich von Lewin ab (104) und verläßt schließlich – da sie keinen anderen Ausweg sieht – mit Bninski Preußen, um im Ausland ihr Eheglück zu verwirklichen. Ihre Entscheidung für den Anspruch des Herzens widerlegt nicht etwa das Entwicklungsgesetz von Hohen-Vietz, wie es sich in den Grabsteinversen ausdrückt, sondern bestätigt es. So gesehen also müßte dem polnischen Paar dieselbe Lebenserfüllung beschieden sein wie dem Hohen-Vietzer. Das trifft jedoch nicht zu. Schon die erste Nachricht an ihren Bruder deutet leise an, daß der gewählte Weg nicht jenes Vollmaß des Glücks brachte, das sie sich versprochen hatte. ,,[. . .] ich bin glücklich, *ganz* glücklich. Freilich ein Rest bleibt. Ist es *unser* Los oder Menschenlos überhaupt? " (105) Renate interpretiert diese Zeilen zutreffend, wenn sie vermerkt: ,,Es klingt so trüb und traurig." (106) Indem Kathinka es vorzog, ihren eigenen Weg außerhalb Preußens zu finden, tritt sie auch aus dem Kreis jener liebenswürdigen Gestalten, denen das Interesse des Erzählers gilt. Im weiteren Romanverlauf spielt sie keine Rolle mehr. Nur Renates Tagebuch erwähnt sie beiläufig ein letztes Mal: ,,Brief von Kathinka (aus Paris). Teilnehmend, aber sehr vornehm. Wir sind ihr kleine Leute geworden. Sie kennt nur noch zweierlei: Polen und ,die Kirche'." (107) Die Entfernung von

103 HI/III, 93.
104 HI/III, 398.
105 HI/III, 570.
106 HI/III, 570.
107 HI/III, 710.

Hohen-Vietz scheint sich zugleich als Entfremdung von einer sympathischen Welt auszuwirken. Die damit verbundene (ironische) Abwertung der Figur tritt deutlich hervor.

Worin liegen die Gründe für eine Entwicklung, die nur zum ‚halben' Glück führt, um schließlich sogar in der Entfremdung aus dem erzählerischen Gesichtskreis zu verschwinden? Kathinka selbst fragte sich in dem Brief an ihren Bruder nach den Ursachen für den nicht ganz befriedigenden Ausgang ihrer Flucht mit Bninski: War es das Erbteil ihrer Familie oder Menschenlos überhaupt, das ihr die restlose Erfüllung ihres Lebens verwehrte? Die zweite Erklärungsmöglichkeit kann man ausschließen; denn deutlich zeigt das Schicksal Lewins und Maries, daß dem Menschen mehr als nur das relative, bedingte Glück vergönnt ist, daß er tatsächlich das absolute Glück in der Welt finden kann. Also muß es das Erbteil ihrer Mutter sein, die Unruhe, die ständig nach dem ‚besseren' Glück sucht, ohne doch das Erwartete je finden zu können; der Treuebruch der Mutter mit dem Grafen Miekusch, wodurch dem Vater das „Märchen" zerbrochen und ihm die „Prinzessin" entführt wurde (108), wiederholt sich bei der Tochter, die dem Vater die „Nichtheirat mit Bninski" (109) verspricht, aber ihr Wort nicht einhält: „Wir erben alles: erst das Blut und dann die Schuld. Ich war immer meiner Mutter Kind. Nun bin ich es ganz." (110) Aber überzeugt denn wirklich diese Analogie zwischen Mutter und Tochter? Wie groß ist Kathinkas Treuebruch überhaupt? Sie versprach ihrem Vater, nichts zu tun, „das deine Stellung nach oben hin gefährden oder deine Zugehörigkeit zu diesem Lande neuen Verdächtigungen aussetzen könnte" (111); das wußte sie jedoch mit solchermaßen gewählt vorsichtigen Worten zu tun (112), daß man von einem tatsächlichen Versprechen einer „Nichtheirat mit Bninski" kaum reden kann. Obwohl also objektiv gesehen ein so schwerwiegender Treuebruch nicht vorliegt, so bedeutet für Bninski und Kathinka dennoch die Treuefrage das entscheidende Problem, das sich vor ihre gemeinsame Zukunft stellt. Das Kapitel, in dem sich beide aussprechen und schließlich zur Flucht entscheiden, steht im Zeichen dieses Treueproblems. Bninski, der gerade in Sachen Treue besonders empfindlich reagiert und speziell die preußische Treuepraxis eben noch

108 HI/III, 324 ff.
109 HI/III, 399.   111 HI/III, 400 und 475.
110 HI/III, 477.   112 HI/III, 400.

scharf kritisiert hat, muß sich Kathinkas Frage gefallen lassen: „Und nun frag' ich dich, üben *wir* die Treue, übst *du* sie? " Darauf seine Antwort:

„Auch nicht ihr Gegenteil [. . .] Ich bin kein Ritter von La Mancha, der die Untreue aus der Welt herausfechten will; ich will sie nicht abschaffen, am wenigsten will ich die Vorstellung großziehen, daß ich ihr persönlich entwachsen sei oder über ihr stünde. Untreue! sie war das Erste und wird das Letzte sein; ich erschrecke nicht vor dem Wort und nicht einmal vor der Tat. Aber das Tugendgesicht, das sie hierzulande annimmt, *das* haß' ich. Was mir zuwider ist, das ist die Lüge. Und das eine weiß ich: es ist *nicht* Lüge, wenn ich das, was geschehen soll, weder Vertrauensbruch noch Untreue, wohl aber Zwang und Konsequenz und Notwehr nenne. Zug um Zug. Gegen das gekünstelte und mißbräuchlich geübte Recht deines Vaters, das uns zum Opfer mir unbegreiflicher Rücksichten machen will, setzen wir unser natürliches Recht, das Recht unserer Neigung." (113)

Es mögen mehrere Gründe mitgewirkt haben, warum Kathinka nicht jenes volle Glück findet, das sie sich anfänglich erhofft hatte. Bninski mag sie zwar sehr lieben; aber sein politisches Engagement macht ihn zum selbstgerechten Fanatiker, der im Ernstfall sogar bereit wäre, Kathinka seiner nationalistischen Vorstellungen wegen aufzugeben. (114) Kathinka empfindet schon im voraus den unheilbaren Bruch zwischen sich und ihrem Vater, den ihre Flucht verursachen wird: „Sei gut mit mir. Ich habe nur noch dich." (115) Die Position Fontanes, wie sie sich in späteren Werken ausspricht, wird hier bereits sichtbar: Die Ehe als Wagnis, wo alles auf eine einzige existentielle Möglichkeit gesetzt wird, kann auf die Dauer nicht halten; der Bruch mit der umgebenden, vertrauten Gesellschaft, an deren Stelle man nur die ‚herzliche' Zuneigung zweier sich Liebenden zu setzen weiß, bedeutet für eine Ehe eine zu große Belastung.

Vor dem Hintergrund des Kathinka-Bninski-Paares zeigt sich um so eindringlicher, wie sehr die Ehe zwischen Lewin und Marie eine *Ausnahme* innerhalb der „Vor dem Sturm"-Welt darstellt. Eine solche

113 HI/III, 476 f.
114 HI/III, 474.
115 HI/III, 477.

absolute Lösung, wie sie dem Hohen-Vietzer Paar vergönnt ist, kann nicht repräsentativ für alle Romanfiguren stehen. Sie erweist sich als eine einzige, *begnadete* Möglichkeit, die sich an keinem anderen Paar wiederholt. Lewin und Marie finden nicht nur in eine Ehe, für die sie beide vorherbestimmt sind, sondern dieses Eheglück ist n u r f ü r s i e vorherbestimmt und für keinen anderen.

Der Ausnahmecharakter der Entwicklung Lewins und Maries wird an dem Lebensweg Tubals noch deutlicher. Hinzukommt hier ein neuer Zusammenhang, der die Schicksale Lewins und Maries einerseits, Tubals andererseits in einen tieferen Bezug bringt.

Auch Tubal kennt wie seine Schwester Kathinka die unglücklichen familiären Voraussetzungen, die sein weiteres Schicksal zu bestimmen drohen, die ererbten Grenzen und Gefährdungen und auch die mögliche Schuld. Er fühlt sich als ein Entwurzelter und Fremder in der neuen Heimat, die er sich nicht selbst wählen konnte. Im Gegensatz zu Kathinka jedoch fehlt ihm ihre Leichtlebigkeit, Gewandtheit, ja Oberflächlichkeit, wodurch sie es vermag, über die Gefährdungen ihrer Existenz hinwegzuleben. Positiv ausgedrückt ist Tubal die tiefere, problematischere Natur. Das zeigt sich etwa schon an seiner Beziehung zum Weihnachtsfest. Er schreibt an Lewin:

„Wir haben einen prächtigen Weihnachtsheiligabend gehabt [. . .] Du wirst nun zunächst denken, daß der Christbaum, wie es ja auch sein sollte, uns so recht hell ins Herz hineingeschienen hätte; aber so war es nicht. In einem Hause, in dem die Kinder fehlen, wird das Christkind immer einen schweren Stand haben, so nicht etwa der Kindersinn den Erwachsenen verblieben ist. Und Kathinka [. . .] hat diesen Sinn nicht. Was mich angeht, so bin ich von der Segenshand, die diese Gabe leiht, wenigstens leise berührt worden. Gerade genug, um eine Sehnsucht darnach zu fühlen." (116)

Tubals Bekenntnis erinnert an Fontanes Beschreibung der elementaren, melusinenartigen Figuren; so heißt es von Oceane von Parceval: „Es gibt Unglückliche, die statt des Gefühls nur die *Sehnsucht* nach dem Gefühl haben und diese Sehnsucht macht sie reizend und tragisch." (117)

116 HI/III, 125.
117 HI/V, 794.

Lewin *besitzt* das Gefühl; nicht die Sehnsucht nach dem Unmöglichen und Fernen kennzeichnet sein Wesen (trotz der Illusion mit Kathinka), sondern das Imaginieren eines Lebensweges, der ‚von Anfang an‘ für ihn bestimmt war; sein Weltverhältnis ist in diesem Sinne ‚naiv‘. Ganz anders liegt es bei Tubal: Nicht Besitz, sondern Verlust der Lebensrichtung entscheidet über sein gegenwärtiges und zukünftiges Schicksal:

„Ich habe kein Recht, die Motive zu kritisieren, die meinen Papa bestimmt haben mögen, sich zu expatriieren, aber er hat uns durch diesen Schritt, den er tat, keinen Segen ins Haus gebracht. Unser Name ist polnisch und unsere Vergangenheit und zu bestem Teil auch unser Besitz, soweit wir ihn vor der Konfiskation gerettet haben. Und nun sind wir Preußen! Der Vater mit einer Art von Fanatismus, Kathinka mit abgewandtem, ich mit zugewandtem Sinn, aber doch immer nur mit einer Liebe, die mehr aus der Betrachtung als aus dem Blute stammt. Und wie wir nicht recht ein Vaterland haben, so haben wir auch nicht recht ein Haus, eine Familie. Und das ist das Schlimmste. Es fehlt uns der Mittelpunkt. Kathinka und ich, wir sind aufgewachsen, aber nicht auferzogen. Was wir an Erziehung genossen haben, war eine Erziehung für die Gesellschaft. Und so leben wir bunte Tage, aber nicht glückliche, wir zerstreuen uns, wir haben halbe Freuden, aber nicht ganze, und sicherlich keinen Frieden.“ (118)

Verlust der Unmittelbarkeit, fehlgeleitete Erziehung, Halbheit und Mittelpunktslosigkeit stellen den tragischen Gegensatz zu einer Biographie dar, die zur Erfüllung führt. Dieser diametrale Abstand zwischen Tubal und Lewin läßt sich bereits im ersten Romanband erkennen: Jene Sterne, zu denen Lewin aufblickt und die ihm die Erlösung von dem dunklen Geschick verheißen (119), dieselben Sterne sind es auch, die am selben Abend zu Tubal zu sprechen scheinen: „Ich sah hinauf; mir war zu Sinn, als stiege das Christkind aus diesem Sternenglanz in mein armes Herz hernieder.“ (120) Doch dieser Eindruck trügt. Tubals Leben findet nicht aus dem ererbten Halben und Widersprüchlichen heraus, verstrickt sich vielmehr noch tiefer in die „Lüge des Daseins, die überall

118 HI/III, 236.
119 HI/III, 10.
120 HI/III, 130.

da, wo unser Leben mit unserem Glauben in Widerspruch steht, stumm und laut zum Himmel schreit". (121)

Wie begegnet man einer solchen schwankenden und unsicheren Figur in einer Welt, deren äußere Verhältnisse zwar erschüttert sind, deren Geist und innere Haltung jedoch gerade in dieser Zeit einen ungewöhnlichen Klärungs- und Reifungsgrad erlangt haben? Zwischen Lewin und Tubal besteht ein freundschaftliches Verhältnis, das sich aber auf seiten Lewins nie auf die Probe gestellt sieht. Anders dagegen erscheint die Beziehung zwischen Marie und Tubal. „Ihr hattet immer eure Fehde" (122), heißt es einmal von ihnen, und das ist nicht nur im Scherz gesagt. Ohne daß ein konkreter Anlaß ausmachbar wäre, verhält sich Marie gegenüber Tubal schon immer ausgesprochen reserviert. Als sie eine Charakteristik von ihm geben soll, fällt diese keineswegs wohlwollend, vielmehr unnachsichtig, ja auch spöttisch (123) aus: „Was du Zartheit nennst, ist ihr [der Ladalinskis] Gewissen, und die Mitschuld, deren sie sich leise zeihen, ist keine eingebildete. Sie sind sich alle gleich und kennen nichts als den Augenblick." (124) Zwar hat Marie, sachlich gesehen, mit ihrem Urteil recht; es vergeht nur kurze Zeit, bis Tubal sich fast wörtlich zu dem bekennt, was ihm vorgeworfen wurde: „Es fehlt uns etwas in den Herzen der Menschen, das ist unser Verhängnis. Meinen Vater hat es getroffen und ihm am Leben gezehrt, und nun trifft es mich. Es ist, als ob wir etwas verscherzt hätten. [. . .] Altes und Neues zeugt gegen uns [. . .]" (125) Aber nicht die Richtigkeit des abgegebenen Urteils interessiert hier, sondern die Art des Urteilens selbst, die Position, aus der Marie zu einem solchen Urteil kommen kann. Warum ihre Schärfe, die als unnötig erscheint? Was bedeutet es, wenn Marie einer Figur ‚richtigerweise' vorwerfen darf, nur für den Augenblick zu leben? Vergegenwärtigt man sich in diesem Zusammenhang, daß andere Figuren aus späteren Fontaneschen Werken ebenfalls im ‚Augenblick' ihr Glück suchen, daß sie ihr ganzes Interesse auf die augenblickliche Erfüllung ihrer Sehnsüchte richten, so rückt Maries Verurteilung einer solchen Lebenshaltung in ein anderes Licht. Bei

121 HI/III, 205 und Tubals Reaktion auf diese Worte 206 f.
122 HI/III, 563.
123 HI/III, 570.
124 HI/III, 563.
125 HI/III, 570.

Marie fehlt offensichtlich noch jene Lebenserfahrung, die etwa Lene Nimptsch und Stine Rehbein kennen, daß nämlich der Lauf der Zeit, die Zukunft, nur den Verzicht auferlegt, nicht aber das erhoffte Glück bringt und daß deshalb, wenn überhaupt, nur im nahezu zeitlosen Augenblick Glück zu finden ist. Wer also wie Marie an einer Lebensweise Anstoß nimmt, die die Probleme der Vergangenheit und der Zukunft im gegenwärtigen Augenblick auszuklammern sucht, um wenigstens im ‚Jetzt' Glück zu erfahren, der muß über eine ungewöhnliche existentielle Sicherheit verfügen. Nur wer mit der Sternenwelt so eng verbunden ist wie sie, der braucht die Zukunft nicht zu fürchten. Wo die Sterne als Glücksgaranten fehlen, bedeutet die Zukunft den zu fürchtenden Ort des aufgezwungenen Glücksverzichts und der herben Entsagung. Marie ist nicht nur innerhalb der Romanwelt des „Vor dem Sturm" eine Ausnahme, sie ist es auch im Vergleich mit Figuren aus späteren Werken.

Die Zuspitzung der Auseinandersetzung zwischen Tubal und Marie erfolgt in der Hohen-Vietzer Kirche, als beide versehentlich dort nach Kirchenschluß eingeschlossen werden. Tubal, der noch vor kurzem eine Aussprache mit Renate hatte, worin er ihr seine Liebe erklärte und sich auch erhört fand (126), gerät während der Meßfeier zunehmend in den Bann Maries:

„Ihr Mund zuckte von Zeit zu Zeit, und ihre großen dunklen Augen erschienen wie geschlossen, so tief lagen sie unter dem Schatten ihrer Wimpern. Er sah das blasse, feingeschnittene Profil, und sah es, bis er *nur* noch sah und nichts mehr hörte als die vorwurfsvolle Stimme in seinem Innern, die leise seine Blicke begleitete." (127)

Als sich dann die unerhoffte Gelegenheit einer Aussprache unter vier Augen bietet, zögert er nicht, ihr seine Zuneigung zu gestehen: „Nicht wahr, Marie, wir wollen gute Kameraden sein? Das Schicksal hat uns hier zusammengeführt. Ist es nicht, als ob wir einander gehören sollten? " (128) Maries Antwort: „Nein, nicht wir." Wieder dringt das Motiv der Bestimmung deutlich hervor: Nicht wir, d. h. nicht Tubal und

126 HI/III, 570 f. und 588.
127 HI/III, 594.
128 HI/III, 597.

Marie, sondern Lewin und Marie sind füreinander bestimmt. Schon einmal mußte Marie einen Antrag ablehnen, den Othegravens; aber die Art der Zurückweisung Tubals unterscheidet sich erheblich von der damaligen. Tubals Verhalten wird als ein schwerwiegendes Vergehen betrachtet, das nach einer ebenso schweren Sühne verlangt.

Um Tubal von sich abzulenken, macht Marie ihn auf einen Grabstein aufmerksam, dessen Geschichte auch vom ‚Eingeschlossensein‘ handelt; eine Verstorbene soll in ihrem fremden Grab nicht zur Ruhe gekommen sein und so lange „mach auf“ gerufen haben, bis man sie in ihrer Heimat erneut bestattet habe. Marie gebraucht diese Geschichte als willkommenen Anlaß, auch Tubal zu dem Hilferuf zu bewegen:

„Und so rufen auch *wir* jetzt; nicht wahr? “
„Nicht ich.“
„Doch, doch, Sie müssen es auch rufen, denn so gemahnt uns der Grabstein. Und alles, an das uns die Grabsteine mahnen, auch wenn sie stumm sind, das müssen wir tun.“
„Ja; nur nicht heute, nur nicht in dieser Minute. Wir *leben* Marie.“
„Aber wielange noch? “ antwortete diese.
Tubal stutzte. Es war etwas in ihrem Wort, das ihn getroffen hatte. (129)

„Aber wielange noch? “ Mit dieser Antwort deutet Marie einen Zusammenhang zwischen Tubals jetzigem Verhalten in der Kirche und seinem später tatsächlich eintretenden Tod an. Sie, die als Repräsentantin der Sternenwelt die Fähigkeit besitzt, einen tieferen Einblick in das Sinngefüge der „Vor dem Sturm“-Welt zu nehmen, sieht durch Tubal eine Ordnung verletzt, die durch kein anderes Mittel wiederhergestellt werden kann als durch seinen Tod. Tubal versucht am Ende der Szene noch, sein Verhalten zu entschuldigen, es ungeschehen zu machen; aber dafür ist es schon zu spät:

„Tubal trat an sie heran und bot ihr die Hand, wie zum Zeichen, daß Friede zwischen ihnen sein solle. „Es war ein Traum, Marie. Nicht wahr? “ Sie schüttelte den Kopf.“ (130)

129 HI/III, 597.
130 HI/III, 598 f.

Als man dann zu dem Überfall auf Frankfurt aufbricht, kann sich trotz allgemein zur Schau getragener Heiterkeit und Zuversicht Marie am wenigsten trüber Gedanken erwehren:

„Für Lewin fürchtete sie nichts, es war ihr, als ob irgendein Flammenschild ihn schützen müsse; aber Tubals gedachte sie mit Zittern. War es eine Neigung, ihr selbst zum Trotz? Nein. Es lag nur tief in ihrer Natur, an einen Ausgleich zu glauben, das Mysterium von Schuld und Sühne war ihr ins Herz geschrieben, und ihre geschäftige Phantasie malte ihr dunkle Bilder, wechselnd in der Szenerie, aber ihr Inhalt immer derselbe." (131)

Tubals Schuld besteht darin, daß er den tragenden Pfeiler der „Vor dem Sturm"-Welt, die Treue, verletzt. Was im Falle Kathinkas noch zweifelhaft und zweideutig blieb, vollzieht sich hier eindeutig bis zum notwendigen tragischen Ende. Der Treuebruch an Renate ist in dieser Weltordnung, von der Marie ein Teil ist, unverzeihlich. Tubals unüberlegte Worte haben tödliche Folge: „Renate und immer wieder Renate. Wozu, was soll es? Ich bitte Sie, nur jetzt nicht diesen Namen; ich mag ihn nicht hören. Er will sich zwischen uns stellen, aber er soll es nicht. Nein, nein, Marie!" (132) Doch nicht nur der Treuebruch gegenüber Renate stellt ein Vergehen dar, auch die Annäherung an Marie erweist sich als ruchlos; denn in seiner augenblicklichen Erregung mißachtet Tubal die heiligen Gesetze jener spirituellen Welt, der Marie angehört: Um sich seiner Umarmung zu erwehren, reißt Marie die Tür, die zu dem „Majorsstuhl" führt, auf und „zeigte mit ihrer Rechten auf die Blutstelle, die das Grauen aller derer war, die davon wußten." (133) Doch selbst vor diesem Zeichen schreckt Tubal nicht zurück.

Tubals Verhalten läßt sich nicht als momentane Verirrung eines schwankenden und unsicheren Charakters relativieren. Treue bezeichnet gerade jenes Maß, mit dem die Menschen hier gemessen und für ‚gut‘ oder ‚schlecht‘ befunden werden. Der wackere Hirschfeldt spricht dieses entscheidende Prinzip des Romans gegenüber Tubal aus:

131 HI/III, 629.
132 HI/III, 598.
133 HI/III, 598.

„Denn gleichviel, ob Staat oder Person, wer wankt und schwankt, wer unzuverlässig und unstet ist, wer Gelöbnisse bricht, mit einem Wort, wer nicht Treue hält, der ist des Todes." (134)

Das bedeutet das Todesurteil über Tubal; es ist unerbittlich gemeint und vollzieht sich auch in seiner ganzen Strenge. Innerhalb dieses auf Treue gestellten Welt- und Menschenbildes erscheint Tubal als die warnende Verkörperung des negativen Prinzips, als jener Menschentyp, der nicht in die Welt der Erfüllung ‚danach' Eingang finden darf. So gesehen hat Conrad Wandrey recht, wenn er behauptet, daß Tubal „beinahe [...] Vertreter des bösen Prinzips" sei. (135)

Es stellt sich aber die Frage, ob dieses rigorose Treueethos den einzigen Maßstab erstellt, an dem man Tubals Lebensweg messen darf. Liefert das Treueprinzip die alleinige Instanz, vor der sich Tubal bewähren muß?

Sein Tod bestätigt auf eigentümliche Weise die absolute Gültigkeit des Treuewerts und stellt ihn gleichzeitig in seinem Absolutheitsanspruch in Frage. Er stirbt nicht nur als Sühne für die Verletzung des zentralen Werts, sondern sein Tod erweist sich als Folge einer zum ersten Mal unbedingt bewiesenen Treue. Als er sich auf dem Sterbebett selbst verklagt: „[...] es war nichts Rechtes mit mir, und ich hätte dich [Renate] nicht glücklich gemacht. [...] Denn was gibt Glück uns und andern? Fest sein und stetig sein, stetig sein im Guten. Und wir waren immer unstet, alle, alle. Auch mein Vater war es. Land, Glauben, Freunde gab er hin. Und warum? Einem Einfall zuliebe. Und wir haben nichts Gutes davon gehabt." (136) — auf diese Selbstvorwürfe nämlich antwortet ihm Renate:

„Verklage dich nicht, mein Geliebter. Ach, Tubal, um was stirbst du jetzt? Um Lieb und Treue willen. Ja, ja. Erst galt es Lewin, und dann, als er gerettet war, da dauerte dich die arme Kreatur, die verlassen dalag

---

134 HI/III, 616.
135 Wandrey, S. 129 f. Augusta Gellhaus, Sittliches Werten bei Fontane. Diss. Bonn 1931, S. 8. Walter Wagner, Die Technik der Vorausdeutung in Fontanes „Vor dem Sturm" und ihre Bedeutung im Zusammenhang des Werkes. Marburg 1966, S. 77; auch Wagner nimmt an, daß sich im Treueprinzip Fontanes eigene Haltung ausspräche.
136 HI/III, 684.

und vor Schmerz und Jammer aufwinselte, und du stirbst nun, weil du dich des treuen Tieres erbarmtest." (137)

Der Geltungsbereich des Treuewerts wird also durch den ‚Fall Tubal' nur bekräftigt. Aber — und das scheint ebenso wichtig zu sein — in dieser letzten Szene wird das Treueethos nicht mehr, wie zuvor, durch Marie vermittelt, sondern durch Renate. Gerade ihr gegenüber hatte Tubal die Treue gebrochen; doch sie, die von seinem Versagen am tiefsten getroffen sein müßte, rückt nicht von ihm ab, sondern sucht ihn im Gegenteil zu trösten. Nicht den Treuebruch, seine Schwäche, wirft sie ihm vor, vielmehr zeigt sie ihm, daß er gerade in Todesgefahr sein verhängnisvolles Erbe überwunden und die größte Treue bewiesen habe. Doch die Treue, die Renate meint, stellt nicht mehr jenen letzten fundamentalen Wert dar, als der er von Marie und Hirschfeldt begriffen wird. Ihn überlagert der Wert des Mitleides.

„Ja, Mitleid hatt' ich! Das hatt' ich immer. Mitleid und Erbarmen. Und vielleicht auch, daß meiner ein Erbarmen harrt, um meines Erbarmens willen. Ich kann es brauchen; jeder kann es. Und in der letzten Stunde tut es wohl, etwas von diesem Ankergrund zu haben . . . " (138)

Mitleid bezieht sich unmittelbar auf ein religiös fundiertes Jenseits; das war beim Treuebegriff nicht der Fall. Vergegenwärtigt man sich zudem, daß gerade Renate jene Figur darstellt, die durch ihre deutliche Ausrichtung auf einen jenseitigen Bereich gekennzeichnet ist, so erhält die letzte Szene zwischen ihr und Tubal eine neue Bedeutung für das Wertgefüge des Romans. Während Tubals Lebensweg in der Welt Maries und ihrem Treueethos zum tragischen Scheitern verurteilt ist, erfährt er in der Welt Renates eine neue Bewertung, wird seine Tragik im christlichen Trost- und Erlösungsprinzip aufgehoben. „Salve caput" heißt das betreffende Kapitel und deutet damit den christlich-religiösen Rahmen an, in dem sich Tubals Schicksal entscheidet. Neben das Wertsystem, wie es sich in Marie verkörpert, tritt also ein anderes, religiöses Wertsystem, dessen Protagonistin Renate ist. Es wäre zuviel behauptet, wollte man eine Konkurrenz zwischen den beiden Systemen

137 HI/III, 684 f.
138 HI/III, 685.

feststellen. Wichtig aber bleibt der bis in das letzte Romankapitel aufrechterhaltene Dualismus der Wertbereiche: Am Ende erscheint die Welt Maries *vermittelt* durch das Tagebuch Renates; neben dem Bericht von der anderen Hohen-Vietzer Welt steht das Bekenntnis zur eigenen Welt. Die durchaus vorhandene Sympathie zwischen Marie und Renate verdeckt nicht den grundlegenden Unterschied, der in ihrer Weltsicht und Wertvorstellung liegt. Zur angemessenen Beurteilung Tubals reichte die Sicht Maries in ihrer reinen Negativität nicht aus; sie wird durch die Sicht Renates ersetzt und richtiggestellt.

Wie wenig Tubal in der Welt Maries gilt, wie spurlos er aus ihr scheidet, zeigt das weitere Verhalten der Hohen-Vietzer Menschen ihm gegenüber, noch während er im Sterben liegt. Nur Berndt überkommt einmal der Zweifel an einem Vorgang, der sich nur aus einer bestimmten Perspektive, der Maries, als sinnvoll erschließt: „Ach, Doktor, [...] welche Tage das! Um Lewin zu retten, *dieser* Preis. Wie soll ich dem Vater unter die Augen treten! Der einzige Sohn, nein, mehr ... das einzige Kind!" (139) Im Übrigen scheint man den Unglücksfall recht schnell zu vergessen. Das Leben auf Hohen-Vietz geht weiter, gemütlicher denn je. „Bamme nahm teil [an einem „Café au Cognac"], und immer seltner ein ernstes Gesicht aufsetzend, einigten sich schließlich beide [Dr. Leist und Bamme] dahin, im ganzen genommen seit längerer Zeit keinen so gemütlichen Nachmittag verplaudert zu haben." (140) Als dann der Vater Ladalinski in den gesellschaftlichen Kreis eintritt, droht seine Trauer das schöne Gespräch „ins Stocken" zu bringen; man rettet die Konversation, indem man ausweicht und sich mit „Vorliebe und Ausführlichkeit" jenem nicht gerade passenden Thema zuwendet, „daß es im ganzen Oderbruche kein Dorf gäbe, in dem die Leute so alt würden wie in Hohen-Vietz." (141) Die Begegnung mit dem Tode wird überspielt, da Tubals Schicksal im eigenen Weltverständnis als ‚ordnungsgemäßer' Vorgang begriffen wurde. Nur eine Person vermißt man in dem sich gemütlich bildenden Kreise: Renate; der Erzähler vermerkt mehrmals ihre Abwesenheit. (142)

139 HI/III, 681.
140 HI/III, 682.
141 HI/III, 690.
142 HI/III, 682 und 702.

Die Geschichte Tubals, sein tragisches Schicksal endet noch nicht mit seinem Tod. Wenn das Kapitel „Salve caput" auch die Hoffnungsperspektive auf eine jenseitige Erlösung andeutete, worin er Trost fand, so bleibt er doch innerhalb der Welt von Hohen-Vietz jener Entwurzelte, der selbst im Tod nicht zur Ruhe kommt. Sein letzter Wunsch ist es, in Hohen-Vietz begraben zu werden:

„Ich möchte hier bestattet sein. Aber nicht in der Gruft, in der ich vielleicht unruhig würde wie das Fräulein von Gollmitz, die wieder heraus wollte. Nein, fest in Erde. [. . .] Sie sehen mich an, Hirschfeldt, als ob ich im Fieber spräche. Nein, ich fiebere nicht. Aber das von dem Fräulein, das müssen Sie sich erzählen lassen, von Renate oder von Marie. Ja, von Marie, die hat es mir erzählt. Also nicht in die Gruft." (143)

Die Geschichte des Fräulein von Gollmitz, die sich aus dem fremden Grab in die heimatliche Erde sehnte und so lange gespukt haben soll, bis man sie befreit hatte, hatte der Erzähler bereits zu Romanbeginn ausführlich beschrieben (144); Marie hatte sie dann in der Kirche mit einer kleinen, aber bedeutungsvollen Abweichung Tubal erzählt, damit auch er „Renate, mach auf" rufen sollte. Jenes Los, das die Sage unverbindlich überlieferte, das Marie zu einem gewissen Zeitpunkt als ein Rollenverhalten gelegen kam, scheint sich jetzt andeutungsweise an Tubal tatsächlich zu vollziehen. Denn sein Wunsch bleibt unerhört; der Vater, der nichts davon weiß (145), glaubt gerade im Sinne seines Sohnes zu handeln, wenn er ihn in der heimatlichen Gruft bestattet. Das Ende bleibt offen, der Roman gestaltet nicht mehr die Auswirkungen dieses versagten letzten Wunsches.

Tubal ist der negative, tragische Gegenpol zu jener glückerfüllten Welt, in der Lewin und Marie leben. Keine Überbrückungsmöglichkeit oder Affinität zeichnet sich hier ab. Wenn der Roman es darauf absah, eine Vielheit menschlicher Lebenswege zu schildern (146), so versteht sich hier eine solche Pluralität keineswegs im Sinne eines ‚allerlei Glück',

143 HI/III, 683.
144 HI/III, 39.
145 HI/III, 689.
146 Brief an Heyse vom 9. Dezember 1878; AB I, 464.

wie es der Fragment gebliebene Roman Fontanes aus gleicher Zeit beabsichtigte. Der Abstand zwischen Marie und Tubal bezeichnet die polare Spanne zweier extremer Lebensmöglichkeiten: auf der einen Seite absolute Glückserfüllung, die durch Vorherbestimmung immer schon gewährleistet ist, auf der anderen Seite tragisches Versagen, das durch eine ähnliche Vorherbestimmung von vornherein zum Scheitern verurteilt ist.

Die Idealität stellte nach Fontanes eigener Aussage die Grundhaltung des Romans dar. Wie wenig damit aber die Vorstellung von einer geglätteten, problemgelösten und abgeklärten Welt gemeint ist, zeigt das Schicksal Tubals. Hier fehlt gerade jene ideale Voraussetzung und Hilfe, auf die sich Lewin und Marie stützen können. Einer Bestimmung zum Glück steht eine Bestimmung zum Unglück gegenüber. (147) Der Roman vergegenwärtigt also nicht nur die Auswirkungen einer idealen Position, sondern auch die Folgen einer mangelnden idealen Existenzgrundlage. Idealität umgreift nicht die gesamte Breite der im Roman vorgeführten Schicksale, sondern nur einen geringen Teil.

Es genügt aber noch nicht festzustellen, daß bestimmte Personen von einem ideal fundierten Lebenskreis ausgeschlossen bleiben. Gerade im Falle Tubals zeigt es sich, daß sich die Idealitätssphäre auf Kosten des nicht Begünstigten durchsetzt. Tubals Tod versteht sich nicht nur als Unglücksfall bei einer riskanten Aktion und auch nicht nur als Sühne für eine Schuld, sondern als ein *Opfer*, das man für die Rettung Lewins bringen muß. Als Bamme die Vorbereitungen für die Befreiung beobachtet, fällt ihm ein Schlitten mit herabhängender schwarzer Wachsleinwand auf, der ihn an „Sarg" und „Begräbnis" erinnert. „Was will nur der schwarze Kasten, Hirschfeldt? Schwarz und schräg und eine Zudecke darüber. Der reine Sarg. Soll mich wundern, wen sie hineinlegen werden." (148) Die Frage, ob er an das Fehlschlagen des Unternehmens glaube, verneint er. Aber: „Ihr werdet ihn also freikriegen; aber einen Einsatz kostet's, ein Bein oder ein paar Rippen. Billiger habt ihr's nicht. Vielleicht aber teurer. Und deshalb gefällt mir der Kasten nicht." (149)

147 Vgl. dazu ergänzend Gerhard Friedrich, „Das Glück der Melanie van der Straaten. Zur Interpretation von Theodor Fontanes ‚L'Adultera'" in: Jahrbuch der deutschen Schillergesellschaft, 12 (1968), S. 359—382.
148 HI/III, 673.
149 HI/III, 674.

Hohen-Vietz mit seinem Glückspaar stellt am Ende nicht die zu erwartende erfüllte Welttotalität dar, sondern bedeutet nur einen glücklichen Ausnahmefall für zwei Personen. Der Anspruch, ein Beispiel für eine allgemeine, umfassende Glücksbestimmung zu sein, wird zweifelhaft. (150)

Der Weg Lewins und Maries zur Hohen-Vietzer Erfüllung führt durch die Geschichte, durch das politische Tagesgeschehen, das sich zu säkularer Bedeutung erhebt. In diesem aktuellen Rahmen entfaltet sich das Glück der beiden. Die geschichtlichen Ereignisse können es stören, indem sie Lewin in Todesgefahr bringen, sie erfüllen aber auch die Aufgabe eines Gottesurteils für das private Schicksal des Hohen-Vietzer Paares; denn der bevorstehende Kampf soll ergeben, ob Lewin in einer Mesalliance mit des fahrenden Schauspielers Tochter überhaupt leben dürfe: „Ist es in den Sternen anders beschlossen, so wird eine französische Kugel mitsprechen. Gott verhüt' es! Haben wir dich aber wieder, so haben wir auch Hochzeit." (151) Geschichte also bedeutet für den Weg des Hohen-Vietzer Paars mehr als nur Kulisse und Hintergrund, wie es nicht zuletzt auch Fontanes eigene Worte vermuten ließen. (152)

Was also bedeutet Geschichte in „Vor dem Sturm" und wie wirkt sie sich im einzelnen aus? Eine solche Fragestellung erwartet nicht unbedingt die thematische Ausgestaltung einer Geschichtsdefinition im Roman; vielmehr kann man schon im voraus R. Brinkmanns Feststellung zustimmen: „Die Geschichte als Geschichte ist nicht das Thema, weder in einem mythischen noch quasi wissenschaftlichen Sinn. Auch nicht als Objekt poetischer Ausdeutung: nicht Suche nach einer höheren Wahrheit des Geschichtlichen, wie etwa in Arnims ‚Kronenwächter'." (153) Andererseits aber spielt Geschichte im Roman eine zu große Rolle — wie noch zu zeigen sein wird —, als daß sie nur als historischer Hintergrund behandelt werden dürfte.

150 Dies widerspricht nur scheinbar der an anderer Stelle getroffenen Aussage, daß Lewin und Marie den Kern einer idealen nationalen Gemeinschaft repräsentierten. Innerhalb der Romanwirklichkeit ist ihr Lebensweg eine Ausnahme, die durch ihre Erwähltheit motiviert wird. Im axiologischen Bereich der Wertung, innerhalb des ideellen Koordinatensystems vertreten beide jene Haltungen, Prinzipien und Ideen, die vom Roman als vorbildhaft und somit auch als für jeden nachvollziehbar präsentiert werden.

151 HI/III, 703.

152 HzBr, 131 vom 17. Juni 1866.

153 Brinkmann, S. 52.

Fontanes Geschichtsbild – in „Vor dem Sturm" so gut als auch in den „Wanderungen" – setzt sich aus drei Elementen zusammen, die aber eng ineinandergreifen und nur für die theoretische Überlegung getrennt werden dürfen: Die Geschichte des L a n d e s, der S c h l a c h t e n und der P e r s o n e n. Die Landesgeschichte selbst wiederum teilt sich in zwei Bereiche auf: in die Geschichte der Heimat und die der Schlachtfelder; Heimatgeschichte bedeutet die Geschichte des Herrenhauses, des Parks, der Umgebung (Kirche, Dorf, See) und der Mark Brandenburg. Die Geschichte der Schlachten kennt naturgemäß nur zwei Möglichkeiten: Sieg oder Niederlage, Fehrbellin und Leuthen einerseits, Hochkirch und Kunersdorf andererseits. Die Geschichte der Personen unterscheidet öffentliche und private Lebenswege; der öffentliche Lebensweg besteht aus dem Beruf, dem Staats- und Hofdienst und dem Kriegsdienst; der private Lebensweg geht den elementaren Lauf von Geburt, Hochzeit, Geburt der Nachkommen und Tod; an diese Kategorien der Personenbeschreibung hält sich Fontane, ob er nun den Soldatenkönig, Friedrich den Großen, Prinz Heinrich, die „Männer und Helden" Zieten, Seydlitz oder Berndt von Vitzewitz, Hirschfeldt und Othegraven beschreibt. Das ist in etwa das historiographische Rohmaterial, wie es noch im „Stechlin" nachweisbar ist.

Das Geschichtsbild in „Vor dem Sturm" geht aber in bestimmter Weise über diese drei Strukturelemente hinaus. Das, was hier hinzukommt, ließe sich allgemein mit dem Fontaneschen Begriff der „ideelle[n] Durchdringung" (154) kennzeichnen. Eine ideelle Durchdringung besteht schon darin, daß er ein vorwiegend statisches Geschichtsbild in die Dynamik einer dramatischen Situation einbettet, daß das Zuständliche seiner Historiographie im Augenblick des ,vor dem Sturm' sich in einen dramatischen Vorgang verwandelt, der einen Beginn, den Höhepunkt und den Abschluß kennt; Geschichte kann verletzt werden, ihre Heilung muß dann vorbereitet werden, damit sich schließlich Geschichte auch erfüllen kann. Eine solche Bewegung beginnt im Roman mit dem weihnachtlichen ,vor dem Sturm', erreicht ihren Höhepunkt im ,Sturm' und schließt als erfüllter Vorgang danach, ,nach dem Sturm' ab. Auf dieser Dreiteilung – wenn auch die Teile untereinander nicht gleichgewichtig sind – gründet die Struktur des Romans. Die Vorbereitung, die Gestaltung der allgemeinen Zeitsitua-

154 Rezension von Freytags „Soll und Haben" HIII/I, 293.

tion des Davorstehens, illustriert und exemplifiziert am besonderen Beispiel von Hohen-Vietz, stellt die erste Phase des Geschichtsverlaufs im Roman dar; sie ist die wichtigste Phase, reicht sie doch schon rein äußerlich nahezu über die gesamte Länge des Romans. Zu diesem ausführlichen Verweilen Fontanes bei der Vorbereitungszeit schrieb ein Kritiker:

„An der Schwelle der Stürme der Befreiungskriege unternimmt es der Dichter, uns für die vorhergehende Windstille zu interessieren. Der Leser befindet sich da beinahe in der Lage einer tanzlustigen Schönen, die vor dem Balle noch ein Concert anhören muß; die Füße trippeln schon ungeduldig, aber sie muß stillsitzen; in Gedanken fliegt sie schon im Galop dahin und schenkt dem Andante maestoso nur widerwillige Aufmerksamkeit." (155)

Die zweite Phase, der Augenblick der großen Tat, bleibt im Roman ausgespart; gegenüber der schleichenden Bewegung der Vorbereitungszeit fällt das Überspringen des ‚Eigentlichen‘, der Kernzone des Romans, um so deutlicher auf. Die letzte Geschichtsphase bringt das Endziel der geschichtlichen Aktion; der Eindruck, daß in diesem letzten Abschnitt der Geschichtsverlauf im Sinne eines politischen Geschehens zum Abschluß kommt, verstärkt sich dadurch, daß die Romanwirklichkeit ‚nach dem Sturm‘ in das Ungeschichtliche eines ‚natürlichen‘ Lebens mündet; die Figuren, die in diesem Endabschnitt durchaus etwa die Vormärz-Zeit erleben müßten, bleiben jedoch davon unberührt in ihrer Hohen-Vietzer Hermetik.

Damit erhält das oben allgemein dargestellte Geschichtsbild in „Vor dem Sturm" einen teleologischen Rahmen, den es in der episodisch strukturierten Historiographie nicht besaß. Geschichte läuft nun auf ein Ziel, auf ein Letztes hin, das sich dort in seiner Erfüllung zugleich abschließt. Fontane greift die geschichtlichen Befreiungskriege aus einem umfassenderen Zusammenhang isoliert heraus und verwandelt sie in eine ideell durchdrungene Entelechie.

Wenn Geschichte als konzentrierter dramatischer Gang auf ein bestimmtes Ziel verstanden wird, dann stellt sich die Frage nach jenen

155 Schuberts Kritik S. 131; vgl. auch HzBr, 213 vom 5. März 1879.

Kräften, die die Geschichte in Bewegung setzen und sie zum erfüllten Abschluß bringen; wer oder welches Prinzip lenkt ihren Lauf?

Bereits Fontanes eigene Bemerkungen und Kommentare in Briefen vor allem an den „Vor dem Sturm"-Verleger Wilhelm Hertz machen deutlich, daß die Antwort aus zwei Blickrichtungen zu erfolgen hat. Es genügt nicht, die geschichtliche Bewegung an sich zu analysieren, ohne dabei die Bedeutung menschlicher Tätigkeit und Gedanken zu berücksichtigen. Die Ursache geschichtlichen Fortschreitens muß im Zusammenhang gesehen werden mit Aktion und Reflexion der Menschen. Zunächst scheint es, als ob Fontane die geschichtliche Ebene von der menschlichen trennen wollte, um so die Reaktion des ‚ungeschichtlichen' Menschen auf den akuten geschichtlichen Fall sichtbar zu machen:

„Es war mir nicht um Conflikte zu thun, sondern um Schilderung davon, wie das große Fühlen das damals geboren wurde, die verschiedenartigsten Menschen vorfand und wie es auf sie wirkte. Es ist das Eintreten einer großen Idee, eines großen Moments in an und für sich sehr einfache Lebenskreise." (156)

Es kommt darauf an, wie der Mensch aus seinen individuellen Voraussetzungen in einem bestimmten, epochemachenden Augenblick auf eine säkulare Idee reagiert. Das Interesse des Erzählers gilt demnach der menschlichen Anverwandlung objektiver, vom Menschen also nicht hervorgebrachter Geschichtsvorgänge. Von Wesen, Richtung und Ziel der Geschichte ist hier keine Rede. Trotzdem aber kommt auch dieses im Roman zur Sprache. Indem nämlich gemäß Fontanes eigenem Vorhaben der Mensch so stark in den Mittelpunkt rückt, gewinnen auch seine Reflexionen über die Geschichte eine neue Bedeutung und Verbindlichkeit. Das Interesse an den Figuren umfaßt zugleich das Interesse an deren Geschichtsbild. Das „große Fühlen das damals geboren wurde", die Art, Geschichte zu betrachten, ihr einen Sinn zu geben und sich mit ihr eins zu fühlen, ist das Thema des Romans. Fontane stellt das Verhältnis seiner Figuren zur Geschichte dar und sieht darin den Schwerpunkt seines Romans und nicht etwa im Landschaftlichen, in der „Liebe zur Scholle", wie es Paul Heyse

156 HzBr, 131 vom 17. Juni 1866.

behauptete. (157) Die Gesinnung bezeichnet den Schwerpunkt des Romans (158); und das bedeutet sowohl die Gesinnung des Autors als auch die seiner Figuren. Als Beispiel, wo sich dies im Roman am deutlichsten zeige, nennt Fontane das Kapitel, in dem der Erzähler Berndt von Vitzewitz vorstellt (I, 4), die Diskussion über Königs- und Landestreue zwischen Berndt, Kniehase und Othegraven (II, 13), die Unterredung mit Prinz Ferdinand (III, 1), die Kritik Bninskis an Preußen (III, 16) und die dem Überfall auf Frankfurt nachfolgenden Kapitel der Desorientierung und des neuen Hoffens (IV, 20 ff).

Um die Frage nach den Ursachen und Motiven des Geschichtsablaufs zu beantworten, ist es nötig, die Figuren im Roman nach ihrem Geschichtsdenken zu befragen; was sie denken, fühlen und glauben, interessiert in diesem Zusammenhang. Eine ähnliche Situation wiederholt sich hier, wie sie bereits an dem Verhältnis zwischen objektiver Bestimmung und individueller Imagination in der Marie-Lewin-Handlung beobachtet wurde. In beiden Fällen berührt ein ideeller Bereich (Grabsteininschrift, große Idee) von außen die Lebenskreise der Figuren und gibt den entscheidenden Anstoß für eine weitere Entwicklung. Die Figuren rezipieren nicht nur, sie reagieren auch. Ihr Glauben richtet sich auf ein Ideelles, und aus diesem Glauben heraus handeln sie auch. Wo immer der Glaube eine so entscheidende Rolle für die Praxis einnimmt, liegt die Gefahr der Illusion nahe. Doch im Gegensatz zum späteren Werk Fontanes, wo sich der Glaubensinhalt nur als illusionäre Projektion eines Individuums in Not erweist, bleibt hier das Geglaubte objektiv verbürgt. Nicht um die Möglichkeit des Konflikts ging es Fontane, sondern um die Möglichkeit der Harmonie; nicht die Desillusion steht am Ende, sondern die Reinigung der Gesinnung, die — wie noch zu zeigen sein wird — synonym mit dem Wort Glauben gebraucht werden kann.

Berndt von Vitzewitz nimmt in den beginnenden Aktionen gegen die französische Besatzungsmacht eine führende und damit auch vorbildliche Rolle ein. „Voller Abscheu gegen die Pariser Schreckensmänner sah er in dem ‚Paktieren mit dem Regiciden‘ ebenso eine Gefahr wie eine Erniedrigung Preußens." (159) Sein Haß „gegen alles, was von jenseits

157 HyBr, 132 vom 27. November 1878 an W. Hertz.
158 HzBr, 200 vom 1. Dezember 1878.
159 HI/III, 28.

des Rheines kam" (160), war um so unerbittlicher, da gerade das beleidigende Verhalten eines angetrunkenen französischen Offiziers den Tod seiner Gattin verschuldete. Und doch galt sein Haß dem französischen Volk insgesamt mehr aus „Absicht und Kalkül" denn aus „unmittelbare[r] Empfindung" (161), hatte er sich doch trotz allem eine „nicht zu ertötende Vorliebe" für dieses Volk bewahrt. Dafür aber kennt sein Haß gegen Napoleon keine Grenzen:

„Schon der Name widerte ihn an. Er war kein Franzos, er war Italiener, Korse, aufgewachsen an jener einzigen Stelle in Europa, wo noch die Blutrache Sitte und Gesetz; und selbst die Größe, die er ihm zugestehen mußte, war ihm staunens-, aber nicht bewundernswert, weil sie alles himmlischen Lichtes entbehrte. Er sah in ihm einen Dämon, nichts weiter; eine Geißel, einen Würger, einen aus Westen kommenden Dschingiskhan." (162)

Berndts Widerstand gegen Napoleon ist ein Kampf für den vergangenen Glanz friderizianischer Zeiten: „[. . .] es war einst anders, und wir Alten, die wir noch das Auge des Großen Königs gesehen haben, wir schmecken bitter den Kelch der Niedrigkeit, der jetzt täglich an unseren Lippen ist." (163) Die kleinen Vorbereitungen in und um Hohen-Vietz gelten als Initiallösung, als ein Zeichen und ein Beispiel für die ganze Provinz. (164) Doch Napoleon ist nicht nur der politische Gegner. Mit seinen noch jungen Kindern war Berndt seinerzeit nach Küstrin gefahren, das der Kaiser einmal passieren mußte, um ihnen denjenigen zu zeigen, „den Gott gezeichnet habe" (165): „Seht scharf hin, das ist der *Böseste* auf Erden." (166) In den Augen Berndts erscheint Napoleon als jener alttestamentarische Frevler und Feind, der das Gericht Gottes herausfordert. Die historische Aktion der Befreiungskriege spielt sich somit im Rahmen eines biblischen Weltgerichts ab. Gott selbst scheint in das Geschehen einzugreifen und legitimiert jede

160 HI/III, 30.
161 HI/III, 30.
162 HI/III, 30.
163 HI/III, 35.
164 HI/III, 605.
165 HI/III, 31.
166 HI/III, 31.

Handlung gegen den „bösen Feind" (167): „Gott will es, daß wir seine Zeichen verstehen." (168) Hinter der katastrophalen Situation der Gegenwart sieht Berndt bereits die Schriftzüge der richtenden göttlichen Hand:

„Die große Hand, die beim Gastmahl des Belsazar war, hat wieder ihre Zeichen geschrieben und diesmal keine Rätselzeichen. Jeder kann sie lesen: „Gezählt, gewogen und hinweggetan". Ein Gottesgericht hat ihn verworfen." (169)

Auch Pastor Seidentopf predigt aus Anlaß der ersten schwerwiegenden französischen Niederlage in Rußland von den göttlichen Zeichen. (170) Wer für die Freiheit des Vaterlandes eintritt, der bekennt sich mit dieser Tat gleichzeitig für die ewigen Ordnungen:

„Gott will *kein* Weltenvolk, Gott will keinen Babelturm, der in den Himmel ragt, und wir stehen ein für seine ewigen Ordnungen, wenn wir einstehen *für uns selbst*. Unser Herd, unser Land sind Heiligtümer nach dem Willen Gottes." (171)

Die nationale Aufgliederung der Welt in selbständige Teile spiegelt die ewigen Ordnungen Gottes wider, und eine Aufhebung dieser Grenzen bedeutet zugleich ein Vergehen gegen den göttlichen Weltplan. Preußen mußte zunächst Frankreich unterliegen, da es, in Schuld und Sünde verstrickt, Gott zum Gegner hatte. Bestand die anfängliche Schuld darin, daß der Ruhm der vergangenen Glanzzeiten „uns hochfahrend, sorglos und bequem gemacht habe" (172), so vergrößerte sich diese Schuld beträchtlich, als Preußen allzu willfährig einen schmachvollen und demütigenden Frieden annahm. (173) Der Aufruf des Königs zum offenen Widerstand jedoch beendet die „Tage unserer Gefangenschaft" und leitet eine neue Zukunft ein. (174)

167 HI/III, 36.
168 HI/III, 33.
169 HI/III, 33.
170 HI/III, 43 und 591.
171 HI/III, 43.
172 HI/III, 592.
173 HI/III, 593.
174 HI/III, 593.

„Ein heiliger Krieg ist es, der beginnt, ein Krieg voll Hoffnung *auf innerliche Befreiung*, und so will ich denn sprechen über die Worte des Propheten Jeremias im achtzehnten Kapitel: „Und plötzlich rede ich gegen ein Volk und Königreich, daß ich ausrotte, zerbreche und verderbe; wo sich es aber bekehret von seiner Bosheit, dawider ich rede, so soll mich auch reuen das Unglück, das ich ihm gedachte zu tun." Ja, meine Freunde, Gott war auch wider uns, daß er uns ausrotte, zerbreche und verderbe um unserer Schuld und Sünde willen, denn diese Schuld war groß." (175)

Es ist bekannt, daß Fontane für die zweite Predigt Seidentopfs weitgehend eine Predigt Schleiermachers zugrunde legte, die dieser in der Berliner Dreifaltigkeitskirche am 28. März 1813 gehalten hatte. (176) Wie weit Fontane seine Quelle abwandelte, kann hier nicht untersucht werden. (177) Wichtig ist hier, daß Seidentopf den politischen und geschichtlichen Vorgang in einem ähnlichen Sinne auslegt wie Berndt: Beiden zeigt sich hinter der geschichtlichen Oberfläche ein göttlicher Welt- und Heilsplan an, der, durch den Glauben vermittelt, in der Welt sich auswirkt; nationales Unglück oder Wohlergehen weisen zurück auf ein religiöses Problem.

Es geht hier wohlgemerkt nicht um das Geschichtsbild Fontanes, sondern um die Welt- und Sinnentwürfe seiner Figuren. Der Zusammenhang zwischen politischem Geschehen und göttlichem Wirken wird durch den Glauben einzelner Figuren gestiftet. Aber weder erweist sich dieser Glaube als Illusion, noch relativiert er sich als individuell unverbindliches Merkmal eines abnormen Charakters. Indem mehrere Personen in ihrem Glauben übereinstimmen, wird das „Fühlen", das den Roman thematisch beherrscht, sichtbar, seine allgemeine Bedeutung in der Romanwelt greifbar.

175 HI/III, 592.
176 Alexander Faure, „Eine Predigt Schleiermachers in Fontanes Roman ,Vor dem Sturm'" in: Zeitschrift für Systematische Theologie, 17 (1940), S. 221—279. Eine detaillierte Gegenüberstellung auch bei Ingeborg Schmeiser, Theodor Fontanes Auffassung von Kunst und Künstlertum unter besonderer Berücksichtigung der Dichtung, Diss. Masch. Tübingen 1954, S. 284—293.
177 Vgl. dazu Brinkmann, S. 53—55.

In diesem Zusammenhang gehört auch jene Szene im Schulzenhof-Idyll zu Romanbeginn, wo man ein Kapitel aus dem „Propheten Daniel" liest:

„Der alte Kniehase hatte dies Kapitel mit gutem Vorbedachte gewählt. Mariens Hände lagen still in ihrem Schoß. Und als die Stelle kam: „Und nach diesem wird aufkommen ein frecher und tückischer König, der wird mächtig sein, doch nicht durch seine Kraft, und nur durch seine List wird ihm der Betrug geraten, und er wird sich auflehnen wider den Fürsten aller Fürsten; *aber er wird ohne Hand zerbrochen werden*" — da wurden ihre Augen größer, wie sie es bei der Erzählung von dem Feuerschein im Schlosse zu Stockholm geworden waren, denn, erregbaren Sinnes, nahm jegliches, wovon sie hörte, lebendige Gestalt an." (178)

In der teleologischen Vision des geschichtlichen Prozesses, in dem fortwährend der Stärkere den Starken besiegt, der Böse den Bösen übertrifft, in dem alle Bewegung eine einzige Eskalation des Schlechten ist, wird dennoch die ruhende Allmacht und Wirksamkeit Gottes deutlich. Die zitierte Bibelstelle beschreibt in einem visionären ‚Gesicht' den Höhepunkt und gleichzeitig das Ende des letzten, größten Frevlers in der Geschichte durch den direkten Eingriff Gottes. (179)
Bereits zu Romanbeginn kündigt sich dieses Weltgericht chiffriert an. In einer Unterhaltung ‚am Kamin' fragt Renate Lewin nach der Bedeutung der „roten Scheiben im Schloßhof von Berlin" (180), von denen die Zeitungen berichteten. Lewin gibt zunächst die allgemeine Meinung des Volks wieder: „Die Leute sagen, es bedeute Krieg." (181) Dann aber berichtet er von einer Erzählung, die eine Zeitung als quasi Deutung der Berliner roten Scheiben unter dem Titel „Karl XI. und die Erscheinung im Reichssaale zu Stockholm" veröffentlicht hatte. (182) Der schwedische König nämlich nahm eines späten Abends dieselbe Erscheinung der glühenden Fensterscheiben an seinem Reichssaal wahr.

178 HI/III, 70 f.
179 Das Buch Daniel. Übers. und erkl. von Johann Goettsberger, Bonn 1928, S. 63 f., Zeile 23—25.
180 HI/III, 49.
181 HI/III, 50.
182 HI/III, 50.

Sich mit der Erklärung, der Mond spiegelte sich in den Scheiben wider, nicht zufriedengebend, beschloß er, im Reichssaal selbst nachzusehen, da er eine Feuersbrunst befürchtete. Doch als er den Saal betrat, wurde er Zeuge eines unerwarteten Gerichts von apokalyptischem Ausmaß. Er sah an einem Tisch eine Anzahl ehrwürdiger Männer sitzen, in ihrer Mitte ein junger Fürst; in der Nähe des Tisches aber stand ein Richtblock, um den Angeklagte einen Halbkreis bildeten. Trotz des Einspruchs der beisitzenden Männer ließ der junge Fürst alle Angeklagten hinrichten. Voll Entsetzen vor der blutigen Szene wandte sich König Karl ab, und als er wieder hinblickte, war der Thron des Fürsten zusammengebrochen. Der König erkannte in dieser Szene eine verschlüsselte Botschaft für sein eigenes Land und, nach dreimaligem Anrufen Gottes, erhielt folgende Voraussage:

„Nicht soll dies geschehen in deiner Zeit, wohl aber in der Zeit des sechsten Herrschers nach dir. Es wird ein Blutbad sein, wie nie dergleichen im schwedischen Lande gewesen. Dann aber wird ein großer König kommen und mit ihm Frieden und eine neue Zeit." (183)

Obwohl in der Geschichte Schwedens diese Prophezeiung eintrat – der Thron Gustavs IV. brach tatsächlich zusammen –, kann Lewin sich für den Wahrheitsgehalt der von ihm erzählten Geschichte nicht verbürgen. Aber das Verhalten Maries, deren Fähigkeit zur imaginativen Anverwandlung bereits eingehend beschrieben wurde, zeigt deutlich, wie verbindlich die Situation des Weltgerichts für die Romanwirklichkeit ist:

„Marie stand auf. Jeder sah erst jetzt, welchen tiefen Eindruck die Erzählung auf sie gemacht. Sie drückte die Tannenzweige, die sie mittlerweile, ohne zu wissen warum, zerpflückt hatte, zu einem Knäuel zusammen und warf alles in die halb niedergebrannte Glut. Der rasch aufflackernden Flamme folgte eine Rauchwolke, in der sie nun, einen Augenblick lang, selbst wie eine Erscheinung stand, nur die Umrisse sichtbar und die roten Bänder, die ihr über Haar und Nacken fielen. Es bedurfte ihrerseits keines weiteren Bekenntnisses; sie selber war die Antwort auf die Frage Lewins." (184)

183 HI/III, 52.
184 HI/III, 52 f.

Lewin hatte gefragt, ob man das Recht hätte, die Möglichkeit einer Erscheinung, wie sie der schwedische König gehabt habe, in Zweifel zu ziehen.

Wenn die „roten Scheiben" hier nur mittelbar die Situation des Weltgerichts andeuten, so kehren sie im weiteren Romanverlauf noch einmal deutlich wieder, nunmehr als persönliches Erlebnis einer Figur; der Bezug zur schwedischen Erzählung bleibt dabei bewußt. (185) Der Saalanbau des Hohen-Vietzer Schlosses brennt ab, und Renate berichtet ihrem Bruder davon in einem Brief nach Berlin. Die roten Scheiben freilich künden hier einen tatsächlichen Brand an. (186) Aber indem sich die Chiffre der glühenden Scheiben wiederholt, wird auch die Brandkatastrophe zum bedeutungsvollen Ereignis erhöht. Wieder wird der Sinn des Geschehens auf imaginativer Ebene vermittelt; im Traum konzentriert sich das zuvor Erlebte auf den einen Vorgang der Erlösung vom geschichtlichen Schrecken; Renate schreibt:

„In meinem Traume mischte sich das eben Erlebte mit jener wundersamen Feuererscheinung im alten Schloß zu Stockholm, wovon Du Marie und mir am ersten Weihnachtstage erzähltest, als wir am Kamin saßen und den Christbaum plünderten. Ich sah im Traum die Scheiben meines Fensters glühen; als ich aber aufstand, um nach dem Schein zu sehen, war ich nicht mehr allein und gewahrte nur eine lange Reihe Verurteilter, die mit entblößtem Hals an einen Block geführt wurden. Ein entsetzliches Bild, und alles rot, wohin ich sah. Aber in diesem Augenblicke trat Hoppenmarieken in die Tür des Reichssaales, und alles rief: „De möt et stillen."
Da hob sie den Stock, und es war kein Blut mehr; und das Bild versank und sie selber mit." (187)

Es mag nicht ohne Ironie sein, wenn durch die große Tür des Reichssaales die Zwergin Hoppenmarieken eintritt und die Menschheit von den Schrecken der Geschichte erlöst; aber das widerspricht nicht jenem Erlösungsvorgang, der sich auf imaginativer Ebene vollzieht und seine Auswirkungen in der Welt ‚nach dem Sturm' zeitigt.

185 HI/III, 406.
186 HI/III, 403.
187 HI/III, 406.

Die Romanfiguren sehen im Ablauf der Geschichte, besonders im Ablauf der Befreiungskriege ethisch und religiös fundierte Kräfte am Werk. Geschichte, das bedeutet *ihre* Geschichte, ihr nationales, ihr märkisches Leben, und dieser Rahmen ist göttlich verbürgt, so glauben es alle. Jede geschichtliche Tat, jeder geschichtsrelevante Gedanke versteht sich entweder als Verletzung des göttlichen Heilsplanes oder als seine Bewahrung bzw. Rückgewinnung. Somit begreift sich jedwede geschichtliche Bewegung als ein Pendelschlag zwischen zwei Polen. Das Besondere dieses Geschichtsbildes liegt darin, daß trotz göttlicher Fundierung Geschichte keine autarke, absolute Kraft ist. Ihr Wesen und Ziel erschließt sich nur im Glauben bzw. in der Imagination der Figuren. Weder erscheinen die Figuren als hilflose Marionetten eines sie überlagernden Machtbereiches, noch unterliegen die Geschichtsbilder den Aktionen, Manipulationen und Interpretationen mehr oder minder gewandter Praktiker. Das labile Gleichgewicht zwischen objektiver Determination und subjektiver Projektion wird durch die *Gesinnung* bewahrt, Gesinnung, die hier als Sammelbegriff für alles phrasenlose Denken, Fühlen, Ahnen und Glauben der Figuren genommen wird. Die Bedeutung von Gesinnung liegt in ihrer vermittelnden Funktion zwischen Welt und Ich. Gesinnung erweist sich als eine Form des Verstehens, als eine Möglichkeit, Welt-Sinn zu ermitteln. Sie ist, wie der Roman zeigt, keine individuelle, sich aus dem Charakter ergebende Eigenschaft, sondern das kollektive Merkmal einer Personengruppe, die sich als Familie und zugleich als Nation ausgibt. Bei dieser Definition des Gesinnungsbegriffs geht es also weniger darum, Gesinnung als eine positive Alternative der versagenden Praxis entgegenzuhalten im Sinne des: Nicht auf die erfolgreiche Tat, sondern auf die Gesinnung komme es an; vielmehr geht es darum, das Fundament eines Romans zu ermitteln, aufgrund dessen es möglich wird, eine historische Phase aus ihrem umgreifenden Zusammenhang zu reißen und in ein fiktives, aber geltenwollendes Modell heilsgeschichtlicher Ordnung zu verwandeln. Die Idealität des Romans besteht darin, daß ein Weltsinn auf dem Wege der Gesinnung verstehbar, entwerfbar und realisierbar ist. (188)

Wenn der Roman die durch kollektive Gesinnung gestiftete Weltharmonie gestaltet, so mag man berechtigterweise fragen, ob er auch jene

---

188 Vgl. hierzu auch das „Stechlin"-Kapitel dieser Arbeit.

Folgen einkalkuliert, die sich aus dem Fehlen einer solchen Gesinnung ergeben. Die Gesamttendenz des Romans kann freilich von einer möglichen Schattenseite nicht mehr betroffen werden; aber es mag aufschlußreich sein, das Schicksal jener Figuren zu verfolgen, die das Gesinnungsmoment nicht aufbringen. Es handelt sich hier um eine ähnliche Fragestellung wie im Falle der Glückbestimmung Maries und Lewins; auch dort erwies sich der Blick auf die Rückseite einer optimalen Lebenserfüllung als ergiebig. Gibt es in einer Welt, deren gemeinsamer Nenner die Gesinnung ist, Menschen, die sich nicht konform verhalten, die sich nicht in das Weltbild einfügen, die ausgeschlossen bleiben? Gibt es Außenseiter, und worin besteht im einzelnen ihr Außenseitertum? Was wird jenen Figuren, die außerhalb des Geists von Hohen-Vietz stehen, vorgeworfen? Richtet sich der erhobene Einwand gegen ihre ‚Gesinnungslosigkeit‘ oder gegen ihre ‚falsche‘ Gesinnung? Die Antwort auf diese Fragen kann aufschlußreich sein für eine genauere Bestimmung des ideellen Romanfundaments. Denn Gesinnung — so darf angenommen werden — bot sich gerade deshalb als Grundpfeiler eines heilsgeschichtlichen Weltentwurfs an, weil sie eine breite Vielheit unterschiedlicher Menschen und Interessen über einen gemeinsamen Nenner zu vereinen vermochte. Die Reichweite einer Welt, die sich auf einen göttlichen Heilsplan beruft, und überhaupt ihre grundlegende Voraussetzung werden an ihrem Gegenbild deutlich.

Die Zahl der Figuren, die sich nicht in die Hohen-Vietzer Gesinnungswelt integrieren lassen, ist nicht gering. Dabei handelt es sich nicht nur um periphäre Nebenfiguren, sondern, wie bereits im Falle Tubals deutlich wurde, auch um zentrale Gestalten. Bninski und Kathinka entziehen sich durch Flucht dem Preußen ‚nach dem Sturm‘; ihre Motive sind nicht nur privater Natur, sondern auf seiten Bninskis ganz konkret politisch weltanschaulicher Natur. Dagegen versucht der Vater Kathinkas in diesem Preußen heimisch zu werden, allerdings gelingt ihm das nur mit halbem Erfolg, der am Ende durch den Verlust seiner beiden Kinder gänzlich zunichte wird. Die friderizianische Vergangenheit, auf deren heroischen Nimbus das unterdrückte Preußen sehnsuchtsvoll zurückblickt, kannte durchaus Antagonismen, die sich vor allem zwischen dem König und dem Rheinsberger Hof ausbildeten. Spuren dieses Hofes der Unzufriedenen leben in dem Kreis um Amelie von Pudagla fort. Und zu diesem Kreis gehört unter anderen auch eine Figur mit dem Namen Dr. Faulstich, der zur ärgerlichen Provokation der Hohen-

Vietzer Gesinnungseintracht wird. Schließlich bleiben auch der Forstacker und Hoppenmarieken in einer merkwürdigen Weise von Hohen-Vietz ausgeschlossen.

Die Kapitulation Yorks ist das zentrale politische Ereignis der Vorbereitungszeit; es wird von den Romanfiguren zum politischen Zeichen, zum Signal für den allgemeinen großen Aufbruch erhoben. Um so interessanter und erstaunlicher mutet es an, wenn sich unter den vermeintlich Gleichgesinnten eine Gegenstimme erhebt. Der polnische Graf Jarosch Bninski wendet sich lautstark gegen den tragenden Pfeiler der „Vor dem Sturm"-Welt, die Treue, oder genauer gesagt, gegen ihre preußische Handhabung:

„O dies ewige Lied von der deutschen Treue! Jeder lernt es, jeder singt es, und sie singen es so lange, bis sie es selber glauben. Die Stare müssen es hierzulande pfeifen. Ich bin ganz sicher, daß dieser General York alles verachtet, was nicht einen preußischen Rock trägt, und das Ende davon heißt „Kapitulation"!" (189)

Der „Haß gegen die ‚blaue Kornblume' und gegen ‚Mit Gott für König und Vaterland'" (190), von dem Fontane in einem Brief über seinen Roman sprach, findet in den Worten Bninskis seinen schärfsten Ausdruck. In der entscheidenden Aussprache mit Kathinka wiederholt Bninski seine Kritik an Preußen:

„[. . .] alles, was hier in Blüte steht, ist Rubrik und Formelwesen, ist Zahl und Schablone, und dazu jene häßliche Armut, die nicht Einfachheit, sondern nur Verschlagenheit und Kümmerlichkeit gebiert. Karg und knapp, das ist die Devise dieses Landes. Ich war noch ein Kind, da las ich auf der Krakauer Schule von den Alten-Fritzischen Grenadieren, daß sie Westen getragen hätten, die gar keine Westen waren, sondern nur rote dreieckige Tuchstücke, die gleich an den Uniformrock angenäht waren. Und wahr oder nicht, diese dreieckigen Tuchlappen, ich sehe sie hier in allem, in Kleinem und Großem. Angenähtes Wesen, Schein und List, und dabei die tiefeingewurzelte Vorstellung, etwas Besonderes zu sein. Und woraufhin? Weil sie jene Rauf-

189 HI/III, 364.
190 HzBr, 198 vom 24. November 1878.

und Raublust haben, die immer bei der Armut ist. Nie ist es satt, dieses Volk; ohne Schliff, ohne Form, ohne alles, was wohltut oder gefällt, hat es nur *ein* Verlangen: immer mehr! Und wenn es sich endlich übernommen hat, so stellt es das Übriggebliebene beiseite, und wehe dem, der daran rührt. Seeräubervolk, das seine Züge zu Lande macht! Aber immer mit Tedeum, um Gott oder Glaubens oder höchster Güter willen. Denn an Fahneninschriften hat es diesem Lande nie gefehlt." (191)

Die preußische Vorliebe für Fahneninschriften hatte Fontane kurz zuvor an einem Beispiel gezeigt: In einer außerordentlichen Kastalia-Sitzung, an der Bninski nicht teilnahm, hatte der preußische Offizier Meerheimb sein Borodino-Tagebuch vorgelesen und die Schilderung der blutigen und verlustreichen Schlacht mit den Sätzen geschlossen: „Wir waren nur noch ein Trümmerhaufen; [. . .] aber in unsere Standarten durften wir den Namen schreiben: *Borodino!*" (192) Meerheimb ist innerhalb der Romanwelt eine unbedeutende Nebenfigur, aber er entspricht doch jenem Bild des Preußen, wie es Berndt, Lewin, Hirschfeldt, Jürgaß u. a. m. verkörpern. Wenn also Bninskis Worte so genau die preußische Wesensart treffen, so dürfte man eine deutliche Frontbildung und grundsätzliche Auseinandersetzung erwarten. Die aber bleibt aus. Die Gegenüberstellung der Haltung eines preußischen Offiziers mit dem Vorbehalt eines polnischen Grafen führt nicht dazu, daß auf der Erfahrungsebene der Figuren oder der des Lesers die Position des einen durch die Kritik des anderen abgewertet wird; ebensowenig aber läßt sich eine eindeutige Abweisung des Kritikers erkennen, nirgendwo wird dessen Urteil unmittelbar als unberechtigt bezeichnet. Zwar widerspricht ihm Tubal, wenn er den Vorwurf des Treuebruchs mit dem Argument zurückweist, daß hier eine Treue gebrochen sei, um eine andere, höhere zu beweisen (193); und auch Kathinka korrigiert Bninskis Verhalten, indem sie ihm Übertreibung

191 HI/III, 474.
192 HI/III, 429. – So überflüssig ist also das „Borodino"-Kapitel doch nicht; vgl. dazu Fontanes Tagebucheintragung vom 29. August 1877: „[. . .] das Borodino-Kapitel, das die späteren Kritiker meines Romans, meine Frau mit eingeschlossen, wohl für überflüssig erklären werden". Zitiert nach A 1, 356.
193 HI/III, 365.

und Vorurteil vorwirft. (194) Aber damit ist das Problem der Preußenkritik nicht endgültig gelöst, weder was ihren Stellenwert innerhalb des Romans noch innerhalb der Fontaneschen Gesamtentwicklung betrifft. Hans-Heinrich Reuter hat Bninskis Worte als eine „Premiere" bezeichnet, mit der Fontane als Dichter zum ersten Mal das gestaltet, „was der *Publizist und Briefschreiber* der Kritikerjahre erkannt hat". (195) Im Roman selbst dagegen blieben Bninskis Sätze „im leeren Raum stehen", könnten sie „in Herz und Hirn keines der Helden Platz" finden. (196) Aber das Problem der Preußenkritik bleibt doch nicht so offen und ungelöst, wie Reuter es annimmt. Die sich durch Bninski abzeichnende kritische Distanz, die ihre Position außerhalb Preußens setzt, wiederholt sich an einer anderen Figur und wird hier aufgehoben. Der Altpreuße Hirschfeldt, dem Bninski bei einem gelegentlichen Treffen ritterlich, ja fast freundschaftlich begegnete (197), kritisiert nicht minder den für Preußen charakteristischen Dünkel, seine Heuchelei und Treuelosigkeit. (198) Doch der Vorwurf richtet sich an ein Land und eine Zeit, die im Roman nicht mehr gegenwärtig sind; man mag in der „Oberhofmeisterin-Exzellenz" Gräfin Reale (199) das Relikt einer Welt sehen, die sich durch Mangel an Gesinnung und Treue auswies, die aber nun durch den einsetzenden Reinigungsvorgang des ‚Sturm' endgültig abgelegt wird. Der Unterschied zwischen Bninski und Hirschfeldt besteht darin, daß der Pole sich durch Flucht einer Welt entzieht, die der Preuße zwar ebenso scharf kritisiert, die er aber auch ändern und neu aufbauen will. Ihm, der rückwärts auf das Hohle und Phrasenhafte einer preußischen Epoche blickt, fällt am Ende die Rolle des zukunftsgewissen Propheten zu:

„Das Eis birst", sagte Hirschfeldt. „Ein gutes Zeichen, unter dem wir ausziehen." [. . .]
„Was bedeutet uns ihr [der Glocken] Klang? " fragte Lewin.
„Eine Welt von Dingen: Krieg und Frieden und zuletzt auch Hochzeit; Hochzeit, der glücklichsten eine, und ich, ich bin mit unter den Gästen."

194 HI/III, 475.
195 Reuter, S. 588–590, hier 588.
196 Ebd., S. 589.
197 HI/III, 377.
198 HI/III, 616.
199 HI/III, 447 ff und 357.

„Sie sprechen, Hirschfeldt, als ob Sie's wüßten", antwortete Lewin bewegten Herzens.

„Ja, Vitzewitz, ich weiß es, ich seh' in die Zukunft." (200)

Die Bedenken, die durch Bninski gegen Preußen aufkamen, werden durch Hirschfeldt in jenem Vorgang der Reinigung und Erneuerung aufgehoben, von dem auch Pastor Seidentopf predigte. (201) Krieg — Frieden — Hochzeit: Mit dieser Bewegung ins Private, Menschliche, Jederzeitliche lösen sich die antipreußischen Vorbehalte restlos in einem gleichsam unpreußischen Preußen auf. Ein Bninski würde hier überflüssig wirken.

Während für Bninski ein Leben in Preußen, wie immer es beschaffen sein mag, nicht in Frage kommt und er schließlich ohne Bedenken das Land verläßt, sieht sein Landsmann Alexander von Ladalinski, der Vater Kathinkas und Tubals, gerade in diesem Preußen die einzige Möglichkeit, nach einem zerstörten Leben eine neue Existenz aufzubauen. Bninski bleibt der polnische Ausländer, der gesinnungsmäßig Außenstehende, dem wohl nur die momentane französische Vorherrschaft für kurze Zeit nach Berlin geführt haben mochte; wo man ihm begegnet, achtet man ihn als „vornehme Natur" und ist sich der Verständigungsmöglichkeit auf ritterlicher Ebene, aber auch des Unterschiedes in der Gesinnung bewußt: „Er haßt uns, aber er haßt das Ganze, nicht die einzelnen." (202) Ladalinski hingegen glaubt, in diesem „Ganzen" Heimat und Glück zu finden und das um so mehr, als es ihm schon immer leicht fiel, sich in preußisches Handeln und Denken hineinzuversetzen. Ihn führte nicht etwa nur der Zwang der äußeren Verhältnisse nach Berlin:

„Seine mehr preußisch als polnisch angelegte Natur unterstützte ihn dabei [bei der Eingewöhnung in die neuen Verhältnisse]; dem Unordentlichen und Willkürlichen abhold, fand er in dem Regierungsmechanismus, in den er jetzt eintrat, sein Ideal verkörpert. Was darin Schädliches war, das übersah er oder erachtete es als gering, nachdem er

200 HI/III, 708.
201 HI/III, 591 ff.
202 HI/III, 457.

die Nachteile eines entgegengesetzten Verfahrens so viele Jahre lang beobachtet hatte. Er war bald preußischer als die Preußen selbst." (203)

Doch der Versuch der Einordnung hat seinen Preis: Das private Leben muß sich dem öffentlichen unterordnen. Vorrangiges Ziel seines Denkens und Tuns ist, mehr als ihm selbst bewußt, die Gunst der „prinzlichen Höfe" zu gewinnen und so von ‚oben' „in allmählich immer intimer werdende Beziehungen zu dem Adel des Landes hineinzuwachsen." (204) So zeugt etwa die geplante Verbindung mit Hohen-Vietz in erster Linie von einem Willen auf politisch-gesellschaftliche Etablierung und Assimilation. „Eine Doppelheirat mit einer alten märkischen Familie stellte den Schritt erst sicher, den er getan hatte [...]" (205) Umgekehrt würde eine Zustimmung zu der Heirat Kathinkas mit Bninski eine schwerwiegende Herausforderung seiner Wahlheimat bedeuten, die er sich nicht leisten könnte.

„[...] nur widerstrebend ist die Gesellschaft dem Vertrauen gefolgt, das mir der Hof entgegenbrachte, und büße ich dieses Vertrauen ein, sehe ich es auch nur erschüttert, so schwindet mir der Balken unter den Händen fort, der nach dem Schiffbruch meines Lebens mich noch trägt. Lächle, wer mag. Ich bedarf der Gunst des Königs, der Prinzen; wird mir diese Gunst genommen, so bin ich zum zweiten Male heimatlos. Und davor erschrickt mein Herz. Nenne das politisch oder nenn es Furcht vor Kompromittierung. Was es auch sein mag, es ist Sache meines Lebens, nicht meiner Eitelkeit." (206)

Die neue Heimat fordert die Selbstaufgabe; eine zufällige Kompromittierung Preußens verschärft sich in seiner Lage immer sogleich zu einer „Existenzfrage". (207) Das Leben in der Gesellschaft verwandelt sich in ein Leben durch und für die Gesellschaft. Ein zentrales Thema der gesamten Fontaneschen Altersproduktion klingt hier zum ersten Mal an; es genügt, an Schach oder Innstetten zu erinnern. — Ladalinskis

203 HI/III, 328 f.
204 HI/III, 329.
205 HI/III, 330.
206 HI/III, 400 und Tubals Worte 236.
207 HI/III, 399.

sorgfältig betriebener Eingliederungsversuch mißlingt. Doch nicht der gesellschaftliche Mechanismus, den er im eigenen Interesse zu bewegen trachtete, trägt daran die Schuld, sondern der schicksalhaft zwingende Gang einer heimatlosen, entwurzelten Familie. Als er damals Sidonie von Pudagla heiratete, glaubte er, eine „Prinzessin" heimgeholt zu haben, erschien ihm seine Heimat Bjalanowo wie ein „Schloß aus dem Märchen". (208) Doch dies alles erweist sich als folgenschwerer Irrtum, der nicht nur ihn selbst, sondern auch seine Kinder betrifft. Sein Eheglück zerbricht, denn es war von Anfang an ein Schein (209), und das Erbe der Mutter führt die Tochter in die entlegene Fremde und den Sohn in den Tod. „'s war so der Nachlaß von der Mutter her" (210), sagt der alte Küster Kubalke, der Ähnliches erlebt hatte. Dem einsam zurückbleibenden Vater wird das Leben unerträglich; nur der Tod verspricht ihm die ersehnte Freiheit, Erlösung und Ruhe. (211) Das angenommene preußische Wesen fällt als nunmehr bedeutungslos von ihm ab; hinter dem reformierten Bekenntnis, zu dem er seinerzeit als echter Preuße überwechselte (212), setzt sich wieder das „alte katholische Gefühl" (213) des Polen durch. — Ladalinski gehört wie sein Sohn zu jenen Figuren in der Romanwelt, die nichts gewinnen und alles verlieren. Er bleibt, anders als Bninski, gegen seinen Willen ein Außenstehender; weil er heimatlos war, findet er in Preußen-Hohen-Vietz keine neue Heimat, sieht sich vielmehr erneut zur Heimatlosigkeit verurteilt. Man mag eine sogenannte Schuld bei ihm selbst berechtigterweise suchen. Als ein solcher ‚schuldig‘ Zukurzgekommener verbindet ihn nichts mit den gnadenhaft Beglückten von Hohen-Vietz, aber um so mehr mit den Leidenden und zum Scheitern bestimmten Figuren aus Fontanes späteren Werken.

Kritik an Preußen, sogar am friderizianischen, übte seinerzeit auch der um Prinz Heinrich versammelte ‚Rheinsberger Hof‘. Hier hatten sich im Laufe der Zeit alle diejenigen eingefunden, die mit der Regierung Friedrichs des Großen unzufrieden, unter dem Titel ‚Frondeurs‘ lautstarke Kritik übten. Der Anschluß an diesen Hof galt als offenes

208 HI/III, 324.
209 HI/III, 326.
210 HI/III, 694.
211 HI/III, 692 f.
212 HI/III, 329.
213 HI/III, 693.

Bekenntnis der Gegnerschaft. Nachdem z. B. der Ehemann Tante Amelies, Graf Pudagla, seine anfänglich berechtigten Hoffnungen auf eine glänzende militärische Laufbahn durch unerwartet heftige Tadelsworte von seiten des Königs zunichte gemacht sah, wandte er sich aus Protest gegen die ungerechte Behandlung ostentativ dem Rheinsberger Hof zu. (214) Hier versicherte man sich untereinander und bekundete vor aller Welt, daß man aus politischen Motiven in einer Art selbstauferlegter Verbannung leben müsse. Man fühlte sich als elitärer Club scharfblickender gleichgesinnter Kritiker des friderizianischen Staates, ihnen allen voran der Prinz selbst. Eine Welt des Rokoko schien sich hier noch bis in das 19. Jahrhundert hinein erhalten zu haben. Man politisierte nicht nur, vielmehr drehte sich das eigentliche Interesse hauptsächlich um sogenannte höfische Affären. „Die Liebesintrige stand in Blüte". (215) Mit der Extravaganz der politischen Anschauungen verband sich vor allem beim Prinzen eine ähnliche Apartheit in Fragen der Sitte und Moral; gegenüber dem unverbindlich Gewagten gab man sich vorurteilsfrei und tolerant. Eine Art antifriderizianischer Staat mit eigenen politischen, moralischen und kulturellen Anschauungen schien sich hier heranzubilden. Dennoch brachte es der Hof nicht dazu, sein oppositionelles Außenseitertum als Träger neuer, besserer Ideen und Pläne für eine Alternativpolitik nutzbar zu gestalten. Denn die organisierte kritische Autonomie der Frondeure erweist sich als oberflächlicher Schein. Hinter der zur Schau gestellten Freizügigkeit des Prinzen verbirgt sich ein um so größerer Respekt vor den hergebrachten Normen: „Denn wie alle außerhalb des sittlichen Herkommens Stehende, barg auch der Prinz hinter dem Unglauben an einen reinen Wandel doch schließlich nur den im tiefsten ruhenden Respekt vor demselben." (216) Die Grundhaltung, auf die man sich gemeinhin einigt, ist die der Heuchelei: „Sprach sich in diesem allen eine Kunst der Erfindung aus, so war die Kunst des Schweigens, des Unterdrückens und Verleugnens, die beständig geübt werden mußte, kaum geringer." (217) Vor dem Hintergrund eines fortwährend geübten „Schmeichelkultus" (218) wirkt die prätendierte kritische Distanz nur als beleidigte

214 HI/III, 135 f.
215 HI/III, 137.
216 HI/III, 137.
217 HI/III, 138 f.
218 HI/III, 136.

Hoffart. Wie heterogen und uneins die Rheinsberger Gruppe in ihrem mehrjährigen Bestehen bleibt, wie sehr sie als bloße Notlösung für persönlich Gekränkte gewertet wurde, zeigt die Reaktion der Frondeure auf den Tod Friedrichs des Großen:

„Der Große König starb, und sein Hinscheiden ermangelte nicht, auch das Rheinsberger Leben empfindlich zu berühren. Der kleine Hof wurde wie auseinandergesprengt; alle freieren Elemente desselben, die großenteils mehr aus Opposition gegen den König als aus Liebe zum Prinzen sich um diesen geschart hatten, schlossen wieder ihren Frieden mit der Staatsautorität und waren froh, aus einem engen und aussichtslosen Kreis in den öffentlichen Dienst zurücktreten zu können." (219)

Erst in späteren Werken, vor allem in „Quitt" und in dem Fragment „Die Likedeeler", wird Fontane das Außenseitertum einer Gruppe zum zentralen Thema erheben und dort Fragen einer zukünftigen, besseren Gesellschaftsform erörtern, die durch dieses Außenseitertum getragen wird.

Eine Art Fortsetzung des Rheinsberger Hofes in der Romangegenwart bildet der Kreis um Tante Amelie. Eigentlich träumte Amelie von Pudagla nach der Neueinrichtung ihres Schlosses in Guse von einer Zukunft, die sie sich „als eine lange Reihe von musikalisch-deklamatorischen Matineen, von L'hombre-Partien und Aufführungen französischer Komödien" (220) vorstellte. Aber es kam anders, und sie mußte sich mit der Gesellschaft eines kleinen, freilich sehr exzentrischen Männerkreises, den „allerlei Freunden", zufrieden geben; neben der vornehmen Erscheinung eines Grafen Drosselstein findet sich hier auch ein Kauz wie General Bamme, und selbst ein Bürgerlicher, mit dem bezeichnenden Namen Dr. Faulstich, fehlt nicht. Es kann hier nicht jeder aus diesem Kreis unter dem Gesichtspunkt des Außenseiters eingehend beschrieben werden; der Abstand vom Geist von Hohen-Vietz ist deutlich, obwohl die Art dieses Abstandes von Fall zu Fall verschieden ist: Graf Drosselstein behauptet als ostpreußischer Adliger seine Unabhängigkeit und Freiheit von dem „Hofe und dem ‚Dienste'" (221) ebenso, wie Tante Amelie für sich in Anspruch nimmt,

219 HI/III, 139.
220 HI/III, 142.
221 HI/III, 144.

unpreußisch ihre französische Lebensart fortzuführen und statt für Friedrich den Großen für den ‚bon roi Henri IV' zu schwärmen. Husarengeneral Bamme — eine typisch Fontanesche Figur — stellt eine besondere Art des Außenseiters dar, der viel Anstoß erregen kann und will, sei es gegenüber seinem Pastor, sei es gegenüber der Schorlemmer. Seine zwergige Erscheinung und die skurril-makabere Vorliebe für geschminkte junge Leichen sind wenig dazu angetan, innerhalb der Hohen-Vietzer Welt Vertrauen einzuflößen. Dennoch überträgt man ihm zu gegebener Zeit die Leitung des Frankfurter Überfalls, fasziniert doch seine Person durch unerwartete menschliche und militärisch-organisatorische Vorzüge; die friderizianische Zeit mit ihrem famosen Zieten ist zwar vorbei, aber eine Figur wie Bamme weiß durch sonderbare Ähnlichkeit ein gleichgeartetes Sympathie- und Hoffnungsgefühl auf sich zu lenken. Bamme erweist sich unter den Aristokraten als der fortschrittlichste, indem er die revolutionäre Idee der Gleichheit aller Menschen vertritt. Am Ende des Romans gilt dazu sein Wort. Dem Außenseiter wird eine besondere Stellung eingeräumt, man respektiert ihn, denn im Grunde gehört er zu Hohen-Vietz.

Anders verhält es sich mit dem Außenseitertum eines Dr. Faulstich; eine ausführliche Analyse ist hier angebracht. Denn an der Haltung anderer Figuren ihm gegenüber wird das grundlegende Wertgefüge des Romans besonders deutlich; auch läßt sich an dieser Figur Art und Motivation eines Außenseitertums innerhalb einer Welt des ‚Idealen' aufhellen. — Faulstichs Lebenslauf, wie ihn Lewin erzählt (222), ist typisch für eine ‚Künstlerbiographie' in der Zeit von 1750 bis 1850: Abstammung aus einem Predigerhaus, Generationskonflikt, abgebrochenes Theologiestudium, unstetes bohémeartiges Leben zwischen Schauspielergruppen und mondäner Gesellschaft und Doppeltätigkeit im ‚bürgerlichen' Beruf und in der literarischen Produktion. Lewin, der mit Tubal — einem begeisterten Leser der Faulstichschen Produkte — den Doktor besuchen will, glaubt, seinen Freund auf eine Enttäuschung vorbereiten zu müssen: „Er ist ein kluger und interessanter Mann, aber doch schließlich von ziemlich zweifelhaftem Gepräge." (223) Zwar gibt Lewin zu, daß Faulstichs Leben und Denken in ästhetischen Kategorien

222 HI/III, 192—194.
223 HI/III, 192.

auch eine positive Auswirkung zeigt: „[...] er hat das Verbindliche, das allen Leuten innewohnt, die ihren ethischen Bedarf aus dem ästhetischen Fonds bestreiten. Er ist entgegenkommend, immer scherzhaft, zum mindesten kein Spielverderber." (224) Aber sein Lebenswandel als solcher gibt „Anstoß": „Er lebt mit einer kinderlosen Witwe, einer Frau von beinahe Vierzig [...] Sie beherrscht ihn natürlich, und seine gelegentlichen Bestrebungen, ihr den bescheidenen Platz anzuweisen, der ihr zukommt, scheitern jedesmal." (225) Doch liegt die tiefere Ursache für Lewins Vorbehalt nicht in einem suspekten Mieterverhältnis. Er wirft ihm bezeichnenderweise „Mangel an Gesinnung" (226) vor. Gerade jenes Fundament, worauf die Welt von Hohen-Vietz und der Roman insgesamt gründet, soll dem Ästheten fehlen. Der Vorwurf kann nicht grundsätzlicher ausgesprochen werden. Faulstich erscheint aus der Sicht Lewins, dem Protagonisten von Hohen-Vietz, als das diametrale Gegenbild zu der im Roman sich entwickelnden Gesinnungsgemeinschaft. Das Außenseitertum eines Ästheten stellt die Anti-Welt eines heilsgeschichtlich verbürgten preußischen Kosmos dar. Auf Tubals Frage, ob denn Kirch-Göritz der rechte Ort sei, einen solchen Mangel an Gesinnung sichtbar werden zu lassen, antwortet Lewin:

„Ein jeder Ort, möcht' ich meinen, ist dazu geschickt. Und Faulstich hält nicht hinterm Berge. Er bekennt sich offen zu seinem Sybaritismus, zu einer allerweichlichsten Bequemlichkeit, die von nichts so weit ab ist als von Pflichterfüllung und dem kategorischen Imperativ. Er kennt nur sich selbst. Alle Großtat interessiert ihn nur als dichterischer Stoff, am liebsten in dichterischem Kleide. Eine Arnold von Winkelried-Ballade kann ihn zu Tränen rühren, aber eine Bajonettattacke mitzumachen, würde seiner Natur ebenso unbequem wie lächerlich erscheinen." (227)

Das sonst gebräuchliche Argument, man unterscheide sich zwar im Gesinnungsinhalt, aber die Ehrlichkeit und Phrasenlosigkeit in der Bekundung der Gesinnung verbinde einander wieder, greift hier nicht

---

224 HI/III, 194.
225 Fritz Walter (Theodor Fontanes „Vor dem Sturm" und seine Stellung zur Romantik. Diss. Masch. Münster 1924, S. 137) sah darin bereits ein „illegale[s] Verhältnis".
226 HI/III, 194.
227 HI/III, 194.

ein; Faulstich bekennt sich ehrlich zu seiner Haltung – das wiegt um so schlimmer. Weiter kritisiert Lewin:

„Ich weiß es nicht, aber ich gehe jede Wette ein, daß das, was in diesen Weihnachtstagen alle preußischen Herzen bewegt hat, von unserem Kirch-Göritzer Doktor entweder einfach als eine Störung empfunden oder aber gar nicht beachtet worden ist. Meine Shakespeareausgabe gegen ein Uhlenhorstsches Traktätchen, daß er vom 29. Bulletin auch nicht eine Zeile gelesen hat. Eine Einladung nach Guse oder Ziebingen erscheint ihm wichtiger als eine Monarchenzusammenkunft oder ein Friedensschluß. Er ist in nichts zu Hause als in seinen Büchern; Volk, Vaterland, Sitte, Glauben – er umfaßt sie mit seinem Verstande, aber sie sind ihm Begriffs-, nicht Herzenssache. Heute als Kustos an die Pariser Bibliothek berufen, würde er morgen bereit sein, den Kaiser zu apotheosieren. Und das empfinden die kleinen Leute, unter denen er lebt. Es wird jetzt ein Landsturm geplant; über kurz oder lang werden auch die Kirch-Göritzer ausrücken. Dr. Faulstich aber? Er wird ihnen nachsehen, lachen und zu Hause bleiben." (228)

Hier prallen zwei grundverschiedene Welten mit entgegengesetzten Wertvorstellungen zusammen: Auf der einen Seite steht die preußisch-institutionelle Anverwandlung der Kantischen Moral, die totale Politisierung und das waffenrasselnde Kriegerideal; was an Kunstproduktion nebenherläuft, steht im Dienste des Soldatischen (siehe die Tagebücher Hirschfeldts und Meerheimbs). Auf der anderen Seite liegen das politische Desinteresse, Sensibilität und ästhetische Sublimierung; freilich erscheint die zweite Position immer schon aus der Sicht der ersten. Sublimierung heißt Sybaritismus, Verweichlichung und Feigheit im mannhaften Kampf; der Vorwurf ist erheblich, denn Krieg hat in der Welt des „Vor dem Sturm" noch den Anstrich eines ritterlichen Turniers, in dem der Mensch sich im edlen Kampf unter Einhaltung der ‚ordentlichen' Spielregeln erst eigentlich verwirklicht. (229) Die Welt

228 HI/III, 195.
229 HI/III, 34. Lewin sagt: „Ja, ich will Krieg führen, aber deutsch, nicht spanisch, auch nicht slawisch." Vgl. auch die Anm. der Hrsg. zu S. 34 auf S. 773 und HI/III, 446, 524 und 538. Die positive Bedeutung des kriegerischen Kampfes für die „geistige Reife eines Volkes" hob Clara Sieper hervor: Der historische Roman und die historische Novelle bei Raabe und Fontane. Weimar 1930, S. 23.

des Ästheten erweist sich als eine chaotische, enge, schmutzige Behausung (230): Ein unabsehbarer Wust von Schulheften, Büchern und belletristischen Blättern sorgt dafür, daß nirgends ein freier Raum bleibt, ein mit häßlichem blaugelben Wollstoff überzogenes Schlafsofa vergrößert keineswegs die Bequemlichkeit, und herumliegendes Kaffeegeschirr zerstört die letzte Hoffnung auf irgendein Ordnungsprinzip in diesem Zimmer. Und der Raum ist nur das Abbild seines Bewohners. Faulstich „entsprach auch in seiner äußern Erscheinung dem Charakterbilde, daß Lewin von ihm entworfen hatte. Trotz allem auf den ersten Blick Gewinnenden fehlte doch mancherlei" (231); er gab das Bild eines „Gelehrten von herkömmlicher Parure [ab], der gegen Sauberkeit au fond gleichgiltig" war. (232)

In einer solchen Umgebung richtet sich das Gespräch zwischen Dr. Faulstich, Lewin und Tubal bald auf Novalis. Es kommt zu einem Vortrag besonders eindrucksvoller Novalis-Stellen, die vor allem auf Tubal nachhaltig wirken: „Wie beneide ich Ihnen diese Kirch-Göritzer Tage! Statt des Geschwätzes der Menschen Schönheit und Tiefe, und dabei die Muße, sich beider zu freuen." (223) Faulstichs Erwiderung aber zeigt, wie selbst ihm sein Ästhetentum problematisch erscheint:

„Sie haben aus dem Becher nur gekostet; wer ihn leeren muß, der schmeckt auch die Hefen. Und immer höher steigt dieser Bodensatz. Die Bücher sind nicht das Leben, und Dichtung und Muße, wieviel glückliche Stunden sie schaffen mögen, sie schaffen nicht das Glück. Das Glück ist der Frieden, und der Frieden ist nur da, wo Gleichklang ist. In dieser meiner Einsamkeit aber, deren friedlicher Schein Sie bestrickt, ist alles Widerspruch und Gegensatz. Was Ihnen Freiheit dünkt, ist Abhängigkeit; wohin ich blicke, Disharmonie: gesucht und nur geduldet, ein Klippschullehrer und ein Champion der Romantik, Frau Griepe und Novalis." (234)

Das Bekenntnis Faulstichs zum „Gleichklang" verrät nicht nur das Verfehlte seiner eigenen Existenz, sondern bestätigt und begründet die

230 HI/III, 200.
231 HI/III, 199.
232 HI/III, 199.
233 HI/III, 205.
234 HI/III, 205.

Gegenposition Lewins und mit ihr die Position einer ganzen Welt. Das ästhetische Interesse wird in die verstaubte Welt des Buches gerückt, während Frieden, Glück und Erfüllung nur in der Harmonie des Lebens, und das heißt hier im idealen Kreis von Hohen-Vietz zu finden sind. Faulstich warnt zu Recht:

„[. . .] und vor allem hüten Sie sich vor jener Lüge des Daseins, die überall da, wo unser Leben mit unserem Glauben in Widerspruch steht, stumm und laut zum Himmel schreit. Denn auch unsere Überzeugungen, was sind sie anders als unser Glauben! Die Wahrheit ist das Höchste, und am wahrsten ist es: „Selig sind, die reinen Herzens sind." (235)

An der Lüge des Daseins scheitert Tubal, und auch Faulstich kann sich ihr nicht entziehen; Marie hingegen hat sie nie gekannt, und ebenso ist Lewin vor ihr gefeit. Die reinen Herzen, die hier noch von wenigen Auserwählten bewahrt werden können, entfernen sich in Fontanes folgenden Werken zu einem Ideal, das man nicht erreichen kann (Cécile), nicht erreichen will (Pauline Pittelkow in „Stine") oder sich wieder — freilich etwas gewaltsam — aneignet (Käthe in „Irrungen, Wirrungen" und Jenny Treibel, die mit ihrer Herzenspoesie die naive Herzens-Chiffre gänzlich vernichtet). Faulstichs Warnung vor dem Glauben, der im Widerspruch steht zum Dasein, richtet sich an alle Figuren aus Fontanes späteren Werken; Cécile und Stine gehen an diesem Widerspruch zugrunde; nur mit dem einen wesentlichen Unterschied: Ihr Scheitern wird nicht in das ‚wurmstichige' Chaos einer ästhetisierenden Nebenfigur verbannt, sondern zum eigentlichen Thema erhoben.
Natürlich verhielt sich auch Lewin gegenüber Tubals Schwärmerei reserviert; das verwundert nicht. Nur die Begründung des Erzählers, warum Lewin schwieg, kommt unerwartet. Da heißt es nämlich: „Er kannte zuviel von der Wirklichkeit der Dinge, um zuzustimmen". (236) Lewin in diesem Augenblick als einen Realisten auszugeben, bedeutet mehr, als nur einen neuen Charakterzug an ihm zu entdecken. Gerade seine Fähigkeit zur Imagination, zur phantasievollen Durchdringung des vordergründig Dinglichen, zur traumhaften Entdeckung sich verbergen-

235 HI/III, 205.
236 HI/III, 205.

der Sinnbezüge und zur sensiblen Anverwandlung erahnter Botschaften bildeten die Voraussetzungen seiner Existenz; nur unter diesen Bedingungen konnte sich sein Lebensweg, ähnlich dem Maries, erfüllen. In welchem Ausmaß Lewin das Gegenbild eines Realisten ist, zeigt allein jene Szene im 6. Kapitel des dritten Bandes, wo er ‚in einem Zuge' sein Gedicht „Tröste dich, die Stunden eilen" niederschreibt. (237) Lewins Zurückhaltung gegenüber Faulstich und Tubal kann nicht in der Abneigung des Realisten gegen den ästhetischen Schwärmer schlechthin wurzeln; er selber ist ja ein solcher; vielmehr setzt der Hinweis auf eine sogenannte Wirklichkeit der Dinge notwendigerweise einen ganz bestimmten Wirklichkeitsbegriff voraus, eine Wirklichkeitsvorstellung, die rigoros Faulstichs Kunstbegriff und Kunstpraxis ausschließt.

Anni Carlsson hat in einem Zeitungsartikel festgestellt (238), daß in dem gesamten Roman, der doch immerhin viel von Literatur handelt, an keiner Stelle der Name Goethes fällt. (Nur im Zusammenhang mit der Kritik an Schmidt von Werneuchen wird die „Abfertigung [. . .] von Weimar her" (239), gemeint ist Goethe, erwähnt.) Carlsson schreibt: „[. . .] der ästhetische Vertreter in dieser preußischen Welt, charakteristisch genug, [ist] eine eher makabre Figur, die nicht nur mit dem Namen — Dr. Faulstich — den gescheiterten Bohémien Thomas Manns vorwegnimmt." Daraus zieht sie die Schlußfolgerung, „daß in der preußischen Ablehnung des Ästheten Faulstich die geistige Haltung Goethes mitverurteilt wird, so wenig sich die beiden an Rang und Bedeutung sonst vergleichen lassen." In der negativen Gestaltung und Wirkung des Ästheten sieht Carlsson den Ausfluß einer preußischen Weltanschauung, die den Geist nur im Zusammenhang mit einer ‚gesunden' vaterländisch-kampfbereiten Gesinnung gelten läßt. Was sich diesem politischen Ethos nicht fügt, was keinen positiven Beitrag zur Behauptung der Nation leistet, wird als Schädling im wahrsten Sinne des Wortes behandelt. Wie akut und ernst die Wertung gemeint ist, zeigt sich an der Reaktion auf die Pfeiffer-Episode. (240) Einem Handschuhmacher Pfeiffer, einem guten Schützen und noch besseren Wortführer,

237 HI/III, 368 f.
238 Anni Carlsson, „Preußen vor dem Sturm. Zu Theodor Fontanes erstem Roman" in: Neue Zürcher Zeitung, Nr. 88 vom 30. März 1963, Blatt 22 b.
239 HI/III, 112.
240 HI/III, 534 f.

gelingt es, einige eben aus dem französischen Lager desertierte Soldaten zu einem „Coup" gegen die Franzosen zu überreden; es kommt auch tatsächlich zu einer kurzen belanglosen Schießerei, nur mit dem Erfolg, daß ein junger Deserteur wieder von den Franzosen eingefangen wird; und während Pfeiffer sich im Punschrausch wie „Schill und Blücher all in eins" (241) fühlt, wird der Gefangene hingerichtet. Diese Episode veranlaßt Faulstich, den Pfeifferschen Sieg in einem ironisch pomphaften Bulletin mit eingestreuten Versen unter dem Titel „Die Schlacht an der Krampe" zu verherrlichen. (242) Während man im Hohen-Vietzer Krug die Pfeiffersche Tat durchaus kritisch betrachtet, macht sich im Hohen-Vietzer Herrenschloß eine andere Auffassung geltend. Lewin hat Faulstichs ironischen Kommentar gelesen und davon wenig angenehm berührt, wirft er hin: „Ganz Faulstich; immer ein Auge für das Lächerliche und weiter nichts. Kein Einsetzen seiner selbst. Da bin ich doch schließlich mehr noch für Handschuhmacher Pfeiffer." (243)

Ob sich hinter den Einwänden gegen Faulstich eine Absage an den Geist Goethescher Prägung verbirgt, kann wohl nicht definitiv entschieden werden; dem an der Goetherezeption Interessierten jedenfalls muß das durchgehende Ignorieren Goethes auffallen. (244)

241 HI/III, 535.
242 HI/III, 540.
243 HI/III, 541.
244 Ein möglicher Grund, weshalb Goethe in der „Vor dem Sturm"-Welt so auffallend übergangen wird, mag nur am Rand als Vermutung angedeutet werden. Bekannterweise dienten Fontane die Memoiren des Junkers Friedrich August-Ludwig von der Marwitz als wichtige Quelle für seinen Roman. Nun hat man zwar gezeigt, wie wenig von Marwitz und seiner Gesinnung im Roman allgemein, in der Figur Berndts insbesondere übriggeblieben ist (Reuter, S. 574 ff., bes. 579). Aber gerade von Marwitz wußte Fontane in seinem „Oderland" zu berichten, wie sehr dieser aus seinem aristokratischen Standesvorurteil heraus sogar Goethe als einen ‚Bürgerlichen' ablehnend gegenübertrat (HII/I, 783); da Fontane aber in dieser Lebensbeschreibung um das ‚Erklärliche' und somit ‚Versöhnliche' auch bei einer Figur wie Marwitz bemüht war, sparte er selbst in diesem Fall ständischen Dünkels mit einem entschiedenen Werturteil. Das nahm man ihm von seiten der engagiert bürgerlichen Kritik übel. Adolf Stahr monierte gerade am Marwitz-Kapitel die mangelnde kritische Distanz des ‚Wanderers' und nannte ihn verärgert einen getreuen Eckart des preußischen Adeltums (in: National-Zeitung, 16 (1863), Nr. 572). Fontane verwahrte sich gegen diesen Vorwurf mit dem Argument, daß er als Beschreiber und Historiograph der märkischen Heimat keinen bürgerlichen, sondern nur einen aristokratischen Gegenstand vorgefunden habe (HzBr, 450 f.). Wie sehr aber Stahr recht hatte — er wies zum Schluß seiner Rezension darauf hin,

Bei der Beschreibung der Stellung Faulstichs innerhalb der Hohen-Vietzer Figurenwelt kam es besonders darauf an, ein Außenseitertum zu charakterisieren, das den ideellen Lebensnerv des Romans, seine ‚Idealität‘, berührt. Es ging darum, eine Art Gegenposition nachzuzeichnen, vor deren Hintergrund die Position der Idealität um so markanter hervortritt. Festzuhalten bleibt, daß es überhaupt ein solches Außenseitertum gibt, wenn es auch ohne weitere Auswirkungen für das Ganze an einer relativ unbedeutenden Nebenfigur gestaltet wird. Hier zeigt sich die allein ausschlaggebende Form der Gegnerschaft innerhalb der Hohen-Vietzer Welt; denn nicht etwa der französische Feind im kriegerischen Kampf ist jener Gegner, mit dem einen nichts verbindet, sondern derjenige, der nicht die grundlegende Gesinnung beweist. So ist die Begegnung zwischen Hirschfeldt und Bninski — man befürchtete allgemein Spannungen, kämpften doch beide in Spanien, aber an entgegengesetzten Fronten, — von einem „Ton der Herzlichkeit" bestimmt, der sogar ein gewisses Maß von Sympathie ausdrückt. (245) Am Beispiel Faulstich wird deutlich, wie sehr der Roman „Ausdruck einer bestimmten Welt- und Lebens-Anschauung" ist (246), wie sehr er eine konkrete weltanschauliche Position bezieht.

Wenn Faulstich auch als zweitrangige Nebenfigur bald in Vergessenheit geraten mag, so verbindet Fontane dennoch mit dieser Figur ein Motiv, das später zu nichts Geringerem als zum Inbegriff einer ‚Haltung‘ und ‚Gesinnung‘ wird, hinter der sich Fontane selbst verbirgt. Ein für ihn zentrales Bekenntnis deutet sich hier zum ersten Male an. In dem chaotischen Wirrwarr von Büchern und Geschirr der Faulstichschen Behausung findet sich nämlich auch ein Buch mit elegantem Einband, in dem kurioserweise ein Teelöffel als Lesezeichen steckt (247); der Band ist eine Werkausgabe des verehrten Novalis. (248) Die Mischung von romantischer Entrücktheit und trivialer Wirklichkeit, wie sie sich an diesem Beispiel zeigt, mag im Sinne der „Lüge des Daseins" negativ

---

daß selbst bzw. gerade Marwitz ihm (Fontane) die wohlwollende Behandlung am wenigsten gedankt hätte — erfuhr Fontane erst später zu seinem „Fünfundsiebzigsten" (HI/VI, 340 f.); da nämlich zeigte sich, wie wenig der Adel Fontane zu danken wußte.
245 HI/III, 377.
246 HzBr, 198 vom 24. November 1878.
247 HI/III, 200.
248 HI/III, 202.

ausgewertet werden; aber auch ein gegenteiliges Verständnis wäre möglich, und Fontanes weitere Verwendung dieses Motivs legt schon hier die andere Auffassungsmöglichkeit nahe. Eine solche Mischung von Alltäglichem und ‚Poetischem' wird für den späten Fontane zum Inbegriff eines geradezu existentiellen Verhältnisses zur Dichtung. Er bekennt es in dem Gedicht „Fritz Katzfuß", dem Lehrling, der die Lehrzeit bei der Witwe Mahrzahn mit einem Band Goethescher Gedichte — Schlackwurstpellen als Lesezeichen — zu ertragen suchte. (249)

Das beengende chaotische Durcheinander in der dunklen Behausung hat Dr. Faulstich mit Hoppenmarieken gemeinsam. Der Unterschied des sozialen Standes, der Lebensbereiche verdeckt nicht die Tatsache, daß beide auf ihre Art außerhalb der Hohen-Vietzer Welt stehen. Freilich unterscheiden sie sich in der Art ihres Außenseitertums: Während der eine sich durch intellektuelle Fähigkeiten absondert, bleibt die andere aufgrund ihres elementaren So-Seins von der Hohen-Vietzer Gemeinschaft ausgeschlossen.

Hoppenmarieken wohnt auf dem sogenannten „Forstacker". (250) Hier entstand seit mehr als hundert Jahren durch Aneinanderreihung von bloßen „Lehmkaten" ein Wohnbezirk eigener Prägung. Obwohl diese Häuser an das Dorf Hohen-Vietz angrenzen und somit einen Teil des Ortes bilden, empfanden die Hohen-Vietzer seit jeher den Forstacker mit seinen Bewohnern als etwas Fremdes, nicht Dazugehörendes. Denn nicht nur die armseligen Hütten stachen ungünstig gegen die sauber gehaltenen Häuser und Gehöfte der Hohen-Vietzer ab, auch die Bewohner des Forstackers erwiesen sich als zwielichtige Gestalten, mit denen man so gut wie keinen Kontakt zu pflegen gewillt war.

„Es war das Armenviertel von Hohen-Vietz, zugleich die Unterkunftsstätte für alle Verkommenen und Ausgestoßenen, eine Art stabilgewordenes Zigeunerlager, das Abgang und Zugang erfuhr, ohne daß sich die Dorfobrigkeit im einzelnen darum gekümmert hätte. Der „Forstacker war immer so". So ließ man es gehen und griff nur ein, wenn grober Unfug eine Bestrafung durchaus erforderte." (251)

249 Siehe das Kapitel über „Frau Jenny Treibel".
250 HI/III, 62.
251 HI/III, 62.

Lernt der Leser zahlreiche Bewohner des Dorfes individuell kennen — neben den bedeutenderen Kniehase und Seidentopf auch den Krüger Scharwenka und die Bauern Kümmeritz, Kallies, Reetze, Krull und den Müller Miekley — so treten aus der anonymen Masse des Forstackers nur zwei Figuren individuell hervor: der Hütejunge Hanne Bogun und eben Hoppenmarieken. (252) Der Mangel an individueller Differenzierung deutet sich bereits am äußeren Erscheinungsbild der Lehmhütten an, in denen die Forstackersleute leben:

„Wie der moralische Stand des Forstackers, so war auch seine Erscheinung. Die Hütten seiner Bewohner unterschieden sich von den in Front und Rücken derselben stehenden Kofen in nichts als in dem Herdrauch, der aus ihren Dächern aufwirbelte. Der Schnee, der jetzt alles überdeckte, stellte vollends eine Gleichheit her." (253)

Als die Zwergin Hoppenmarieken — wie noch die älteren Dorfbewohner zu berichten wissen — vor etwa dreißig Jahren nach Hohen-Vietz kam — niemand wußte woher, aber sie soll damals schon alt und häßlich gewesen sein —, da duldete der damalige Gutsherr, der Vater Berndts, den etwas verdächtigen Neuling mit den Worten: „Dafür haben wir den Forstacker." (254) Seitdem hat sich Hoppenmarieken in der ganzen Südhälfte des Oderbruchs mehr und mehr etabliert. Vor allem als Botenläuferin erweist sie sich als nützlich. Daneben aber führt sie ein einträgliches Kommissionsgeschäft, das sie noch nach dem urtümlichen Prinzip des Warentausches gewinnbringend betreibt. Weniger erfreulich allerdings ist ihre heimliche Tätigkeit als Hehlerin für allerlei Diebesgut; und ihre Fähigkeit zum Kartenlegen und Wahrsagen — die liederlichen Dirnen sollen zu diesem Zweck abends in ihre Hütte schleichen — bringt ihr bald den Ruf einer Hexe ein, ein Ruf, der ihr andererseits aber auch zugute kommt; steht doch alles, was sie besitzt, „im Schutze seiner eigenen Unheimlichkeit". (255) Der Gesamteindruck von dieser Zwer-

---

252 Das beobachtet auch Peter Wruck, Preußentum und Nationalschicksal bei Theodor Fontane. Zur Bedeutung von Traditionsbewußtsein und Zeitgeschichtsverständnis für Fontanes Erzählungen „Vor dem Sturm" und „Schach von Wuthenow". Diss. Masch. Humboldt-Universität Berlin 1967, S. 260.
253 HI/III, 62.
254 HI/III, 63.
255 HI/III, 65.

gin in ihrer engen dunklen Hütte ist eher unerfreulich und steht in deutlichem Kontrast zu dem lichten freundlichen Bild des Schulzenhofes, der gleich anschließend vom Erzähler geschildert wird. (256) Selbst dem Mond, der abends in das Fenster der Zwergin scheint, mißfällt das Bild. (257) Allein in Lewin findet Hoppenmarieken einen freundlichen Fürsprecher. Dieser sieht in ihr einen Gegenstand, der seine Phantasie anregt, und die Zuneigung, die er zu ihr gefaßt hat, beruht auf dem poetischen Interesse an einer mysteriösen Erscheinung.

„Ihr Alter sei unbestimmbar, sie sei ein geheimnisvolles Überbleibsel der alten wendischen Welt, ein Bodenprodukt dieser Gegenden, wie die Krüppelkiefern, deren einige noch auf dem Höhenrücken ständen. Bei anderen Gelegenheiten wieder, wenn ihm [Lewin] vorgehalten wurde, daß die Wenden sehr wahrscheinlich schöne Leute gewesen seien, begnügte er sich, sie als ein Götzenbild auszugeben, das, als der letzte Czernebogtempel fiel, plötzlich lebendig geworden sei und nun die früher beherrschten Gebiete durchschreite." (258)

Wo dieser poetisch-phantastische und scherzhafte Übermut jedoch schweigt, klingt Lewins Urteil etwas anders: Sieh sie dir an; es ist der Mensch auf seiner niedrigsten Stufe. Droh ihr; das ist das einzige, was sie versteht. Ihr ganzer Rechtsbegriff ist ihre Furcht." (259)

Ungleich Faulstich spielt Hoppenmarieken für das Schicksal von Hohen-Vietz und besonders für Lewin eine entscheidende Rolle. Diese Verflechtung ins Hauptgeschehen wußte schon die zeitgenössische Tageskritik zu honorieren. (260) Ihr magischer Beistand bei dem Brand des Saalanbaus wurde bereits erwähnt. Aber auch zur glücklichen Befreiung Lewins trägt sie Entscheidendes bei. Nach dieser Hilfeleistung stirbt sie, und es kann sich kaum um einen Zufall handeln, wenn ihr Tod zu einem Zeitpunkt eintritt, da das Glück von Hohen-Vietz endgültig gesichert ist. Auf der Rückfahrt von der erfolgreichen Befreiung begegnet man Hoppenmarieken, wie gewöhnlich an ihre

256 HI/III, 69.
257 HI/III, 68.
258 HI/III, 64.
259 HI/III, 271.
260 FRB, 122.

Kiepe gelehnt, den Hakenstock in der Hand, aber reglos ohne den vertrauten Gruß; erst später stellt sich heraus, daß sie da bereits tot war. Die Todesursache, ob erfroren oder vom Schlag getroffen, läßt sich nicht mehr feststellen, ja man zeigt für eine genauere Untersuchung weder Lust noch Interesse: „Sie war tot, und das genügte." (261)

Warum dieser plötzliche, nicht ausreichend motivierte Tod? War der Zwergin nur eine bestimmte Funktion innerhalb der Lebensgeschichte Lewins zugeteilt, nach deren Erfüllung sie sich als ‚überflüssig' erwies? Markiert ihr Tod gar das Ende einer alten, vielfach unberechenbaren elementaren und ‚romantischen' Welt, die nun abgelöst wird durch die lichte Welt des Hohen-Vietzer Paares?

Mit der Figur dieser Zwergin hat man sich in der Sekundärliteratur verhältnismäßig ausführlich beschäftigt. Schon früh stellte man fest, daß sich hinter der fiktiven Hoppenmarieken die zwergenhafte Tochter eines Büdners in Letschin mit dem Namen Anna Dorothea Hoppe verbirgt. (262) Man hat alsdann die literarischen Vorbilder bei Walter Scott ausfindig gemacht: Meg Merrilies („Guy Mannering"), Edie Ochiltree („The Antiquary"), Meg Murdockson („The Heart of Midlothian") und Norna („The Pirate"). (263) Allerdings muß hier hinzugefügt werden, daß bereits beim Erscheinen des Romans ein Kritiker eine solche literarische Anlehnung an Scottsche Figuren bestritten und Fontanes Hoppenmarieken vielmehr als originelles „märkisches Gewächs" bezeichnet hat. (264) Aus marxistischer Sicht wurde neuerdings eine Analyse Hoppenmariekens versucht: Peter Wruck sieht in der Zwergin (zusammen mit Hanne Bogun, dem Forstacker und dem Handschuhmacher Pfeiffer) die Gestaltung einer Gesellschaftsschicht, die sich innerhalb des Hohen-Vietzer Menschenkreises und mit ihrem Maßstab gemessen als „Paria" erweist. (265). Wruck erkennt in der

261 HI/III, 681.
262 „Das Urbild zu Fontanes Hoppenmarieken (nach den Aufzeichnungen von G. U. Wirth-Letschin)" in: Brandenburg. Zeitschrift für Heimatkunde und Heimatpflege, 4 (1926), S. 374. Hans Friedrich Rosenfeld, Zur Entstehung Fontanescher Romane. Groningen 1926, S. 17. Erich Biehahn, „Fontanes ‚Vor dem Sturm', die Genesis des Romans und seine Urbilder" in: Frankfurter Oderzeitung vom 19. bis 28. Juli 1938, wiederabgedr. in: FB, 2, 5 (1971), S. 348.
263 Lambert Shears, The Influence of Walter Scott on the Novels of Theodor Fontane. Diss. Columbia University 1922, S. 47—51.
264 Pietsch in der Gegenwart, S. 263.
265 Wruck, Preußentum und Nationalschicksal, S. 256—266.

deutlichen Abgrenzung des Forstackers mit seinen Bewohnern von der Hohen-Vietzer Welt die Darstellung sozialer Antagonismen; das hat für ihn weitreichende, den ganzen Roman, seine ‚Gesinnung' betreffende Folgen: „Das Eingeständnis sozialer Antagonismen, vor denen das Vertrauen auf einen umfassenden Interessenausgleich im Kompromiß zuschanden wird, widerlegt den Volksbegriff, mit dem Fontane in seinem Roman operiert, er stellt die Voraussetzung in Frage, unter der sich in „Vor dem Sturm" der König mit seinen Untertanen wieder zusammenfindet." (266) Seinem marxistischen Ansatz gemäß spricht Wruck das tatsächliche Gesetz geschichtlich bedeutsamen Handelns gerade denen zu, die trotz *völkischer* Breite der Romantendenz als Randfiguren aus dem geschichtlich relevanten Aktionszentrum ausgeschlossen bleiben. „[. . .] so wird hier der wirkliche, kämpfende und opferbereite Kerntrupp der Revolution vom Volk abgetrennt und mit dem Anstrich des schlechthin Asozialen versehen; er wird als eine an sich bedeutungslose, der Zahl nach verschwindende Minderheit ausgegeben, was der Randstellung entspricht, die den analogen Erscheinungen im Roman zugewiesen ist [. . .]" (267) Gewiß ist es zutreffend, den gesamten Forstackerbezirk als Paria zu bezeichnen. Aber seine klassenkämpferische Auslegung übergeht das spezifisch Literarische eines solchen Paria-Motivs. So läßt sich nämlich gerade an diesem Motiv eine Nähe zu Scott feststellen: Denn auch jene Zigeunergruppen in „Guy Mannering", denen Meg Merrilies angehört, werden als Paria Schottlands behandelt. (268) Die Darstellung eines sozialen und moralischen Außenseitertums braucht nicht notwendigerweise als ein Symptom für einen antagonistischen Gesellschaftszustand im marxistischen Sinne zu gelten; vielmehr drückt sich dahinter ebenso ein spezifisch romantisches Interesse am Fremden und unbekannt anderen aus.

Daß sich aber, im Rahmen des Fontaneschen Gesamtwerks gesehen, aus dem Motiv des Forstackers als gesellschaftlicher und ethischer Paria ein zentrales Thema herausbilden kann, zeigt die Behandlung desselben

266 Ebd., S. 264.
267 Ebd., S. 266. Und: „Wenn die Pfeiffer-Episode und der Forstacker nebst Hanne Bogun und Hoppenmarieken insgesamt zu Randerscheinungen abgedrängt werden, dann deshalb, weil ‚Vor dem Sturm' als Ganzes die Wesenlosigkeit der Revolution im Bereich Preußens und des Preußentums darzutun bestimmt ist." S. 264.
268 Walter Scott, Guy Mannering, Everyman's Library, S. 57.

Motivs in dem Fragment gebliebenen Roman „Die Likedeeler"; hier kämpft eine von den ‚Ordnungsmächten' als kriminelle Paria abgeurteilte Piratengruppe um ihre Idee, einen eigenen Staat, einen Alternativstaat mit eigener Gesellschaftsform und eigener Weltanschauung zu gründen. Bis zu dieser gestalterischen Auswertung des Außenseitertums – in der „happy family" aus „Quitt" finden sich erste positive Ansätze dazu – bleibt allerdings noch ein weiter Weg zurückzulegen. Was im Roman über die Seeräuber als inneres Prinzip des der Gleichheit, ist im Falle des Forstackers nur ein äußerer Effekt der alles glättenden und somit ‚gleichmachenden' Schneedecke. (269) Doch trotz der noch gar nicht ausgenutzten Möglichkeit eines solchen Außenseitermotivs hat hier Fontanes immer stärker werdendes Interesse an der gesellschaftlichen und kulturgeschichtlichen Bewegung ‚von unten' seine ersten gestalterischen Wurzeln.

Hoppenmarieken scheint durch die christliche Begräbniszeremonie, die ihr Seidentopf großzügigerweise gewährt, schließlich doch – auch wenn erst im Tode – in den Kreis von Hohen-Vietz aufgenommen zu sein. Jene den Roman tragende Gesinnung, so sie sich nicht politisch-patriotisch, sondern christlich ausdrückt, überbrückt die soziale, moralische und religiöse Kluft; ähnliches war bereits im Zusammenhang mit Tubal zu beobachten.(270)

„Empfehlen wir ihre Seele Gott. Es war kein christliches Leben, das sie geführt; aber ihr letzter Tag, so hoffe ich, hat vieles ausgeglichen. Sie hatte keinen Menschen lieb, einen ausgenommen, und diesen einen [. . .] hat sie gerettet oder doch mit zu seiner Rettung geholfen. Ihre List, die sonst ihr Böses war, war hier ihr Gutes. Und wenn dieses Gute nicht schwer genug wiegen sollte, so wird die Barmherzigkeit Gottes hinzutreten und in Gnaden geben, was noch fehlt. Beten wir für sie."(271)

269 HI/III, 62.
270 Vgl. auch Seidentopfs Verhalten gegenüber Tante Amelie HI/III, 528: „Ein solches tapferes Bekenntnis des Unglaubens, alles Ausharren bis ins Angesicht des Todes hinein, habe seinen Beifall und sei ihm viel, viel lieber als das Angstchristentum beispielsweise Baron Pehlemanns, der bei jedem Gichtanfall begierig nach der Bibel greife und sie wieder zuklappe, wenn der Anfall vorüber sei."
271 HI/III, 699.

Interessanterweise schließt die Geschichte Hoppenmariekens nicht mit Seidentopfs Akt christlicher Toleranz; vielmehr spricht auch das sogenannte Milieu von Hohen-Vietz ein abschließendes Urteil: „Jott, uns' Oll-Seidentopp; ick wett nich, he beet't ook för alles. Allens sall 'inn."(272) Kurz darauf sitzt man im Krug zusammen mit dem Konventikler Uhlenhorst, einer alten Konkurrenz Seidentopfs, und der Sägemüller Miekley, der die Begräbnisfeier genau beobachtet hat, berichtet kritisch von der neuen „Seidentopferei"(273); er „sägte heute nicht bloß Stämme, sondern auch Seidentopfen mitten durch"(274), heißt es. Indem Seidentopf den Abstand zwischen den geltenden religiösen Normen und dem Heidentum Hoppenmariekens verringert, bestätigt sich abermals die Distanz zwischen seinem toleranten Christentum und der Orthodoxie seiner Umwelt.

An der Begräbnisfeier der Zwergin nimmt noch ein anderer ‚Zwerg', ein nicht minder häßliches Original teil, der General Bamme. Dieser Kauz, dessen Neigung zur Kontemplation von jungen geschminkten Leichen bereits erwähnt wurde, läßt sich auch bei diesem Todesfall nicht das Vergnügen an der Leichenbeschauung nehmen. Der Anblick der Toten — sie sah fast so aus wie immer, man gab ihr selbst ihren Hakenstock mit in den Sarg — „entzückt" Bamme(275), und seine Freude ist um so größer, als ihn gerade das Bild Hoppenmariekens mit dem Hakenstock zu dem, wie er meint, brillanten Kommentar „Zwergenbischof" veranlaßt. Der „Zauber dieser Stunde" steigert sich für ihn noch durch einen besonderen Umstand: Nachbarsfrauen hatten der Leiche Weizenkörner in die Hand gegeben; ein schwarzer Vogel, der sich in der Nähe aufhielt, pickte nun von Zeit zu Zeit einige Körner aus der Hand der Toten, so daß es aussah, als ob die Tote den Vogel fütterte. „Das war so Forstackerpoesie", bemerkte der Erzähler zu der skurrilen Szene, die keineswegs die ausgelassene Heiterkeit des Augenblicks beeinträchtigt. „Alles war heiter, die Kinder schneeballten sich, und Kniehases Tauben folgen über dem Zuge hin, als würde Schneewittchen oder irgendeine Märchenprinzeß begraben."(276) Der kommentie-

272 HI/III, 700.
273 HI/III, 699.
274 HI/III, 700.
275 HI/III, 698.
276 HI/III, 699.

rende ,Chor' im Kruge weiß natürlich, weshalb Bamme ein so großes Interesse an Hoppenmarieken zeigt: Sie seien Geschwister oder hätten doch zumindest denselben Vater und seien auch an demselben Ort geboren.

Hoppenmarieken steht wie Marie mit einer magisch-übernatürlichen Welt in enger Verbindung; schlafwandelnd bewegt sich Marie im rituellen Vorgang von Fluch, Erlösung und Erfüllung; elementar verkörpert Hoppenmarieken den im naiven Volksglauben sich erschließenden magischen Bereich. Nicht alle ihre Handlungen, aber vor allem die Bewahrung des Schlosses vor den übergreifenden Flammen, sind unter dieser Voraussetzung zu verstehen. So gesehen bedeutet die Gegenwart des Kobolds aus dem Forstacker, wie sie Berndt einmal im Zorn nennt(277), eine Variation der Figur Maries, freilich keine mehr oder minder abgewandelte Wiederholung, sondern eher eine kontrastierende Gegenüberstellung. Sie trägt mit ihren außerordentlichen Mitteln zur Verwirklichung des für Hohen-Vietz Erahnten und Vorherbestimmten bei, bleibt selbst aber ausgeschlossen am Rande stehen. Seidentopf deutet Hoppenmarikens funktionale Verwendungsmöglichkeit für das Heil von Hohen-Vietz an, als es darum geht, ob man vor dem christlichen Gewissen eine Feuerbesprechung verantworten könne: „Wer Gott im Herzen hat, dem muß alles dienen, Gutes und Böses."(278) Die Unberechenbarkeit des Feuers, das zwar chiffriert den Reinigungsprozeß von der Vergangenheit und den Weltgerichtstag bezeichnet, das sich aber tatsächlich als verheerende Brandkatastrophe auszuweiten droht, erfährt die notwendige Eingrenzung durch eine ebenso unberechenbare Figur. Im Zusammenprall beider Kräfte hebt sich das Bedrohliche des Unkontrollierbaren auf und hinterläßt die ersehnte Heilswirkung innerhalb des magischen Geschehens. Träumend erlebt Renate die Ereignisse noch einmal, wobei sich ihr der tiefere Sinn des Feuers deutlich erschließt. Wieder erscheint Hoppenmarieken, bespricht das Feuer und beendet damit den apokalyptischen Weltbrand; danach verschwindet sie: „Da hob sie den Stock, und es war kein Blut mehr; und das Bild versank und sie selber mit."(279) Sie hat ihre Aufgabe erfüllt, ihre Welt der magischen Kräfte leistete die notwendige

277 HI/III, 660.
278 HI/III, 405.
279 HI/III, 406.

Korrektur und ist nun überflüssig; für die Übermittlung der Nachricht an den gefangenen Lewin bedarf sie nicht ihrer Hexenkünste, da genügen ihre Geschicklichkeit und Diplomatie. Danach tritt sie auch als Person endgültig ab.

Hoppenmariekens Hexenaura ist freilich zu einem beträchtlichen Teil vom Aberglauben der märkischen Landbevölkerung getragen. So vergegenwärtigt der Erzähler ihre Feuerbeschwörung nicht unmittelbar, sondern durch den Reflex einer seiner Gestalten und kennzeichnet damit die Wirklichkeitsebene, auf der das Beobachtete sich relevant abspielen soll. Es wäre jedoch voreilig, die übernatürlichen Eigenschaften Hoppenmariekens nur als eine Art Projektion einer ans Übernatürliche glaubenden Person zu relativieren; ein bestimmter Grad des Magischen haftet der Zwergin an, ohne daß er sich als Produkt einer spukgläubigen Umgebung erwiese. Auch Marie wurde zwar einerseits von ihren Mitmenschen als Märchenprinzessin ausgegeben, andererseits aber zeigt ihr Verhalten ebenso, daß sie tatsächlich eine Figur mit übernatürlicher Qualität ist.

Dem Thema des Übernatürlichen ist in „Vor dem Sturm" mehr als in anderen Werken Fontanes Raum zugemessen.(280) Das Phänomen selbst wird im Roman unterschiedlich eingeschätzt. In Marie bestätigt sich das Wirken eines Übernatürlichen, als Gesprächsstoff, etwa die Unterhaltung über die weiße Frau, fesselt das Spukhafte wiederholt das Interesse gerade durch einen eigenartigen Mangel an detaillierter Information(281),und in der Todesgeschichte von Tante Amelie wird der Spukglaube, ihre Furcht vor der schwarzen Frau(282), in geradezu absurder Weise bloßgestellt.(283) Das Romanende, die Zeit nach dem Sturm, ist frei von weiteren übernatürlichen Vorgängen; der glückliche,

280 Vgl. Frye, S. 115. Peter Demetz, Formen des Realismus. Theodor Fontane. München 1964, S. 36 f. Zum Spuk als Formelement in den „Wanderungen" Anselm Hahn, Theodor Fontanes „Wanderungen durch die Mark Brandenburg" und ihre Bedeutung für das Romanwerk des Dichters. Diss. Breslau 1935, S. 48 f. Siehe auch Roquettes Kritik, daß in Fontanes Roman, vor allem in der Erzählung Hirschfeldts über „Das Gefecht bei Plaa" zu wenig Spukhaftes verwandt sei; S. 5006.
281 HI/III, 578 ff., bes. 580.
282 HI/III, 185.
283 HI/III, 545. Vgl. dazu Reuter, S. 556, der jedoch dem Aspekt des Übernatürlichen nur in der letzten, desillusionierten Form des ‚Realisten' Fontane Bedeutung beimißt.

natürliche Alltag hat hier Einzug gehalten. Nur noch im Glauben der Tagebuchschreiberin an eine verklärte Welt(284), deren Vorboten die Gespenster seien(285), bleibt die Sphäre eines Übernatürlichen gegenwärtig.

Hans-Heinrich Reuter hat hervorgehoben, daß es in Fontanes erstem Roman nicht um die Darstellung von Gegensätzen, von miteinander konkurrierenden Einzelinteressen geht, sondern um die Gemeinsamkeit in der Stunde nationaler Not, um das Zusammenwirken aller durch die Gesinnung geeinten Kräfte.(286) Zugleich hat er betont, wie sehr dieser Entwurf einer Übereinstimmung, den Fontane seiner Zeit exemplarisch entgegenhalten wollte, eine rein fiktive, romantische und illusionäre Konstruktion sei, wie wenig er der historischen Wirklichkeit von 1813 entspräche.(287) In diesem Abriß ist Fontanes Absicht sicherlich treffend beschrieben, und auch der Hinweis auf die Grenzen und Gefahren für Form und Gehalt, denen ein solches Romanvorhaben begegnen muß, überzeugen.(288) Wenn Fontane also beabsichtigt, die historische Phase einer letzten großen Einheit und Gemeinsamkeit vorbildhaft zu vergegenwärtigen, so überrascht es um so mehr, daß sich hier spürbar ein Außenseitertum manifestiert, das nicht in der Idee der Gemeinsamkeit aufgehoben wird, sondern als unaufgelöster Rest außerhalb des ‚eigentlichen' Kreises fortbesteht. Zwar ist es ohne weiteres ersichtlich, daß das Phänomen des Außenseitertums das ideelle Zentrum des Romans ex negativo bestätigt. Der Außenseiter Faulstich bewies mit seinem Bekenntnis zur „Lüge des Daseins", wie sehr die eigene Existens verfehlt und die der anderen erfüllt ist. Aber gleichzeitig zeigte es sich, daß die behauptete *allgemeine* Menschlichkeit und die *tolerante Weite* der erfüllten Existenz nur auf dem Wertsystem eines engen dogmatischen, historisch bedingten preußischen Denkens gründete und darin auch an eng gezogene Grenzen stieß. Gesinnung erwies sich nicht nur als ein zwischen den Menschen verbindendes, sondern auch unterscheiden-

---

284 HI/III, 711.
285 HI/III, 253.
286 Reuter, S. 580–582. Vgl. Lewins Worte HI/III, 33: „Das ganze Fühlen ist ein höheres; wo noch Niedrigkeit der Gesinnung ist, da wagt sie sich nicht hervor. Was fehlt, ist eins: ein leitender Wille, ein entschlußkräftiges Wort."
287 Reuter, S. 584.
288 Vgl. dagegen die Skepsis gegenüber weltanschaulich orientierten Fragestellungen und Urteilen bei den Herausgebern der Hanser-Ausgabe, HI/III, 736.

des und trennendes Prinzip. (289) Der Aspekt des Außenseitertums ist ein geeignetes Mittel, den behaupteten gemeinsamen Gesinnungs-Nenner, auf den sich liebenswürdige, ‚menschliche' Menschen einigen könnten, als den Nenner einer ganz bestimmten Menschengruppe zu relativieren, von dem eben eine andere Gruppe ausgeschlossen bleiben muß. Die Formen dieses Ausschlusses variieren: verachtete Randexistenz eines unbedeutenden Ästheten, Entfremdung in der Ferne (Kathinka, Bninski), tödliches Versagen und Scheitern an den normativ gesetzten Lebensregeln (Tubal), elementare Fremdheit (Hoppenmarieken).

Wenn bis jetzt die Welt- und Wertvorstellung von Hohen-Vietz-Preußen im allgemeinen dargestellt wurde, so mag es nun nützlich werden, auch im einzelnen das verbindliche Gesinnungsethos an solchen Figuren zu beschreiben, die es in optimaler Form zu verwirklichen trachten. Damit sind vor allem der Konrektor Othegraven, der Dichter Hansen-Grell und Berndt von Vitzewitz gemeint. Sie spielen im Roman die aktiven Rollen. Gesinnung bedeutet ihnen mehr als nur Bekundung einer preußischen Haltung und eines patriotischen Denkens; Gesinnung beweist und verwirklicht sich ihnen erst in der politischen Praxis, was im gegenwärtigen Augenblick so viel wie Initiierung des Landsturms heißt. Diese Aufgabe erfüllen in idealer Weise die beiden Bürgerlichen, der Konrektor und der Dichter. Ihr Tod bestätigt die vaterländischen Werte der Treue und der soldatischen Haltung. Überdies bezeugt ihr Verhalten die für das Preußen von 1812/13 fortschrittliche Idee der menschlichen Gleichwertigkeit. Bamme äußert das einmal gegenüber Berndt:

„Eines wenigstens glaubten wir gepachtet zu haben: den Mut, und nun kommt dieser Kakerlaken-Grell und stirbt wie ein Held mit dem Säbel in der Hand. Von dem Konrektor sprech' ich gar nicht erst; ein solcher Tod kann einen alten Soldaten beschämen. Und woher das alles? Sie wissen es. Von drüben; Westwind. Ich mache mir nichts aus diesen Windbeuteln von Franzosen, aber in all ihrem dummen Zeug steckt immer eine Prise Wahrheit. Mit ihrer Brüderlichkeit wird es nicht viel

---

289 Diese Beobachtung steht im Gegensatz zu Adelheid Bossharts Behauptung (Theodor Fontanes historische Romane. Diss. Zürich 1957, S. 38), alle Randfiguren würden im „Gläubigen Ganzen" einbeschlossen sein.

werden, und mit der Freiheit auch nicht; aber mit dem, was sie dazwischengestellt haben, hat es was auf sich. Denn was heißt es am Ende anders als: Mensch ist Mensch."(290)

Othegraven ist der heroische Charakter schlechthin, der ‚citoyen' mit Zukunft, wie ihn Demetz nennt (291); und er ist nach Reuter die „Lichtgestalt", dem „die Ehre eines in seinen Motiven wie in seinem Vollzug makellos-zweifelsfreien Heldentodes zuteil" wird.(292) Freilich übersehen beide Forscher nicht den Verlust an historischer Substanz, den eine solche Idealisierung notwendigerweise mit sich bringt: Der Konrektor bleibe eine Gestalt ohne historisch definierbaren Raum, „lieber gar keine Historizität als die bourgeoise"(293); er stelle eine Grenzsituation im preußischen Augenblick(294), ein historische Ausnahme dar(295), die die Blaßheit der Gestalt verschulde.

Aber werden diese Beobachtungen in ihrem Lob wie in ihren Bedenken der Gestalt Othegravens gerecht? Wenn die Idealität des Konrektors von einem historischen Standpunkt aus kritisch gesehen werden soll, so liegt der Anlaß für eine solche Kritik in der Überzeugung, daß Fontane diese Figur tatsächlich als jenen idealen Repräsentanten einer politischen Gesinnung verstanden wissen wollte, als den ihn die Romanfiguren feiern. Aber es besteht — und das wird häufig übersehen — eine tiefe Kluft zwischen dem, als der Othegraven gilt, und dem, der er in Wirklichkeit ist. Interessanterweise lauten die Urteile über ihn keineswegs so einhellig, wie man es nach den Worten Bammes erwartet hätte. Wenn nämlich Bamme in ihm den Helden der preußischen Geschichte sieht, so spricht Marie ihm dieselbe Qualität ab: „Er ist vielleicht mutig, aber ich kann ihn mir nicht als Helden vorstellen."(296) Aber gerade diese Gestalt, die so über ihn urteilt, liebt der Konrektor. Kaum jemand kennt so gut wie er das Geheimnis des Feenkindes, ihre Auserwähltheit und ihre begnadete Kraft zu beglük-

290 HI/III, 706 und auch 587 f.
291 Demetz, S. 72.
292 Reuter, „Grundpositionen der ‚historischen' Autobiographie Theodor Fontanes" in: TFW, S. 24.
293 Demetz, S. 73.
294 Reuter, Theodor Fontane. Grundzüge und Materialien einer historischen Biographie. Leipzig 1969, S. 41 ff.
295 Reuter, „Grundpositionen", S. 23 f.
296 HI/III, 227.

ken. (297) Schon die erste Begegnung mit ihr — er traf sie beim Reifenspiel an — gab ihm die Gewißheit, in ihr die ihm fehlende lebensnotwendige Ergänzung zu finden:

Als ich dann an dem Spiele teilnahm und Ihnen [Marie] mit ungeübter Hand die Reifen zuwarf, fingen Sie jeden auf, ob er zu kurz oder zu weit flog. Ihre Geschicklichkeit glich aus, was der meinigen fehlte."(298)

Aber Othegraven kann Marie nicht gewinnen, denn eine glückliche Ehe, so erklärt ihm Seidentopf, gründe nicht im Prinzip partnerschaftlicher Ergänzung, sondern in dem der Gleichheit und des gegenseitigen Verständnisses. Der „Zug des Herzens" entscheide(299), und dieser spricht gegen Othegraven: „Wen ich lieben soll, der muß mich in meiner Phantasie beschäftigen. Er [Othegraven] beschäftigt mich aber überhaupt nicht."(300) So hat es Marie schon früher erklärt, und deshalb schweigt ihr Herz, als Othegraven ihre seine Liebe gesteht.(301) Maries negative Antwort besiegelt Othegravens weiteres Schicksal; dieser Zusammenhang wird nur in wenigen Fontanearbeiten herausgestellt.(302) Sein öffentliches Auftreten muß vor dem Hintergrund der privaten Enttäuschung gesehen werden, eine Enttäuschung, die so schwer wiegt, daß sie den Sinn der zukünftigen Existenz in Frage stellt.

„Und so werd' ich denn liebelos durch dieses Leben gehen; denn nur *die* Seite des Daseins, die mir fehlt, hat Reiz für mich und zieht mich an. Und so ist mein Los beschlossen. Trag' ich es; nicht nur weil ich muß,

---

297 HI/III, 120.
298 HI/III, 277.
299 HI/III, 275.
300 HI/III, 227 f.
301 HI/III, 277 f.
302 Hans Altmann, Die Dichtung Fontanes, ein Spiel vom Leben. Diss. Masch. Bonn 1950, S. 132 f. Altmann meint, daß sich dieser Zusammenhang ungünstig auf Othegraven auswirke: „Die Begeisterung und der aktive Einsatz für eine menschliche Idee könne nicht zu geistiger Fruchtbarkeit führen." Vgl. auch die Interpretation von Peter Hohendahl, „Theodor Fontane: Cécile. Zum Problem der Mehrdeutigkeit" in: GRM, 18 (1968), S. 393 f.: „Damit Lewin Marie heiraten kann, muß Othegraven [...] bei dem Angriff auf Frankfurt den Tod finden." Der Aspekt des Opfers für das Hohen-Vietzer Glück wurde bereits im Zusammenhang mit dem Schicksal Tubals erörtert.

auch weil ich *will*. Tue, was dir geziemt. Aber ich hatte es mir schöner geträumt; auch heute noch.(303)

Der ungeteilte Einsatz für die vaterländischen Ideale überdeckt nur notdürftig die aufgezwungene bittere Resignation. Das glanzvolle Bild eines bürgerlichen Helden stellt nicht das Ideal eines Menschentyps dar, der Gesinnung bis in den Tod beweist, sondern es bezeichnet jenen existentiellen Rest, der nach versagter privater Lebenserfüllung übrigbleibt. Wo in den folgenden Werken Fontanes das historisch-politische Betätigungsfeld fehlt, wo der Abstand zwischen Individuum und Geschichte sich vergrößert hat und die Geschichte aus den Händen des einzelnen genommen ist, da verschwindet auch die letzte Möglichkeit, sich als gebrochene Existenz vor den Augen der Welt zu bewähren; als Waldemar von Haldern begreifen muß, daß sein Glück mit Stine zu Ende geht, hilft ihm keine heroische ‚Hilfskonstruktion‘ mehr weiter. Othegraven mag am Ende noch von sich behaupten, er stürbe im festen Glauben, sein Leben an eine gute Sache gesetzt zu haben; aber er erzählt gleichzeitig jenes Gleichnis, an das später auch Effi Briest erinnern wird:(304) Die Frage, ob ihm das Scheiden schwerfalle, verneint Othegraven „und setzte hinzu, daß er einmal gelesen habe, wie das Leben einem Gastmahl gleiche. Jeder habe den Wunsch auszudauern; aber wer in der Mitte des Mahles abgerufen würde, fühle bald nachher, daß er wenig versäumt habe. Und das sei wahr.“(305)

Begegnet man in dem romantischen Ästheten Faulstich einer Figur, deren Mangel an Gesinnung ihn auf die unterste Stufe der Werthierarchie von Hohen-Vietz verwies, so trifft man in dem Theologiekandidaten und Dichter Hansen-Grell das genaue Gegenteil des Kirch-Göritzer Doktors an. Ausdrücklich wird der Unterschied vermerkt:

„Er [Lewin] hatte während seines Besuches [bei Hansen-Grell] mehr als einmal an Faulstich denken müssen; und doch, bei manchem Verwandten, welcher Unterschied! In der Beschäftigung mit den Künsten, auch in der Freude daran, waren sich beide gleich; aber während der eine das Schöne nur feinsinnig kostete, strebte ihm der andere mit ganzer Seele nach.

303 HI/III, 278.
304 HI/IV, 293.
305 HI/III, 654.

Was den einen verweichlichte, stählte den anderen, und so war Grell ein Vorbild, während Faulstich eine Warnung war."(306)

Die Gesinnung, die jenem abgeht, verwirklicht dieser vorbildlich; dem politischen, kampfbereiten Einsatz, den jener nie wagen wird, bleibt dieser bis in den Tod hinein treu. Zwar ist auch Grell keine glanzvolle Erscheinung in Aussehen und öffentlichem Auftreten; seine Wohnung wirkt auf den Besucher zunächst kalt und öde, bevor sich dann doch der Eindruck des Gemütlichen durchsetzen kann.(307) Sein Hantieren in der Glut des Ofens, die berußte Hand, die er nach energischem Strich über seinen Ärmel Lewin reicht, erinnert fast an die Welt Hoppenmariekens. Aber die scheinbare Ähnlichkeit hebt den grundlegenden Unterschied nur um so deutlicher hervor: Gesinnung bildet sich in der engen und ärmlichen Welt so gut als in der weiten und begüterten aus.

Hansen-Grells bisheriger Lebenslauf zeigt bereits die Wirksamkeit jener patriotischen Gesinnung, die ihn auch veranlaßt, am Überfall auf Frankfurt teilzunehmen. Nach Jahren des Aufenthaltes in Kopenhagen — das dänische Erbe seiner Mutter habe ihn seinerzeit zur „Desertion" aus der märkischen Heimat seines Vaters gezwungen — kehrte er nach Preußen zurück; den entscheidenden Anlaß gab der Sieg der dänischen Truppen über das Husarenregiment Schills, dessen Versuche, gemeinsam mit den Engländern Napoleon zu bekämpfen, Grell „mit glühendem Patriotismus"(308) verfolgte. Seine Teilnahme an der Frankfurter Aktion bedeutet Fortführung und Vollendung einer kontinuierlich bewahrten preußischen Gesinnung. Sein Einsatz im Sinne dieser Gesinnung erfolgt so ungeteilt und überzeugend, daß sich selbst seine sonst unvorteilhafte äußere Erscheinung im Augenblick der Begeisterung verschönert; inmitten einer angeregten Unterhaltung beobachtet der Erzähler: „Hansen-Grell war aufgestanden, und sein unschönes Gesicht mit dem kurzen Strohhaar und den geröteten Lidern verklärte sich von innen heraus zu wirklicher Schönheit."(309)

Hansen-Grell bedeutet den Hohen-Vietzern mehr als nur ein gleichgesonnener Freund. Er verkörpert für sie das Idealbild des preußischen Menschen mit gerade jenen Eigenschaften und Vorzügen, wie sie sich

306 HI/III, 487.
307 HI/III, 482.
308 HI/III, 189.
309 HI/III, 486.

nur im politischen und kulturellen Raum Preußens haben entwickeln
können; Lewin spricht das einmal sehr bewußt aus, wenn er sagt, „daß
es gerade die Hansen-Grells sind, die wir vor den slawischen Gesell-
schaftsvirtuosen, vor den Männern des Salonfirlefanzes und der endlosen
Liebesintrige voraushaben."(310)

Was sein literarisches Schaffen betrifft, so ist Grell Romantiker,
freilich in einem anderen Sinne als Faulstichs Romantik. Romantik
meint hier jene literarische Richtung, die Fontane selbst in seinem
Alexis-Essay(311) beschrieben und befürwortet hat. Dieses an den
schottischen und nordischen Balladen, an Bürgers „Lenore", an
Shakespeare und Scott geschulte Künstlertum wird in der Welt von
Hohen-Vietz anerkannt. Dagegen löst Grells Vorliebe für Hölderlin
Überraschung aus. Lewin, der sich zu einem plötzlichen Besuch des
Dichters entschlossen hat, entdeckt zufällig einen Band Hölderlinscher
Gedichte und muß zu seinem Erstaunen erfahren, daß jener, der sich
eben noch als Sänger von „nordischen Prinzessinnen und siegreichen
Schlangentötern"(312) charakterisiert, sich nun zu einem Klassischen
Hölderlinscher Prägung bekennt:

„Ich werde nie klassisch empfinden, nie auch nur den Versuch machen,
einen Hexameter oder gar eine alkäische Strophe aufzubauen, und
doch, wo immer ich mit dieser Welt des Klassischen in Berührung
komme, fühl' ich mich in ihrem Banne und sehe, solange dieser Zauber
anhält, auf alles Volksliedhafte wie auf bloße Bänkelsängereien herab.
Ich habe dann plötzlich aller naiven Dichtung gegenüber ein Gefühl, als
ob ich hübsche Dorfmädchen auf einem Hofball erscheinen sähe; sie
bleiben hübsch, aber die Buntheit und die Willkürlichkeit ihres
Aufputzes läßt selbst ihren wirklichen Reiz als untergeordnet erscheinen."(313)

Grell bestreitet nicht, daß seine Vorliebe für das Klassische einen „Widerspruch in meiner Natur"(314) bezeichne; das hat aber nichts mit dem
Widerspruch im Sinne der Lüge des Daseins zu tun, in der Faulstich
verkommt. Viel eher erinnert Grells Bekenntnis an die Worte Othegra-

310 HI/III, 190.
311 HIII/I, 459 f.   313 HI/III, 484.
312 HI/III, 484.   314 HI/III, 484.

vens, der sich in einem anderen Situationszusammenhang ebenfalls zu einem Widerspruch in seinem Verhalten bekannte. Beide, ungleich Faulstich, bewerten diesen Widerspruch positiv: Othegraven beruft sich auf das bewegliche und darum zuweilen sich im Widerspruch bewegende Prinzip alles Lebenden(315); Grell erklärt seine Haltung, indem er grundsätzlich auf den Unterschied zwischen „Natur" und „Geschmack" verweist: Die Natur bestimme die dichterische Produktion und ihr gemäß könne er nur Romantisch-Volksliedhaftes schaffen; die Auswahl seiner Lektüre aber, die Neigung zu gewissen literarischen Formen, die er selbst nicht beherrscht, sei allein Sache des Geschmacks und erkläre seine Vorliebe für das Klassische; nur wo der Geschmack in der dichterischen Produktion mit Gewalt vorherrschen wolle, da räche sich der Ungehorsam gegen die Natur.

Nur zögernd folgt Lewin den Ausführungen Grells, und erst als dieser das Hölderlinsche Klassische an dem Gedicht „Nur einen Sommer gönnt, ihr Gewaltigen" als ein im Grunde Romantisches beschreibt, stimmt er ihm zu.

Das Bild Hansen-Grells, das sich hier abzeichnet, ist das eines feurigen Patrioten und anerkannten Dichters. Dieser „Kakerlaken-Grell", wie ihn Bamme voll Achtung nennt(316), wird im wirren Durcheinander des Frankfurter Kampfes niedergehauen(317) und stirbt den Heldentod für die Freiheit seines Vaterlandes; in diesem Sinne wird er in Hohen-Vietz geehrt. Ist es aber richtig, daß spezifisch preußisch-politische Motive den Romantiker zum bedingungslosen Einsatz seines Lebens bewogen? Ist seine Gesinnung identisch oder auch nur meßbar mit jener Gesinnung von Hohen-Vietz? Die Worte, die er im Anschluß an das Hölderlingedicht gegenüber Lewin ausspricht, deuten jedenfalls auf andere Motive hin, die das Bild eines *preußisch* Engagierten nicht unerheblich modifizieren. Grell interpretiert das Gedicht „An die Parzen" als Ausdruck einer Sehnsucht nach dem einmaligen höchsten Augenblick der Erfüllung, der noch vor dem Tode erreicht werden soll. Doch versteht er diesen Moment göttlicher Vollendung nicht nur als den geglückten Abschluß einer großen Dichtung; vielmehr erkennt er in der Zeile „einmal / Lebt' ich wie Götter, und mehr bedarf's nicht"(318) die allgemeine Sehnsucht nach einem sinnerfüllten Dasein, selbst wenn es

315 HI/III, 275 f.   317 HI/III, 645.
316 HI/III, 706.   318 HI/III, 485.

114

sich nur im punktuellen Augenblick erschließen ließe. „Ob Lied oder Liebe, ob Freiheit oder Vaterland, *einmal* leben wie Götter und dann — sterben. Sterben bald, ehe das große Gefühl der Erinnerung verblaßt."(319)

In diesem neuen Zusammenhang wird deutlich, daß sein politischer Einsatz nicht die Befreiung der Nation als letztes Ziel vor Augen hat, sondern die absolute individuelle Selbstverwirklichung. Die volle Bedeutung seines Todes erschließt sich nicht im Ethos eines soldatischen Heldentodes, sondern in der Idee des komprimierten ‚höchsten Augenblicks‘: Sein Tod unterbricht den natürlichen zeitlichen Ablauf, damit das Erlebnis des erfüllten Augenblicks vor den nivellierenden Kräften der Zeit, vor dem Verblassen bewahrt bleibe.

Eine solche Motivation politischen Handelns paßt nicht recht in den bisherigen Romanzusammenhang, hebt sie doch die Thematik der Gesinnung in der individuellen Problematik eines sinnerfüllten Lebens auf. Zudem fehlt im Roman ein konkreter Hinweis auf eine Situation, die die Furcht vor der Zerstörung des göttlichen Augenblicks durch die Zeit rechtfertigte. Denn ganz im Gegenteil ist der Roman doch darauf hin angelegt, den unveräußerlichen Lohn der einen großen Tat von 1813 zu gestalten; diese Absicht zeigte sich gerade darin, daß die historische Kontinuität im Roman unterbrochen wurde und an ihre Stelle eine geschichtslose Epoche trat, in der sich die zeitliche Kategorie nur noch als periodischer Lauf von Geburt und Tod auswirkte.

Welche Bedeutung kann man den Worten Grells beimessen? Sind sie bloßer Ausdruck einer romantischen Gefühlsextase, die auf das ideelle Zentrum des Romans keine Auswirkungen zeigen, oder aber läßt sich in ihnen versteckt ein Einwand gegen die allzu glatte politisch-historische Lösung von Hohen-Vietz erkennen?

Endgültig entscheiden läßt sich diese Frage wohl nicht; dennoch will sie nicht als gegenstandslos erscheinen. Grells Bedenken gegen die Zeit nach dem großen Augenblick könnten dann eine konkrete Bedeutung erhalten, wenn man sie in Zusammenhang mit der historischen Wirklichkeit nach 1813, der Restauration Metternichscher Prägung, brächte. Die ungewisse Furcht vor den nivellierenden Kräften der Zukunft, vor dem Verblassen der großen Tat im Alltäglichen würde sich aus ihrem Bezug auf die Stagnation des öffentlichen Lebens nach 1813 erklären. Aber das beruht auf bloßer Vermutung.

319 HI/III, 486.

Das Scheitern des Hohen-Vietzer Landsturms kostet Othegraven und Hansen-Grell das Leben; aber es führt sie nicht in eine Gesinnungs- und Glaubenskrise. Ihr Tod bezeichnet die ‚normale' Konsequenz eines riskanten, aber ehrenvollen Einsatzes. Ganz anders verhält es sich jedoch im Falle Berndts. Ihn, der die gesamte Aktion seit Wochen intensiv vorbereitet hatte, trifft das Mißlingen des Frankfurter Überfalls tief in seinem bis dahin unerschütterten Glauben. Es führt zu einer inneren Krise, die das Denken und Tun der vergangenen Tage im Kern berührt, die den Sinn seines Wirkens grundlegend in Frage stellt. „Der andere Morgen" nach dem mißglückten Überfall zeigt nicht das vertraute Bild des politischen Diagnostikers und Praktikers, sondern das eines vom Fehlschlag tief verunsicherten Menschen.

„„Alles gescheitert", sagte er. „Und ich hab' es so gewollt. Gescheitert, ganz und gar. Soll es mit ein Zeichen sein? Ja. Aber ein Zeichen, daß wir unser Liebstes an ein Höchstes setzen müssen. Nichts anderes. Dies ist keine Welt der Glattheiten. Alles hat seinen Preis, und wir müssen ihn freudig zahlen, wenn er für die rechte Sache gefordert wird."
So sprach er zu sich selbst. Aber inmitten dieses Zuspruchs, an dem er sich aufzurichten gedachte, ergriff es ihn mit neuer und immer tieferer Herzensangst, und sich vor die Stirn schlagend, rief er jetzt: „Berndt, täusche dich nicht, belüge dich nicht selbst. Was war es? War es Vaterland und heilige Rache, oder war es Ehrgeiz und Eitelkeit? Lag bei *dir* die Entscheidung? Oder wolltest du glänzen? Wolltest du der erste sein? Stehe mir Rede, ich will es wissen; ich will die Wahrheit wissen." Er schwieg eine Weile, dann ließ er den Zweig los, an dem er sich gehalten hatte, und sagte: „Ich weiß es nicht. Bah, es wird gewesen sein, wie es immer war und immer ist, ein bißchen gut, ein bißchen böse. Arme kleine Menschennatur! Und ich dachte mich doch größer und besser. Ja, sich besser dünken, da liegt es; Hochmut kommt vor dem Fall. Und nun welch ein Fall! Aber ich bin gestraft, und diese Stunde bereitet mir meinen Lohn.""(320)

Wiederholt hat die Fontane-Forschung hier den Prozeß einer Desillusion des politischen Praktikers beobachtet, ein Prozeß, der aber gleichzeitig zur humanen Erkenntnis führe. Demetz versteht Berndts Selbstbekenntnis als Antwort einer privaten „Humanität" auf den zuvor propagierten

320 HI/III, 648 f.

„Völkerhaß", als einen Abbau von verranntem Fanatismus und inhumanem Chauvinismus zugunsten einer Wiedergewinnung von innerer Freiheit und humaner Einsicht.(321) Auch für Karl Richter erschließt sich in dieser Szene „die innere Unwahrheit der zur Schau gestellten Gesinnung"; an die Stelle des scheinhaften Anspruchs tritt nun die Wahrheit eines Menschlichen, die ständig von Skepsis kontrolliert wird.(322)

Aber ist es denn überhaupt zutreffend, im Zusammenhang mit Berndts Selbstbesinnung von Desillusion zu sprechen, von einer Zurücknahme des Dogmatisch-Politischen und Militärisch-Praktischen zugunsten eines existentiell Menschlichen? Eine solche Zurücknahme beträfe auch die ‚Gesinnung' des Romans, bezeichnete einen unmittelbaren Einwand gegen sie; denn — so wurde gezeigt — jene Gesinnung, die den Roman trägt, bezieht sich keineswegs auf einen persönlichen ethischen Bereich des Menschen, sondern auf das Bekenntnis an ein historisch bestimmbares, altpreußisches Weltbild und Wertdenken; Gesinnung drängt zur Tat; sie fordert die politische Aktion, die Verwirklichung der preußischen Ziele, die auch Berndt bei seinem Überfall im Auge hat.

Das weltanschauliche Fundament des Romans wird von Berndts Zweifel an keiner Stelle angegriffen, vielmehr nochmals bestätigt. Ihn verunsichert nicht die Erfahrung, daß jedes Handeln in Schuld

321 Demetz, S. 65—72, bes. 72.
322 Richter, S. 79; Richter spricht von einer „Vertiefung seiner [Berndts] Menschlichkeit", S. 82. Von einem „Sieg der menschlichen über die ständischen Bindungen" sprach auch Charlotte Putzenius, Theodor Fontanes erster Roman „Vor dem Sturm" als Spiegel der Welthaltung des Dichters. Diss. Masch. Hamburg 1947, S. 25. Für sie wird Berndt „über die historischen Bindungen hinaus zum Träger überzeitlicher Fragen und Werte". Putzenius trat sehr emphatisch für die Qualität von „Vor dem Sturm" ein. Vgl. auch das allgemeine Urteil von Klaus Lazarowicz, „Moral- und Gesellschaftskritik in Theodor Fontanes erzählerischem Werk" in: Festschrift für Hermann Kunisch, Berlin 1961, S. 221: „Unbeirrt von patriotischen Vorurteilen und Wunschvorstellungen entlarvt er [Fontane] in ‚Vor dem Sturm' die egoistischen Motive und Tendenzen des politischen Dilletantismus." Nur Wruck vertritt in seiner Dissertation, S. 153, gegenüber der geläufigen Meinung eine neue Auffassung: „Jedoch greift die aus einem generellen Verhältnis Fontanes zur Geschichte begründete Annahme, das ‚allgemein Menschliche' dränge sich wie überhaupt in ‚Vor dem Sturm' so namentlich bei dieser Figur [Berndt] ‚vor dem historisch Bedingten in den Vordergrund' [Wruck bezieht sich auf Rosenfeld, S. 8], gänzlich fehl. In Wirklichkeit wird die vergangenheitsgeschichtliche Bedingtheit teils neugefaßt, teils durch eine zeitgeschichtliche ersetzt. Getilgt wird, soviel ist richtig, der eigentliche Junkersinn [. . .]"

verstrickt(323); vielmehr geht es ihm um die Frage, ob *er persönlich* den Anforderungen der ‚großen Idee' gerecht geworden ist: War es Ehrgeiz, Eitelkeit und Hochmut, die ihn zur Tat trieben, oder Vaterland und heilige Rache? Vaterland und heilige Rache sind die zentralen Werte eines preußischen Denkens, deren Verbindlichkeit hier abermals anerkannt wird. Aus dem Wert des Vaterlandes ergibt sich mit zwingender Notwendigkeit der soldatische Einsatz, sobald dieser Wert gefährdet wird.(324) Das blutige Unternehmen wird als „heiligen Krieg"(325) sanktioniert. Innerhalb dieses weltanschaulichen Koordinatensystems liegen Vaterland, Krieg und Gott dicht nebeneinander. Menschlichkeit bedeutet hier, daß die ritterlichen Regeln des Kampfes eingehalten werden, kein spanischer, sondern ein preußischer, ordentlicher Krieg geführt wird.(326) Dem Feind bringt man Achtung entgegen(327), und wenn er besiegt ist, empfindet man Mitleid und schont ihn. (328)

Berndts Skepsis gilt der persönlichen Handlungsweise, wendet sich gegen den Junker, der mit allen Mitteln versuchte, der erste zu sein.

„Bamme und ich waren die ersten hier herum und exerzierten schon, als sich jenseits der Oder noch keine Hand rührte, und nun haben sie drüben den kleinen Krieg comme il faut, während wir immer noch dasitzen wie die Spittelweiber in der Nachmittagspredigt. [...] Wir, die wir zuerst gekräht haben, zuerst und am lautesten. Sollen wir uns sagen lassen, daß wir bloß gespielt und mit Exerzitium und Trommelschlagen dem lieben Herrgott die Zeit gestohlen hätten."(329)

Skepsis trifft auch den eigenen Hochmut, in dessen Befangenheit Berndt sich zu sicher als der Auserwählte wähnte:

„Es gibt auch eine heilige Rache. So war es, als Simson die Tempelpfosten faßte und sich und seine Feinde unter Trümmern begrub. Vielleicht, daß auch unsere Rache nichts anderes wird als   ein gemeinschaftliches Grab. Sei's drum; ich habe abgeschlossen; ich setze mein

323 So behauptet es Wagner, S. 89.
324 HI/III, 216—218.
325 HI/III, 35.
326 HI/III, 34 und 446.
327 Siehe die Bewertung des General Girard HI/III, 654.
328 HI/III, 434—438, bes. 435.
329 HI/III, 559.

Leben daran, und, Gott sei Dank, ich darf es. Diese Hand, wenn ich sie aufhebe, so erhebe ich sie nicht, um persönliches Unbill zu rächen, nein, ich erhebe sie gegen den bösen Feind aller Menschheit, und weil ich ihn selber nicht treffen kann, so zerbreche ich seine Waffe, wo ich sie finde. Der große Schuldige reißt viel Unschuldige mit in sein Verhängnis; wir können nicht sichten und sondern. Das Netz ist ausgespannt, und je mehr sich darin verfangen, desto besser. Wir sprechen weiter davon, Lewin. Jetzt ist Kirchzeit."(330)

Was aber die Schuld am Scheitern der Frankfurter Aktion betrifft, so ruht sie keineswegs ausschließlich auf Berndt, wie es den Anschein besitzen mag; von Anfang an stand fest, daß der Überfall mißlingen müsse, wenn die zugesagte Hilfe der Russen ausbliebe.(331) Man wagte es, wird von den Russen im Stich gelassen, verliert deshalb und muß die Verantwortung tragen. Daß das idealpreußische Fundament dieser Welt durch den kleinen Fehlschlag völlig unberührt bleibt, zeigt der Erfolg des ‚Sturm'.

Die Thematik des „Vor dem Sturm", die Zeit der individuellen und allgemeinen Vorbereitung, lenkte immer wieder den Blick auf das Ergebnis dieser Phase, auf ihre Erfüllung. Die Wendung ins Unpolitische und Intime mußte um so mehr wiegen, als der Rahmen des Ganzen durch den geschichtsbezogenen literarischen Typ des historischen Romans festgelegt war. Die erreichte Endstufe unterscheidet sich in ihrer Wirklichkeitsqualität deutlich von dem Vorausliegenden. Schon der Wechsel in der Erzählhaltung, die Einführung der Tagebuchperspektive, kündigt Privates und Persönliches an. Aber der Sprung in eine andere Dimension kommt nicht unerwartet, sondern resultiert aus dem dargelegten Welt- und Geschichtsbild. Der „Blick in die weitere Zukunft"(332), im Spiegel von Renates Tagebuch, konzentriert sich auf Familiäres: Rückkehr aus dem Krieg, Hochzeit, Erbschaft, Umzug, Sterbefälle (Seidentopf, Bamme, Berndt, Schorlemmer).

330 HI/III, 36.
331 HI/III, 586, 611, 614, 633 f., 636. – Vgl. auch Wruck in seiner Dissertation S. 187 f.: „Wenn die Bamme und Vitzewitze auch ihre Leute in eine Niederlage führen [. .,.], wenn sie sich der militärischen Aufgabe auch nicht gewachsen zeigen, so gehen sie doch mit unerschütterter Autorität aus der mißglückten Unternehmung hervor."
332 HI/III, 709.

Der Art des Tagebuchs gemäß bringen die Aufzeichnungen Renates nicht nur Berichte vom Leben anderer, sondern sie enthalten auch Bekenntnisse persönlichen Erlebens. Eine Welt, die solchermaßen im Ehelichen ihr Ziel präsentiert, kann einer einzelstehenden Figur nicht genügen; notwendigerweise wächst das Unbehagen an einer Rolle, die durch äußere Umstände auferlegt wurde: „[...] ich mag doch nicht die Tante Schorlemmer ihres Hauses sein."(333) Andere Interessen und andere Ziele machen sich geltend. Sie führen Renate aus der sinnerfüllten Immanenz von Hohen-Vietz heraus und wecken eine neue Erwartung auf einen jenseitigen Bereich. Schon früher bekannte sich Renate zu einem religiösen Glauben.

„Laß dir etwas erzählen. Ich fand einmal ein Buch, in dem las ich, daß nichts unterginge und daß an einem bestimmten Tage *alles* wiederkäme, die große und die kleine Welt, Mensch und Tier, auch die sogenannten leblosen Dinge. [...] Und diese durch ein Reinigungsfeuer gegangene Welt, diese verklärte Spiegelung von allem, was je dagewesen ist, würde die Seligkeit sein."(334)

In diesem Geiste schließt Renate auch ihr Tagebuch: „Es gibt eine verklärte Welt, mir sagt es das Herz, und es zieht mich zu ihr hinauf."(335) Damit öffnet sich die Welt von Hohen-Vietz und leitet über in einen umgreifenden transzendentalen Zusammenhang, in die verklärte Spiegelung alles Dagewesenen.(336)

Der Roman schließt nicht mit dieser Intensivierung des Innerlichen und Gläubigen, sondern wechselt noch einmal die Erzählperspektive: Auf die Innensicht folgt die Außensicht. Der Erzähler tritt in der Rolle des Wanderers und nachzeitlichen Gefährten seiner Figuren auf, deren Lebensgeschichte sich ihm aus der Lektüre des Tagebuches und der Grabsteininschrift erschließt.

Dieser von Fontane gewählte Romanabschluß stieß in der Fontane-Forschung auf heftige Kritik. Hans-Heinrich Reuter bemängelte die unerträgliche Sentimentalität des verfehlten Schlusses(337), beobachte-

333 HI/III, 711.
334 HI/III, 253.
335 HI/III, 711.
336 Die religiöse Terminologie erinnert stark an jene Worte, mit denen Fontane in seinen theoretischen Arbeiten die geforderte Kunstwirklichkeit beschrieb.
337 Reuter, S. 351.

te ein unerfreuliches Absinken des Schriftstellers auf das Niveau peinlichster „Wanderungs"-Ausklänge(338), das den Dichter „am Ende seiner Kraft"zeige.(339) Sind Renates Tagebuchnotizen wirklich nicht mehr als „aufgeputzte Auszüge aus dem Familienregister des Kirchenbuches"? (340)

Der Erzähler erklärt, weshalb er von der gängigen Form des mit Verlobung oder Hochzeit abschließenden Romans abweicht; die Existenz eines Tagebuches im Hohen-Vietzer Herrenhaus ermögliche ihm, einen „Blick in die weitere Zukunft" seiner Figuren zu werfen. Damit gibt sich der Erzähler als ermittelnder und referierender Biograph zu erkennen. Begann er seine Geschichte mit der Formel „Es war. . .", so beschließt er sie mit der Formel „bis auf diesen Tag".(341)

Die Montage des Tagebuchs hat eine doppelte Funktion: Zum einen dient sie im fiktiven Rahmen der Realitätsbeteuerung; jeder, der wie der Erzähler nach Hohen-Vietz käme, könnte in die Blätter Renates Einblick nehmen und sich von dem Wahrheitsgehalt der erzählten Geschichte selbst überzeugen. Zum anderen löst sie die bisher bewahrte Nähe zwischen dem Erzähler und der erzählten Welt auf, macht sie die *zeitliche* Distanz deutlich, die beide voneinander trennt.(342) In dem Augenblick, in dem das erfüllte Hohen-Vietz am unmittelbarsten gegenwärtig ist, nämlich in dem persönlichen Bereich einer Figur, wird zugleich die Entfernung zwischen dieser Welt und der Welt des Erzählers spürbar. Die Frage nach der kompositorischen Aufgabe einer solchen Tagebuchmontage leitet über auf ein umfassendes erzählerisches Problem: Aufgabe von „Vor dem Sturm" war es, die noch nicht allzu fern liegende Vergangenheit des eigenen Landes der gegenwärtigen Generation zu erzählen. Ein bestimmtes Weltbild und Wertdenken sollte einer Zeit übermittelt werden, die sich von der eigenen vorbildlichen Vorgeschichte abgelöst hat und

338 Ebd., S. 561 f.
339 Ebd., S. 560. Schon Kenneth Hayens (Theodor Fontane. A Critical Study. London 1920, S. 12) vermißte einen plausiblen Grund für die letzte Szene am Grab Renates.
340 Reuter, S. 560.
341 HI/III, 709.
342 Auch Kahrmann, S. 166 f., weist auf den Vorgang erzählerischer Distanzierung hin; der Erzähler werde zum distanzierten Betrachter eines idyllischen Schlußbildes, das sich um Renates Grabstein arrangiert. Kahrmanns weitere Ausführung, die „Verklärung der historischen Epoche" betreffend, beschreitet andere Wege als die hier eingeschlagenen.

die sich von der eigenen vorbildlichen Vorgeschichte abgelöst hat und somit einer Rückbesinnung auf die damalige Haltung bedürfte. Der Lohn für die damals bewiesene Gesinnung begründete die familiäre, unpolitische Welt von Hohen-Vietz. Renates Tagebuch zeigt, daß diese Belohnung nicht nur punktuelle oder kurzfristige Dauer besitzt, die bald durch neue *politische* Forderungen unterbrochen würde, sondern daß sie kontinuierlich bis in die Gegenwart des Erzählers und seines Publikums reicht. Aber das Hohen-Vietz der Vergangenheit kann nicht mehr identisch sein mit dem der Gegenwart. Stellte es damals das Symptomatische einer sich im ganzen Land heranbildenden Gesinnung dar, bedeutete es den Inbegriff einer geschichtlichen Entwicklung ins Ungeschichtliche, so bleibt es in der Gegenwart als märkischer Herrensitz eine bloße Oase, die nur noch von der Erinnerung lebt, während ihr der repräsentative Bezug zur Gegenwart fehlt. So muß der Erzähler den Ort einer Welt des Idealen ,erwandern', um ihn den Zeitgenossen bewußt zu machen.

Auch der von Reuter gegen die letzten Romansätze erhobene Einwand der sentimentalen Trivialität bedarf einer kritischen Überprüfung. Bedeutet der Auftritt des Wanderers wirklich nur ,,Konzession und Ausflucht einer Übergangszeit"(343) des debutierenden Romanciers, oder spricht sich in der Identifikation des Erzählers mit dem Wanderer eine kompositorische Absicht aus, die auf eine bestimmte Aussage hinzielt? Die Welt, die das erzählerische Ich erwandert, ist eine vergangene; ,,alles in Trümmern".(344) Aber in diesem Bild des Verfalls liegt keine Wertminderung des einst Gewesenen. Im Gegenteil zeugt der Gang der Zeit, der an den wechselnden Konturen der Landschaft sichtbar wird, das ,Verwachsen', von einer naturgeschichtlichen Aufhebung alles Vergänglichen. Doch — und das ist bezeichnend — dieses Erlebnis des Verschmelzens von Menschheitsgeschichte und Natur, von Begräbnisplatz und Park, erschließt sich keinem auktorialen Erzähler, der von seinem unbeweglichen Standort auf eine Szene herabblickt, sondern es bietet sich nur dem *wandernden* Beobachter; dieser nähert sich dem Bilde, verweilt einen Augenblick und entfernt sich wieder. Der Roman schließt mit der erzählerischen Attitüde des *Vorübergehens* an einer gewesenen schönen Welt. Für einen Roman, dessen Verdienst und Schwäche darin liegt, das erste Werk von einer Vielzahl zu sein, ,,von denen bis zu ,Effi Briest' hinauf einer immer besser ist als der

343 Reuter, S. 562.   344 HI/III, 711.

122

andere"(345), für einen solchen Roman also scheint der gewählte Abschluß angemessen.

„Vor dem Sturm" mit seinem altpreußischen Welt- und Wertentwurf stellte innerhalb Fontanes erzählerischem Werk eine Phase dar, die zwar erreicht, die aber ebenso überwunden werden muß.(346) Fontane ,vergißt'(347) sein Werk und läßt es den Leser durch seine weitere Produktion vergessen. Man mag Brinkmann zustimmen, wenn er in Hinblick auf Thema und Motiv eine Kontinuität zwischen „Vor dem Sturm" und den nachfolgenden Werken beobachtet(348); die weltanschauliche Position hingegen, die sich im ersten Roman ausspricht, wird grundlegend verändert.

Erste Anzeichen für diese Wendung(349) lassen sich in einem nicht zur Ausführung gekommenen Romanvorhaben erkennen. Schon der Titel bezeichnet die neue Weltsicht, umfaßt ein Programm, das sich von der Idee des „Vor dem Sturm" deutlich absetzt: „Allerlei Glück".(350) Abermals richtet sich der Blick des Menschen auf die Sterne, wenn es gilt, seinen Standort zu bestimmen; aber derselbe Blick führt zu konträren Beobachtungen. Den Anlaß zu einer grundsätzlichen Erklärung und neuen Positionsbestimmung gibt ein ,unsittliches' Verhältnis zwischen einer verwitweten Adligen und einem bürgerlichen Offizier:

„Nun sein Verhältnis zu Frau v. Birch ist ein öffentliches Geheimnis. Du hast hier einen Musterfall. Ich ziehe das Keusche dem Unkeuschen vor und es ist kein leerer Wahn: selig sind, die reinen Herzens sind. Ich will dich nicht mit Bibelsprüchen aufhalten. Aber ich bin außerstande, in dem Verhältnis dieser beiden Leute etwas besonders Anstößiges zu erblicken. Es werden keine Pflichten verletzt, es wird kein Anstoß

345 Thomas Mann, „Der alte Fontane", in: Schriften und Reden zur Literatur, Kunst und Philosophie. Hrsg. von Hans Bürgin, Frankfurt 1968, Bd. 1, S. 39.
346 Vgl. Wruck, „Historischer Roman und epische Technik" in: FB, 1, 5, (1967), S. 231.
347 Brief an Emilie vom 16. Juni 1883; PB I, 203.
348 Brinkmann, S. 52 f. Siehe auch schon Marianne Zerner, „Zu Fontanes Vor dem Sturm" in: The German Quarterly, 13 (1940), S. 202.
349 Reuter, S. 599, bezeichnet es als eine Wendung von der Kritiklosigkeit des „Vor dem Sturm" zur Gesellschaftskritik. Siehe auch Ursula Wiskott, Französische Wesenszüge in Theodor Fontanes Persönlichkeit und Werk. Diss. Berlin 1938, S. 149 f.
350 Julius Petersen, „Fontanes erster Berliner Gesellschaftsroman [,Allerlei Glück']" in: Sonderausgabe aus den Sitzungsberichten der preußischen Akademie der Wissenschaften. Phil. hist. Klasse 1929, Nr. 24, S. 480—562.

gegeben; eine nicht aus lautersten Quellen stammende Neigung sucht ihre Befriedigung und findet sie. Ich persönlich habe meine Befriedigung in andrem gefunden, aber solange wir nicht gelernt haben, auf Sternen zu gehn, solange wir Erde sind, werden wir dies nicht abtun, und wer dabei die Grenzlinie scharf zu ziehen versteht, — dies ist die Bedingung und scheinbar verwandte Fälle können schon sehr verschieden sein — der mag seine Straße ziehn. Meine Absolution, *meinen* Ablaß hat er.''(351)

Das neue Welt- und Daseinsbewußtsein klammert die Idealität des ‚Sternengängers‘ aus, wie sie vor allem in Marie aus „Vor dem Sturm" anschaulich wurde. Die Sterne sind nur noch der redensartliche Ausdruck für ein Unbedingtes, von dem man bloß weiß, daß man es nie erreichen wird. Man fühlt sich „irdisch"(352), weiß sich durch Vielerlei bedingt und steht somit jeglichen absoluten Forderungen an das Leben und an den Mitmenschen mit Skepsis gegenüber. Man vertritt das Maß der Mitte, man steht selbst in der Mitte zwischen zwei gleichermaßen zu meidenden Extremen: hier die Hölle, dort der Himmel. „Aber wenn wir mit der einen Hand den einen [Himmel] mit der andern Hand die andre (die Hölle) berühren, so stehen wir mit unseren zwei Beinen doch recht eigentlich auf der Erde".(353)

Es gibt in dieser Welt „allerlei Moral" und deshalb auch „allerlei Glück"; „es führen viele Wege nach Rom".(354) Denn nicht das Prinzip der Gleichgesinntheit herrscht vor, sondern das des Unterschieds; es gibt ‚allerlei Naturen‘, „wo dem einen Disteln blühn, blühn dem andren Rosen".(355)

Die Moral von ‚allerlei Glück‘ will eine Welt des mäßigen Auskommens ermöglichen; die große Erfüllung ist ebensowenig zu finden wie das tödliche Unterliegen. Hohen—Vietz rückt in die Ferne, und die Welt von „Schach von Wuthenow" bedrängt noch nicht. „Allerlei Glück" ist der fragmentarische Entwurf einer Welt der humanen Schwebe, wie er mit anderen Zielen und Mitteln erst im „Stechlin" zu Ende geführt wird.

351 HI/V, 644 f.
352 HI/V, 644.
353 HI/V, 644. Siehe auch Herbert Roch, Fontane, Berlin und das 19. Jahrhundert. Berlin-Schöneberg 1962, S. 222.
354 HI/V, 643 und Brief an Gustav Karpeles vom 3. April 1879; FrBr I, 413.
355 Brief an Karpeles vom 3. 4. 1879 und HI/V, 633 f. Siehe auch Brief an Mathilde von Rohr vom 17. Juni 1876; PB III, 164.

SCHACH VON WUTHENOW

„Glückauf" hatte Ludovica Hesekiel vor vier Jahren dem Verfasser von „Vor dem Sturm" für seinen zweiten Roman zugerufen. Nicht voraussehen konnte sie aber, daß Fontane ihr als nächstes Rezensionsexemplar „Schach von Wuthenow" zusenden würde. Das Unbehagen an dem neuen Werk, das die Erwartungen so sehr enttäuschte, ist nahezu in jedem Satz der mit Mühe durchgestandenen Rezension spürbar. Trotzdem klingt an keiner Stelle der immerhin naheliegende Vorwurf an, Fontane sei in seiner Darstellung dem Zeitabschnitt von 1806, dessen besonderen Problemen und Nöten, nicht gerecht geworden, er habe mutwillig verzerrt oder gar verfälscht. Ganz im Gegenteil muß die Kreuzzeitungsrezensentin Fontanes historischen, gesellschaftlichen und moralischen Befund bestätigen: „[...] der Gedanke ist keineswegs erfreulich, daß es eine Zeit im Preußenlande gab, in der die Männer keine wahre Ehre, die Frauen keine ächte Weiblichkeit hatten und beiden der religiöse Halt und Trost fehlte."(1) Das einzig Tröstliche liegt allenfalls darin, daß solche Phasen vaterländischer Misere und Dekadenz „Gott Lob [...] im Leben nur selten vorkommen." So bleibt der Rezensentin, will sie ihrer Kritikeraufgabe einigermaßen nachkommen, nur übrig, die Form der Erzählung zu behandeln, und den Stoff, die Tendenz, beiseite zu lassen. Geschickt beginnt sie ihre Kritik mit einem Zitat, das ihre weitere Absicht ankündigt und ihr Ausweichen vor dem Thema rechtfertigt: „„Der bleibende Werth der Schriften des deutschen Herodot liegt nicht in dem Was, sondern in dem Wie des Erzählten!"" Aber auch hier kann Ludovica Hesekiel weniger loben als tadeln; Fontanes Stärke liege in der Wiedergabe von Gesprächen und Briefen, aber insgesamt gesehen fehle „die epische Ruhe". Dieser formale Mangel weist natürlich zurück auf die getroffene Stoffwahl, womit die Rezensentin wieder an dem Punkt angekommen wäre, den sie anfangs umgehen wollte. „Der Dichter hat ja das unbestreitbare

1 Ludovica Hesekiel in: Neue Preußische (‚Kreuz'-) Zeitung, Nr. 290 vom 10. Dezember 1882.

Vorrecht, die Menschenherzen bis auf den tiefsten Grund zu sondiren; aber seine höchste und heiligste Aufgabe muß es doch sein, das Edelste und das Beste aus diesem unergründlichen Schachte zu heben und zu fördern. Fontane hat aber in dem [!] oben genannten Werken [„L'Adultera", „Ellernklipp", „Schach von Wuthenow"] nur dämonische Gewalten geschildert." Das bedeutet nichts anderes, als daß Fontane als ‚eigentlicher' Dichter versagt habe. Zwar fiele zuletzt noch durch die Begegnung Schachs mit der edlen Königin Luise ein „warmer, goldiger Sonnenstrahl" in die „dumpfe Atmosphäre", und ebenso deute sich im letzten Brief Victoires ein versöhnender Ausgang an, wenn die „Stürme in dem Mutterherzen schweigen beim Anblick ihres Kindes"; aber das ändert nichts an dem grundsätzlichen Vorbehalt der Kritikerin. „Hoffentlich können wir bald ein neues Werk von Theodor Fontane begrüßen, in dem der ächte dichterische Geist ein weniger furchtbares Problem löst, in dem das Was des Erzählten eben so edel, eben so poetisch schön ist, wie das Wie ist."

Für Fontane kam diese Rezension sicherlich nicht unerwartet. Was ihn bewogen hatte, seine Erzählung der Kreuzzeitung zuzusenden, war die Tatsache, daß er aufgrund seiner Kriegsbücher und märkischen Wanderungen einen wichtigen Leserkreis besaß, den er nur über die Kreuzzeitung erreichen konnte(2). Nach Kenntnisnahme der Kritik faßte er sich gegenüber Ludovica Hesekiel kurz; er entschuldigte sich für eine solche Zumutung, es solle nicht wieder vorkommen.

„Haben Sie herzlichen Dank für Ihre Besprechung meines Schach in der gestrigen Kreuz-Zeitung, die ganz meinen Wünschen und Erwartungen entsprach; Sie selbst konnten sich nicht anders dazu stellen und noch weniger die Zeitung. Mein Dank ist um so größer und aufrichtiger, als es mir, nach Absendung des Buches, schwer auf die Seele gefallen ist, Sie überhaupt um eine solche Sache gebeten zu haben. Ich mußte das nicht thun, und hätt' es wohl auch nicht gethan, wenn mich nicht das Historische, das Zeitbildliche darin und andrerseits Adami's schon vorher, (nach dem ersten Abdruck in der Vossin) eingeheimstes Lob dazu verführt hätte. Es soll aber nicht wieder vorkommen(3)".

2 Brief an Wilhelm Friedrich vom 23. November 1882, abgedr. in HI/I, 967.
3 Brief an L. Hesekiel vom 10. Dezember 1882; PB IV, 154.

Ludovica Hesekiel besprach danach nur noch „Graf Petöfy"(4), dann verstummte sie.

Fontanes „Erzählung aus der Zeit des Regiments Gensdarmes" gereichte — soweit zu sehen ist — nur noch den „Grenzboten" zum Ärgernis(5). Im allgemeinen wußte man die Wahrheit und dichterische Echtheit des Dargestellten zu loben(6) und hob die ergreifende Tragik des Geschehens hervor, der man die Anteilnahme nicht versagen könnte(7). Selbst wo man das Widerwärtige und Abstoßende des Schach-Falles mit seiner einschneidenden, herben, verletzenden Wahrheit empfand, entschied man sich zur vollen Anerkennung dieses frappanten treuen Zeitbildes(8). Ja, Fontanes plastische Darstellungskunst führte dazu, daß trotz des kritischen Grundzugs der Erzählung die dargestell-

---

4 In: Neue Preußische („Kreuz'-) Zeitung, Sonntagsbeilage vom 16. November 1884.

5 Die Grenzboten zeigten sich nicht minder betroffen, 42, 3 (1883), S. 320: „Wir haben bei einer Geschichte, die interessante Situationen und lebendige Zeitbilder enthält, nicht nach der ‚Moral' in dem platten, landläufigen Sinne zu fragen. Allein der Frage nach dem bewegenden Moment, nach der Seele dieser Erzählung können wir uns doch nicht entschlagen. Meint der Verfasser, daß in der Erscheinung seines Helden irgend etwas vorhanden sei, was unter allen Umständen interessieren und fesseln müsse, legt er der Erzählung einen poetischen oder einen rein kulturhistorischen Wert bei? Stellt Schach von Wuthenow bloß ein unerfreuliches Original vor, zu dessen Zeichnung die Forderung der ‚Neuheit' um jeden Preis einen Autor wohl verführen kann, dessen Widerwille gegen Trivialität und hergebrachte Redensarten stärker ist als seine Empfindung für das poetisch Ergreifende und künstlerisch Gesunde? Innerhalb des Rahmens einer großen Lebensdarstellung könnte auch eine Episode wie die des Rittmeisters vom Regiment Gensdarmes ihr poetisches Recht haben. In voller Selbständigkeit, wie sie erscheint, muß sie sich an eine andre Art der Teilnahme wenden, als an die Sympathie von Menschen, die mit einem Stück Schicksal, mit einem Charakter jene geheimnisvolle Verwandtschaft spüren, welche die tiefste und beste Wirkung aller Poesie ist. [...] Und da möchten wir bei allem Respekt vor der Bildung, der Feinheit und der sichern Hand, welche sich auch in dieser Erzählung Fontanes kundgeben, dem trefflichen Dichter doch frischere Stoffe und Freude an andern Lebenserscheinungen wünschen, als den in ‚Schach von Wuthenow' heraufbeschwornen."

6 In: Deutsche Rundschau, 35 (1883), S. 478 und Eduard Engel in: Das Magazin für Litteratur, 52 (1882), wiederabgedr. in: Fontane, Schach von Wuthenow. Dichtung und Wirklichkeit. Deutung und Dokumentation von Pierre-Paul Sagave, Frankfurt (Ullstein) 1966, S. 183.

7 Wilhelm Jensch in: Magdeburgische Zeitung, Nr. 573 vom 7. Dezember 1882, wiederabgedr. in: Schach-Ullstein, S. 185.

8 Wilhelm von Lübke, „Theodor Fontane als Erzähler" in: Augsburger Allgemeine Zeitung vom 17. Juni 1887, Beilage, S. 2434.

ten Menschen, die preußischen Gensdarmes-Offiziere und Junker, als geistvoll, lebenslustig, übermütig aber auch nobel empfunden wurden, daß man, fasziniert durch ihre Erscheinung, ihrem Ehrbegriff nur das Attribut ‚absonderlich' zusprach und daß man ihre Verachtung der ‚Canaille' als gemütlich bezeichnete (9). Bis in die jüngste Zeit hielt sich das Urteil über „Schach von Wuthenow" als „einer eigentümlichen kalt-zärtlichen Studie preußischer Dekadenz"(10). Diesem Eindruck, den die Kritik am einzelnen Werk gewann, scheint die allgemeine Beobachtung zu entsprechen, die etwa R. Brinkmann in die Formel faßte: „Der strenge Zeitgenosse, der versöhnliche Dichter"(11).

Wie streng aber steht Fontane überhaupt der Zeit von 1806 gegenüber und wie versöhnlich ist der Dichter des „Schach von Wuthenow"? Es gibt einen Brief Fontanes an den Verleger Wilhelm Friedrich, in dem er seine persönliche Haltung gegenüber der in der Erzählung dargestellten Zeit beschreibt; die Phase von 1806 sei, so schreibt er, „lange nicht *so* schlecht, wie sie gemacht wird"(12). Die Herausgeber der Hanser-Fontane-Ausgabe haben in ihrem Bericht zur Entstehungsgeschichte der Erzählung darauf aufmerksam gemacht, daß diese nachsichtsvolle Beurteilung nicht „einfach aus Rücksicht auf den Adressaten" niedergeschrieben wurde, sondern daß sie tatsächlich auf Fontanes eigener Überzeugung beruht(13). Als Beleg führen sie Fontanes Bemerkungen über ‚das Regiment Gensdarmes in dem „Graz"-Kapitel aus dem ersten Band seiner „Wanderungen" an(14). Ergänzen und vertiefen kann man dieses Argument mit dem Hinweis auf Fontanes Alexis-Essay, insbesondere auf seine Analyse des Romans „Ruhe ist die erste Bürgerpflicht,(15) der bekanntlich denselben Stoff zur Vorlage hat wie „Schach von Wuthenow". Alexis schildert den

9 Engel in Schach-Ullstein, S. 183.
10 Sebastian Haffner, „Theodor Fontane" in: Preußische Portraits. Hrsg. von Wolfgang Venohr, Hamburg 1969, S. 217.
11 Brinkmann, S. 27 ff.
12 Brief an Wilhelm Friedrich vom 5. November 1882; AB II, 88.
13 HI/I, 955.
14 HII/I, 384 und 386 und HII/III, 883. Dagegen überzeugt weniger die Erklärung von Peter Wruck in: „‚Schach von Wuthenow' und die ‚Preußische Legende'" in: Frieden — Krieg — Militarismus im kritischen und sozialistischen Realismus. Hrsg. von dem Germanistischen Institut der Humboldt-Universität Berlin 1961, S. 63.
15 HIII/I, 444—452.

Auflösungsprozeß einer Zeit, die durch politische Unfähigkeit, Leichtsinn, hohlen Dünkel, verbrecherischen Egoismus und sittlichen Verfall zum Untergang verurteilt ist; in der Darstellung der individuellen und gesellschaftlichen Fäulnis läßt er keine Milde walten. Fontanes Kritik an AlexisRoman setzt hier an:

„Er überschreitet die Schönheitslinie und verstimmt uns durch ein Übermaß von psychologischer Teilnahme, die er dem moralisch Häßlichen zuwendet. Nicht die Schilderung dieser Dinge an und für sich ist zu beanstanden; im Gegenteil, der Gedanke war richtig, an einer einzigen Nachtschattenblüte den ganzen Giftgehalt jenes Schutt- und Kehrichthaufens von anno fünf und sechs zeigen zu wollen; aber er versah es im Maß(16)".

Einerseits bezeichnet Fontane jene Alexisschen Kapitel, die sich selbst als belauschte „Augenblicke der kannibalischen Natur im Menschen" apostrophieren,(17) als „wahre Perlen" der Erzählkunst: „Man sieht in Abgründe und bringt es doch zu keinem Groll; kaum zur Verachtung"(18). Andererseits hält er ein Kapitel wie „Die Wollust der Märtyrer"(19), das den Genuß einer russischen Fürstin, Gargazin, an der blutigen Auspeitschung ihres Lakeien schildert, zwar für lesenswert, wendet aber gleichzeitig dagegen ein, daß eine solche Schilderung „bis an die äußerste Grenze des ästhetisch Erlaubten" ginge(20). Im Namen der Dichtung, die andere Wahrheitsgesetze habe als die Geschichte, wirft Fontane seinem ‚märkischen Vorgänger' ein einseitiges Verweilen beim Häßlichen vor(21).

Die Bedeutung des Fontaneschen Alexis-Essays liegt, wie man bereits gesehen hat,(22) weniger in der literarhistorischen Beschreibung als in der Gewinnung der eigenen ästhetischen und weltanschaulichen Position. Das Bekenntnis, er (Fontane) denke über den Zeitabschnitt von

16 HIII/I, 450.
17 Alexis, Ruhe ist die erste Bürgerpflicht. Halle a. d. S. (Otto Hendel) o. J., 17. Kapitel, S. 135.
18 HIII/II, 448 f. Fontane meint die Kapitel 15–17.
19 Alexis, Ruhe, 60. Kapitel, S. 546 ff.
20 HIII/I, 449.
21 HIII/I, 451.
22 Kolbe in: HIII/I, 875.

1806 „*viel* milder",(23) darf somit als Formulierung einer weltanschaulichen Leitvorstellung gelten, die sich auch während der Niederschrift
von „Schach von Wuthenow" entscheidend auswirkte. Wie milde, wie
versöhnlich also gestaltet hier Fontane?

Eine solche Frage scheint, auf den ersten Blick gesehen, gegen die
‚Tendenz' des Werks gestellt zu sein. Wie kaum ein anderes Werk
Fontanes wird „Schach von Wuthenow" durch seine persönliche und
allgemeine Dekadenzthematik zum Gerichtstag über die Geschichte,
eine Geschichte, die trotz Untergangs noch immer soviel Kontinuität
besitzt, daß sie sich auch in der Gegenwart des Autors bedrohlich
auswirkt; hierin liegt das Motiv für eine poetische und historische
Analyse, die nicht aus historiographischem Interesse, sondern aus der
Sorge um die eigene, ähnlich gefährdete Zeit als „Parabel zur
Anwendung auf die Gegenwart"(24) niedergeschrieben wurde. Nach
Lukács gelingt es Fontane hier, „die gesellschaftlich-moralischen
Gründe der Vernichtung des friderizianischen Preußen in der Schlacht
von Jena durch das Auf und Ab einer Liebesgeschichte in der Berliner
‚Gesellschaft' blendend zu beleuchten"(25). In mehreren Arbeiten hat
dann Sagave die politische Dimension der Erzählung unter quellenkund-
lichen und historischen Aspekten analysiert(26). Fontanes Absicht faßt
Sagave in folgendem Satz zusammen: „Der Selbstmord eines Offiziers,
der durch die Perspektive einer erzwungenen Heirat außer sich gerät, ist
als ein Symptom aufzufassen, als die individualisierte Äußerung eines
kollektiven psychologischen Zustandes: der Zustand oder die Gesinnung, der Etat d'esprit der herrschenden sozialen Gruppe in Berlin kurz
vor dem Zusammenbruch von 1806"(27). Fontane stellt eine Wirklich-

23 HIII/I, 446.
24 Reuter, S. 602.
25 Georg Lukács, „Der alte Fontane" in: Die Grablegung des alten Deutschland.
Essays zur deutschen Literatur des 19. Jahrhunderts. Ausgewählte Schriften I,
Reinbek 1970, S. 151.
26 Pierre-Paul Sagave, Quellenfrage und geschichtlicher Hintergrund in Fontanes
„Schach von Wuthenow". Thèse complémentaire Masch. Paris 1950 (war nicht
zugänglich); ders., „Un roman Berlinois de Fontane: ‚Schach von Wuthenow'" in:
Sagave, Recherches sur le roman social en Allemagne. Aix-en-Provence 1960,
S. 87—108; ders., „Der geschichtliche Hintergrund in Fontanes ‚Schach von
Wuthenow'" in: Schach-Ullstein, S. 113—152; ders., „‚Schach von Wuthenow' als
politischer Roman" in: FR, S. 87—94.
27 Sagave, „Politischer Roman", S. 87.

keit dar, deren Lebensformen und Ethos dermaßen entleert sind, daß die totale vernichtende Katastrophe mit zwingender Notwendigkeit eintreffen muß. „In „Schach von Wuthenow"ist der verlorene Krieg einziger historischer Bezugspunkt und endgültige Perspektive der Erzählung"(28). Waghalsigkeit, Übermut und Schönheitskult erweisen sich als verhängnisvoller Revers völliger Substanzlosigkeit(29). Fontane dokumentiert an der exponierten Figur eines preußischen Offiziers den elitären politischen, gesellschaftlichen und moralischen Anspruch einer Gesamtheit und widerlegt ihn in ebenso nüchterner Argumentation(30). Diese Argumentation vollzieht sich auf zwei Ebenen, auf der der Handlung und der des kritischen Räsonnements: Eine Liebesgeschichte, zu der es dann aber doch nicht kommen soll, (31) macht einerseits das für andere Verletzende, andererseits das notwendigerweise zum fatalen Konflikt Führende einer Lebensart deutlich, die aus dem Widerspruch nicht herausfindet. Die kritische Analyse zerlegt Figur und Geschehen, um die Krankheitskeime zu diagnostizieren; die Möglichkeit der Heilung allerdings bleibt nur den ‚Außenseitern' offen.

Die Kräfte, denen der preußische Offizier nicht gewachsen ist, liegen in der Gesellschaftsstruktur des nachfriderizianischen Preußen und zugleich, sofern das Gesellschaftsurteil ihm persönlich als unbestrittene Verhaltensnorm gilt, in ihm selbst. Sein Freitod zeigt „nicht nur das Versagen einer menschlichen Natur, sondern auch die unmenschliche Abstraktheit einer Konvention, welche die natürliche Individualität schon in ihrem Mark den humanen Bestimmungen entfremdet" (32). Die individuelle Figur erweist sich in ihrem Selbstverständnis und ihrem Schicksal als Repräsentant und Opfer derselben Gesellschaftsform(33).

---

28 Wruck, „Preußische Legende", S. 70. Und derselbe in Preußentum und Nationalschicksal S. 326: „Das preußische Debakel erscheint als zwangsläufige Folge der politischen, weltanschaulichen und moralischen Gesellschaftskrise, die ihren Hauptherd in der Kaste junkerlicher Militärs hat."
29 Zu Fontanes Behandlung des Wernerschen Dramas „Die Weihe der Kraft" liegt vor: Reuter, „„Die Weihe der Kraft'. Ein Dialog zwischen Goethe und Zelter und seine Wiederaufnahme bei Fontane" in: Studien zur Goethezeit. Festschrift für Lieselotte Blumenthal. Weimar 1968, S. 367–375.
30 Wruck, Preußentum und Nationalschicksal, S. 350.
31 Sagave, „Hintergrund", S. 113.
32 Sommer, „Prädestination und soziale Determination", S. 50.
33 Hans-Christopher Sasse, Theodor Fontane. An Introduction to the Novels and Novellen. Oxford 1968, S. 39.

Auf diesen kausalen Bezug zwischen Individuum und Allgemeinzustand legte Fontane großen Wert: „Alles ein Produkt der Zeit, ihrer Anschauungen, Eitelkeiten und Vorurteile"(34). Zugleich betonte Fontane die historische Authentizität des erzählten Geschehens(35), die allerdings durch neuere Forschungen nur als „vage[s] Echo einer vagen Überlieferung" relativiert wurde(36).

Aber so einfach, wie in der oben gegebenen Zusammenfassung, liegt die Geschichte des Rittmeisters Schach von Wuthenow nicht. Fontane kompliziert das Geschehen der Erzählung, indem er es nicht in der Objektivität des auktorialen, sondern in der Neutralität des personalen Erzählers widergibt. Daraus resultiert eine Vielzahl von Ansichten, Urteilen und Bildern der zentralen Figur, die alle in irgendeiner Weise Gültigkeit beanspruchen. Jedes Urteil steht im engen Zusammenhang mit der jeweils konkreten Situation des Urteilenden. Wenn z. B. ein Fontane-Interpret mit Bezug auf die Worte Josephine von Carayons(37) festzustellen glaubt, Schach sei eitel, hochfahrend und überschraubt, (38) so übersieht er, wie sehr diese Worte im augenblicklichen Zorn aus Unkenntnis der eigentlichen Motive Schachs ausgesprochen wurden und wie bald sie bei wiederhergestelltem Einvernehmen zurückgenommen wurden. Dieses Prinzip der Relativierung jeder Aussage an Person und Situation läßt sich in der Erzählung durchgehend verfolgen.

Ein wesentlicher Grund also, weshalb „Schach von Wuthenow" für den Leser nicht zur Abrechnung mit einer untergegangenen verrotteten Zeit, zur „Bravade"(39) wird, liegt in der von Fontane gewählten Erzählhaltung. Sie verhindert die eindeutige Stellungnahme und somit das rigoros richtende Urteil des Erzählers sowie des Lesers.

34 Brief an Julius Grosser vom 31. Januar 1882; AB II, 56.

35 Ebd. und Brief an Friedrich vom 19. Januar 1883; AB II, 93 f. Vgl. dazu Eduard Berend, „Die historische Grundlage von Theodor Fontanes Erzählung ‚Schach von Wuthenow'" in: DR, 200 (1924), S. 168—182; ders., „Zur Entstehungsgeschichte von Th. Fontanes ‚Schach von Wuthenow'" in: Willibald-Alexis-Bund. Jahrbuch, 3 (1928, ersch. 1929), S. 46—50.

36 Joachim Kühn, „Die schöne Frau von Crayen und die Ihren. Ein Nachwort zu Fontanes ‚Schach von Wuthenow'" in: Der Bär von Berlin, 1972, S. 106, auch S. 102.

37 HI/I, 654.

38 Sagave, „Politischer Roman", S. 90.

39 Brief an Friedrich vom 5. November 1882; AB II, 88.

Die Gegenüberstellung der beiden Briefe am Romanende mit ihren unterschiedlichen Aussagen über die *eine* Person deutet in abschließender Kürze das Kompositionsprinzip der gesamten Erzählung an. Im Reflex der Umwelt gestaltet Fontane den individualpsychologischen, existentiellen, gesellschaftskritischen und historischen Aspekt des Dekadenzproblems, in dessen Zeichen der Lebensweg Schachs steht. Jede Figur, die neben Schach auftritt, trägt mit ihrer Sicht, mit ihrem Schach-Bild, zur Erkenntnis eines schwer zu durchschauenden Problems bei. Ja, nicht nur die Figuren reflektieren das im Mittelpunkt stehende Individuum, sondern auch die leblosen Dinge, das Wuthenower Schloß, der Park, die Art der Bewegung, spiegeln es auf ihre Weise, wie das 14. Kapitel zeigt. Die Vielfalt der Bilder entzieht das Beobachtungsobjekt dem festen Zugriff; das eindeutige Urteil kommt in der Menge der unterschiedlichen Urteile nicht zustande; die dadurch immer weniger faßbare ‚eigentliche' Figur erscheint als ein komplexes, endgültig nicht zu begreifendes Wesen.

Das erzählerische Prinzip der Spiegelung ist der Fontane-Forschung seit langem vertraut. Schon Wandrey beobachtete und beschrieb das Phänomen, wußte es aber nicht entsprechend einzuordnen und scheiterte somit gänzlich in der Bewertungsfrage(40). Erst die neuere Forschung lernte in der Fontaneschen Erzähltechnik eine „Perspektivenkunst" schätzen, die das einzig adäquate Darstellungsmittel für die Wiedergabe einer komplizierten Figur sei(41). Man spricht nun von „doppelter Optik" (42). Diese „reflektierte Erzählweise", die „die erzählten Vorgänge an die Erlebnis- bzw. ‚Gesprächsperspektiven' der einzelnen Gestalten zurückbindet", besitzt für die Formensprache aller Fontaneschen Romane konstitutive Bedeutung(43). In diesem Zusammenhang gewinnt Sprache als Medium des Verstehens und als eigentlicher Ort relevanten Geschehens neuen thematischen Bezug(44). Doch

40 Wandrey, S. 162.

41 Fritz Martini, Deutsche Literatur im bürgerlichen Realismus 1848–1898. Stuttgart 1962, S. 766.

42 Benno von Wiese, „Schach von Wuthenow" in: von Wiese, Die deutsche Novelle von Goethe bis Kafka. Bd. 2, Düsseldorf 1962, S. 240. Walter Müller-Seidel, „Der Fall Schach von Wuthenow" in: TFW, S. 62.

43 Ohl, S. 161.

44 Brinkmann, S. 129: „Alles im eigentlichen Sinne *menschliche* Geschehen entscheidet sich bei Fontane gültig nur im Gespräch." Dazu jetzt umfassend: Ingrid Mittenzwei, Die Sprache als Thema. Untersuchungen zu Fontanes Gesellschaftsromanen. Bad Homburg 1970.

die Hervorkehrung des Dialogischen vereinseitigt auch Fontanes erzählerisches Prinzip der Spiegelung. Man hat neuerdings gezeigt, daß Fontane nicht nur die ‚Rede', den Monolog, das Gespräch und seine schriftliche Fixierung, den Brief, sondern auch außersprachliche Medien in seiner Spiegelungstechnik verwendet(45).

Die künstlerische Wirkung einer solchen Perspektiventechnik hat Fontane im Rahmen eines Beitrags über die englischen Präraffaeliten aus dem Jahre 1857 folgendermaßen beschrieben:

„In jener reizvollen Vieldeutigkeit, die man an schönen Liedern mit Recht zu preisen und zu bewundern pflegt, liegt auch der Zauber dieses Bildes. Es ist dies nicht die Unbestimmtheit der künstlerischen Schwäche, die nur unbestimmt ist, weil das Bestimmte jenseits ihrer Kraft liegt, es ist *jene* Unbestimmtheit, die immer da waltet, wo ein reiches inneres Leben sich in seiner Ganzheit vor uns erschließt und, statt einseitiger Befriedigung, eine vielfache und fruchtbare Anregung gibt(46)".

Die Gegenwart des Erzählers äußert sich konsequenterweise nur noch indirekt in der Komposition der Erzählung; er enthält sich jeglichen Urteilens und Wertens. Verließe er seinen neutralen Standort, so würde er gegen die selbstgewählte Erzählhaltung verstoßen(47). Dennoch ist die Rolle des Erzählers in „Schach von Wuthenow" nicht so eindeutig, wie sie nach literaturwissenschaftlicher Theorie sein sollte. Der Erzähler vermeidet es geradezu, einen bestimmten, unbeweglichen Standort einzunehmen, von dem aus er Menschen und Geschehnisse darstellt. Vorwiegend gibt er sich in der Rolle des kundigen Zeitgenossen und intimen Vertrauten seiner Geschöpfe zu erkennen; die Anfangsszenen sind z. B. aus dieser Sicht geschildert. Dann aber lassen zuweilen eingestreute Bemerkungen vermuten, daß der Erzähler aus der Übersicht des alles schon Vorauswissenden beschreibt, so wenn er Schachs

45 Rudolf H. Vaget, „Schach von Wuthenow: ‚Psychographie' und ‚Spiegelung' im 14. Kapitel von Fontanes *Schach von Wuthenow*" in: Monatshefte, 61 (1969), S. 1—14. Vgl. auch die kritische Auseinandersetzung Gerhard Kaisers mit Ohls Perspektivismus-Konzeption; „Realismusforschung ohne Realismusbegriff" in: DVjs, 43 (1969), S. 157 f.
46 Fontane, Aufzeichnungen zur bildenden Kunst, NXXIII, 1, 145. Vgl. auch HIII/I, 459.
47 Ohl, S. 165.

Illusionen über eine mögliche glückliche Zukunft kurzerhand mit dem Satz zerstört: „Armer Schach! Es war anders in den Sternen geschrieben"(48). Als Victoire in ihrem Gespräch mit Schach bemerkt, daß ihr alle Personen unsympathisch seien, die den Beinamen des ‚Schönen' führten, verläßt der Erzähler abermals seinen neutralen Standort, um die Frage, ob Victoires Worte sich auch gegen Schach gerichtet hätten, aus seinem übergeordneten Wissen zu klären(49). Keineswegs läßt sich der Erzähler das Recht zum eigenen Beurteilen von Situationen und Menschen nehmen: Deutlich spricht er seine Meinung über die unterschiedliche Befähigung des alten Köckritz zum Privat- bzw. Staatsdiener aus(50); das Rechtsgefühl Schachs, worüber es in der Erzählung unterschiedliche Auffassungen gibt, bestätigt der Erzähler aus seiner Warte ausdrücklich(51). Dann wieder tritt ein Fall ein, daß der Erzähler — aus welchen Gründen auch immer — dem Leser weniger berichtet als tatsächlich geschieht und, wie sich später zeigt, auch von anderen Figuren wahrgenommen wird: Zwar erfährt der Leser, daß Victoire auf dem Tempelhofer Ausflug ihrer Mutter einen selbstgepflückten Veilchenstrauß überreicht, aber der Erzähler unterläßt es zu erwähnen, daß sie gleichzeitig für Schach einen Strauß bereithielt, den sie ihm dann doch nicht überreichte; erst später wird Tante Marguerite darauf anspielen,(52) so daß der Leser durch eine Figur erfahren muß, was der Erzähler nicht nötig fand, sogleich zu berichten.

Fontanes Erzählhaltung in „Schach von Wuthenow" wird durch den fortwährenden Wechsel der Blickrichtung charakterisiert; keine Sicht, auch nicht die des Erzählers, erweist sich auf die Dauer als dominierend. Dem Interpreten erwächst daraus die Schwierigkeit, aus der Vielzahl der einzelnen Aussagen ein Gesamtbild zu ermitteln, das Fontane selbst vermied, unmittelbar zu gestalten.

Will man einer solchen Technik und der durch sie vermittelten Aussage gerecht werden, so gewinnt man wenig, wenn man immer noch nach Möglichkeiten sucht, die eine Perspektive der anderen, abweichenden oder entgegengesetzten, überzuordnen; selbst eine vorsichtige Akzen-

48 HI/I, 636.
49 HI/I, 588 f.
50 HI/I, 661.
51 HI/I, 633 f.
52 HI/I, 674.

tuierung der einen Sicht auf Kosten der anderen baut nicht auf dem nachgewiesenen erzählerischen Prinzip der Perspektivität auf, sondern schränkt es wiederum ein.

Immer wieder entdeckt man in den Spezialuntersuchungen zu „Schach von Wuthenow" ein solches Bevorzugen der einen oder anderen Perspektive, je nach der weltanschaulichen Einstellung des Forschers. Vor allem in der Sicht des weitgereisten und intellektuell gewandten Militärschriftstellers von Bülow glaubt man Fontanes eigene Stellung zu dem ‚Fall Schach' wiederzuerkennen; er sei das Sprachrohr Fontanes,(53) der Gegenspieler Schachs(54) und dessen Richter(55); die Meinung Victoires über Schach widerlege nicht das Urteil des Frondeurs, sondern bestätige es, indem sie es ergänze und vertiefe(56). In der Tat entspricht Bülows Verdikt über das nachfriderizianische Preußen der Auffassung Fontanes, wie sie sich in den 80er und 90er Jahren immer deutlicher heranbildet. So schreibt Fontane am 8. August 1880 an seine Tochter:

„In Deinem letzten Brief hat mich sehr Herr v. Mandels Aeußerung interessiert: daß der preuß. Staat durch sein alles Wichtignehmen groß geworden sei.' Dies unterschreib ich de tout mon coeur, und der historische Sinn, den ich habe, läßt mich mit Achtung von dieser Seite unseres Staats- und Volkslebens sprechen, so weit all *das der Vergangenheit angehört*. Es war hier, auf dem Terrain zwischen Oder und Elbe wenig oder nichts gegeben und die beiden organisatorischen Genies Fr. W. I. und Fr. II. schufen durch künstliche Werthe wirkliche Werthe [. . .] Aber alles hat seine Zeit. So lang es galt aus einem furchtbaren Rohmaterial erst ein brauchbares Staats- und in weiterer Entwicklung

---

53 „Theodor Fontane. ‚Schach von Wuthenow'" in: Studienmaterial zu Analysen von Werken der deutschen Literatur. Ausgearbeitet von einem Lektorenkollektiv unter Leitung von Jürgen Bonk, Berlin 1954, S. 110.

54 Jürgen Kuczynski, „‚Schach von Wuthenow' und die Wandlung der deutschen Gesellschaft um die Wende der siebziger Jahre" in: Neue deutsche Literatur, 2, 7 (1954), S. 106.

55 Wruck, Preußentum und Nationalschicksal, S. 385.

56 Ebd., S. 319. Vgl. dagegen Helmuth Nürnberger, Fontane. Reinbek 1968, S. 132 f. Nürnberger sieht in dem „Gran Ironie", das Fontane kennzeichne, während es Bülow abginge, gerade den wesentlichen Unterschied zwischen Autor und Figur.

auch ein einigermaßen genießbares Menschenmaterial herzustellen, war dieser Prozeß des ‚Wichtignehmens' nicht blos selber wichtig sondern auch überaus erfreulich und beinah schön.

Nun aber sind wir aus dem Gröbsten heraus und es muß nun mit dem Scheinwesen ein Ende haben. Ein Lieutenant darf eben nur ein Lieutenant sein und muß darauf verzichten, selbst wenn er bei Zieten-Husaren steht oder gar wohl einen großen Todtenkopf an der Pelzmütze trägt, ein Halbgott oder überhaupt irgend was Exceptionelles sein zu wollen. Aber wir arbeiten immer noch mit *falschen Werthen* und stecken immer noch im ‚Wichtig-nehmen' drin, wo längst schon nichts mehr wichtig zu nehmen ist. Wir müssen jetzt anfangen mit *wirklichen* Größen zu rechnen und die Dinge zu nehmen als das was sie *sind* nicht als das was sie *scheinen*. Kraft und Vermögen, sie mögen nach einer Seite hin liegen, wohin sie wollen, sind immer eine *wirkliche* Macht, Titulaturen, Orden und andere Wichtigthuns-Attribute sind aber Alfanzereien, gehören der *Vergangenheit* an und haben mit Freiheit und Gesittung nichts zu schaffen(57)".

Dieses ausführliche Zitat aus der Zeit, da „Schach von Wuthenow" im Entstehen begriffen war, besagt zweierlei: Fontane anerkennt die historischen Verdienste eines Staatswesens mit seiner besonderen Gesellschaftsform und seinem sich ausbildenden eigenen Ethos. Aber er kritisiert das Überkommene einer gewaltsam aufrechterhaltenen Form, die im Wandel der Zeit ihrer historischen Berechtigung verlustig gegangen ist. Fontanes zuweilen als ambivalent empfundenes Verhältnis zum Preußentum, einerseits kritische Distanz, andererseits Sympathie mit einem „richtigen Preußen"(58) oder ‚Altpreußen',(59) findet in dieser Briefstelle seine Erklärung. Wenn Fontane in den preußischen Orden und Titulaturen nur noch ablösungsreife Scheingrößen erkennt, so entspricht das der progressiven Haltung Bülows, der in ihnen

57 PB II, 28–30. Vgl. auch Brief an Friedlaender vom 5. April 1897; Friedl. Br. 310: „Daß Staaten an einer kühnen Umformung, die die Zeit forderte, zu Grunde gegangen wären, – d i e s e r Fall ist sehr selten. Ich wüßte keinen zu nennen. Aber das Umgekehrte zeigt sich hundertfältig."
58 Aufzeichnungen zur bildenden Kunst, NXXIII, 1, 519.
59 Kenneth Attwood, Fontane und das Preußentum. Berlin 1970, S. 289 und 296.

veraltete Wertkategorien einer aristokratischen Gesellschaftsform sieht, die sich mit dem Aufkommen einer neuen Gesellschaftsstruktur, der bürgerlichen, völlig überlebt haben.(60)

Um beurteilen zu können, inwieweit Bülows briefliche Analyse über Schach am Ende der Erzählung zutrifft, bedarf es einer kurzen Überprüfung seiner Kritik. Er sieht in Schach ein Symptom, das den Allgemeinzustand einer nachfriderizianischen Gesellschaft illustriere. Diese Gesellschaft sei dem Untergang geweiht, da sich ihr Ethos in eine hohle, phrasenhafte Schablone verwandelt habe; hier sei die Ehre nicht mehr moralische Substanz einer Gesellschaft, sie sei zur beliebig einsetzbaren und austauschbaren Formel erstarrt:

„Ich habe lange genug dieser Armee angehört, um zu wissen, daß ‚Ehre‘ das dritte Wort in ihr ist; eine Tänzerin ist charmant ‚auf Ehre‘, eine Schimmelstute magnifique ‚auf Ehre‘, ja mir sind Wucherer empfohlen und vorgestellt worden, die superb ‚auf Ehre‘ waren. Und dies beständige Sprechen von Ehre, von einer falschen Ehre, hat die Begriffe verwirrt und die richtige Ehre totgemacht.(61)“

Für Bülow spiegelt sich der moralische Defekt der nachfriderizianischen Gesellschaft in dem Verhalten Schachs. Er, dessen Eitelkeit der öffentlichen Akklamation bedarf, muß im Krisen- und Entscheidungsfall notwendigerweise versagen, da er sich einem falschen Ehrbegriff unterworfen hat und deshalb unfähig ist, das ‚Einfache‘ und ‚Natürliche‘ zu tun:

„Da haben sie das Wesen der falschen Ehre. Sie macht uns abhängig von dem Schwankendsten und Willkürlichsten, was es gibt, von dem auf Triebsand aufgebauten Urteile der Gesellschaft, und veranlaßt uns, die heiligsten Gebote, die schönsten und natürlichsten Regungen eben diesem Gesellschaftsgötzen zum Opfer zu bringen. Und diesem Kultus einer falschen Ehre, die nichts ist als Eitelkeit und Verschrobenheit, ist denn auch Schach erlegen, und Größeres als er wird folgen.(62)“

60 HI/I, 603.
61 HI/I, 679.
62 HI/I, 679 f.

Bülows Menschenbild kennt noch einen unveräußerlichen Kernbereich des Menschlichen, der fähig wäre, sich vor falschen gesellschaftlichen Anforderungen zu bewahren. Somit erscheint Bülow als Verteidiger der Instanz des Herzens, eines Ethos, wie es Marie in „Vor dem Sturm" repräsentierte. Aber kann man mit einem solchen Menschenbild noch der Eigenart Schachs und seiner Problematik gerecht werden? Inwieweit lassen sich all die Figuren von Cécile bis Effi Briest überhaupt an der Kategorie des Herzens, an der des Einfachen und Natürlichen, wie Bülow es im Falle Schachs tut, messen? Die Figuren in „Schach von Wuthenow" sind sich einig, daß Schach ein Mensch ist, der ausschließlich auf „äußerliche Dinge"(63) bedacht ist. Aber damit erklärt sich noch nicht das Besondere seiner Äußerlichkeit. Seine Regimentskameraden sagen Folgendes von ihm: „Er ist krankhaft abhängig, abhängig bis zur Schwäche, von dem Urteile der Menschen, speziell seiner Standesgenossen [. . .]"(64) Gleichzeitig aber gestehen sie ihm zu: „Er ist immerhin einer unserer Besten [. . .] und *wirklich* ein Guter. Er spielt nicht bloß den Ritterlichen, er *ist* es auch. Natürlich auf seine Weise. Jedenfalls trägt er ein ehrliches Gesicht und keine Maske."(65) Und: „[. . .] alles an ihm ist echt, auch seine steife Vornehmheit, so langweilig und beleidigend ich sie finde. Und *darin* unterscheidet er sich von uns. Er ist immer er selbst, gleichviel, ob er in den Salon tritt, oder vorm Spiegel steht, oder beim Zubettegehn sich seine safranfarbenen Nachthandschuh anzieht."(66) Man kann dieses Urteil nach zwei Richtungen hin auslegen: Das Bild des in safranfarbenen Nachthandschuhen zu Bette gehenden Schach mag dem einen als ins Absurde gesteigerter Ausdruck einer vollkommenen Veräußerlichung dienen, die selbst in der Einsamkeit die Haltung des sich Zeigens und das Bewußtsein des Gesehenwerdens nicht abzulegen vermag. Die andere Interpretationsmöglichkeit liegt aber ebenso nahe: Schach trägt jene ‚Grandezza' eben nicht um der öffentlichen Resonanz willen berechnenderweise zur Schau,(67) sondern sie erweist sich als individueller Ausdruck seines besonderen Wesens. Die selbst in der unbeobachteten Abgeschiedenheit bewahrte Eigenart bezeugt die subjektive Echtheit des gesellschaftlichen Auf-

---

63 HI/I, 682.
64 HI/I, 571 f.
65 HI/I, 572.
66 HI/I, 573.
67 So behauptet es Sagave, „Hintergrund", S. 148.

tritts. Das nicht Geheuchelte einer Haltung, ihre Ehrlichkeit, verweist zurück auf die – paradox formuliert – unveräußerliche Äußerlichkeit dieser Figur. Schachs Abhängigkeit von dem Urteil der Gesellschaft wurzelt weniger in einem moralischen Manko, dem der Eitelkeit, vielmehr liegt der Hauptgrund dafür im konsequenten Stehen zur eigenen Natur.

An mehreren Stellen der Erzählung zeigt es sich, wie verbindlich sich Schach mit dem preußischen Geist identifiziert. Er bekennt sich zu dem Satz, „daß die Welt nicht sicherer auf den Schultern des Atlas ruht, als Preußen auf den Schultern seiner Armee."(68) Er glaubt, daß Preußen unter einer besonderen göttlichen Schirmherrschaft stünde(69) und läßt nur jene Politik gelten, die zur Stärkung und Aufrechterhaltung der nationalen Selbständigkeit beiträgt;(70) Napoleon erscheint ihm als ein „Engel der Finsternis",(71) eine Haltung, die an Berndt von Vitzewitz erinnert. Seine persönlichen Idealvorstellungen richtet er nach jenen Mustern aus, die er in der Vergangenheit vorgeprägt findet. Für ihn weist die Geschichte des Templerordens einen tragisch-mythischen Größenbegriff auf, den er auch für seine eigene Lebensführung als vorbildlich anerkennt. Desgleichen orientiert er sich an den preußisch-militärischen Leitvorstellungen und dem Schönheitsideal seiner Vorfahren, wie sie ihm in der Wuthenower Ahnengalerie bildlich entgegentreten. Seine Sympathie für den Templerorden gründet in zweierlei: Allein der Name dieses Ordens erschließt ihm eine weit zurückliegende mittelalterliche Welt, deren Ethos in der Ausübung der ritterlichen Tugenden bestand. Hier findet er noch ein Weltbild vor, das im Begriff der Ritterlichkeit den Anspruch auf die Entfaltung innerer Werte und die Neigung zur glanzvollen gesellschaftlichen Repräsentanz miteinander vereint. Es ist ein Wertdenken, das den Sinn des Lebens um den Begriff des ‚Gelübdes' zentriert.(72) Schachs Bekenntnis, „es lebt etwas in mir, das mich vor keinem Gelübde zurückschrecken läßt",(73) ist als

---

68 HI/I, 583.
69 HI/I, 596.
70 HI/I, 560.
71 HI/I, 583.
72 Dazu die Bemerkung Thomas Carlyles, History of Friedrich II of Prussia called Frederic the Great. London 1905, Bd. 1, S. 91 f. Fontane kannte dieses Werk, siehe Brief an Emilie vom 8. Juni 1879; PB I, 88 und Anm. dazu; siehe auch Brief an Hermann Wichmann vom 7. Juli 1894; AB II, 351.
73 HI/I, 588.

ein Bekenntnis zum ritterlichen Weltbild des Mittelalters zu verstehen. Als herausgehobene Gruppe stellt der Templerorden den Inbegriff mittelalterlicher Wertvorstellungen dar und macht zugleich die Problematik und Brüchigkeit eines auf ‚Gelübde‘ fundierten Ethos deutlich. War der Orden in der Hochblüte der Kreuzzüge Träger und Norm eines gesellschaftlichen und moralischen Systems, so verfällt er der Dekadenz, nachdem er den Wandel der Zeit verpaßt hat, und endet schließlich als blutiges Opfer eines anderen Systems. Schach schildert das Schicksal des Templerordens mit folgenden Worten:

„Er ist von der strafenden Hand Gottes am schwersten heimgesucht worden und eben deshalb auch der poetischste und interessanteste. Sie wissen, was ihm vorgeworfen wird: Götzendienst, Verleugnung Christi, Laster aller Art. Und ich fürchte, mit Recht. Aber groß wie seine Schuld, so groß war auch seine Sühne, ganz dessen zu geschweigen, daß auch hier wieder der unschuldig Überlebende die Schuld voraufgegangener Geschlechter zu büßen hatte. Das Los und Schicksal aller Erscheinungen, die sich, auch da noch, wo sie fehlen und irren, dem Alltäglichen entziehn. Und so sehen wir denn den schuldbeladenen Orden, all seiner Unrühmlichkeiten unerachtet, schließlich in einem wiedergewonnenen Glorienschein zugrunde gehen. Es war der Neid, der ihn tötete, der Neid und der Eigennutz, und schuldig oder nicht, mich überwältigt seine Größe.“(74)

Nach Schachs Verständnis ist Größe in Zeiten der Dekadenz nur noch im Untergang zu verwirklichen. Dieser Größenbegriff versteht sich keineswegs als metaphysischer Wert, sondern als gesellschaftlich-historische Kategorie des Nachruhms. Im Gedächtnis der anderen weiterzuleben

---

74 HI/I, 588. – Schachs Templerbild weist verwandte Züge mit demjenigen auf, das Zacharias Werner in seinem ‚dramatischen Gedicht‘ „Die Söhne des Thals“ entwirft. Vgl. Prolog I, S. VII f.:
Nicht seiner Feinde Zahl ist sein Verderben,
Er muß an seinem eig’nen Unwerth sterben. [. . .]
Es war dem Tempelbund von Gott erkoren,
Daß durch den Tod er wurde neu geboren! –
Vgl. auch weiter im 1. Teil, Akt II, Szene 1, S. 43, Akt II, Szene 1, S. 46, Akt II, Szene 2, S. 57. Zitiert nach: Zacharias Werners Sämmtliche Werke. Aus seinem handschriftlichen Nachlasse hrsg. von seinen Freunden, o. O. o. J., Bd. 4–5. Es war kein direkter Beleg zu finden dafür, daß Fontane Werners Drama gekannt hat.

bezeichnet den Kern einer solchen Vorstellung von Größe. Wenn Schach die Frage, ob er es vermocht hätte, wie ein Templer zu leben und zu sterben, uneingeschränkt bejaht,(75) so liegt in dieser Antwort ein Bekenntnis, das für seine weitere Zukunft aufschlußreich ist. Seine überraschende Beredsamkeit, als es um den Verlauf der Hochzeitsreise gehen wird, steht in engem Zusammenhang mit dem hier berührten ‚ars-moriendi‘-Thema.

Glanz und Elend des Templerordens werden in den Augen Schachs zu einem historischen, gesellschaftlichen und moralischen Weltmodell, das er auf die eigene Gegenwart übertragen möchte und aufgrund dessen er seine persönliche Haltung rechtfertigt.(76) Die Anforderungen, die dem Rittmeister in der Wuthenower Ahnengalerie entgegentreten, sind konkreterer Natur. Die Portraits dokumentieren den familiären Ruhm aus der jüngsten Vergangenheit und verpflichten zur kontinuierlichen Fortführung und Steigerung des bisher Erreichten.

„Hier ging er jetzt durch alle Zimmer, einmal, zweimal, und sah sich die Bilder aller der Schachs an, die zerstreut und in Gruppen an den Wänden umherhingen. Alle waren in hohen Stellungen in der Armee gewesen, alle trugen sie den Schwarzen Adler oder den Pour le mérite. *Das* hier war der General, der bei Malplaquet die große Redoute nahm, und *das* hier war das Bild seines eigenen Großvaters, des Obersten im Regiment Itzenplitz, der den Hochkirchner Kirchhof mit vierhundert Mann eine Stunde lang gehalten hatte. Schließlich fiel er, zerhauen und zerschossen, wie alle die, die mit ihm waren. Und dazwischen hingen die Frauen, einige schön, am schönsten aber seine Mutter.(77)“

Auch dieser Blick auf die Portraits wird über Schachs weiteres Verhalten entscheiden.

Schach fühlt sich dem ritterlichen Weltbild des Mittelalters und der preußischen Lebensführung seiner Vorfahren verpflichtet. Sein Ehrbegriff ist nicht veräußerlicht, sondern knüpft an das Wertdenken einer vergangenen Zeit an, die die moderne Kluft zwischen Innerem und Äußerem noch nicht kannte. Kein einziges Mal in der Erzählung spricht

75 HI/I, 588.
76 Vgl. auch Wruck, Preußentum und Nationalschicksal, S. 356.
77 HI/I, 650.

Schach renommistisch von seiner Ehre. Die redensartliche Veräußerlichung und Verfälschung des Ehrbegriffs kann ihm also nicht zum Vorwurf gemacht werden. Dieser Vorwurf trifft seine Regimentskameraden. Das Regiment Gensdarmes, wie es im 10. Kapitel auftritt, erinnert in seinem elitären Anspruch an den Templerorden. Es tituliert sich lautstark als „Erben eines alten Ruhmes auf dem Felde militärischer und gesellschaftlicher Ehre (denn wir haben nicht nur der Schlacht die Richtung, wir haben auch der Gesellschaft den *Ton* gegeben)"(78) und beansprucht, „Strafgericht, Instanz alleroberster Sittlichkeit" zu sein.(79) Obwohl Schach diesem Regiment angehört, distanziert er sich davon aufgrund seines Templerethos ebenso sehr,(80) wie es später der alte Köckritz im Sinne des Königs tut; der König, der „ein starkes Gefühl für das *Ebenmäßige* des Rechts" besäße, hege „deshalb einen wahren Widerwillen und rechten Herzensabscheu gegen alle *die*jenigen [. . .], die sich, wie manche Herren Offiziers, insonderheit aber die sonst so braven und tapferen Offiziers von Dero Regiment Gensdarmes, aus einem schlechten Dünkel allerlei Narretei zu permittieren geneigt sind, und es für angemessen und löblich oder doch zum mindesten für nicht unstatthaft halten, das Glück und den Ruf andrer ihrem Übermut und ihrer schlechten moralité zu opfern."(81)

Wie aber erklärt sich das Verhalten des vom Geiste des Ritterlichen so tief durchdrungenen Schach gegenüber den Carayons? Der wort- und erklärungslose Wechsel der Begleiterin zu Abschluß des Tempelhofer Ausflugs(82) und der Rückfall in Kälte und Fremdheit gegenüber Victoire nach voraufgegangener intimer Vertrautheit werfen ein ungünstiges Licht auf dessen Ritterlichkeit. In der Tat kann man ihr den Vorwurf des Egozentrischen und Selbstgefälligen nicht ersparen.(83) Aber ist damit das Phänomen der Schachschen Ritterlichkeit hinreichend erklärt? Das 8. Kapitel, „Schach und Victoire", schließt damit, daß sich Schach von Victoire in aller Eile verabschieden muß, um eine Begegnung mit der heimkehrenden Frau von Carayon zu vermeiden. Die Situation zwingt ihn zu einem Verhalten, das ganz wider seine ‚Natur'

78 HI/I, 623.
79 HI/I, 626.
80 HI/I, 625.
81 HI/I, 662.
82 HI/I, 589.
83 Benno von Wiese, S. 246.

143

ist: Rasch und geräuschlos „huschte"(84) er durch Vorzimmer und Korridore und muß schließlich in einem Versteck seine Zuflucht suchen. „,‚Erst die Schuld und dann die Lüge', klang es in ihm. ‚Das alte Lied."'(85) Gemessen an seinem Ethos der Öffentlichkeit alles Tuns erscheint ihm die nunmehrige Heimlichkeit als Lüge, als Widerlegung des vertretenen Anspruchs. Als er sich im Wuthenower Schloß zum wiederholten Male seine Zukunft zurechtlegt, wird ihm erneut klar, daß sich für ihn ein Leben mit Victoire zur fortwährenden Unehrlichkeit verwandeln muß. Er sieht die Zeit voraus, da auch sie sich zu der stattlichen Reihe der Ahnenportraits hinzugesellen würden:

„Und dann ist auch allmählich die Zeit da, sich malen zu lassen, malen zu lassen für die Galerie. Denn wir dürfen doch am Ende nicht fehlen! Und zwischen die Generäle rück' ich dann als Rittmeister ein, und zwischen die schönen Frauen kommt Victoire. Vorher aber hab' ich eine Konferenz mit dem Maler und sag' ihm: ‚Ich rechne darauf, daß sie den *Ausdruck* zu treffen wissen. Die Seele macht ähnlich'. Oder soll ich ihm geradezu sagen: ‚Machen Sie's gnädig'. . . Nein, nein!(86)"

Heimlichkeit, sogenannte Diskretion oder Rücksicht gegenüber der besonderen Situation Victoires empfindet er als ein Versagen vor jenen Idealen, die ihm sein Lebensziel bedeuteten und deren Verlust ihm das Dasein nicht mehr begehrenswert machen würde. „Was ist leben? Eine Frage von Minuten, eine Differenz von heut' auf morgen."(87) Für ihn, dem jedes versteckte Tun gegen die ritterlichen Grundsätze seines Ethos verstößt, ist die öffentliche Repräsentanz der Gesinnung und des Handelns gleichzeitig die persönliche Form seiner Ehrlichkeit. Die Gesellschaft gilt ihm als Bezugspunkt seines moralischen Selbstverständnisses und als eigentlicher Raum seiner Selbstverwirklichung. Der Begriff des ‚äußeren Scheins' gewinnt hier neue Bedeutung; das Bemühen, den ‚Schein zu bewahren', zeugt nicht notwendigerweise von innerer Leere, sondern erweist sich als Konsequenz eines Ethos, das zwischen ‚Grandezza' und ‚Natürlichem' noch nicht unterscheidet. (Marie aus „Vor dem Sturm" war das Feenkind sowohl im Urteil ihrer Umwelt als auch in ihrem Wesen.) Unter diesen Voraussetzungen erklärt

84 HI/I, 617. 86 HI/I, 651.
85 HI/I, 618. 87 HI/I, 668.

sich Schachs Wertschätzung des Scheins, wenn er über den Prinzen urteilt, er sei „grundsatzlos und rücksichtslos, sogar ohne Rücksicht auf den Schein. Was vielleicht das allerschlimmste ist."(88) Aus Schachs Sicht stellt sich nicht die Alternative zwischen Äußerlichkeit und Innerlichkeit, sondern zwischen Äußerlichkeit und Heimlichkeit bzw. Lüge.

Den Weg, den später Lehnert Menz (*Quitt*) in die amerikanische Wildnis gehen wird, kann Schach nicht wählen; eine Entfernung von der Gesellschaft würde ihn der Grundlage für die Verwirklichung seines Ethos berauben; Einsamkeit, die Wuthenower Isolation, käme für ihn ebensowenig in Frage wie — freilich aus anderen Motiven — für Josephine von Carayon, die von sich bekennt:

„Ich gehöre der Gesellschaft an, deren Bedingungen ich erfülle, deren Gesetzen ich mich unterwerfe; daraufhin bin ich erzogen, und ich habe nicht Lust, einer Opfermarotte meiner einzig geliebten Tochter zur Liebe meine gesellschaftliche Stellung mit zum Opfer zu bringen. Mit andern Worten, ich habe nicht Lust, ins Kloster zu gehen oder die dem Irdischen entrückte Säulenheilige zu spielen, auch nicht um Victoirens willen."(89)

Wer die gesellschaftliche Umwelt so fest in das eigene Weltbild einbezieht, der muß in dem Urteil der Gesellschaft auch notwendigerweise das Kriterium für das eigene Verhalten anerkennen: Die Gesellschaft bleibt nicht nur Folie für die ethische Selbstverwirklichung, sondern verwandelt sich in eine normative Instanz, die Anerkennung fordert und der man dies als Recht auch zugesteht: „Die Gesellschaft ist souverän. Was sie gelten läßt, gilt, was sie verwirft, ist verwerflich."(90) Das sagt Victoire; aber Schach wäre der letzte, der ihr nicht zustimmte, auch wenn er sich im zur Sprache stehenden Falle — es geht um das Verhältnis des Prinzen zu seiner Geliebten Pauline Wiesel — von diesem Gesellschaftsurteil distanziert. „Der Prinz ist mir ein gnädiger Herr, und ich lieb' ihn *de tout mon coeur*."(91) Gerade diese Zuneigung zum Prinzen, deren Grund in seinem mittelalterlich-ritterlichen Wertdenken

88 HI/I, 615. Vgl. auch Fontanes eigene Einschätzung des Scheins in dem Brief an Mathilde von Rohr vom 29. Januar 1878; PB III, 183.
83 HI/I, 632 und 656.
90 HI/I, 615.   91 HI/I, 615.

liegt, wird ihn in eine Situation zwingen, aus der er nicht mehr herausfinden kann.

Schach mißversteht die unverbindlichen Worte des Prinzen über die „Beauté du diable", er übersieht, daß der Prinz wieder einmal im Begriff steht, sich in eine Frage ‚einzubohren',(92) und daß er nur durch zugespitzte Formulierungen brillieren will. Zwar findet Schach an dem Ton, in dem der Prinz über Victoire spricht, wenig Gefallen,(93) aber es bleibt doch das prinzliche Wort, das für ihn hier wie zu anderer Gelegenheit Geltung besitzt. In den Bildern, die er sich von seiner Zukunft mit Victoire macht, wiederholt sich die Frage: Was werden Prinz und Prinzessin dazu sagen? (94)

Schachs Abhängigkeit von dem Gesellschaftsurteil gründet nicht in einer weltanschaulichen Substanzlosigkeit, wie behauptet wurde,(95) sondern ist die Konsequenz seines Ethos einer vergangenen Ritterlichkeit. Ließe sich sein Verhalten nur aus einem Geltungsbedürfnis ableiten, wodurch er das Fehlen einer ausgeprägten Persönlichkeit kompensierte,(96) dann würde seine Haltung spätestens in jenem Augenblick unverständlich werden, da die oberste Instanz, der König und sogar die Königin, in sein Leben eingreift. Friedrich Wilhelm III. und Königin Luise nehmen sich persönlich der ‚delikaten Angelegenheit' an und tragen Sorge, daß Schachs faux pas wieder ausgeglichen wird; mehr noch, durch persönliches Protektionsversprechen − die Königin bittet sich ausdrücklich den ersten Platz auf der Liste der Taufpaten aus(97) − stellen sie in Aussicht, daß nach einer kurzen Übergangszeit in Zurückgezogenheit die Rückkehr in die alte gesellschaftliche Stellung wieder möglich werden kann. Ein Mensch, dessen Natur nur aus Eitelkeit bestünde,(98) hätte sich mit dieser Lösung

---

92 HI/I, 607.   93 HI/I, 606.   94 HI/I, 635 und 646 f.

95 Sagave, „Hintergrund", S. 148. Ebensowenig überzeugt es, Schach als eine ‚elementare' Figur aufzufassen und ihn geradezu als „Nix", „Elfenkönig" und „Sphinx" zu bezeichnen; so Dorothea Adler, „Fontanesche Gestalten im Bann elementarer Kräfte" in: Jahrbuch für brandenburgische Landesgeschichte, 21 (1970), S. 37—40, bes. 38 und 40.

96 Sagave, „Politischer Roman", S. 90.

97 HI/I, 667.

98 Hatte Sagave, „Hintergrund", S. 149, noch von einer „Tendenz zur Eitelkeit" gesprochen, so behauptet er in „Politischer Roman" S. 92: „Die ‚Natur' dieser Gestalt ist die Eitelkeit, die ihn dazu zwingt, dem Gerede Rechnung zu tragen."

zufrieden gestellt; anders aber Schach: Seine wesensgemäßen Vorstellungen vom ritterlichen Leben in einer entsprechenden Gesellschaftsform lassen sich nicht mit dem Bild einer „allerglücklichsten ‚Landehe'" vereinen, „die wie das Veilchen im Verborgenen blüht"; das ‚Gelübde', in dem er sein Leben den ritterlichen Formen weiht, schließt das andere, eheliche Gelübde aus. Die Anweisung des Königs und der Zuspruch der Königin wirken hier nicht mehr in der Art des deus ex machina.

„Die gnädigen Worte beider Majestäten hatten eines Eindrucks auf ihn nicht verfehlt; trotzdem war er nur getroffen, in nichts aber umgestimmt worden. Er wußte, was er dem König schuldig sei: *Gehorsam!* Aber sein Herz widerstritt, und so galt es denn für ihn, etwas ausfindig zu machen, was Gehorsam und Ungehorsam in sich vereinigte, was dem Befehle seines Königs und dem Befehle seiner eigenen Natur gleichmäßig entsprach."(100)

Gerade im Konfliktfall zeigt es sich, wie wenig Schach gegen seine Natur handeln kann, wie konsequent er sich ihr gegenüber verhält selbst dort, wo auf ferne Sicht die abermalige gesellschaftliche Eingliederung als möglich erscheint.

Worin also, wenn nicht in einem moralischen Manko, liegt die Ursache für das tödliche Schicksal Schachs? Die Antwort ergibt sich aus der Beschaffenheit seines Ethos. Ihm liegt das Weltbild einer Zeit zugrunde, die längst vergangen ist. Indem Schach versucht, sein Leben nach den Idealen einer vergangenen Zeit auszurichten, gerät seine Haltung und sein Verhalten in das Licht des Anachronismus.(101) Seine

---

99 HI/I, 635.
100 HI/I, 668.
101 Ähnliches sagt Wruck in seiner Dissertation S. 380, allerdings mit anderen Wertungsabsichten: „Seine [Schachs] ‚Haltung', die formelle Überbrückung seiner Krise, worin sich die Krise seiner Gesellschaft reproduziert, ergibt sich vielmehr daraus, daß er subjektiv und objektiv, in seinem Wollen und seinem Sein, einen Anachronismus verkörpert, über den die Wirklichkeit, auch die Wirklichkeit seiner Kaste, hinweggegangen ist. Hierher stammt das Unterbewußtsein von Schwäche, das ihn sein Heil in Rückzug und Flucht suchen läßt, hierauf beruht die effektive Überlegenheit der Kameraden, und hierdurch wird Schach zu einer komischen Figur, die in einem komischen Konflikt, eben dem Konflikt mit den anderen Offizieren, entlarvt werden kann."

so veraltete Ritterlichkeit bedarf des gesellschaftlichen Hintergrundes; in dieser Gesellschaft hat sich zwar noch die Idee der öffentlichen Repräsentanz erhalten — siehe das Regiment Gensdarmes —, aber sie ist durch kein ernstgenommenes Ethos mehr motiviert, sie bleibt bloße Renommisterei, von der Victoire angewidert wird:

„Welche verkommene Welt, wie pietätlos, wie bar aller Schicklichkeit! Wie schal und ekel. Ein Gefühl unendlichen Wehs ergriff sie, das Schöne verzerrt und das Reine durch den Schlamm gezogen zu sehen. Und warum? Um einen Tag von sich reden zu machen, um einer kleinlichen Eitelkeit willen."(102)

Der wahre Don Quixote der Erzählung ist nicht Bülow,(103) sondern Schach. Seine Steifheit entspricht der Rüstung des Ritters von der traurigen Gestalt, seine Lächerlichkeit — „Der kleine Mann in den großen Stiefeln!"(104) — beruht auf dem Anachronismus eines Zuspät-gekommenen; aus Schachs Verhalten geht hervor, daß er noch an eine Harmonie von Ich und Welt, von Innerem und Äußerem glaubt, eine Harmonie, wie sie in „Vor dem Sturm" als zeitgemäß, in „Schach von Wuthenow" aber als illusorisch dargestellt wird. Das Geschraubte und Übertriebene, das Bülow an ihm kritisiert, ist der verquere Ausdruck einer kompromißlos behaupteten Konsequenz des Denkens und Tuns.
Auf eine solche Konsequenz hatte Fontane großen Wert gelegt:

„Darauf, das es *thatsächlich* geschehen ist und auch aus *dem* Grunde geschehen ist, den ich als Hauptgrund anführe, *dar*auf lege ich kein Gewicht. Es zeigt aber doch wenigstens *so* viel, daß dergleichen bei einem im Ganzen genommen durchaus gesund organisierten Menschen vorkommen konnte. Ich geh aber einen Schritt weiter und find' es vollkommen erklärlich."(105)

Die Erklärbarkeit von Vorgängen beruht auf der Konsequenz ihres Ablaufs, auf dem feststellbaren Zusammenhang von Voraussetzung und Endergebnis. Konsequenter Ablauf des individuellen und allgemeinen Schicksals bedeutet, daß alle Vorgänge kausal determiniert sind. Frau von Carayon formuliert das folgendermaßen: „[. . . .] es liegt alles

102 HI/I, 628.
103 HI/I, 583.
104 HI/I, 573.
105 Brief an Emilie vom 19. Juli 1882; PB I, 165.

vorgezeichnet in uns, und was Ursach' scheint, ist meist schon wieder Wirkung und Folge."(106) Der in diesem Satz spürbare fatalistisch-resignierende Ton — motiviert durch einen Rest calvinistischen Prädestinationsglaubens des Autors sowie der Figur — mag auf die charakterliche Eigenart der Sprecherin verweisen; das Prinzip der Kausalität jedoch, fernab von religiöser und metaphysischer Auslegung, erweist sich für die Erzählung als konstitutiv: Zunächst bezeichnet die Konsequenz des Dargestellten eine ästhetische Anforderung, der in den Augen Fontanes jedes Kunstwerk entsprechen muß; im Zusammenhang mit der bildenden Kunst formulierte Fontane: „*Möglich* ist alles, aber mit Möglichkeiten wird in der Kunst nicht gerechnet; nur das Wahrscheinliche, das, gesteigert durch die Kunst des Vortrags, als Gewißheit an uns herantritt, hat Geltung."(107) Im besonderen Fall des „Schach von Wuthenow" dienen Kausalität und Konsequenz dazu, ,ungewöhnliche' Vorgänge und jenes Verhalten, das von der jeweils als selbstverständlich geltenden Norm abweicht, zu erklären und zu verstehen. Die konsequente Entwicklung ermöglicht es sowohl den Figuren als auch dem Leser, den besonderen Charakter und sein Tun zu verstehen. Kausalität erweist sich als Hilfsmittel des Erkennens.

Ein solches Erkennen, das auf der Wahrnehmung kausaler Zusammenhänge beruht, enthält eine humane Dimension: Verstehen leitet über zur versöhnlichen Perspektive.

Die erste Aussprache zwischen Frau von Carayon und Schach über die „Legitimisierung des Geschehens"(108) verläuft nicht günstig. Zwar versichert Schach in artigem und verbindlichem Ton, „daß er wohl wisse, wie jegliches Ding im Leben seine natürliche Konsequenz habe. Und solcher Konsequenz gedenk' er sich nicht zu entziehen."(109) Aber er spricht diese Zusicherung „doch zugleich auch mit einer bemerkenswerten Kühle" aus. Frau von Carayon empfindet denn auch das Schmerzliche und Verletzende der Schachschen Erwiderung; „das, was sie gehört hatte, war weder die Sprache der Liebe noch der Schuld".(110) Und so kommt es, daß man sich in „beinah offener Gegnerschaft" trennt.(111) Aber es kommt nicht zum Bruch, denn Schach schreibt am nächsten Tag einen Brief an Frau von Carayon, in

106 HI/I, 577.
107 NXXIII, 1, 189.
108 HI/I, 632.

109 HI/I, 632.
110 HI/I, 633.
111 HI/I, 633.

dem er seine Schuld in Worten bekennt, die einen „wärmeren Ton, eine herzlichere Sprache"(112) verraten. Frau von Carayon reagiert sofort: „Manches Bittre, was sie gesagt habe, mög' er vergessen; sie habe sich, lebhaft wie sie sei, hinreißen lassen."(113) Schachs Erkenntnis: „Alle Schuld liegt bei *dir*. Deine *Schuld* ist dein Schicksal. Und ich will sie tragen"(114), sein Entschluß, die natürlichen Konsequenzen auf sich zu nehmen,(115) befreien ihn von dem Druck, den ihm die Vorstellung von dem „Ridikül einer allerglücklichsten ‚Landehe'" bereitet. Nach der zweiten Aussprache mit Frau von Carayon, die durch Natürlichkeit und beinahe Herzlichkeit bestimmt wird, (116) sehen Schachs Zukunftsbilder viel optimistischer aus als zuvor.(117) Auf der Grundlage eines gegenseitig verständnisvollen Einvernehmens erscheinen die zu erwartenden Schwierigkeiten als überwindbar. Die Karikaturen, „Le choix du Schach", „La gazza Ladra" und „Schach — matt", zerstören jedoch das sich anbahnende Verständnis. So endet das dreizehnte Kapitel mit einer Entscheidung, die jenen Bruch einleitet, der zu Kapitelbeginn befürchtet werden mußte, der aber in der Kapitelmitte als vermeidbar erschien:

„So kam es, daß er am selben Tag, an dem, nach gegenseitigem Abkommen, seine Verlobung mit Victoire veröffentlicht werden sollte, Berlin verließ. Er ging auf sein Gut, ohne sich von den Carayons (deren Haus er all die Zeit über nicht betreten hatte) verabschiedet zu haben."(118)

Daß es zum erneuten Bruch kommen kann, liegt an einem unglücklichen Zufall; im Carayonschen Hause nämlich erfährt man nichts von jenen Karikaturen, die Schach zur Flucht nach Wuthenow zwingen.

„Es war gewiß ein Glück für Mutter und Tochter, daß sie von den Spott- und Zerrbildern, deren Gegenstand sie waren, nichts in Erfahrung brachten; aber für den *Dritt*beteiligten, für Schach, war es ebenso ein

112 HI/I, 633.
113 HI/I, 634.
114 HI/I, 635.
115 Vgl. Brief an seinen Sohn Theodor vom 8. September 1887; FaBr II, 156.
116 HI/I, 635.
117 HI/I, 636.
118 HI/I, 640.

Unglück und eine Quelle neuer Zerwürfnisse. Hätte Frau von Carayon, als deren schönster Herzenszug ein tiefes Mitgefühl gelten konnte, nur die kleinste Vorstellung von all dem Leid gehabt, das, die ganze Zeit über, über ihren Freund ausgeschüttet worden war, so würde sie von der ihm gestellten Forderung zwar nicht Abstand genommen, aber ihm doch Aufschub gewährt und Trost und Teilnahme gespendet haben; ohne jede Kenntnis jedoch von dem, was inzwischen vorgefallen war, aigrierte sie sich gegen Schach immer mehr und erging sich von dem Augenblick an, wo sie von seinem Rückzug nach Wuthenow erfuhr, über seinen Wort- und Treuebruch", als den sie's ansah, in den heftigsten und unschmeichelhaftesten Ausdrücken".(119)

Wo es keine Erklärung für ein Verhalten gibt oder wo die Klärung nicht die eigentlichen Motive erfaßt, da kann auch keine Versöhnung stattfinden. In den Worten Frau von Carayons über Schach drückt sich nunmehr offene Gegnerschaft aus.(120) Aber auch jetzt zeigt es sich, daß die Bereitschaft zur Versöhnung keineswegs erloschen ist, daß man zur gütlichen Einigung wieder finden kann, sobald das Tun des anderen erklärbar wird.

„Am anderen Vormittage wurde Schach bei Frau von Carayon gemeldet. Sie ging ihm entgegen, und das sich sofort entspinnende Gespräch verriet auf beiden Seiten weniger Verlegenheit, als nach dem Vorgefallenen hätte vorausgesetzt werden sollen. Und doch erklärte sich's auch wieder. Alles, was geschehen war, so schmerzlich es hüben und drüben berührt hatte, war doch schließlich von jeder der beiden Parteien verstanden worden, und wo Verständnis ist, ist auch Verzeihung oder wenigstens die Möglichkeit einer solchen. Alles hatte sich in natürlicher Konsequenz aus den Verhältnissen heraus entwickelt, und weder die Flucht, die Schach bewerkstelligt, noch die Klage, die Frau von Carayon an oberster Stelle geführt hatte, hatten Übelwollen oder Gehässigkeit ausdrücken sollen."(121)

Das Kriterium für ein erklärbares Verhalten liegt also nicht etwa in der Frage nach der moralischen Schuld, sondern in der Erkenntnis kausaler

119 HI/I, 652.
120 Bes. HI/I, 654 f.
121 HI/I, 670.

Gesetzmäßigkeiten, denen jeder auf seine Art unterworfen ist. Die Einsicht in die Konsequenz des Getanen schließt den Verdacht aus, aus persönlichem Übelwollen gehandelt zu haben; damit wird der Weg zur Versöhnung freigelegt.

„In allem, was er [Schach] sagte, sprach sich Freundlichkeit und ein Hang nach Versöhnung aus.
In diesem Hang nachVersöhnung stand er aber nicht allein da, sondern begegnete sich darin mit Frau von Carayon."(122)

Doch gerade dieses achtzehnte Kapitel, das mit den „aufrichtigen Worten" Schachs(123) begann und damit die Versöhnung einleitete, endet in dem „Fata Morgana".(124) Die Hoffnung auf Versöhnung, begründet auf der Erklärbarkeit und Verstehbarkeit aller Vorgänge, wird zum wiederholten Male zerstört. So ernst die Carayons die Versöhnung nehmen, so richtet sie sich doch nur ins Leere, da ihr ‚Partner' Versöhnung offensichtlich nur als Schein und Vorwand betreibt. Der Impuls zum Ausgleich kommt bei ihm in erster Linie nicht aus der Erkenntnis, daß die Korrektur des Geschehenen einen Akt der Billigkeit darstellt, sondern die Kraft zur Versöhnung gründet in der Entscheidung, sich selbst zu töten, um somit nichts mehr mit der Welt zu schaffen zu haben. Versöhnung als ein Prinzip, das Konflikte zum ausgewogenen und allseits befriedenden Abschluß bringt, pervertiert sich hier in das Gegenteil: Versöhnung vollzieht sich auf dem Hintergrund der Absage gerade an jene Welt, mit der man sich im selben Augenblick versöhnen will. So gesehen wäre „Schach von Wuthenow" ein Desillusionsroman, der zeigt, daß ein individuelles Ausscheren aus einer dekadenten Entwicklung, die Erhaltung eines Bereichs der Versöhnung nicht möglich ist, daß vielmehr das persönliche Verhalten die allgemeine Dekadenz vorwegnimmt oder beschleunigt. Die Erzählung müßte mit der tödlichen Hochzeit, eine Umkehrung des konventionellen Erzählabschlusses, oder mit dem Brief Bülows enden. Den tatsächlichen Abschluß jedoch bildet der Brief Victoires. Aus beiden Briefen erfährt der Leser nichts wesentlich Neues über Schach; sie

122 HI/I, 675.
123 HI/I, 669.
124 HI/I, 672.

resümieren nur das zuvor Festgestellte.(125) In Bülows Augen galt Schach immer schon als „Pedant und Wichtigtuer" und zugleich als „Verkörperung jener preußischen Beschränktheit, die nur drei Glaubensartikel hat: erstes Hauptstück ‚die Welt ruht nicht sichrer auf den Schultern des Atlas, als der preußische Staat auf den Schultern der preußischen Armee', zweites Hauptstück ‚der preußische Infanterieangriff ist unwiderstehlich', und drittens und letztens ‚eine Schlacht ist nie verloren, solange das Regiment Garde du Corps nicht angegriffen hat'. Oder natürlich auch das Regiment Gensdarmes."(126) Victoires Beurteilung „in einem andern Licht"(127) wiederholt die Bekenntnisse Schachs zur ritterlich-mönchischen Lebensart im fürstlich grandiosen Rahmen. Die unterschiedliche Tendenz der beiden Briefe, ihre andersgeartete Wertung läßt sich aus einer verschiedenen charakterlichen Disposition der Briefschreiber erklären: Bülow neigt bei seinen Reflexionen zu induktiven bzw. deduktiven Schlußfolgerungen.(128) Verstehen heißt bei ihm Berechnen; und das Berechenbare jener Mittelmäßigkeit, die auch bei Schach vorliegt, hat er bereits hinreichend am prinziplichen Tisch demonstriert. (129) Victoires Art des Verstehens ist anderer Natur. In einem früheren Brief hatte sie gegenüber ihrer Freundin geäußert: „Aber in meiner Lage lernt man milde sein, sich trösten, verzeihn."(130) Ihr Abschlußbrief gibt somit auch keine sezierende Personenanalyse,(131) sondern er ist aus der verzeihenden Perspektive geschrieben. Hierin liegt die besondere Bedeutung ihres Briefes, die ihn von der rein analytischen Kritik Bülows absetzt. Es zeigt

125 Die kompositorische und thematische Notwendigkeit der beiden Briefe wurde nicht immer erkannt. So: Rolf Brandt, Theodor Fontane. Bielefeld o. J. [1913], S. 23: „Natürlich ist es mißlich, daß eine Art von Erklärung der eigentlichen Novelle folgen muß [. . .]"

126 HI/I, 572.

127 HI/I, 681.

128 Vgl. Brief an Joseph Widmann vom 27. April 1894; AB II, 339 und NXXIII, 1, 193 f.: „Denn wenn es einerseits wahr ist, daß nicht das Allgemeine als ein Darzustellendes in die Kunst gehört, sondern umgekehrt das Allerspeziellste, so hat dennoch andererseits das Allerspeziellste nur dann einen künstlerischen Wert, wenn es zugleich die Verkörperung von etwas Allgemeinstem ist."

129 HI/I, 597 f.

130 HI/I, 591. Vgl. allgemein zu Fontanes Menschenbeurteilung den Brief an Friedlaender vom 14. August 1885, Friedl. Br. 17.

131 Zum Problem der Durchschaubarkeit des menschlichen Wesens siehe Brief an Mete vom 24. August 1893; PB II, 218 f.

sich nämlich, daß Schachs Verhalten auch zuletzt nicht die Möglichkeit des Verstehens und somit die Möglichkeit zur Humanisierung von Widersprüchen zerstört hat.(132) Während Bülow Schachs Selbstmord nicht erklärt, sondern nur an allgemeinen moralischen Kriterien, Feigheit, Gehorsamsbruch, kritisch mißt, erkennt Victoire auch hier die Notwendigkeit eines solchen Schrittes für einen Menschen wie Schach.

Durch sein mittelalterlich-ritterliches Weltbild motiviert, stellt sich für Schach ein ersehnbares Leben in der Form der *bildhaften* Erscheinung dar. Er zeichnet sich gesellschaftlich nicht durch politische oder militärische Leistung aus, sondern durch sein besonderes Erscheinungsbild. Er fällt, wie mehrmals erwähnt wird, durch seine Schönheit auf. Getragen und bewahrt wird dieses Bild des schönen Mannes von der Gesellschaft; Schachs Ausrichtung auf das Ästhetische bedarf des gesellschaftlichen Spiegels. Damit ist sein Bild aber auch den Anfeindungen und Manipulationen der Gesellschaft ausgesetzt. Während eine freundschaftliche Zuneigung im Carayonschen Salon sein Bild bewahrt, lösen Neid und Mißgunst bei Hofe oder unter den Regimentskameraden jene Gegenbilder, die Karikaturen, aus, die Schach so sehr treffen. Die Veröffentlichung solcher bildlichen Verzerrung muß eine um so tiefere Wirkung haben, als Schachs Lebensziel gerade in der Bewahrung seines Bildes in der Öffentlichkeit liegt. Schon eine geringfügige Abweichung von dem vertrauten Bilde schlägt ihm zum Schaden aus. Das zeigt sich etwa in seiner Furcht vor den Auswirkungen einer Landehe in der Wuthenower Abgeschiedenheit;

„Und dann kommt einmal ein Prinz in die nächste Stadt, vielleicht Prinz Louis in Person, und wechselt die Pferde, während ich erschienen bin, um am Tor oder am Gasthof ihm aufzuwarten. Und er mustert mich und meinen altmodischen Rock und frägt mich: ‚wie mir's gehe?‘ Und dabei drückt jede seiner Mienen aus: ‚O Gott, was doch drei Jahr aus einem Menschen machen können.‘ Drei Jahr. . . Und vielleicht werden es dreißig.“(133)

132 In diesem Zusammenhang mag eine Bemerkung Fontanes anläßlich einer Kritik an Th. H. Pantenius aufschlußreich sein: „Der Held einer Geschichte, er triumphiere oder er erliege, er läutre sich oder zahle seiner Sünden Schuld, soll unsres Mitgefühls immer versichert bleiben. Wir sollen ihn, was auch geschehe, verstehn, verzeihn, lieben." Literarische Essays und Studien, NXXI, 1, 299.
133 HI/I, 635.

In diesen Zusammenhang gehört auch die Geschichte von dem mutmaßlichen Tempelritter, der sich aus einem „Ähnlichkeitsbedürfnis"(134) schon zu Lebzeiten einen Grabstein anfertigen ließ. Die eigentliche Geschichte dieses Templers, der aber keiner ist, beginnt jedoch erst nach seinem Tode. Wie üblich wurde der Grabstein mit dem Abbild des Ritters vor dem Altar in den Boden eingemauert. In den hundert Jahren, die er dort lag, wurde sein Gesicht von den zahlreichen Bauern und Einsegnungskindern, die zum Abendmahl gingen, immer mehr ‚abgeschurrt'.(135) Und das habe den Ritter noch in seinem Grab geärgert; ein alter Bauer will mit eigenen Ohren gehört haben, „daß es mitunter so gepoltert und gerollt hätte, wie wenn es drüben über Schmargendorf donnert."(136) Lange Zeit verstand man nicht die Bedeutung dieses Gepolters, bis eines Tages Zahlen, die von unbekannter Hand auf die Kirchtafel niedergeschrieben wurden, auf eine Bibelstelle hinwiesen, die besagt: „Du sollst deinen Toten in Ehren halten und ihn nicht schädigen an seinem Antlitz."(137) Daraufhin wurde der Grabstein von seiner alten, den Füßen der Kirchgänger ausgesetzten Stelle entfernt und aufrecht in einen Pfeiler eingemauert. Die Geschichte zeigt, wie sehr ein Mensch noch über den Tod hinaus an der Behandlung seines Bildes durch die Nachwelt interessiert sein kann.

Auch Schach bleibt nicht gleichgültig gegenüber der Frage, was mit seinem Bild in Zukunft geschehen wird. Wird er den Dienst quittieren müssen, um in Wuthenow zu ackern, meliorieren und Raps oder Rübsen zu ziehen,(138) wird er in seinem Garten und Park „immer und ewig und ewig und immer"(139) gefangen bleiben, oder kann er im Dienst verbleiben und in Wuthenow nur ab und zu mit seiner Frau über die Felder gehen und mit ihr plaudern.(140) Er weiß, wie angreifbar und auch durchschaubar sein Bild in den Händen der Gesellschaft liegt. Deshalb beeindruckt ihn alles, was sich dem Alltäglichen und somit leicht Einschätzbaren entzieht.(141) Die Sandsteinfiguren in den Wuthenower Laubgängen — früher hatte er sie nie beachtet — faszinieren ihn nun: „heut' aber blieb er stehn und freute sich besonders

---

134 HI/I, 586.
135 HI/I, 586.
136 HI/I, 586.
137 HI/I, 587.

138 HI/I, 635.
139 HI/I, 651.
140 HI/I, 636.
141 HI/I, 588.

aller derer, denen die Köpfe fehlten, weil sie die dunkelsten und unverständlichsten waren und sich am schwersten erraten ließen."(142)

Schach spürt die von allen Seiten auf ihn eindringenden Anforderungen und Einschränkungen, denen er nicht auszuweichen vermag. Aus dem Bewußtsein, in den neuen Bindungen nicht mehr seinem Bilde gemäß leben zu können, aber in dem Wunsch, in dieser seiner Gesellschaft weiterhin bildhaft zu wirken, entwickelt er jene Reisepläne, die durch ihre lebhafte Schilderung augenblicklich gefangennehmen, die aber ihren unwirklichen Kern allzubald verraten. Sein Entschluß, sich das Leben zu nehmen, führt ihn aus seiner gesellschaftlichen Umwelt heraus, aber er zeigt sich offensichtlich bemüht, ein Bild von sich in dieser Gesellschaft zu hinterlassen, das in seiner irritierenden Unbestimmtheit noch lange Rätsel aufgeben wird. Da entwickelt er „mit einer ihm sonst völlig fremden Phantastik"(143) Reisepläne, die ihn weit über Sizilien hinaus, an den Sireneninseln vorbei, in Richtung Malta führen werden.

„Nicht um Maltas willen, o nein. Aber auf dem Wege dahin sei die Stelle, wo der geheimnisvolle schwarze Weltteil in Luftbildern und Spiegelungen ein allererstes Mal zu dem in Nebel und Schnee gebornen Hyperboreer spräche. *Das* sei die Stelle, wo die bilderreiche Fee wohne, die *stumme* Sirene, die mit dem Zauber ihrer Farben fast noch verführerischer locke als die singende. Beständig wechselnd seien die Szenen und Gestalten ihrer Laterna magica, und während eben noch ein ermüdeter Zug über den gelben Sand ziehe, dehne sich's plötzlich wie grüne Triften, und unter der schattengebenden Palme säße die Schar der Männer, die Köpfe gebeugt und alle Pfeifen in Brand, und schwarz und braune Mädchen, ihre Flechten gelöst und wie zum Tanze geschürzt, erhüben die Becken und schlügen das Tamburin. Und mitunter sei's als lach' es. Und dann schwieg' es und schwänd' es wieder. Und diese Spiegelung aus der geheimnisvollen Ferne, *das* sei das Ziel!"(144)

Was Schach hier als letztes Ziel vor Augen führt, stellt eine Antiwelt dar, mit der er sympathisiert. Der topographisch nicht ausmachbare Ort

142 HI/I, 645.
143 HI/I, 672.
144 HI/I, 672. Vgl. hierzu die Interpretation Benno von Wieses, bes. S. 258 f.

bezeichnet jenen Raum, in den die gesellschaftlichen und zivilisatorischen Zwänge nicht mehr hineinreichen. Das Charakteristische seiner Exotik liegt in dem Unverbindlichen, dem Nichtbindenden der neuen Wirklichkeit, denn sie besteht nur noch aus den Bildern der Laterna magica, die faszinieren, die aber auch beständig wechseln und somit jene Erstarrung vermeiden, die durch die Konvention im gesellschaftlichen Leben hervorgerufen wird und deren Leidtragender Schach ist. Wenn Wirklichkeit nur gesellschaftliche Konvention, nur konventionell geknüpftes Gewebe von Regeln und Pflichten meint, dann muß ihre Gegenwelt unwirklich, illusionär erscheinen. „Fata Morgana" bedeutet nicht nur ein kritisches Urteil gegenüber der mangelnden realistischen Substanz solcher Zukunftspläne; vielmehr bezeichnet es jene Art von Wunschwelt, wie sie nur Schach in seiner ausweglosen Lage vor dem Tod entwickeln kann. Die Alternative zu seiner gesellschaftlichen Wirklichkeit — offenbar bedarf Schach einer solchen Alternative — liegt für ihn nur im Unwirklichen. „Fata Morgana" ist für ihn — um einen zentralen Begriff Fontanes anzuwenden — Hilfskonstruktion.(145) Er baut ein neues Weltbild auf, das sich von seinem ritterlichen Ethos insofern unterscheidet, als es nicht mehr den gesellschaftlichen, sondern den exotischen, illusionären Erfüllungsort sucht. Sein eigenes Bild verändert sich dadurch; es entzieht sich dem analytischen Urteil, indem es die Grenze des Wirklichen und Logischen überschreitet und im irrealen Paradox, in der magischen Illusion Zuflucht findet. Nichtsdestotrotz liegen solche Reisepläne konsequent in der Natur Schachs begründet.

Schachs Selbstmord bewirkt nicht, daß sich Victoire von ihm abwendet. Im Gegenteil bestätigt ihr Abschlußbrief die Möglichkeit, den anderen auch in seiner radikalen, sogar brüskierenden Entscheidung zu verstehen. Victoire spürt die Folgerichtigkeit einer individuellen Entwicklung bis zum tragischen Ende und urteilt entsprechend, d. h. sie vermeidet ein Urteil; vielmehr leitet ihre Erklärung eines komplizierten Charakters über in die Erinnerung an ein Bild, mit dem sich „Weh", aber noch mehr „Glück" (146) verbindet, ein Bild, das sich sichtbar in den

145 Den Versuch, auch die Illusion als lebenerhaltende Hilfskonstruktion zu beschreiben, hat E. F. George unternommen: „Illusions and Illusory Values in Fontane's Works" in: Forum for Modern Language Studies, 7 (1971), S. 68—75.
146 HI/I, 683.

Augen des Kindes erhält. Während Bülows Brief nur einen Auszug aus einem umfassenden Zusammenhang darstellt, in dem Schach wohl nur als ein Fall unter anderen abgehandelt wird, ist Victoires Brief vollständig wiedergegeben. Er enthält neben der Beschreibung eines Charakters die persönliche Rückerinnerung an den Geliebten und zudem noch einen Bericht vom eigenen Schicksal. Am Ende ihres Briefes — bezeichnenderweise fehlt die übliche Unterschrift der Schreiberin, womit eine Öffnung der Erzählung über ihr tatsächliches Ende hinaus angedeutet wäre —, steht ein ganz persönliches Bekenntnis. Victoire erzählt, wie ihr Zutrauen zu der Wunderkraft des Bambino in Araceli ihr Kind von einer hoffnungslosen Krankheit gerettet habe. Diese Heilung motiviert eine gewisse Sympathie mit der katholischen Kirche.(147)

„Denn nicht nur *alt* ist Araceli, sondern auch trostreich und labevoll, und kühl und schön.

Sein schönstes aber ist sein Name, der *,Altar des Himmels'* bedeutet. Und auf diesem Altar steigt täglich das Opfer meines Dankes auf."(148)

Damit gewinnt am Ende einer historischen Erzählung der Aspekt des nicht zeitgebundenen Menschlichen maßgebende Bedeutung; Müller-Seidel(149) hat dargelegt, wie sich im Bilde des „Altars des Himmels", dem Inbegriff eines Menschlichen und Inneren, die widerstreitenden Perspektiven und Urteile vereinten und in dieser transzendierten Form das Erzählerbewußtsein repräsentierten; er sieht in dieser Art des Abschlusses nicht mehr jenen Realismus vorwalten, der etwa Bülows Gesellschaftskritik bestimmte, sondern erkennt in der Wendung zu einem Ideellen und insofern auch Unwirklichen das Spezifische eines ,poetischen Realismus'.(150)

Der „Altar des Himmels" wird für Victoire gegenständlicher Orientierungspunkt und sichtbares Ziel ihres zukünftigen Lebens; in ihm findet sie weniger ein neues Glaubensbekenntnis, als eine ihr entsprechende Hilfskonstruktion für ihre weitere Zukunft. Ähnlich wie Schach bedarf auch sie einer solchen Hilfskonstruktion; nur die Wahl des jeweiligen

147 Vgl. Sagave in der Anmerkung zum Text von Schach-Ullstein, S. 112.
148 HI/I, 684.
149 Müller-Seidel, „Der Fall", S. 64.
150 Vgl. aber auch den durch Vaget S. 12 gegen eine solche Interpretation erhobenen Einwand.

Mittels richtet sich nach dem individuellen Wesen und der besonderen Situation.

Der bekannte Satz: ‚Alles verstehen heißt alles verzeihen', von Fontane mehrfach zitiert,(151) hat konkrete Wurzeln in der historischen und geistesgeschichtlichen Situation des 19. Jahrhunderts. Auguste Comte hatte in seiner Philosophie die kausale Ableitbarkeit und rationale Erklärbarkeit aller Phänomene des physischen, biologischen, psychischen und moralischen Bereichs entwickelt. In dieser positivistischen Sicht erschien die Welt als ein zwar sehr kompliziertes, aber doch durchschaubares Ganzes von ursächlich zusammenhängenden Einzelerscheinungen. Besonders deutlich wirkte sich das neue Weltbild in England auf George Eliot aus.(152) Ihre an der Menschheitsgeschichte interessierten Romane versuchen mit einer Unzahl von dargestellten Figuren, ihren Motiven und ihren besonderen Situationen die große Vision des umfassenden Zusammenhangs aller wichtigen und weniger wichtigen Dinge zu vermitteln.(154) Die Verknüpfung der disparaten Einzelheiten zum konsistenten ‚Gewebe' — Eliot nennt es ‚web' oder ‚tissure' — legt die Ursächlichkeit alles Geschehens bloß und entdeckt damit auch Prinzip und Ziel jeder sonst als zufällig angesehenen Bewegung und Veränderung. Aber das so ermittelte Gewebe erweist sich für Eliot keineswegs als fataler Determinationsmechanismus, an dem die Menschen hilflos scheitern, wie etwa bei Zola. Wenn Eliot in ihren Romanen die Welt als Geflecht einer kausalen Totalität darstellt, so will sie damit erreichen, daß der *Leser* die besondere Situation der Figuren und ihre

151 HI/IV, 359 und Anm. Brief an Emilie vom 18. August 1876; FaBr, 242 f. Es wäre irrig zu glauben, daß in diesem Satz eine Haltung zum Ausdruck kommt, die grundsätzlich jedes Urteil aus Skepsis, Relativismus etc. ablehnt. Julius Wiegand (Geschichte der deutschen Dichtung nach Gedanken, Stoffen und Formen, in Längs- und Querschnitten. 2. Augl. Köln 1928, S. 447) etwa stellt fest: „Vom Determinismus aus kann man auch eine gewisse Abneigung gegen jedes Urteilen und Verurteilen gewinnen. Daß alles Verstehen alles Verzeihen heißt, hat vor allem Fontane zur Geltung gebracht. Er ist ausgesprochener Zweifler, Relativist auf allen Gebieten." Im Zusammenhang mit „Schach von Wuthenow" hat es sich gezeigt, daß der Satz vom „alles Verstehen' nicht vom Urteilen abhält, sondern umgekehrt das Urteilen ermöglicht.

152 In den folgenden Ausführungen über Eliot richte ich mich nach Bernard J. Paris, Experiments in Life. George Eliot's Quest for Values. Detroit 1965.

153 Siehe das „Prelude" zu Eliots „Middlemarch".

154 Siehe Eliot, The Mill on the Floss. Everyman's Library, S. 255, 4. Buch, 1. Kapitel.

daraus erwachsenden Handlungs- und Denkungsweisen verstehen lernt, so fremd die dargestellten Menschen ihm im übrigen auch sein mögen; an diesem Vorgang der Erfahrungserweiterung sollen neben dem Leser auch die Figuren selbst teilnehmen. Die Definition dessen, was ein Roman überhaupt leisten soll, liegt für Eliot in dieser Wirkung, in der Auslösung von *Mitleid* und *Sympathie* für jene Menschen, deren Leben der Roman in seinen Höhen und Tiefen darstellt.(155) ,Alles verstehen ist alles verzeihen' meint in diesem Zusammenhang keine Synonymik von Verständnis und Verzeihung. Zwischen den beiden Begriffen liegt ein für Eliot entscheidender Vorgang; er wird durch Erkenntnis ausgelöst, bewirkt aufgrund der neuen Erfahrung eine Wandlung des Beobachters und führt erst dann zu einer Neubewertung des Erkannten; diese Neubewertung erfolgt nunmehr aus jenem Abstand, aus dem man zwar die Notwendigkeit des bereits Geschehenen einsieht, aus dem man aber auch für die Zukunft die Möglichkeit zur Korrektur erkennt.

Eine ähnliche Wirkung, auf ähnlichem Wege herbeigeführt, mag Fontanes „Erzählung aus der Zeit des Regiments Gensdarmes" zum Ziel gehabt haben. Jene Konsequenz, die die unaufhaltsame katastrophale Dekadenz des individuellen und allgemeinen Schicksals zwangsläufig macht, dient Fontane zugleich als Hilfsmittel für die Beschreibung und Erklärung einer schwer duchschaubaren und einschätzbaren Wirklichkeit; Victoire bedient sich der Konsequenz, der Vorstellung von der kausalen Notwendigkeit alles Vorgefallenen, als Hilfsmittel des Verstehens, und im gleichen Sinne soll es auch der Leser tun. Ein solches Verstehen hat nicht die „Bravade" zum Ziel, die fruchtlos im Zorn über etwas Vergangenes und selbstgerecht in der Eitelkeit des sich Besserdünkens befangen bleibt; vielmehr reißt es einen neuen Horizont zukünftiger Möglichkeiten für einen durch die Leseerfahrung gewandelten Menschen auf.

155 Eliot, „Review of *The Natural History of German Life*" wiederabgedr. in: English Theories of the Novel. III: 19th. Century, ed. by Elke Platz-Waury, Tübingen 1972, p. 57. Siehe auch Eliots Brief an Charles Bray vom 5. Juli 1859, The George Eliot Letters. Ed. by Gordon S. Haight, London 1954—55, vol. 3, p. 111.

STINE

Mit seinen beiden Werken „Irrungen, Wirrungen" und „Stine"
verschaffte sich Fontane den Titel „Klassiker des modernen Realismus".(1) „Die Jugend", so schreibt Fontane am 9. Mai 1888 an seinen
Sohn Theodor, „hat mich auf ihren Schild erhoben, ein Ergebnis, das zu
erleben ich nicht mehr erwartet hatte."(2) Die Tageskritik hebt das
Authentische und Plastische seiner Wirklichkeitsdarstellung hervor, das
sich in seinem Werk bietende „Stück Heimath".(3) Aber neben der
Einhaltung der naturalistischen Treue lobt man auch das Maß an
Idealität: „Er hat ein Gebiet gewählt, auf dem die realistische Forderung,
welche unsere Zeit an die Schöpfungen der Kunst stellt, zu voller
Berechtigung gelangt, ohne die Idealität zu opfern."(4) Th. Wolff
nannte seine Besprechung „Realistische Romantik" und wollte damit
sagen:

„Man kann es gar nicht genug wiederholen, man muß es immer wieder
und wieder predigen, daß der echte und rechte Dichter von Natur nicht
ein Realist, sondern ein Romantiker ist. Der Realist ist der Beobachter
der Schilderer, meinetwegen der Chronist seiner Zeit, aber der
Romantiker ist der Poet. Und so lebt in Fontane ein romantisches
Begehren. Er kämpft damit, denn die Überlegung sagt ihm, daß das
romantische Sichhingeben und Sichgehenlassen in unsere Zeit nicht
hineinpaßt; er müht sich, es abzuschütteln, denn sein kluger Verstand
heißt ihm, die Wirklichkeit zu suchen und das Wirkliche zu malen. Aber
die Befriedigung, die er empfindet, wenn er so den Verstand über das
Temperament triumphieren sieht, ist keine volle, ungetrübte."(5)

1 Richard M. Meyer, Die deutsche Literatur des Neunzehnten Jahrhunderts.
Berlin 1912, S. 403.
2 AB II, 194.
3 Robert Hessen in: Deutsches Wochenblatt, 3 (1890), S. 352. Auch Walter
Paetow, der „Stine" in der Gegenwart 37 (1890), S. 411 f., rezensierte, hob das
durchweg Realistische der Schilderung hervor.
4 M. Benfey in: Blätter für litterarische Unterhaltung, 1890, S. 469.
5 Theodor Wolff in: Berliner Tageblatt vom 20. Mai 1890.

Auf die Vorstellung von einem Realismus, der mit Idealität durchwirkt sein sollte, greift auch jene Kritik zurück, die der naturalistischen Literatur der 80er Jahre nicht wohlgesonnen ist, Fontane aber noch als einen der Ihren retten will. So schreiben etwa die „Grenzboten":

„Die Berliner Naturalisten rühmen sich, einen der ältesten Vertreter der deutschen Literatur, noch dazu einen wirklichen Meister und echten Dichter für ihre Richtung und mit ihrem Evangelium gewonnen zu haben. In der Tat gehören schärfere Augen dazu, als das Publikum und eine gewisse Kritikerzunft besitzen, um den gewaltigen Abstand zu messen, der zwischen den Bestrebungen des reflektierten Sturmes und Dranges und der naiven Lust an treuer Lebens- und Sittenschilderung auch bei den neuesten Arbeiten Theodor Fontanes obwaltet. Vielleicht könnte man sagen, die gewaltsame Bewegung und das ohrenzerreißende Geschrei nach der natürlichen Natur und der wahren Wahrheit haben bei einem so selbständigen Schriftsteller, wie es Fontane unzweifelhaft ist, die Neigung gesteigert, eine Reihe von Motiven und Gestalten, die er seiner jahrzehntelangen scharfen Beobachtung des Berliner Lebens verdankt, wahlloser als ehedem zu verwerten. Es ist zu Zeiten, als ob es ihn triebe, die groben Karrikaturen, die an der Tagesordnung sind, mit ein paar Meisterstrichen in wirkliche Gesichter und Figuren umzuwandeln; ein Zug leiser Ironie liegt über den Zügen des Vielerfahrenen, der den jüngsten Genies beweist, daß sie weder richtig sehen, noch das Gesehene erkennbar wiedergeben können. Zur Gruppe der Berliner Geschichten, die verzerrte Schilderungen des Lebens und Treibens der Hauptstadt, gleichsam korrigieren, gehört auch die neueste Erzählung Fontanes, ein Genre- und Sittenbild nicht erquicklicher, aber geistvoller und fesselnder Art, ein Alltagserlebnis mit bedenklichem Untergrund und tragischem Ausgang."(6)

Das Bedenkliche liegt in der Darstellung der „schwüle[n] Atmosphäre großstädtischer Not und großstädtischer Fäulnis."(7) „Mit einer erschreckenden Deutlichkeit führt die Erzählung die wunderbare Mischung ursprünglicher Bravheit, eines gleichsam unverwüstlichen Kernes und laxer Fügung in die hergebrachte Unsitte vor."(8) Zwar zeigen sich

6 Die Grenzboten, 49, 3 (1890), S. 524 f.
7 Ebd., S. 525 f.
8 Ebd., S. 526.

die „Grenzboten" liberal und wenden „gegen die Deutlichkeit und Wirklichkeit der Sitten- und Menschendarstellung" nichts ein,(9) zwar betonen sie wiederholt den Abstand zwischen „Stine" und den „zahlreichen Sudeleien";(10) aber das Unbehagen an dem ‚neuen' Fontane bleibt bestehen. Konsequenterweise werden die „Grenzboten" Fontanes Abwendung von der Großstadtszenerie und ihrer Problematik, wie es scheinbar in „Quitt" geschieht, loben(11) „Frau Jenny Treibel" hingegen ruft wieder die alten Bedenken hervor.(12)

In Fontanes Erzählung „Stine" geht es um ein Liebesverhältnis zweier durch unterschiedliche Standeszugehörigkeit getrennter Menschen. Die Titelfigur, ihrer beruflichen Tätigkeit nach Fabrik- bzw. Heimarbeiterin, aber mit kleinbürgerlichen Lebensgewohnheiten, begegnet in der Gesellschaft ihrer Schwester einem jungen Grafen, der ihr bald seine Liebe erklären wird, eine Liebe, die weniger in Leidenschaft gründet als in der Erfahrung, endlich einen Menschen gefunden zu haben, mit dem man sich verständigen kann und durch das bisher gleichgültig geführte Leben einen Sinn erhält. Der Graf drängt auf Heirat, entschlossen, schlimmstenfalls auch seine gesellschaftliche Heimat aufzugeben, wenn es zu einem Bruch mit seiner standesbewußten Familie kommen sollte. Sein Vorhaben mißlingt jedoch, aber nicht aus dem Grund, weil der Widerstand seiner Familie zu groß gewesen wäre, sondern weil seine Geliebte selbst ihre Einwilligung zur Heirat verweigert. Durch ihre abschlägige Antwort sieht sich der Graf erneut in das Sinnlose seines zuvor geführten Lebens zurückgeworfen, und weil er dies nicht ertragen kann, nimmt er sich das Leben. Auch seine Geliebte, die den Standesunterschied von sich aus nicht zu ignorieren vermochte, zerbricht an den Auswirkungen ihrer eigenen Entscheidung.

Ein solches Handlungsmuster läßt einen Beitrag zum seinerzeit viel diskutierten Mesalliance-Thema erwarten. Im Mittelpunkt des Geschehens steht die Frage: Gelingt es dem Liebespaar, seine Vorstellungen von einem gemeinsamen Leben gegen den äußeren Widerstand zu verwirklichen, oder scheitert es an der Übermacht der ständischen Abgrenzungsideologie? Eine solche Frage, die sich zunächst auf die

9 Ebd., S. 526.
10 Ebd., S. 526.
11 Die Grenzboten, 50, 2 (1891), S. 620. Vgl. auch Paul von Szcepanski in: Neue Monatshefte, 1890/91, S. 830 f.
12 Die Grenzboten, 52, 1 (1893), S. 346.

dramatische Handlungsstruktur der Erzählung bezieht, löst alsdann die thematisch relevante Diskussion über das Mesalliance-Problem aus. Hier kommen jene Kräfte zur Darstellung, die die Entfaltung individueller Lebenspläne und die Verwirklichung persönlicher Wunschvorstellungen ermöglichen, einschränken oder verhindern. Was sind das für Kräfte und wie wirken sie sich aus?

Gegen eine Ehe zwischen dem jungen Grafen Waldemar von Haldern und Stine Rehbein sind sowohl dessen Onkel, genannt Graf „Sarastro", — von Waldemars Eltern ganz zu schweigen — als auch Pauline Pittelkow, Stines ältere Schwester. Der Onkel, all seiner sonst propagierten liberalen Ideen zum Trotz, fürchtet den gesellschaftlichen Affront, den sein Neffe durch seine Entscheidung geben wird. „Die Tatsache der ‚Encanaillierung' eines Haldern blieb bestehen und mit ihr der Skandal, die Blame, das Ridikül. Und das letztere war das schlimmste."(13) Am tiefsten freilich hätte die „Encanaillierung" Waldemars Eltern getroffen. Ihre Reaktion auf seinen Entschluß verschweigt der Erzähler; aber die Begräbnisszene am Ende zeigt die Einstellung der Familie gegenüber dem ‚verlorenen Sohn' ohnehin deutlich genug. Es lassen sich nur wenige Passagen im Gesamtwerk Fontanes ausmachen, die dieser Szene an kritischer Härte und Unerbittlichkeit in der literarischen Entlarvung gesellschaftlicher und moralischer Scheinansprüche gleichkommen. Waldemars Stiefmutter z. B. — seit einem Billet, das ihr ein Großfürst einmal geschrieben hat und „das beinah ein Liebesbillet war",(14) bildet sie sich ein, im Grafen von Haldern einen ihr nicht standesgemäßen Ehemann gefunden zu haben —, sie besonders beweist durch ihr Verhalten während der Begräbniszeremonie, wie meisterhaft angemessen sie Trauer zur Schau stellen kann; auch der jüngere Bruder Waldemars zeigt sich während der Trauerfeier, wenn auch nicht so perfektioniert wie seine Mutter, als ein Betroffener, freilich ‚betroffen' vor allem in jenem Sinne verstanden, daß nun die gesamte Haldernsche Erbschaft auf ihn fällt.

Mesalliancen stoßen also noch immer — am Ende des 19. Jahrhunderts — auf allseitigen Widerstand. Nicht nur jene, die um den Abbau ständischer Privilegien fürchten müssen, kämpfen dagegen an, auch die Pittelkow, der eine Auflösung der ständischen Ordnung zumindest gleichgültig sein sollte, wendet sich dagegen. Aber die Übereinstimmung

13 HI/II, 541.   14 HI/II, 551.

in dieser Frage täuscht nicht darüber hinweg, daß der gemeinsame Widerstand aus grundverschiedenen Motiven und Einsichten erwächst. Die Halderns argumentieren vom historischen und gesellschaftlichen Status quo, der für sie gegenwärtig noch immer vorteilhaft ist:

„Zurzeit sind wir nur noch die Beati possidentes. ‚Sei im Besitze, und du bist im Recht' ist vorläufig noch für *uns* geschrieben. Warum sich selbst um diesen Besitz bringen und auf eigene Kosten eine Zukunft heraufbeschwören, von der vielleicht keiner profitiert, und wir gewiß nicht."(15)

Blanker Eigennutz läßt sie nicht eine Stellung aufgeben, auf die sie mangels Leistung ihr Recht bereits verwirkt haben. Die heroischen Zeiten der Befreiungskriege liegen weit zurück; an sie erinnern nur noch Greise, die in die moderne Welt nicht mehr passen, „ein paar Dreizehner Veteranen mit der alten Kriegsdenkmünze, lauter Achtziger, die den Kopf schüttelten, niemand wußte zu sagen, ob vor Alter oder über den Lauf der Welt."(16) Das Verdienst am französischen Kriege trägt der Adel nicht allein, wie ihm Pittelkow deutlich vorhält:

„Aber das ist auch so eine von Euren Marotten, daß ihr immer denkt, wir verstünden nichts davon und wüßten nichts von Vaterland und knapp-zu von Courage. Aber wie steht es denn? Alle Wetter, ich bin auch fürs Vaterland und für Wilhelm, und wer seine Knochen zu Markte getragen hat, vor dem hab' ich Respekt un brauche mir nich erst sagen zu lassen, daß ich Respekt vor ihm haben soll. Un denn, Graf, man nich immer jleich mit die Halderns. Ich habe welche gekannt, die waren auch erst neunzehn und keine Halderns und saßen *nich* zu Pferde, nein, immer bloß auf Gebrüder Benekens, un mußten auch immer vorwärts. Un zuletzt, als es bergan ging un sie nich mehr konnten, da hielten sie sich an die Kusseln, weil sie sonst rücklings runtergefallen wären, und immer die verdammten Dinger dazwischen, die so quietschen un sich anhören wie 'ne Kaffeemühle. Ne, ne, Graf, die Halderns haben es nich alleine gemacht un der junge Graf auch nicht."(17)

15 HI/II, 538.
16 HI/II, 561.
17 HI/II, 545.

Gemessen an dem historisch nationalen Beitrag, den Adel und Volk im letzten Krieg geleistet haben, gibt es keinen *wirklichen* Unterschied mehr zwischen den beiden Schichten. Nur aufgrund äußerer politischer Machtverhältnisse kann der Adel seinen elitären Anspruch aufrecht erhalten, während sich ihm in der intimen Besinnung vor dem eigenen Spiegelbild derselbe Anspruch schon als hohl und nichtig entdeckt. Graf Sarastro glaubt, daß die Schuld an den wirren Plänen seines Neffen allein bei seiner Freundin Pauline läge, die ihre Schwester vorteilhaft verheiraten möchte; und so zögert er auch nicht, sie mit harten Worten zu beschimpfen: ,,Undankbare Kreatur. Aus dem Kehrricht hab' ich sie aufgelesen, und als Lohn für meine Guttat zahlt sie mir in *dieser* Münze."(18) Aber da fällt sein Blick zufällig in den Spiegel, und er wird sich im Anblick seines Spiegelbildes augenblicklich der eigenen unzulänglichen Haltung bewußt:

,,So also sieht ein Ehrenmann aus, ein Witwenretter und Waisenvater. . . Habe die Ehre." Und er bekomplimentierte sich selbst. ,,Immer das alte Lied. Sowie man in der Patsche sitzt, spielt man sich auf den Unschuldigen hin aus, schimpft über die Komplizen, die meist viel weniger Schuld haben als man selbst, und läßt andere die Dummheiten entgelten, die man höchst eigenhändig gemacht hat. Und in meinem Falle nennt sich diese schnöde Weißwascherei noch aristokratische Gesinnung und erhebt sich über die Pittelkows, die sich wenigstens nicht mit ,Noblesse oblige' durch die Welt zieren. Jammervoll. Wohin man sieht, hat man sich zu schämen."(19)

Die Pittelkow durchschaut das Anmaßende im gesellschaftlichen und moralischen Führungsanspruch des Adels. ,,Ich puste was auf die Grafen, alt oder jung, das weißt du, hast es ja oft genug gesehen."(20) Von ,,Stammbäumen" hält sie recht wenig,(21) und in ihrer Auseinandersetzung mit dem alten Grafen, worin sie auf die ,,Untätchen" gewisser Leute anspielt, beharrt sie darauf, ,,daß ans Gräfliche öfter so was is als an unserein, un nu gar erst an Stinechen. Ich weiß nicht, wie die Doktors es nennen, aber das weiß ich, es gibt Untätchen schon von'n Urgroßvater her. Un die Urgroßväter, was so die Zeit von'n dicken

18 HI/II, 542.
19 HI/II, 542.
20 HI/II, 521.
21 HI/II, 484.

König war, na, die waren schlimm. Un die Halderns werden woll auch nich anders gewesen sein als die andern."(22) Trotz ihrer Erkenntnis, daß es mit dem Adel nichts Besonderes auf sich habe, oder vielleicht gerade deshalb spricht sie sich gegen eine Ehe zwischen Stine und Waldemar aus.

„Es hat nu mal jeder seinen Platz, un daran kannst *du* nichts ändern, und daran kann auch das Grafchen nichts ändern. Ich puste was auf die Grafen [. . . .] Aber ich kann so lange pusten, wie ich will, ich puste sie doch nich weg, un den Unterschied auch nich; sie sind nun mal da, und sind, wie sie sind, und sind anders aufgepäppelt wie wir, und können aus ihrer Haut nicht raus."(23)

Den Unterschied zwischen den Ständen begründet sie nicht ideologisch, sondern realistisch aus lebenspraktischer Sicht; unterschiedliche Erziehung und Lebensgewohnheit prägen den Menschen so stark, daß sich die angelernten äußeren Lebensformen in einen nicht so leicht wieder aufgebbaren Bestandteil der individuellen Natur verwandeln. Die Haltung der Pittelkow wurzelt in der Erfahrung, daß der Mensch das Produkt seiner Umwelt sei und daß er dieser seiner vertrauten Umwelt auf die Dauer nicht entsagen kann. Aus ihrer Sicht bedeutet Mesalliance nicht nur im Besonderen die Heirat zwischen einem Adligen und einer Proletarierin, sondern überhaupt die Verbindung zweier Menschen, die aus erheblich unterschiedlichen Lebensverhältnissen stammen. Der Neffe des Kunstschlossers aus der Nachbarschaft etwa wäre in diesem Sinne der ideale Ehemann für Stine. (24)

Damit aber hebt sich das brisante Problem des Mesalliance-Themas auf. Es kann nicht mehr darum gehen, ob zwei Individuen sich gegen eine äußere Welt behaupten können, die ihren Lebensplänen mit starren

22 HI/II, 545 f.
23 HI/II, 521. — Dazu kommentiert Maximilian Harden in: „Stine und Leontine" in: Die Nation, 7 (1889/90), S. 680: „Diese Weltanschauung ist gewiß nicht sehr modern und für das jüngere Geschlecht gilt solche Pittelkowweisheit nicht mehr; Fritz Mauthner bedenkt sich keinen Augenblick vor einer Mesalliance [. . .] Aber wer wird so pedantisch sein, mit einem echten Dichter um seine Tendenz zu hadern, so lange sie der künstlerischen Gestaltung dienstbar bleibt? D i e s e Stine und d i e s e r Waldemar konnten nicht zu einander kommen — die Wasser waren zu tief."
24 HI/II, 544.

Regeln mehr oder minder gemein in den Weg tritt. Das Schicksal des Liebespaares wird von anderen Kräften bestimmt, entscheidet sich vor der Instanz der realistischen Lebenspraxis, noch ehe die Außenwelt mit ihrem „Klugheitsplan"(25) eingreifen kann. Das Problem der Heirat über die Standesgrenzen hinaus steht keineswegs im thematischen Zentrum der Erzählung; es ist als ein der Zeit vertrautes Motiv nur Material und Anlaß für ein anderes, eigentlicheres Geschehen.(26)

Wie nun verläuft die Liebesgeschichte von Waldemar und Stine und woran, wenn nicht an den überkommenen Standesregeln, scheitert sie?

Waldemar gibt das Bild eines sensiblen, aber kränklichen Menschen ohne rechte Lebensenergie, er erscheint als ein vom vitalen Leben Ausgeschlossener, ein Fremder und Entwurzelter sowohl im familiären als auch gesellschaftlichen Kreis.(27) In seiner Kindheit habe er „bis zum Überdruß Gesangbuchlieder und Bibelsprüche"(28) lernen müssen, das Examen habe er nur „wie durch ein Wunder" bestanden, „denn er habe nie was gelernt". Erst als er ins Regiment eintrat, schien seine „beste Zeit" beginnen zu wollen. Und als dann der „Krieg" ausbrach, ergriff auch ihn die allgemeine Hochstimmung, glaubte er doch, endlich Gelegenheit für eine Bewährungsprobe zu finden, die man von ihm allseits erwartete. Der Erzähler legt offensichtlich großen Wert auf Waldemars Kriegserlebnis; denn er vergegenwärtigt es gleich dreimal: Zweimal erzählt Waldemar selbst davon(29) und einmal sein Onkel.(30) Fontane hatte in „Vor dem Sturm" den Glanz der auf den Sieg Bauenden und schließlich auch Siegenden gestaltet, er hatte in „Schach von Wuthenow" die tödliche Illusion und Katastrophe eines ganzen Staates dargestellt. Nun, in „Stine", zeigt er, wie im großen, spektakulären Siegestaumel der einzelne schwache Mensch, der 'der Fahne nach' zu den Siegenden gehört, unheroisch und kläglich zugrunde geht.

„Und da mit einem Mal hab' es geheißen ‚Krieg' ; ein Jubel wäre losgebrochen, und drei Tage später hab' er schon eingepfercht in einem Waggon gesessen, überglücklich, auch seinerseits, aus dem Garnisonseinerlei heraus zu sein. Überglücklich. Aber freilich nicht auf lange.

25 HI/II, 547.
26 Fragen der Mesalliance werden schon in Richardsons „Pamela" erörtert.
27 Wandrey, S. 243.
28 HI/II, 517.
29 HI/II, 517 und 552.
30 HI/II, 544 f.

Denn wieder drei Tage später, und er habe, aus dem Sattel geschossen, dagelegen, und als einen Halbtoten hätten sie ihn weggetragen. Und während seine Kameraden von Sieg zu Sieg gezogen seien, hätt' er sich in einem Nest an der Grenze hingequält und nicht gewußt, ob er leben oder sterben solle. Und die Natur hab' es auch nicht recht gewußt und habe sich nicht entscheiden wollen. Aber zuletzt *habe* sie sich entschieden, und er sei genesen. Oder doch halb. Ob zu seinem Glück? er wiss' es nicht."(31)

Sein Onkel sucht den physischen Zusammenbruch noch aufzuwerten: „Aber seine Krankheit und sein Elend, das ist es ja gerade, was ihm vor Gott und Menschen zur Ehre gereicht. Denn woher hat er's? Aus dem Krieg her hat er's" (32) Auch schien sich damals, als Waldemar in Todesgefahr schwebte, augenblicklich sein Verhältnis zu seinen Eltern aufzubessern, besaß man doch nun einen von Kugeln getroffenen Helden im Hause.

„Ja, Stine, das war meine große Zeit. Aber ich hätte sterben oder mich rasch wieder zu Gesundheit und guter Karriere herausmausern müssen, und weil ich weder das eine noch das andre tat und nur so hinlebte, manchem zur Last und keinem zur Lust, da war es mit meinem Ruhme bald vorbei." (33)

Was ihm im Elternhaus versagt wurde, „Herz und Liebe" (34), findet er auch nicht draußen. Statt geselligen Menschen zu begegnen, trifft er nur auf mechanisch leblose Funktionäre der Gesellschaft. Stine sagt von ihm:

„Sieh, es liegt daran, er hat so wenig Menschen gesehen und noch weniger kennengelernt. In seiner Eltern Hause gab es nicht viel davon (sie sind alle stolz und hart, und seine Mutter ist seine Stiefmutter), und dann hat er Kameraden und Vorgesetzte gehabt und hat gehört, wie seine Kameraden und seine Vorgesetzten sprechen; aber wie Menschen sprechen, das hat er nicht gehört, das weiß er nicht recht." (35)

31 HI/II, 517.
32 HI/II, 544.
33 HI/II, 552.
34 HI/II, 552.
35 HI/II, 519 f.

Das fortwährende Erlebnis, in dieser Welt nicht heimisch zu werden, entfremdet den ohnehin Fremden noch mehr von der ihn umgebenden Wirklichkeit. Eine merkwürdig resignierende Haltung gegenüber dem Leben, gegenüber der vitalen Gesundheit sowie der existentiellen Situation, macht sich deutlich: „Es ist doch das schönste, wenn die Sonne niedergeht und ausruhen will von ihrem Tagewerk." (36) Im Blick in die untergehende Sonne vereint sich zum letzten Mal die Freude an der Schönheit der Welt mit dem Bewußtsein der Kurzweiligkeit einer solchen Schönheit. (37) Schon früh hat man in der Fontane-Forschung diese Atmosphäre des Dekadenten und auch Pathologischen herausgespürt, die für die Zeit des fin de siècle so charakteristisch ist. (38) Eigenartige Wünsche und Sehnsüchte bilden sich heran, die eigentlich im Gegensatz zum gewohnten und auch anerkannten Weltbild stehen (39), deren Faszination Waldemar sich jedoch nicht entziehen kann. „Ich sehne mich danach, einen Baum zu pflanzen oder ein Volk Hühner aufsteigen oder auch bloß einen Bienenstock ausschwärmen zu sehen." (40) Die Müdigkeit dieser Figur, so sehr sie auf die kränkliche Konstitution des Individuums zurückzuführen ist, bezeichnet doch auch einen Überdruß an der gewohnten preußisch-deutschen Zivilisations- und Kulturwelt. Amerikaträume werden wach, regen sich im Gehirn eines preußischen Grafen und wollen verwirklicht werden, wie es der Wilderer Lehnert Menz in „Quitt" auch tun wird. Noch bleibt das eigentliche Bild der ersehnten Gegenwelt ungenau und verschwommen; der unmittelbare Drang, einfach fortzugehen, einer

36 HI/II, 517.
37 HI/II, 966, Anm. zu 506. Vgl. Diethelm Brüggemann, „Fontanes Allegorien" in: Neue Rundschau, 1971, S. 486 f.
38 R. M. Meyer, S. 405. Wandrey, S. 242. Franz Koch, „Fontane" in: Koch, Idee und Wirklichkeit. Deutsche Dichtung zwischen Romantik und Naturalismus. Bd. 2, Düsseldorf 1956, S. 416. Sasse, S. 87. Und HI/II, 951.
39 HI/II, 526: „Ich respektiere die herrschenden Anschauungen. Aber man kann in die Lage kommen, sich in tatsächlichen Widerstreit zu dem zu setzen, was man selber als durchaus gültig anerkennt." — Über das Verhältnis von gesellschaftlichem Ganzen zur einzelnen Person handelt Kurt Wölfel, „,Man ist nicht bloß ein einzelner Mensch.' Zum Figurenentwurf in Fontanes Gesellschaftsromanen" in: ZfdPh, 82 (1963), S. 152—171.
40 HI/II, 552. Das ist übrigens eine für Fontane typische Formulierung für ein Gefühl des Überdrusses; vgl. HzBr, 281 vom 26. September 1885: „Aber die Sehnsucht irgendwo Kohl zu baun und ein paar Pflaumen am Spalier zu ziehn, wird immer größer."

Welt den Rücken zu kehren, die einem keinen Lebensraum mehr bietet, nimmt der Frage nach dem konkreten Wohin ihre akute Dringlichkeit. Vage nur deuten sich ferne Möglichkeiten eines natürlichen, sprich durch gesellschaftliche Regeln noch nicht gebundenen Lebens an; die neue Losung lautet: bei Adam und Eva wieder neu anzufangen, weil das Leben in der Zivilisation mit all seinen Geboten, Verpflichtungen, Rücksichten und Verboten zu labyrinthisch geworden ist, freilich auch zu lebensfeindlich. Gestützt wird die Hoffnung auf eine bessere Welt, auf eine Wandlung zum Guten, durch eine irgendwann einmal aufgefangene Bemerkung vom „Gesetz des Gegensatzes", das zugleich ein „Gesetz des Ausgleichs" sein soll. (41) Es besagt, daß alles, was jetzt unten ist, auch einmal nach oben kommen würde; denn das Leben und die Geschichte liefen wie ein Rad, „la grande roue de l'histoire", (42) wie es die Franzosen nennten. Den Umschwung des Rades, so meint der junge Graf, müsse nun auch seine Familie gerechterweise zu spüren bekommen, hätten sie doch „lange genug an der Feudalpyramide mit bauen helfen." (43)

Waldemars Ideen von einem Wandel der sozialen Verhältnisse und von einem besseren Leben sind in der sich zuspitzenden Diskussion mit seinem Onkel ausgesprochen; den Anlaß zu dieser Diskussion gab sein Heiratsvorhaben. Aber ihr tieferer Grund liegt nicht etwa erst in der neuen Bekanntschaft mit Stine. Lange vorher schon müssen solche Ideen sich als Antwort auf die fortgesetzte Abweisung durch die Umwelt und die dadurch bewirkte Entfremdung verfestigt haben.

Die Begegnung mit Stine könnte Waldemar von seiner eskapistischen Haltung weglenken. Durch sie lernt er die Welt neu kennen. Das zeigt sich schon darin, wie Stines Erzählung von der väterlichen Leitung ihres Fabrikherrn auf Waldemar wirkt.

„Er war in der Vorstellung herangewachsen, daß die große Stadt ein Babel sei, darin die Volksvergnügungen, wenn nicht mit Sittenlosigkeit und Roheit, so doch mit Lärm und Gejohle ziemlich gleichbedeutend seien, und mußte nun aus Stines Munde hören, daß dies Babel eine Vorliebe für Lagern im Grünen, für Zeck und Anschlag habe." (44)

41 HI/II, 537.   43 HI/II, 537.
42 HI/II, 537.   44 HI/II, 517.

Ein neuer, bis dahin unbekannter, weil durch die Erziehung tabuisierter Wirklichkeitsbereich erschließt sich ihm, lenkt ihn in ein anderes, gleichwohl wirkliches Leben zurück. Für Stine empfindet er nicht nur Zuneigung, sondern er sieht in ihr den existentiellen Bezugspunkt seines Lebens, der ihm bislang fehlte.

„Ich fühle mich zu diesem liebenswürdigen Geschöpf, das nichts ist als Wahrhaftigkeit, Natürlichkeit und Güte, nicht nur hingezogen, das sagt nicht genug, ich fühle mich an sie gekettet, und ein Leben ohne sie hat keinen Wert mehr für mich und ist mir undenkbar geworden." (45)

Aber die Bekanntschaft mit Stine mildert nicht den Gegensatz zur Welt, unter dem Waldemar leidet, versöhnt ihn nicht mit einem ihm fremd gewordenen Leben, sondern vertieft den Abstand zur Umwelt, steigert sein heimatloses und entwurzeltes Dasein bis zur tödlichen Spitze. Waldemar zerbricht endgültig an dem „Widerstand von ganz anderer und sehr unerwarteter Seite her." (36) Stine lehnt seinen Heiratsantrag ab. Waldemar nimmt sich daraufhin das Leben, doch nicht durch einen Revolver, wie es eigentlich ,standesgemäß' wäre, sondern durch eine Überdosis von Schlafpulver. „Es ist mir, als wäre hier noch alles weh und wund oder doch eben erst vernarbt." (47) Selbst die Wahl der Todesart charakterisiert noch die durch das Leben verursachten Verletzungen und die dadurch hervorgerufene Überempfindlichkeit. Das Schlafpulver selbst „ist ein Ersparnis aus alten Zeiten her, und mein Vorgefühl war richtig, als ich mir's damals sammelte." (38) Noch zuletzt wird das Urteil über ein zurückliegendes Leben gesprochen, dessen alleinige Ausbeute und Ernte in einem prall mit Schlafpulver angefüllten Schächtelchen besteht. Waldemar vergleicht sein Leben mit den toten Ästen, die aus dem graugrünen Blattwerk einiger am Quai sich hinziehenden Weiden hervorragen: „Es waren seine Lieblinge, diese Bäume. ,Halb abgestorben und immer noch grün'." (49) Die Halbkreise, die er auf einer Bank sitzend unbewußt um seine Stiefelspitzen zieht, erinnern ihn an die eigene verfehlte Existenz:

45 HI/II, 539.
46 HI/II, 558.
47 HI/II, 557.
48 HI/II, 557.
49 HI/II, 555.

„Unwillkürliches Symbol meiner Tage. Halbkreise! Kein Abschluß, keine Rundung, kein Vollbringen ... Halb, halb ... Und wenn ich nun einen Querstrich ziehe' (und er zog ihn wirklich), ,so hat das Halbe freilich seinen Abschluß, aber die rechte Rundung kommt nicht heraus." (50)

In seinem Abschiedsbrief an Stine erklärt er: „Die Stunden, die wir zusammen verlebten, waren, vom ersten Tage an, Sonnenuntergangsstunden, und dabei ist es geblieben. Aber es waren doch glückliche Stunden." (51) Das ist versöhnlich gemeint, aber in der Erinnerung an das kurze Glück, die Sonnenuntergangsstunden, klingt ebenso das bittere Gefühl mit, vom Leben benachteiligt, vom Glück ausgeschlossen worden zu sein. Sein Onkel hatte ihn gewarnt, „du bist für immer ins Schuldbuch der Tugend eingeschrieben" (52), dies aber nicht etwa um der Tugend willen, sondern weil die gefährdete Gesundheit ihm nur einen soliden Lebenswandel gestattete. „Ein Mann wie du heiratet nicht. Das bist du drei Parten schuldig: dir, deiner Nachkommenschaft (die bei kränklichen Leuten wie du nie ausbleibt) und drittens der Dame, die du gewählt." (53) Wie gefährlich die Liebe sein kann, hat schon die als Kartoffelkomödie aufgeführte Tragödie von Judith und Holofernes demonstriert; da nämlich hieß es in den letzten Versen:

„Er sprach von Frau sogar, allein, was ist es wert? ...
Komm denn an meine Brust, geliebtes Racheschwert;
Er hat es so gewollt — ich fasse seinen Schopf,
Daß er mich zubegehrt, das kostet ihm den Kopf." (54)

Mit ihrer Antwort entscheidet Stine über Waldemars Leben, und man hat von seiten der Kritik nicht versäumt, ihr für ihre Handlungsweise moralische Schuld zuzusprechen. (55) Aber abgesehen von der persönlichen Schuldfrage, die in Fontanes Werken selten ergiebig ist, ist zu fragen, wie es zu einer solchen Antwort kommen konnte.
Stine ist der „Typus einer germanischen, wenn auch freilich etwas angekränkelten Blondine." (56) Trotz ihrer schwächlichen Konstitution

50 HI/II, 556.
51 HI/II, 558 f.
52 HI/II, 534.
53 HI/II, 535.
54 HI/II, 501.
55 Die Grenzboten, 49, 3 (1890), S. 525.
56 HI/II, 483.

behauptet sie ihre Selbständigkeit und wohnt nicht etwa mit ihrer derberen Schwester zusammen, sondern hat ein zwei Stock höher gelegenes Zimmer im selben Haus bezogen; es war das „beste Zimmer", das Polzins, ihre Wirtsleute, zu vermieten hatten, „hell und freundlich, mit dem Blick auf die Strasse". (57) Daß sie sich diesen ‚Luxus' leisten kann — schon der erste Abschnitt der Erzählung weist aus dem Blickwinkel des Milieus auf das Besondere ihrer Lebensweise in ihrem „Stübeken oben bei Polzins" mit dem „Sep'ratschlüssel" (58) hin — zeigt, daß sie nicht Not leiden muß. Sie hat einen Beruf, der ihr um so angenehmer ist, als ihr Arbeitgeber die Fabrik noch mit jener väterlichen Fürsorge leitet, die ihr das „große Woll- und Strickereigeschäft" (59) zur zweiten Heimat macht. Dort — so erzählt sie später Waldemar — habe sie Freundschaften schließen können, und in der Weihnachtswoche ermögliche, ja befürworte der Fabrikherr sogar gemeinsame Vorlesungsstunden bis spät in die Nacht, während er im Sommer Landpartien veranstaltete, die für Stine immer das höchste Glück bedeuteten.

„[. . .] denn der Herr des Geschäfts sei klug und gütig und wisse, was es wert sei, die, die arbeiten müßten, bei Lust und Liebe zu halten. [. . .] Überhaupt müsse sie sagen, es würde so viel von Aussaugen und Quälen und von Bedrückung gesprochen, aber nach ihrer eigenen Erfahrung könne sie dem durchaus nicht zustimmen. Im Gegenteil." (60)

Für Stine ist die Welt noch in Ordnung; das unterscheidet sie von Waldemar. Obwohl auch sie nicht zu dem vitalen Menschentyp gehört, findet sie dank einer konfliktfreien Arbeitsumwelt in ein Leben, das ihr Unabhängigkeit und auch Glück gewährt. Sie kann von sich selber behaupten, „ich bin glücklich",(61) „ich bin so gut dran wie gewöhn-

57 HI/II, 482.   58 HI/II, 477.   59 HI/II, 515.
60 HI/II, 516. Es bliebe zu prüfen, inwiefern sich das hier entwickelte ideale Bild des Fabrikherrn an die Theorien Thomas Carlyles über die rechte Leitung von modernen Großunternehmen anlehnt; dieser hatte vor allem in „Past and Present" (S. 270—276, 277 und 296 der Centenary Edition) von „Chivalry of Labour" und den „Captains of Industry" gesprochen und damit angedeutet, in welchem sozialen und moralischen Koordinatensystem sich eine moderne Industriegesellschaft bewegen sollte.
61 HI/II, 509.

liche Menschen, die Gott schon danken, wenn ihnen nichts Schlimmes passiert."(62) Ein Moment der Zeitlosigkeit haftet diesem Leben an, das, sich im Gegenwärtigen bescheidend, weder nach Vergangenheit noch Zukunft fragt und auch nicht von den Anforderungen der Zeit bedrängt wird. Dennoch entsteht der Eindruck, als ob Stines Welt nicht ganz so in sich abgerundet sei, wie es erscheint. Ohne daß es im Text deutlich ausgesprochen wäre, erinnert ihr etwas höher gelegenes Zimmer mit dem merkwürdigen Dreh- und Straßenspiegel, der den Blick auf eine geringfügig veränderte Außenwelt lenkt, (63) an eine Art Aussichtsposten, von dem aus man ein noch Unbekanntes erwartet. Auch daß Stine den Neffen des Kunstschlossers aus der Nachbarschaft, der um sie geworben hatte, (64) nicht so recht beachtet hatte, könnte anzeigen, daß ihre kleine Welt doch nicht so genügsam geschlossen ist, daß sie unbewußt in Erwartung eines nicht genau Bestimmbaren nach außen hin geöffnet bleibt.

Die erste persönliche Begegnung mit Waldemar beunruhigt Stine. „Aber es blieb ihr bang ums Herz, und sie hatte das bestimmte Gefühl, daß ihr nur Schweres und Schmerzliches aus dieser Bekanntschaft erwachsen werde."(65) Sie bringt es nicht über sich, Waldemar weitere Besuche zu untersagen, aber gleichzeitig fürchtet sie, aus der idyllischen Hermetik ihres Daseins herausgerissen zu werden und sich in eine ‚Liebschaft‘ zu verlieren; hatte sie doch ihrer Mutter auf dem Sterbebett versprechen müssen, ‚sich zu halten‘. „Ich war noch ein halbes Kind damals; aber was ich ihr versprochen, ich will es halten."(65) Aber von dieser Sorge wird sie bald befreit, als sie Waldemar näher kennenlernt.

„Er ist der beste Mensch von der Welt, Pauline. Nie hätt' ich geglaubt, daß es einen so guten Menschen gäbe. Den ersten Tag hatte ich eine Aussprache mit ihm und redete von Anständigkeit und Auf-sich-Halten, und daß ich ein ordentliches Mädchen sei. Aber ich schäme mich jetzt fast, daß ich so was gesagt habe. Denn immer ängstlich sein ist auch nicht gut und zeigt bloß, daß man sich nicht recht traut und daß man schwächer ist, als man sein sollte."(67)

62 HI/II, 510.
63 HI/II, 483.
64 HI/II, 544.

65 HI/II, 513 f.
66 HI/II, 514.
67 HI/II, 519.

Sie sieht, wie sich Waldemar in ihrer Gesellschaft aus seiner melancholischen Lebensfremdheit befreit, und so kommt sie sich wie eine Prinzessin aus dem Märchenlande vor, die den Unglücklichen beglücken könnte.(68) Aber als es dann wirklich darauf ankommt, über sein weiteres Schicksal zu entscheiden, verweigert sie ihm die Antwort, die er von ihr erwartet. Sie besitzt genügend realistischen Scharfblick, um Waldemars utopisch-paradiesische Pläne(69) entsprechend zu beurteilen. „Du willst nach Amerika, weil es hier nicht geht. Aber glaube mir, *es geht auch drüben nicht*. Eine Zeitlang könnt' es gehn, vielleicht ein Jahr oder zwei, aber dann wär' es auch drüben vorbei."(70) Als eine Frau, die mitten im — wenn auch idyllisierten — Berufsleben steht, zweifelt sie an der Solidität von Plänen, die in der Ferne den Traum vom einfachen Leben verwirklichen wollen.

„Wie du dich selbst verkennst. Der Tagelöhnersohn aus eurem Dorfe, der mag so leben und dabei glücklich sein; nicht du. Dadurch, daß man anspruchslos sein will, ist man's noch nicht, und es ist ein ander Ding, sich ein armes und einfaches Leben ausmalen oder es wirklich führen. Und für alles, was dann fehlt, soll das Herz aufkommen. Das kann es nicht, und mit einemmal fühlst du, wie klein und arm ich bin."(71)

Was Waldemars Onkel bei aller theoretischen Sympathie mit Weltveränderungsideen seinem Neffen vorhielt: „Ist es denn so leicht, aus einer Welt bestimmter und berechtigter Anschauungen zu scheiden und bei Adam und Eva wieder anzufangen", (72) dasselbe Argument führt auch Stine an:

„Glaube nicht, daß ich den Unterschied nicht sähe. Sieh, es war mein Stolz, ein so gutes Herz wie das deine lieben zu dürfen, und daß es mich

68 HI/II, 519.
69 Richter, Resignation, S. 53 und 102. Sasse, S. 85.
70 HI/II, 550.
71 HI/II, 552. Vgl. auch Fontanes Theaterkritik von Ibsens „Gespenster" HIII/II, 712 und 714: „Die größte aller Revolutionen würde es sein, wenn die Welt, wie Ibsens Evangelium es predigt, übereinkäme, an Stelle der alten, nur scheinbar prosaischen Ordnungsmächte die freie Herzensbestimmung zu setzen. Das wäre der Anfang vom Ende. Denn so groß und stark das menschliche Herz ist, eins ist noch größer: seine Gebrechlichkeit und seine wetterwendische Schwäche."
72 HI/II, 537.

wieder liebte, das war meines Lebens höchstes Glück. Aber ich käme mir albern vor, wenn ich die Gräfin Haldern spielen wollte."(73)

Vom Standpunkt einer realistischen Lebenspraxis hat Stine zweifellos recht; die Chancen, die Waldemar in der amerikanischen Wildnis gehabt hätte, sind verschwindend gering. Als die Pittelkow zu Ende ihres Streitgesprächs mit dem Grafen erfährt, daß Waldemar nach Amerika wollte, fällt sie „rasch wieder in ihren Alltags- und Gemütlichkeitston", (74) weil sie das völlig Aussichtslose und Verquere solcher Pläne durchschaut: „Un nu will er auch noch nach Amerika! Du mein Gott, was will er da? Da müssen sie scharf ran un bei sieben Stunden in Stichsonne, da fällt er um."(75)

Doch es sprechen bei Stines negativer Antwort noch andere Gründe als die der praktischen Vernünftigkeit mit. Wenn die Misere Waldemars in einem verfehlten Verhältnis zur Wirklichkeit liegt, so erklärt sich Stines Haltung aus einer nicht minder wirklichkeitsfernen Einstellung. Ihr Verhältnis zu Waldemar als sogenannte Liebschaft so lange fortzuführen, wie es geht, widerspricht ihrem moralischen Empfinden und verstößt gegen das Versprechen, das sie der Mutter gab. Das erklärt ihre erste schroffe Abweisung Waldemars, deren sie sich später fast schämen muß:

„Ich glaube, sie verkennen mich. Sie mögen darüber lachen, aber ich bin ein ordentliches Mädchen [...] und solch ein Leben, wie's meine Schwester führt, verführt mich nicht; es schreckt mich bloß ab, und ich will mich lieber mein Leben lang quälen und im Spital sterben, als jeden Tag alte Herren um mich haben, bloß um Unanständigkeiten mit anhören zu müssen oder Anzüglichkeiten und Scherze, die vielleicht noch schlimmer sind. Das kann ich nicht, das will ich nicht."(76)

Noch gegenüber ihrer Schwester weist sie den Verdacht stolz zurück, daß Waldemar ihr Anbeter oder Liebhaber sei.(77) Eine Heirat jedoch hält sie für unmöglich, einmal weil der Standesunterschied doch spürbar sei, zum andern aber weil sie wisse, daß nur Unheil, Elend und Enttäu-

73 HI/II, 550.
74 HI/II, 546.   76 HI/II, 508.
75 HI/II, 546 f.   77 HI/II, 520.

schung aus einem Vorhaben kämen, das solchermaßen gegen den Willen aller erzwungen sei.

„Der alte Graf ist dagegen und deine Eltern sind dagegen (du sagst es selbst), und ich habe noch nichts zum Glück ausschlagen sehen, worauf von Anfang an kein Segen lag. Es ist gegen das vierte Gebot, und wer dagegen handelt, der hat keine ruhige Stunde mehr, und das Unglück zieht ihm nach. "(78)

Waldemars Vorwurf, daß sie sich aus ihren Vorurteilen nicht befreien könnte, trifft sie hier zu Recht. Aus den Erzählungen von seiner Vergangenheit müßte sie wissen, daß die Grundlagen für die Geltung des vierten Gebotes nicht nur im besonderen Falle Waldemars, sondern auch allgemein längst entfallen sind. „Es wird wohl überall so sein",(79) heißt es über das Schicksal der ‚Kinder'. In ihrer Not, ihr Glück mit Waldemar weder als Liebschaft fortführen noch in der Ehe festigen zu wollen und zu können, verfällt sie auf eine dritte Möglichkeit, ihr Glück zu erhalten. Sie vermeidet es, sich um die ungewisse Zukunft ihrer Liebe zu besorgen, drängt die Frage nach dem „was wird" zurück und läßt sich durch die Hoffnung täuschen, ihr Glück zwar nicht ewig, aber doch auf unbestimmte Zeit erhalten zu können; „freue dich, solange du dich freuen kannst."(80) Der Ausweg, den sie gefunden zu haben glaubt, entbehrt ebenso einer Wirklichkeitssubstanz wie Waldemars Amerikapläne. Sie errichtet sich eine verklärte Idylle des Jetzt, was doch nur transitorischer Sonnenuntergang ist, sie baut eine Welt der reinen Liebe auf, die den Anforderungen der Wirklichkeit nur ein passives „Ach, Pauline, so kommt es nich "(81) entgegenzusetzen vermag. Sie versteht ihr Glück als ein Märchen. Nur hier darf es sich ereignen, wenn es durch die gesellschaftlichen und moralischen Verpflichtungen nicht gestört werden soll. Es ist ein Versuch, im kontinuierlichen Zeitablauf, der durch konventionelle Regeln und Mechanismen in der Lebensführung

---

78 HI/II, 553. Vgl. Wolff im Berliner Tageblatt: „Aber ich weiß nicht, ich habe gegenüber diesem Heroismus [Stines Entsagung], der gegen das Gefühl ankämpft, ein gewisses Mißtrauen. Er ist zum Mindesten nicht das Normale, das Gewöhnliche, er ist immer etwas ganz Besonderes, nur für die Ausnahmenaturen Erfundenes."
79 HI/II, 551.
80 HI/II, 550.
81 HI/II, 521.

bestimmt wird, einen Ort des Stillstandes und der wirklichkeitsentzogenen Ungebundenheit zu finden. Nur die Wirklichkeit des Märchens weist einen solchen ausgesparten Raum auf. Aber die Möglichkeit, im Vakuum des Märchens zu leben, setzt eine Bedingung voraus; man muß sich den besonderen Losungen und Spielregeln der Märchenwelt unterwerfen, damit die neue Wirklichkeit erhalten bleibt.

„Vor Jahren, ich war noch ein Kind, hab' ich mal ein Feenstück gesehn, in dem zwei Menschen glücklich waren; aber ihr Glück, so hatte die Fee gesagt, würde für immer hin sein, wenn ein bestimmtes Wort gesprochen oder ein bestimmter Name genannt werde. Siehst du, so war es auch mit uns. Jetzt hast du das Wort gesprochen, und nun ist es vorbei, vorbei, weil die Menschen davon wissen." (82)

Stines Glückswelt ist zu zerbrechlich, als daß sie die Berührung mit der gesellschaftlichen Wirklichkeit aushielte; gleichwohl blieb ihr in ihrer Situation keine andere Möglichkeit als die Flucht ins Märchen. Das Wort, das die Märchenwelt zerstört, heißt Ehe, und es wird von Waldemar mit der Absicht ausgesprochen, ihr Glück recht eigentlich zu verwirklichen. So wie er Stines Märchenwelt mißachtet und darum gegen sie verstößt, so verkennt Stine Waldemars berechtigten Wunsch, seine Liebe in der Ehe zu begründen.

Sowohl Stine als auch Waldemar leben mehr oder minder an der sie umgebenden Wirklichkeit vorbei, verkennen ihre Anforderungen, können sich deshalb auch nicht behaupten und müssen zugrunde gehen. Ihre gemeinsame Lebenssituation und Lebensbefindlichkeit, das Kränkliche und Weltabgewandte, führten sie zusammen und gewährten ihnen für den Augenblick ein unerwartet hohes Maß an Glück.(83) Aber es gelingt ihnen nicht, sich mit gegenseitiger Hilfe aus der Lethargie zu· befreien und mit Energie neue Wege zu suchen. (Wem von den ‚leidenden‘ Figuren aus Fontanes Werk gelingt dies· schon!) Im Gegenteil beschleunigt ihre Begegnung nur das Ende.

Selbstverständlich hat Fontane die Erzählung nicht deshalb geschrieben, um das Scheitern zweier zum Leben ohnehin nicht Tauglichen

82 HI/II, 550 f.
83 Martini, Bürgerlicher Realismus, S. 780: „ihre Liebe ist eine Flucht zueinander."

darzustellen. Die Müdigkeit, Schwäche und Krankheit haben konkrete Wurzeln in der historischen Situation nach dem französischen Krieg, wie bereits an Waldemar gezeigt wurde. Das in den beiden Hauptgestalten vorgeführte menschliche Debakel steht im offenen Gegensatz zu dem allgemeinen Bewußtsein des politischen, wirtschaftlichen und gesellschaftlichen Aufschwungs, kontrastiert mit dem Glanz und der Sicherheit einer neugegründeten Nation. Die Unterliegenden werden als unmaßgebliche Randgestalten des öffentlichen Lebens abgestempelt, auf die es nicht mehr ankommt und denen man das Unglück ruhig gönnen kann:

„Nu", frug er, während er eben das Leder in die Schnalle schob. „Is sie heil wieder da? "

„Heil? Was heißt heil? *Die* wird nich wieder."

„Is eigentlich schade drum."

„I wo. Gar nich. . . Das kommt davon."(84)

Indem aber jene Figuren, die in den Augen der Öffentlichkeit ‚gerechterweise' zu kurz gekommen sind, in den Mittelpunkt der Erzählung rücken, deutet sich eine erzählerische Wertung an, die von der offiziellen diametral abweicht: Vom Erzählerbewußtsein gesehen erfolgt die allgemeine Prosperität vor dem Hintergrund des individuellen menschlichen Versagens und Zusammenbrechens, ist sie mit dem Untergang der ‚Guten' erkauft.

Es geht hier also längst nicht mehr um die Frage, wer an dem traurigen Ende Waldemars und Stines mehr Schuld trägt, die vielleicht schon angeborene Lebensfremdheit und Lebensuntauglichkeit der Figuren oder die Gesellschaft, die einen Plan verhindern will, der von vornherein in sich zum Scheitern verurteilt ist. „Stine" ist das Psychogramm eines Abstandes zwischen Sieg und Niederlage, Offiziellem und Privatem sowie zwischen Wirklichkeit und Individuum. Aus diesem Gegensatz erwächst die gesellschaftskritische, individualpsychologische

84 HI/II, 565. Vgl. Reuter, S. 553. Siehe auch Wolff: „So schließt das Buch. Das ist wenig liebenswürdig und wenig tröstlich. Ich habe mir den Kopf darüber zerbrochen, ob Stine sterben wird. Die Polzinschen glauben es, aber wenn sie ein echtes Berliner Mädchen ist, dann stirbt sie nicht. Dann geht sie so drunter weg [. . .], sie wird noch ein wenig herber sein und noch ein wenig schweigsamer, aber das Praktische in ihr wird doch wieder hervortreten [. . .]"

und auch existentielle Thematik der Erzählung. Sie sieht es nicht darauf ab, die Umwelt gegen das Recht des Individuums auszuspielen oder umgekehrt,(85) sondern sie will die komplexe Problematik einer Situation vor Augen führen, in der der Bezug des Menschen zu seiner Wirklichkeit gestört ist.

Doch die Erzählung bleibt nicht bei dem traurigen Befund stehen, den das Schicksal Waldemars und Stines gibt. Sie zeigt auch die Möglichkeit, den tödlich sich auswirkenden Abstand von der Wirklichkeit zu überspielen, ihn unschädlich zu machen. Pauline Pittelkow stellt die existentielle Alternative zu der Lebensweise Waldemars und Stines dar. Obwohl sie nicht die Titelfigur der Erzählung ist, nennt Fontane sie wiederholt die eigentliche Hauptfigur.(86) Pauline Pittelkow ist eine „schöne, schwarze Frauensperson mit einem koketten und wohlgepflegten Wellenscheitel",(87) das „Bild einer südlichen Schönheit".(88) Über ihre Vergangenheit erfährt man aus ihrem eigenen Mund nichts. Als Waldemar sie am ersten Gesellschaftsabend nach dem Vater ihrer Tochter Olga fragt, antwortet sie prompt: „Danach dürfen Sie nicht fragen. Einen Vater hat sie, das ist gewiß. Aber mehr kann ich Ihnen nicht sagen." (89) Erst aus der Erzählung Stines erfährt der Leser Genaueres über die Vergangenheit der schönen Witwe:

„Sie war kaum zwanzig, als Olga geboren wurde. Da hatte sie nun das Kind, eine gewöhnliche Verführungsgeschichte, womit ich Sie verschonen will, und weil man ihren Anspruch mit einer hübschen Geldsumme zufriedenstellte, so war sie nun eine ‚gute Partie' geworden und verheiratete sich auch bald danach. Und wie meist in solchen Fällen, mit einem kreuzbraven Mann. Aber ich muß auch sagen, er kam ihr zu. Sie war eine ganz vorzügliche Frau, nicht das geringste konnt' ihr nachgesagt werden, und als der Mann krank wurde, hat sie ihm, mit allem, was sie hatte, treu bis zum Tode gepflegt. Freilich, als er dann in seinem Grabe lag, war auch der letzte Notgroschen hin, und Ihr

85 Vgl. hierzu die verfehlte Interpretation von Wandrey, S. 243 f.
86 Brief an Emil Dominik vom 3. Januar 1888; an Paul Schlenther vom 13. Juni 1888 und an Th. Wolff vom 24. Mai 1890; AB II, 177, 202 und 275; siehe auch das Gedicht „Stine" HI/VI, 326.
87 HI/II, 477.
88 HI/II, 483.
89 HI/II, 512.

Herr Onkel [Graf Sarastro], der in demselben Hause wohnte, nahm sich ihrer an. Und da kam es dann – nun, Sie wissen wie." (90)

Zu der Olga aus der ersten Verführungsgeschichte ist dann ein zweites (des Grafen Sarastro?) Kind hinzugekommen, ohne daß sich etwas im Leben der Pittelkow geändert hätte. Die Verhältnisse lassen ihr einerseits keine andere Wahl, können jedoch andererseits ihre Lebensenergie und Resolutheit nicht brechen; und wenn ihr auch von Natur aus an einem Leben wenig liegt, wie sie es zu führen gezwungen ist,(91) so weiß sie doch ebenso die Vorteile ihrer Situation zu nutzen.

„Das is nu mal so; sie [die Grafen] taugen alle nichts un is auch recht gut so; wenigstens für unsereins (mit *dir* [Stine] is es was anders) und für alle, die so tief drin sitzen un nich aus noch ein wissen. Denn wovon soll man am Ende leben? "(92)

Ihre gegenwärtige Existenz verdankt sie ausschließlich der Gunst des Grafen Sarastro. Ihre gesamte Wohnungseinrichtung wurde von ihm finanziert. Daraus entstand eine wundersame Mischung von wertvollen und weniger wertvollen Einzelteilen: Der Rokokoschreibtisch mit einer ledergepreßten Schreibmappe (der Tisch wackelt aber immer wegen seiner zu dünnen Beine(93)), das Büffet, das Sofa, das Piano, ein prächtiger Trumeau und prachtvoll in Leder gebundene Gesamtausgaben von *„Hume's History of England"* und *„Oeuvres posthumes de Frédéric le Grand"* zeigen fast geheimrätliche Wohnkultur an; aber daneben finden sich auch jämmerliche Gipsfiguren, schlecht kolorierte Lithographien allerneusten Datums und turmhoch aufgestapelte „Berliner Pfennigmagazine", die diesen Eindruck wieder zunichte machen. Solche sich in der gesamten Zimmereinrichtung bietenden Gegensätze, heißt es, schienen mehr gesucht als vermieden. (94)

„All dies Einrichtungsmaterial, Kleines und Großes, Kunst und Wissenschaft war an ein und demselben Vormittage gekauft und mittels Handwagen, der ein paarmal fahren mußte, von einem Trödler in der Mauerstraße nach der Invalidenstraße geschafft worden."(95)

90 HI/II, 512.
91 HI/II, 512.
92 HI/II, 484.

93 HI/II, 484.
94 HI/II, 490.
95 HI/II, 490.

Eine solche Wohnungseinrichtung charakterisiert nicht nur die darin Wohnende, dient nicht nur zur leisen Ironisierung der kleinbürgerlichen Imitation ‚anspruchsvollerer' Wohnkultur, sondern legt vor allem auch Art und Ausmaß einer existentiellen Abhängigkeit bloß. Die Pittelkow ist die Maitresse des Grafen und lebt davon. Ungleich ihrer Schwester, die sich durch „Arbeit"(96) ihre Selbständigkeit erhält, hängt die Sicherheit der Pittelkow allein vom Wohlwollen ihres gräflichen Gönners ab. Dieser Unterschied zwischen den Schwestern ist für das Thema der Erzählung grundlegend: Unabhängigkeit im Sinne Stines bedeutet berufliche und somit persönliche Selbständigkeit; aber diese Selbständigkeit erweist sich nur als eine Form idyllisierter Lebensfremdheit, und ihre bewahrte Integrität ist der Ausdruck eines Kränklichen, das auf die Dauer und im Krisenfall den unumgänglichen Anforderungen der Wirklichkeit nicht standhält. Die Abhängigkeit der Pittelkow dagegen erweist sich als eine extreme Form der Wirklichkeitszugewandtheit, die der Figur ein Höchstmaß realistischer Plastizität verleiht. Während der Vorbehalt gegen die Wirrnisse des Lebens in die sentimentale Blässe führt, stellt sich die Verstrickung in diese Wirrnisse als eine Form existentieller Gesundheit dar. (97)

Die Lebenstüchtigkeit der Pittelkow erwächst aus einer plebeischen Ursprünglichkeit, worin sich Frivolität, Humor und Geist vereinen. Instinktiv weiß sie die Situationen des Lebens einzuschätzen und darauf souverän zu reagieren. Sie anerkennt die Berechtigung der als ‚richtig' geltenden gesellschaftlichen und moralischen Normen, aber sie stellt sie nicht über das Recht des einzelnen zum Leben. Stine sagt einmal von ihr: „Ja, sie sieht das, was sie das Richtige nennt, für etwas Wünschenswertes an, aber nicht als etwas Notwendiges."(98) Die Kunst der Pittelkow, im Leben durchzukommen, besteht darin, die möglichen Konflikte abzuschärfen oder gar zu umgehen, nicht aber sie durch ungeschicktes Verhalten heraufzubeschwören; denn sie kennt die Wirklichkeit genug, um zu wissen, daß auf das Unbedingte eines

96 HI/II, 484.
97 Der hier angewandte Gesundheitsbegriff hat nichts zu tun mit jener anderen Vorstellung des Wortes, wo selbstverständliche Übereinstimmung mit dem hergebrachten weltanschaulichen Koordinatensystem als ‚gesund' apostrophiert wird; so bei Hildegard Wolter, Probleme des Bürgertums in Theodor Fontanes Zeitromanen. Diss. Marburg 1935, S. 17.
98 HI/II, 513.

menschlichen Anspruchs immer sogleich ein zerstörend Bedingendes antwortet. Als Stine ihr versichert, Waldemar sei nicht ihr ,Liebhaber', entgegnet Pauline für sie etwas unerwartet:

„Du denkst wunder, wie du mich beruhigst, wenn du sagst: ,Es is keine Liebschaft.' Ach, meine liebe Stine, damit beruhigst du mich gar nich; konträr im Gegenteil. Liebschaft, Liebschaft. Jott, Liebschaft is lange nich das schlimmste. Heut' is sie noch, un morgen is sie nich mehr, un er geht *da*hin, und sie geht *da*hin, un den dritten Tag singen sie wieder alle beide: ,Geh du nur hin, ich hab' mein Teil. Ach, Stine, Liebschaft! Glaube mir, daran stirbt keiner, un auch nich mal, wenn's schlimm geht. Was is denn groß? Na, dann läuft 'ne Olga mehr in der Welt rum, un in vierzehn Tagen kräht nich Huhn nich Hahn mehr danach. Nein, nein, Stine, Liebschaft is nich viel, Liebschaft is eigentlich gar nichts. Aber wenn's hier sitzt (und sie wies aufs Herz), dann wird es was, dann wird es eklig.[. . . .]
Glaube mir, Kind, von 'ne unglückliche Liebe kann sich einer noch wieder erholen un ganz gut rausmausern, aber von's unglückliche Leben nich."(99)

Paulines Lebenskunst besteht darin, das Leben, die eigene Vitalität unter allen Umständen zu erhalten. Ein solches Ziel gewinnt über die allgemeine Selbstverständlichkeit des Angestrebten eine zusätzliche Dimension, wenn man es im Zusammenhang mit der Wirklichkeitsstruktur sieht, wie sie die Erzählung bietet. „Stine" präsentiert eine Wirklichkeit, die im Umbruch begriffen ist. Die alte Zeit, wenn sie sich auch noch in der Gegenwart mächtig auswirkt, ist in ihrer Substanz unterhöhlt, und neue Kräfte und Ziele machen sich allenthalben bemerkbar. Zwar schließt die Erzählung mit der prunkvollen Zurschaustellung einer feudalen Trauerfeier — mehrere herrschaftliche Wagen fahren vor, maßgebliche Persönlichkeiten des öffentlichen Lebens, ein alter Geistlicher von besonderer Würde, ein Oberst mit seinem Adjutanten und mehrere reichbordierte Herren, vermutlich Prinzlichkeiten, Personen vom Hof oder hohe Ministerialbeamte, nehmen daran teil.(100) Aber die Erzählung beginnt mit einer anderen, dazu kontra-

99 HI/II, 520 f.
100 HI/II, 560.

stierenden Begräbnisfeier, wo eben Kutschen fehlen, wo es sich um ein großes, aber ganz ,gewöhnliches' Begräbnis handelt, von breiten Volksmassen begleitet, ohne daß man genau wüßte, wer eigentlich begraben wird: ein alter Mauerpolier, ein reicher Ratszimmermeister oder gar ein Minister für Maurer- und Zimmerleute.(101) Der Gegensatz der beidenTrauerzüge verweist auf den Gegensatz von zwei Welten, von denen die eine satirischer Kritik ausgeliefert wird, während die andere durch eine merkwürdige Bezugslosigkeit zum eigentlichen Erzählgeschehen in ungewisser Schwebe bleibt und so das zunächst vielleicht Gewöhnliche in ein Ungewöhnliches verwandelt. Baron Parageno gibt in einem intimen Gespräch zu verstehen, daß er sich freue, „wenn einer die Courage hat, den ganzen Krimskrams zu durchbrechen",(102) und gesteht damit die Wandelbarkeit der als unwandelbar ausgegebenen alten Zeit ein. Selbst der Graf Sarastro räumt ein, daß die Gegenwart im Wandel begriffen ist, nur freilich ist er nicht bereit, an diesem Wandlungsprozeß, der sich ja gegen ihn selbst richtet, aktiv teilzunehmen.

„[. . . .] ich habe von der göttlichen Weltordnung nicht die Vorstellung, daß sie sich mit dem Staatskalender und der Rangliste vollkommen deckt.Ja, ich will dir noch mehr sagen: ich habe Stunden, in denen ich ziemlich fest davon überzeugt bin, daß sie sich *nicht* damit deckt. Und es werden, und vielleicht in nicht allzuferner Zukunft, die Regulierungszeiten kommen, von denen du eben sprachst, und vielleicht auch wieder die Adam-und-Eva-Zeiten. Und sie mögen auch kommen, warum nicht? "(103)

101 HI/II, 485 f.
102 HI/II, 531.
103 HI/II, 537 f. Vgl. dazu das Gespräch zwischen dem liberalen geheimen Hofrat und seiner Tochter in der 1884 konzipierten „LP-Novelle" HI/V, 826: „Danach handeln darf man nicht. Wir sind gebunden, befangen, und müssen diese Gebundenheit bis auf weiteres respektieren. — Anna: Bis auf weiteres? Dann käme doch der Tag, wo es anders würde, und es wäre nur Sache des Muts, diesen Tag vorher heraufzuführen? — Ich kann dir darin nicht widersprechen. Es ist so. Aber man braucht nicht selbst in die Front zu springen. Es ist denen überlassen, die nicht anders können. Oder die müssen. Auch die rühmlichsten Revolutionen werden immer durch unrühmliche Leute gemacht. Es geziemt sich, abzuwarten und zuzufassen, wenn der Moment da ist!"

Somit erhält Waldemars Satz: „Ja, es kommen bessere Tage. Nur... wer's erlebt. *Qui vivra, verra*..."(104) über seine resigniert sentimentale Note hinaus einen konkreten Bezug zur Struktur der gegenwärtigen Wirklichkeit. Wenn sich nun der Übergangscharakter der Gegenwart bereits allseits so deutlich manifestiert, so lautet das naheliegende Gebot der Stunde, diese Zeit mit ihren noch hereinwirkenden Gefährdungen im Wissen um die zukünftigen besseren Tage zu überleben. Die Vitalität der Pittelkow und ihr Bemühen, das Leben von ‚Krankheit' freizuhalten, stehen im Zusammenhang mit dem Bewußtsein der Überkommenheit der alten Welt und dem Wissen um das Wahrscheinliche einer besseren Zukunft.

Betrachtet man die Lebensweise der Pittelkow von außen, so mag der Eindruck entstehen, ihre Lebenstüchtigkeit bestünde in einem geschickten sich Anpassen an die Verhältnisse, im skrupellos vitalen Mitmachen bei jenem Spiel, das ihr aufgezwungen wurde. Tatsächlich agiert sie nicht gegen eine Wirklichkeit, die sie zu einem Leben zwingt, wie sie es zu führen sich sicherlich nicht gewünscht hatte. Zwar ‚pustet' sie auf die Grafen, auch nörgelt sie viel in der Art jenes Berliner Menschentyps, den sie so realistisch verkörpert; aber niemals handelt sie gegen die sie einengenden Verhältnisse, überall fügt sie sich. Doch das Bild einer duldenden und ‚dienenden' Pittelkow — Stine charakterisiert sie einmal gegenüber Waldemar in dieser Richtung(105) — wird der Figur keineswegs gerecht. Es unterschlägt die besondere Fähigkeit der Pittelkow, schlechte Wirklichkeit, wenn nicht zu verändern, so doch zeitweise unschädlich zu machen. Der Erzählbeginn zeigt dies ganz deutlich. Von den 16 Kapiteln der Erzählung gehören die ersten fünf eher zu einer ausgelassenen Gesellschaftskomödie als zu einem Werk, das vom tödlichen Schicksal eines Liebespaares erzählt. Diese Wirklichkeit der Gesellschaftskomödie ist der eigentliche Raum der Pittelkow, die von ihr geschaffene bzw. aufrechterhaltene ‚harmlose' Welt. Wir hören von den schönen Schwestern und ihren wundersamen Wohnungen, erleben wiederholt die Faszination einer Weltansicht, wie sie sich in dem Reflex eines verkleinernden Spiegels offenbart; wir werden Zeugen einer gesellschaftlichen Zusammenkunft von interessanten Personen, die unmittelbar dem Schikanederschen Libretto zu entsteigen scheinen, einer Gesellschaft, die sich durch Gemütlichkeit, Heiterkeit, Rücksicht-

104 HI/II, 555.   105 HI/II, 512.

186

nahme, Zuvorkommenheit und Höflichkeit auszeichnet; und wir lassen uns in jene sich immer mehr verdichtende Atmosphäre führen, die uns glauben macht, mitten in einer Opiumhöhle zu sitzen; hier, wo die Sprache immer mysteriöser wird, entstehen die dunklen Träume von den Gefilden der Seligen, von den Paradiesjungfrauen, den Huris, mit denen die bewährten Helden als Belohnung im Jenseits in ewiger Ehe verbunden werden; und endlich sehen wir uns selbst mitten unter den Zuschauern einer tragischen Kartoffelkomödie, worin das Tödliche der Liebe mit theatralischer Raffinesse und dialogischer Brillanz vorgeführt wird. Deutlich setzen sich diese Szenen von den folgenden Kapiteln über die Sonnenuntergangsstunden der Liebesgeschichte Waldemars und Stines ab. Im Kontrast erschließt sich das Unzuverlässige und Kurzzeitige einer solchen gemütlichen Welt. Auch kann nicht vergessen werden, daß das ganze Fest der unmittelbare Ausdruck einer existentiellen Zwangslage ist, aus der sich die Pittelkow nicht befreien kann; als Maitresse des Grafen muß sie gehorchen, wenn wieder einmal ein ‚Abend' angesetzt wird. Aber die Gesellschaftsfeier, obwohl sie nur ein ‚alter Ekel'(106) initiiert und obwohl es erst danach, wenn er gegangen ist, so recht gemütlich wird, (107) besitzt trotz allem eine positive Dimension. In Zeiten des Übergangs gilt jeder Augenblick als fürs Leben gewonnen, der in der Form des geselligen Abends den Bedrohungen der alten Wirklichkeit entzogen wird. Waldemar und Stine sind nicht gewillt, bei dieser Art von Fröhlichkeit mitzumachen, weil sie das Scheinhafte und Unziemliche der ganzen Begegnung stört. „Nur der junge Graf und Stine schwiegen und wechselten Blicke."(108) Aber die Alternative zu diesem Fest, wie immer man es auch bewerten will, liegt nur in der angekränkelten Sentimentalwelt,(109) die schon in sich zum Untergang verurteilt ist, viel weniger aber den äußeren Kräften Widerstand leisten könnte. Wenn sich dagegen die Pittelkow anpaßt, wenn sie angelegentlich an der Feier mitmacht, so bedeutet das im Zusammenhang mit der Zeitsituation des Übergangs, daß sie die einengende Wirklichkeit durch ihr Verhalten in die Ausgelassenheit einer Gesellschaftskomödie verwandelt. Um das Tödliche der Waldemar- und Stine-Welt zu vermeiden, unterstützt sie eine Wirklichkeitsform, der sie zwar selbst ausgeliefert wird,

106 HI/II, 478.
107 HI/II, 505.
108 HI/II, 505.
109 Brief an Paul Schlenther vom 13. Juni 1888; AB II, 202.

ist, die aber ‚leben' läßt. Nicht mehr das ‚Herz', der vom Historischen und Gesellschaftlichen ausgesparte Bereich des Innerlichen, bestimmt Art und Ausmaß der Wirklichkeitsverbundenheit; wo es dies tut, wie im Falle Stines, wo vom Herzen her die Wirklichkeitsferne begründet wird, rächt sich diese Wirklichkeit tödlich. Nur dort, wo der Anspruch auf eine solche innerliche Reserve vor der Wirklichkeit überhaupt nicht mehr gestellt werden kann, ergibt sich paradoxerweise die Möglichkeit, die konflikt- und gefahrbergende Wirklichkeit in das Spiel der Komödie abzumildern. Nur der, der tief genug in der Wirklichkeit gefangen ist, besitzt die Möglichkeit ihrer Überwindung.

Mit Pauline Pittelkow hat Fontane eine Figur entworfen, die im Sinne des Autors eine positive Lebensmöglichkeit darstellt und damit zugleich die Konturen einer positiven Welt in den Blickwinkel rückt.(110) So realistisch die Figur als typische Berlinerin ihres Lebenskreises gemeint sein mag, so läßt sie doch eine utopische Dimension erkennen, das exemplarische Vermögen, schlechte Wirklichkeit in Richtung des Guten und Lebbaren zu durchbrechen. Das Besondere einer solchen Figur liegt in der Voraussetzung ihrer Existenz; erst die extreme Verkettung mit jener Wirklichkeit, die es zu überwinden gilt, setzt die Möglichkeit ihrer Überwindung frei. Nicht der Vorbehalt der Innerlichkeit, des Herzens stellt die Voraussetzung für die personifizierte Zukunftshoffnung dar, sondern das kontinuierliche Ausgeliefertsein an die schlechte Wirklichkeit. Hier liegt ein authentisches Modell für ein ‚lebbares' Verhältnis zwischen Individuum und seiner Umwelt vor, wie es vor allem im Schicksal des Lehrlings Fritz Katzfuß gestaltet wird, wovon im Zusammenhang mit „Frau Jenny Treibel" noch die Rede sein wird.

110 Dietrich Bode im Nachwort zu Theodor Fontane, Stine. Stuttgart (Reclam) 1963, S. 123. Gerhard Friedrich, „Die Schuldfrage in Fontanes ‚Cécile'" in: Jahrbuch der deutschen Schillergesellschaft, 14 (1970), S. 545.

QUITT

Indem „Quitt" den Träumen des Menschen aus der Berliner Gesellschaft eine Chance zur Verwirklichung gibt, setzt dieser Roman die knapp ein Jahr zuvor erschienene Erzählung „Stine" fort; was Waldemar von Haldern seiner ihm nicht mehr genügenden engen Umwelt entgegenzusetzen hat, was er vom anderen Land, Amerika, erhofft, ereignet sich hier tatsächlich. Indem „Quitt" eine Studie des kompromißlosen Kampfes zwischen den benachbarten Häusern des Försters und des Wilderers gibt, bereitet der Roman die Auseinandersetzung zwischen dem Hause Treibel und dem Hause Schmidt vor. Freilich — und das ist in der Fontane-Forschung die geläufige Meinung — setzt „Quitt" vor allem jene Linie der Fontaneschen Entwicklung fort, die mit „Grete Minde" begann und mit „Ellernklipp" und „Unterm Birnbaum" fortgeführt wurde; „Quitt" gilt hier als Experiment und Abschluß einer Entwicklung, die Fontane als realistischer Schilderer und Kritiker der modernen Berliner Gesellschaft schon überwunden hat.(1)

Der Förster- und Wilderer-Stoff eröffnet mehrere Möglichkeiten der Interpretation. Zunächst ist es der kriminalistische Fall, der eine Tat aufgreift, die gegen das geltende Strafrecht verstößt: Der Stellmacher und heimliche Wilderer Lehnert Menz erschießt vorsätzlich den Förster Opitz bei der Ausübung seines Dienstes. Aber die juristische, detektivische Seite des Falls kommt kaum zum Zuge; der Täter ist alsbald gefunden, doch durch sein spurloses Verschwinden entzieht er sich sämtlichen strafrechtlichen Maßnahmen. Mit der Erfolglosigkeit gerichtlicher Ermittlungen verbindet sich zudem eine Unsicherheit im strafrechtlichen Tatbestand: War es tatsächlich Mord oder Totschlag oder

---

1 Hayens, S. 101; Sasse, S. 89 und 94; Heinz Schlaffer, „Das Schicksalsmodell in Fontanes Romanwerk" in: GRM, 16 (1966), S. 395. Vgl. dagegen Nürnberger, Fontane, S. 134: „Diese Geschichte einer verlorenen Ehre, der echten Ehre eines aufrechten Menschen, den die subalterne Enge des Obrigkeitsstaats zum Verbrecher macht und der seine Untat auf der anderen, freieren Hälfte des Erdballs sühnt, bildet thematisch eine interessante Ergänzung zu den in ihrem Ablauf determinierten Lebenstragödien der Gesellschaftsromane."

gar Notwehr? Fontane selbst hat dazu deutlich Stellung genommen. In einem Brief an seine Tochter Mete vom 17. Juni 1885 schreibt er:

„Auf dem Denkmal [das man dem erschossenen Förster gesetzt hatte] steht ‚ermordet durch einen Wilddieb‘. Ich finde dies zu stark. Förster und Wilddieb leben in einem Kampf und stehen sich bewaffnet, Mann gegen Mann, gegenüber; der ganze Unterschied ist, daß der eine auf d. Boden des Gesetzes steht, der andre nicht, aber dafür wird der eine bestraft, der andre belohnt, von ‚Mord‘ kann in einem ebenbürtigen Kampf keine Rede sein.“(2)

Die Todfeindschaft zwischen Förster und Wilddieb erscheint hier nahezu als eine naturgesetzliche Gegebenheit, deren blutige Konsequenz beiden Kontrahenten bewußt ist. Die strafrechtlichen Sanktionen der Tat verstehen sich nicht mehr als Ausdruck eines allgemein verbindlichen moralischen Bewußtseins, sondern als Spielregel in einem ebenbürtigen Kampf, der mit dem Tode des Gegners endet. In einer solchen Auslegung des Förster-Wilddieb-Stoffes verliert auch das moralische Problem von individueller Schuld und Sühne an Bedeutsamkeit; die Handlungsweise entspringt aus der Konsequenz eines Verhältnisses, das den tödlichen Keim von vornherein in sich birgt.(3) An die Stelle der Ermittlung und Verfolgung des Täters und der Erörterung seines moralischen Schuldanteils tritt die Psychologie des Täters und seiner Handlungsweise. Es geht um die Motive, die ein bestimmtes Individuum zu einer solchen Tat führen, und um die Wirkung, die sie auf sein weiteres Leben zeigt; wie determiniert war sein Handeln, und wie wird wiederum sein zukünftiges Leben durch diese Tat determiniert?

Die Fragestellung erinnert an Schillers Erzählung „Der Verbrecher aus verlorener Ehre“ und läßt „Quitt“ ebenfalls zu einer „Leichenöffnung seines [des Verbrechers] Lasters“ (4) werden.

2 PB II, 76. Über den tatsächlichen Verlauf der Ereignisse, die dem Roman zugrunde liegen, informiert: Hans Reitzig, „Theodor Fontanes ‚Quitt‘. Geschichtliches zum Roman über die letzte Förstertragödie im Riesengebirge“ in: Schlesien, 15 (1970), S. 214—222.

3 Das steht also im Gegensatz zu jener Auffassung, die in „Quitt“ das Problem von Schuld und Sühne als das zentrale Thema ansieht; so Joachim Ernst, Die religiöse Haltung Theodor Fontanes. Diss. Masch. Erlangen 1951, S. 89—92; Richter, Resignation, S. 68, Anm. 60.

4 NA 16, 9.

"[....] wir müssen ihn [den Verbrecher] seine Handlung nicht bloß v o l l b r i n g e n sondern auch w o l l e n sehen. An seinen Gedanken liegt uns unendlich mehr als an seinen Taten, und noch weit mehr an den Quellen seiner Gedanken als an den Folgen jener Taten."(5)

Peter Demetz(6) hat genauer das Verhältnis von Schillers Wilderergeschichte zu Fontanes untersucht und die Gemeinsamkeiten der Charaktere und ihres Selbstverständnisses, mehr noch aber den Unterschied hervorgehoben, der vor allem in der geistesgeschichtlichen Situation liegt, die den Moralisten des 18. Jahrhunderts von dem realistischen Gesellschaftsschilderer des 19. Jahrhunderts trennt. Zwar sucht auch Schiller als „Freund der Wahrheit [...] eine Mutter zu diesen verlorenen Kindern [...] in der u n v e r ä n d e r l i c h e n Struktur der menschlichen Seele und in den v e r ä n d e r l i c h e n Bedingungen, welche sie von außen bestimmten"(7); aber erst das 19. Jahrhundert vermag, die veränderlichen Bedingungen als historische, politische, gesellschaftliche und ideologische Realien zu interpretieren und zu vermitteln.(8) Das Übergewicht des Milieus und seine Auswirkung auf den einzelnen reduziert den Geltungsbereich einer unveräußerlichen menschlich-individuellen Kernzone, ja zerstört sie sogar. „Es ist etwas so Einförmiges und doch wieder so Zusammengesetztes, das menschliche Herz."(9) steht schon in Schillers Erzählung und bereitet die Entwicklung eines Menschenbildes vor, das den individuellen Charakter nicht mehr als ein statisch Fertiges, von der Außenwelt Abgeschirmtes begreift, sondern als ein durch äußere und innere Einflüsse sich ständig Wandelndes. George Eliot z. B. läßt in ihrem Roman „Middlemarch" eine Figur erklären: „[...] character is not cut in marble — it is not something solid and unalterable. It is something living and changing, and may become diseased as our bodies do" (10) und in dem Epigramm zum 4. Kapitel desselben Romans heißt es in einem Dialog zwischen zwei Gentlemen über die determinierenden Faktoren eines sich fortwährend wandelnden Charakters:

5 NA 16, 8 f.
6 Demetz, S. 100—102.
7 NA 16, 9.
8 Demetz, S. 102 f.
9 NA 16, 7.
10 George Eliot, Middlemarch. The Penguin English Library, S. 790 f. Kapitel 72.

1st Gent. Our deeds are fetters that we forge ourselves.
2nd Gent. Ay, truly : but I think it is the world
      That brings the iron.(11)

"[. . . .] for charakter too is a process and an unfolding"(12) heißt es an anderer Stelle programmatisch. Fontane nimmt an dieser Entwicklung teil, wenn er auch, wie man Demetz(13) zustimmen wird, die radikale Determinationstheorie der Naturalisten nicht mitmacht. Günther(14) hat gezeigt, wie sehr das ,Herz' als Inbegriff einer mit sich identischen Natur das Fontanesche Menschenbild bestimmt. Zugleich aber muß man sehen, in welchem Maße der Wert der Existenz aus dem Herzen in Fontanes Werken zunehmend problematisiert wird. Marie aus „Vor dem Sturm" konnte als Prototyp einer solchen Herzenschiffre gelten. Aber ihr folgen andere ,moderne' Figuren, die durch ihren Anspruch auf eine Existenz aus dem Herzen den seinerzeit eindeutigen Wert in Frage stellen; Käthe von Rienecker („Irrungen, Wirrungen") bemüht sich um ein „unschuldiges" und „reines Herz" (15) und verflacht damit den Begriff(16), und Jenny Treibels Art, ihr Herz zu bewahren, läßt von dem ehemaligen Wert nichts mehr erkennen. So kommt es, daß Fontane schließlich kritisch von einem „Luxus der reinen Seele"(17) sprechen kann und sich von den ,Genoveven' abwendet, um sich den ,Magdalenen', den Figuren mit einem ,Knacks' zuzuwenden.(18)

Die Darstellung individueller Wachstums- und Lebensbedingungen trägt den gesellschaftskritischen Impuls immer schon in sich. Bereits bei Schiller wird das menschlich Unzureichende der gerichtlichen Praxis hervorgehoben: „Die Richter sahen in das Buch der Gesetze, aber nicht e i n e r in die Gemütsverfassung des Beklagten."(19) Fontanes Roman begnügt sich erst recht nicht mit einer individualpsychologischen Herleitung der Ereignisse; ihre gesellschaftskritische Bedeutsamkeit, ob

---

11 Ebd., S. 58.
12 Ebd., S. 178, Kapitel 15.
13 Demetz, S. 102.
14 Günther, Symbol, S. 54—63.
15 HI/II, 470.
16 Günther, S. 60, übersieht dieses Beispiel nicht.
17 HIII/I, 564; Rezension über Paul Lindaus „Der Zug nach dem Westen".
18 Brief an P. und P. Schlenther vom 6. Dezember 1894; AB II, 361 und Brief an Colmar Grünhagen vom 10. Oktober 1895; AB II, 382.
19 NA 16, 11 f.

im schlesischen Riesengebirge oder in der amerikanischen Wildnis, bleibt in jedem Augenblick bewußt.

Der Förster-und-Wilddieb-Stoff ist besonders geeignet, das Unmenschliche im individuellen sowie staatlichen und gesellschaftlichen Verhalten bloßzulegen. Ein relativ geringes Delikt, die Erschießung und der Raub eines Wildes, berechtigt einen Menschen ex officio zu todbringenden Gegenmaßnahmen; aus geringfügigem Anlaß entsteht so ein tödlicher Kampf: Beide, Förster und Wilderer, glauben sich nunmehr im Recht, wenn sie gegeneinander die Waffen erheben. (20) Für Conrad Wandrey freilich war der Fall klar: Der Förster hat nicht nur das Recht, sondern auch die Pflicht, den Wilddieb zu erschießen.(21) Wie Fontane darüber dachte, wurde bereits zitiert. Wandrey legt ihm diese Haltung als ein Versagen in der ‚Tendenz‘ des Romans aus. Er wirft ihm eine zwiespältige Stellung zum Förster-Wilddieb-Konflikt vor: „Die klare Gestaltung erforderte ein Entweder-Oder, eine eindeutige Parteinahme, Fontanes weises Sowohl-alsauch war hier nicht am Platz." (22) In der Fontaneschen Gestaltung des Stoffes erkennt Wandrey zwar dessen weltanschauliches Grundproblem wieder, die Gegenüberstellung von Ich und Ordnung, von Freiheit und Herkommen(23); aber er kritisiert zugleich:

„Die Ordnung, durch den antipathischen Opitz vertreten, bleibt in ‚Quitt‘ bloße Satzung (Innstetten), das sympathische Ich Lehnerts steht gegen die Ordnung an, ohne sie später als innerste Lebensbasis seiner selbst zu begreifen (Lene und Botho). Diese Fügung, durch die unglückliche Stoffwahl mitveranlaßt, reißt Ich und Ordnung, die sonst von einer seelischen Mitte gehaltenen und gebundenen Polaritäten seiner ethisch-sozialen Welt zu unversöhnlichen, blinden Widersprüchen auseinander. Aus der beseelten Ordnung wird ein fremdes, lebloses Gesetz, aus dem in Selbstbestimmung und -beschränkung freien Ich wird ein ungezügeltes Triebwesen, das dem blinden Schicksal machtlos anheimgegeben ist."(24)

20 Rudolf Großkopff, „Jäger ohne Schonzeit" in: Deutsches Allgemeines Sonntagsblatt, Nr. 8 vom 25. Februar 1973, S. 3.
21 Wandrey, S. 323.
22 Ebd.
23 Ebd., S. 321 und Sasse, S. 90.
24 Wandrey, S. 323 f.

Wie wenig die Lebensgeschichte von Lehnert Menz dazu angetan ist, ihn als ein ungezügeltes Triebwesen und als eine Marionette des Schicksals zu erweisen, wird erst die eingehende Interpretation des Romans zeigen. — Auf die historische und politische Bedeutsamkeit des Romans, die Wandrey gänzlich übersieht, weist Hayens bereits hin; allerdings spricht sich ihm in den zahlreichen Bezügen des Romans auf das Preußen der Fontaneschen Gegenwart weniger kritische Distanz als Zuneigung des Autors aus.(25) Erst Davis erkennt in dem Roman Spuren progressiver, demokratischer Ideen, deren Wurzel er nicht zuletzt in Fontanes Beschäftigung mit Amerika sieht. (26) Das Hineinspielen von politischen Perspektiven in die zugrundeliegende Pitavalgeschichte beschreibt Demetz dann genauer.(27) In neuester Zeit hat schließlich Reuter historische, ideologische und persönliche Grundpositionen Fontanes in „Quitt" ermittelt, die eine intensive Betrachtung des seit Wandrey abgewerteten Werkes rechtfertigen sollen. (28) — „Quitt"— das zeigt dieser kurze Blick in die Forschung — erweist sich durch sein Ideengut als ein höchst provozierender Roman. Von kaum einer Seite wird ernsthaft bestritten, daß er zu den sogenannten ‚Nebenwerken' gehört; das Sonderbare seiner Problematik und ihrer Lösung, das für die Fontaneschen ‚Hauptwerke' wenig Repräsentative seines Gehalts, findet in diesem Stellenwert seine Erklärung: Entweder handelt es sich um balladeske Überreste einer vergangenen Periode oder um noch nicht zur endgültigen Reife gelangte Positionen einer Spätzeit, deren Hauptinteresse um die revolutionäre Thematik kreist. Das für „Quitt" Besondere und Einmalige geht unter in seiner genetischen Bezogenheit

25 Hayens, S. 119.
26 Arthur L. Davis, „Theodor Fontane's Interest in America as Revealed by His Novel Quitt" in: The American-German Review, 19, 3 (1953), S. 28. Siehe auch Herbert Knorr, Theodor Fontane und England. Diss. Masch. Göttingen 1961, Bd. 1, S. 146—156, bes. 148—150. Materialien zu Fontanes Amerikakenntnis, insbesondere sein Wissen über die Mennoniten gibt A. J. F. Ziegelschmidt, „Truth and Fiction and Mennonites in the Second Part of Theodor Fontane's Quitt; The Indian Territory" in: The Mennonite Quarterly Review, 16 (1942), S. 223—246.
27 Demetz, S. 106.
28 Reuter, „Grundpositionen" in: TFW, S. 26—34; ders., Fontane. Grundzüge und Materialien, S. 47—65; ders., „Kriminalgeschichte, humanistische Utopie und Lehrstück. Theodor Fontane, ‚Quitt'" in: SuF, 23 (1971), S. 1371—1376. Auch Katharina Mommsen (Gesellschaftskritik bei Fontane und Thomas Mann. Heidelberg 1973, S. 18) unterstreicht die Bedeutung von „Quitt".

auf Überwundenes bzw. noch Zuerringendes. In der nun folgenden Untersuchung geht es dagegen darum, den Fontaneschen Wildererroman in seiner Individualität zu analysieren. Das Merkwürdige eines solchen Produkts soll nicht im Gegensatz zu dem neu etablierten Gesellschaftsschilderer Fontane gesehen werden, sondern in einem direkten Zusammenhang; die Frage lautet nicht, ob Fontane gegen sein Talent einen solchen Roman schrieb, sondern ob das scheinbar Untypische nicht eine besondere Variation des Typischen darstellt. „Quitt" gilt hier nicht als Nachklang bzw. Vorankündigung, sondern als eine *weitere* und *andersartige* Möglichkeit, Themen und Probleme des Berliner Gesellschaftsromans zu gestalten.

Lehnert Menz ist eine der wenigen Figuren innerhalb des Fontaneschen Gesamtwerks, die nicht nur die Voraussetzung für eine Selbsthilffeaktion im Konfliktfall mit sich bringen, sondern diese ihre Möglichkeit auch ausnützen; darin läßt er sich nur noch mit der Piratengruppe, den Likedeelern, vergleichen. Die Welt, in der sich solche Fähigkeiten entwickelt bzw. noch erhalten haben, liegt etwas abseits von der urbanen Gesellschaft. Zwar wirkt sich auch hier in der Person des Försters die Kraft staatlicher und gesellschaftlicher Institutionen aus, der moderne Tourismus trägt zudem zur Ausdehnung der städtischen Gesellschaftsideologie bei (Espes); aber im Riesengebirge gibt es auch noch Randzonen, ausgesparte Bereiche, in denen der Konflikt zwischen Individuum und Institution als ein Kampf Mann gegen Mann ausgetragen werden kann. Die ‚komplizierten' Gesetze der Zivilisation können durch die ‚einfachen' Gesetze der Wildnis ausgetauscht werden. In dem Moment, wo Lehnert das umzäunte Waldgehege betritt, um dem Förster mit dem Gewehr in der Faust entgegenzutreten, hat er die Welt der Zivilisation mit ihren Spielregeln zurückgelassen und befindet sich in einem Bezirk, wo andere Gesetze gelten.(29) Seine Maskerade bedeutet nicht nur Tarnung im oberflächlichen Sinne, sondern innere Verwandlung, Angleichung an eine ‚wilde' Welt, in der das Faustrecht

---

29 Die Bedeutung von Schwellen, Türen etc. im Sinne von Grenzüberschreitungen hat Brüggemann, „Fontanes Allegorien" an anderen Beispielen ausführlich untersucht. In jüngster Zeit hat Kahrmann, Idyll im Roman, S. 50, das „Waldgehege" unter der Perspektive des Idylls zu charakterisieren versucht; ihrer Beobachtung, daß das Waldgehege-Idyll „Bestandteil einer total verwalteten Welt" sei, kann hier jedoch nicht zugestimmt werden.

noch Gültigkeit besitzt. Als Lehnert aus dem Versteck tritt, in dem er sich verkleidete, heißt es:

„Er war derselbe nicht mehr. Der flachsene Vollbart, der aus Zufall oder Absicht tief eingedrückte Hut, der Doppellauf über der Schulter — das alles gab ein Bild, das in nichts mehr an den Lehnert erinnerte, der vor einer Viertelstunde noch, schwankend und unsicher, auf der Bank am Quell gesessen hatte."(30)

Die Tatsache, daß es Regionen gibt, wo aus der Not des Menschen nicht nur Ohnmacht entspringt, sondern auch der Impuls zur Selbsthilfe, wo die Energie zur Tat nicht in der blassen Invalidität des urbanisierten Menschen verkümmert, sondern den Sprung in die blutige Konfrontation wagt, allein diese Tatsache verleiht der dargestellten Wirklichkeit von „Quitt" eine weltanschauliche Dimension, die diesen Roman von den anderen Werken Fontanes unterscheidet und seine singuläre Bedeutung ausmacht. Fontane gestaltet hier ein Wirklichkeitsbild, in dem historische und existentielle Alternativen für den einzelnen Menschen enthalten sind. Die Möglichkeit, das „Waldgehege" zu betreten, um in persönlicher Initiative die eigenen Angelegenheiten ins reine zu bringen, weist auf eine andere Möglichkeit voraus, das Land Preußen zu verlassen, um im besseren Land Amerika ein neues Leben zu beginnen. Seit Wandrey(31) ist es üblich, den amerikanischen Teil des Romans, das „Außermärkische", für das künstlerische Mißlingen des gesamten Werks verantwortlich zu machen; noch Nürnberger(32) bedauert das Unwirkliche der amerikanischen Szenerie. Dabei unterstellt man von vornherein, daß Fontane ein realistisches Abbild von Amerikas Land und Leben hatte geben wollen; dagegen übersieht man die funktionale Verwendung der amerikanischen Szenerie, die — weitab von einer vordergründigen Realismuspraxis — im Dienste eines Themas steht, das die Wirklichkeit nach politischen, gesellschaftlichen, weltanschaulichen und lebenspraktischen Alternativen durchforscht.

Die Möglichkeiten, die in „Quitt" einer resoluten Figur gegeben sind, den eigenen Weg zur freien Selbstverwirklichung zu gehen, besaß der

30 HI/I, 283.
31 Wandrey, S. 320.
32 Nürnberger, Fontane, S. 134.

moderne Berliner Gesellschaftsroman (gemeint sind „Cécile", „Irrungen, Wirrungen", „Stine") nicht; die Antwort Pauline Pittelkows auf die sie bedrückende Umwelt mußte ganz anders ausfallen als die des Wilderers; Lehnerts Entschluß, sein Schicksal mit dem Gewehr zu entscheiden, liegt für sie selbstverständlich außerhalb ihres Bereichs; im selben Maße mag aber auch der Entschluß der Pittelkow, auf die radikale Konfrontation zu verzichten und die eigene Vitalität im Bewußtsein der Zeitenwende zu erhalten, den schlesischen Tatmenschen befremden. Dennoch sind beide Figuren aus demselben Geiste geschaffen, tragen sie zu einem Wirklichkeits- und Menschenbilde bei, das im Rahmen der einengenden Wirklichkeitserfahrung die positiven Kräfte zur Überwindung zu erfassen sucht.

Doch man wird der Figur Lehnerts wenig gerecht, wenn man sie nur als Abenteurer oder gar Revolutionär betrachtet, der auszieht, sein Glück für sich und die Welt zu erkämpfen. „Quitt" vergegenwärtigt die Lebensgeschichte eines Menschen, dessen Denken und Tun das Ergebnis mannigfacher innerer und äußerer Bedingungen darstellt. Sein Lebensweg — wie zu zeigen sein wird — ist zwar von revolutionärer Energie gekennzeichnet, nimmt sie aber am Ende wieder zurück. Man darf das eine nicht hervorheben, ohne das andere zugleich zu erwähnen und damit den besonderen Zusammenhang zu sehen.

Die Einflüsse aus zwei unterschiedlichen Richtungen haben Lehnert Menz zu dem geformt, als der er zu Romanbeginn erscheint. Sein gegenwärtiges Denken und Verhalten läßt sich im wesentlichen aus den Erfahrungen seiner Kindheit erklären. Die Erziehung und das Vorbild seiner Mutter konnten ihm notwendigerweise nicht zum Guten ausschlagen. Sie, die noch aus der „Kriechezeit"(33) stammte und nur die „Sprache der Unfreien und Hörigen"(34) kannte, führte ihm täglich ein Verhalten vor Augen, das auf ihn einwirkte, obwohl er das Würdelose und Erniedrigende darin immer deutlicher herausspürte. „Auf Paschen und Wildern hast du mich erzogen",(35) wirft Lehnert ihr vor. Es ist die Erziehung zu einer Einstellung, die im Förster nur den „Feind"(36) sieht, gegen den jedes Mittel recht ist. Als seine Mutter ihn in der Zeit scheinbaren Friedens zwischen ihm und dem Förster auf einen Hasen aufmerksam macht, der in die Felder hineingelaufen ist, zögert Lehnert keinen Augenblick, ihn

33 HI/I, 214.   35 HI/I, 213. Vgl. auch 218.
34 HI/I, 255.   36 HI/I, 214.

zu erschießen und die Beute für sich zu beanspruchen, obwohl er doch wissen müßte, wie ungünstig sich für ihn die Folgen aus diesem Vorfall entwickeln müssen. Das Wildern hat sich durch Erziehung zu einem instinktiven Verhalten verwandelt, das durch keine Klugheitsgründe gesteuert werden kann; auch die Feindschaft mit dem Förster gründet in dem zur Natur gewordenen Instinkt des Wilderers. Für Lehnert stellt sich das Wildern als eine Form des ‚natürlichen' Verhaltens dar, dessen scharfe gerichtliche Ahndung ihm unbegreiflich bleiben muß. Aber es kommt noch ein anderes hinzu. Lehnert sieht im Wildern ein legitimes Mittel, der eigenen Armut beizukommen. Zu stolz, die zufälligen Geschenke und Almosen der Begüterten abzuwarten, empfindet er in dem Bewußtsein, mit eigener Hand den mangelnden Wohlstand herbeischaffen zu können, eine Art ausgleichender Befriedigung.

„Ich will aber nichts Geschenktes haben aus dem Haus da, und wenn es denn durchaus ein Reh oder ein Rehviertel sein soll. . .'
‚Dann weißt du, wo du's hernimmst. . ." [ergänzt der Pastor](37)

Weit entfernt davon, das Wildern als einen anerzogenen Zwang zu empfinden, dem er sich nicht zu entziehen vermöchte, bedrückt ihn doch die Art der Mutter, wie sie den ständig drohenden Konflikt mit dem Förster zu umgehen sucht. Zwar ist sie nicht gewillt, auf den Vorteil, der ihr aus dem Wildern erwächst, zu verzichten; zugleich aber lebt sie in fortwährender Furcht vor dem Erwischtwerden. „Du hast zwei Gedanken: Angst und Vorteil, und hast keinen Stolz und keine Ehre"(38), wirft Lehnert ihr vor. Sie versucht, durch demütigendes Verhalten und mit viel ‚Knicksen' und Schmeicheleien die Eitelkeit des Försters zu befriedigen, um als Gegenleistung seine Nachsicht bei geringen Waldvergehen zu erwirken. So lehrt sie ihren Sohn:

„Gib nach und versöhne dich mit ihm! Dann haben wir gute Zeit, und wenn dann mal was vorkommt, na, du weißt schon, was ich meine, so verpufft und verknallt es. Kennst ja doch unser altes Sprichwort, der Wald ist groß und der Himmel ist weit."(39)

37 HI/I, 256.
38 HI/I, 214.
39 HI/I, 243 f.

Zwar sieht sie im Förster — wie der Pastor es ihr vorgepredigt hat — die von Gott eingesetzte Obrigkeit, der man sich unterwerfen muß(40); aber gleichzeitig gilt ihr Tun und Trachten nur dem einen, wie sie diese Obrigkeit hintergehen kann. Diese Mischung von entwürdigender Untertänigkeit und gewinnsuchendem Kalkül, von Schmeichelei, Heimlichkeit und Lüge kennzeichnet das Wesen der Mutter. Bei aller Liebe zu ihr kann Lehnert eine solche Einstellung nicht gutheißen:

„Immer versteckt! du kannst nichts offen tun, auch nicht mal das, was die Sonne gar nicht zu scheuen braucht. Alles muß heimlich sein. Und sieh, Mutter, so hast du mich auch erzogen und angelernt. Das muß ich dir immer wieder sagen. Gott sei's geklagt, daß ich's muß. Es ist immer ein und dasselbe, was du so bei dir denkst: es sieht es ja keiner; bei Nacht sind alle Katzen grau, und es darf bloß nich rauskommen. Und wenn es nicht rauskommt, dann ist alles gleich. So denkst du bei dir und denkst auch wohl: ach, der liebe Gott, der is nicht so, der ist gut und freut sich, wenn man einem Förster oder Grenzaufseher ein Schnippchen schlägt."(41)

Das erniedrigende Verhalten der Mutter erklärt, warum Lehnert seinerseits so großen Wert auf Ehre und Aufrichtigkeit legt. Sein forsches Auftreten, die Geradheit seiner Haltung, wie sie in einem Untertanenstaat so unbequem sind, verstehen sich als Reaktion auf ein schlechtes Vorbild. Freilich spielen hier auch ein wenig Trotz und Selbstgerechtigkeit mit, die Vorstellung, mit der eigenen Handlungsweise immer im Recht zu sein; das rückt Lehnert, bei allem Unterschied, in die Nähe seines Gegners: „Er hat so was wie Opitz selber und ist gleich aus dem Häuschen"(42), behaupten seine Freunde.

Das zweite Moment in seiner Kindheit, das für sein weiteres Leben ausschlaggebend sein wird, besteht in der schulischen Erziehung. Im Dorfschulunterricht offensichtlich nicht ungeschickt — er sei so „findig und anschlägig"(43) gewesen —, hat ihn der Pastor nach Jauer in die „gute Schule"(44) weiterempfohlen. Dort erhielt er eine Ausbil-

40 HI/I, 256.
41 HI/I, 242.   43 HI/I, 227.
42 HI/I, 229.   44 HI/I, 217.

dung, die ihn über das durchschnittliche geistige Niveau seines Standes emporhob. Das bestärkte ihn natürlich in seinem Glauben, etwas Besonderes zu sein; die Christine, die ihm zugetan ist, will er nicht heiraten, denn:

„Christine ist eine Magd, und eine Magd heirate ich nicht, auch wenn sie drei Sparkassenbücher und eine ganze Linnentruhe hat. Ich versteh' meine Sach' und will in die Stadt gehen und eine Städtische heiraten, die Manieren hat."(45)

Aber entscheidender als diese Übersteigerungen ist die Tatsache, daß Lehnert eine Schulung erfahren hat, die sein Interesse und seine Freude an geistiger Betätigung und Auseinandersetzung geweckt und entfaltet hat. Zu seiner handwerklichen Tüchtigkeit kommt eine intellektuelle Regsamkeit hinzu, die ihn über die eigenen und allgemeinen Verhältnisse nachdenken läßt. In einsamen Stunden liest er Bücher, und die Auswahl seiner Lektüre zeigt bereits an, in welche Richtung sich seine Gedanken bewegen. „Die Neue Welt oder *Wo liegt das Glück?* "(46) heißt ein von Amerika handelndes Buch, das er mit besonderer Vorliebe liest. Hier lernt er zum ersten Mal die unermeßliche Weite von Urwald, Prärie und den großen Seen kennen und erfährt das Glück, das die menschenleere Einsamkeit gewähren kann. Gerade die Begriffe von Weite und Einsamkeit gelten ihm als Stichwörter für das Bewußtwerden der eigenen gegenwärtigen Situation. Gelesenes und Erfahrenes gehen ineinander über und verfestigen sich zu einer eigenen, persönlichen Weltanschauung, deren Kern in einer scharfen Gegenüberstellung von Kritik und neuer Position liegt. ‚Amerika' lautet die Losung für ein neues Leben. In dem großen Naturland, wo sich ursprüngliche Lebensformen mit dem modernen republikanisch-demokratischen Geist vereinen, glaubt er jenes Lebensfeld zu erkennen, das einen nach Weite und Bewegungsfreiheit strebenden Menschen allein befriedigen und glücklich machen kann. Das Hier, die preußisch-schlesische Heimat, verweigert ihm diese Freiheit. In einem Gespräch mit seiner Mutter erklärt er:

„Und am liebsten will ich in die Welt gehen und gar nicht heiraten; es brennt mir hier unter den Füßen, und wenn es nicht deinetwegen wäre,

45 HI/I, 260.   46 HI/I, 248.

Mutter, so ging' ich lieber heut' als morgen. Übers Meer will ich. Es ist mir alles so klein und eng hier, ein Polizeistaat, ein Land mit ein paar Herren und Grafen, so wie unserer da, und sonst mit lauter Knechten und Bedienten. Aber davon verstehst du nichts und ist dir auch gleich. Mir aber ist es nicht gleich. Ich mag nicht, daß, wenn ein Schuß fällt, gleich sieben Förster da sind, die's mit ihren vierzehn Ohren hören und sich die Köpfe zerbrechen, wer da mal wieder den Staat betrügt und ein schwer Verbrechen auf seine Seele lädt [. . . .] Eine jämmerliche Welt hier; immer muß man scherwenzeln, und wenn man nach vornhin dienert, stößt man nach hintenhin einen um. Eng und klein, sag' ich, und ich möchte [. . . .] für mein Leben gern nach Amerika, wo's anders aussieht und wo, wenn ich mein Gewehr abschieße, niemand es hört als Wald und Berg und auf zehn Meilen in der Runde kein menschlich Ohr ist."(47)

Die Mutter erkennt durchaus, daß diese Ideen etwas Fremdes, Neuartiges in ihrem und ihrer Sohn Lebensbereich sind:

„,Das hast du wieder aus dem Buch, Lehnert. Wenn du doch das Lesen lassen wolltest. Siebenhaar hat es gut gemeint, als er dich auf die Schule geschickt. Aber mitunter denk' ich, es wäre besser gewesen. . . .'
,Ich wüßte gar nichts und wüßt' auch nicht, daß es eine neue Welt gibt, die besser ist als die alte. Ja, Mutter, mag sein; aber das ist nun zu spät. Und ich danke Gott, daß ich's weiß und daß es einen Platz gibt, wo man hin kann, wenn einem der Boden hier zu heiß wird und das Leben miserabel vorkommt.'" (48)

Auch der Pastor Siebenhaar, der ja die Voraussetzung für Lehnerts geistige Entwicklung geschaffen hatte, kann ihr Ergebnis nicht billigen:

„Und nun liest du auch noch allerlei dumme Blätter, in denen hochmütige Schulmeister und verlogene Winkeladvokaten ihre Weisheit zu Markte bringen, und redest hier in den Kretschams herum von Freiheit und Republik und dem glücklichen Amerika. Lehnert, Lehnert, dazu bist du mir viel zu schade!"(49)

47 HI/I, 260 f.   48 HI/I, 261.
49 HI/I, 218. Über das Problematische des Pastors in der Rolle des Vermittlers im Konflikt zwischen dem Förster und Lehnert spricht ausführlich Demetz, S. 104 bis 106.

Daß das Lesevermögen die Wurzel aller Energie sei, die sich auf die Veränderung der gegebenen Zustände richtet, meint nicht minder der Förster Opitz:

„Das ist eine verdammte neue Zeit, die das Maulhelden- und Schreib- volk gemacht hat, Kerle, die keinen Fuchs von einem Hasen unterschei- den können, trotzdem sie beides sind."(50)

Hier verarbeitet Fontane Gedanken, die sich ihm bereits über ein Jahrzehnt zuvor angesichts der preußisch-deutschen Gesellschaftspolitik herangebildet haben. Es geht um die Auswirkungen der Volksbildung und der allgemeinen Militärpflicht auf eine Gesellschaftsstruktur, die vom Geist der Unterordnung geprägt ist. In einem Brief aus dem Jahr 1878 schrieb Fontane an seine Frau:

„Massen sind immer nur durch Furcht oder Religion, durch weltliches oder kirchliches Regiment in Ordnung gehalten worden, und der Versuch, es ohne diese großen Weltprofosse leisten zu wollen, ist als gescheitert anzusehen. Man dachte, in ‚Bildung' den Ersatz gefunden zu haben, und glorifizierte den ‚Schulzwang' und die ‚Militärpflicht'. Jetzt haben wir den Salat. In beiden hat sich der Staat, ja mehr denn das, ‚die Gesellschaft' eine Rute aufgebunden: der Schulzwang hat alle Welt lesen gelehrt und mit dem Halbbildungsdünkel den letzten Rest von Autorität begraben; die Militärpflicht hat jeden schießen gelehrt und die wüste Masse zu Arbeiterbataillonen organisiert."(51)

Lehnert Menz ist — nach dem seinerzeit viel zitierten Wort Heinrich Heines — „Europa-müde".(52) In den Kretschams, wo er viel Freunde und Anhang besitzt,(53) gereicht es ihm zur Freude, „von dem elenden Leben in diesem Sklavenlande zu sprechen", und es drängt ihn dann

---

50 HI/I, 238.
51 Brief an Emilie vom 3. Juni 1878; AB I, 450; ergänzt wird dieser Brief durch einen weiteren an Emilie vom 5. Juni 1878; AB I, 451 f.
52 Heinrich Heine, „Englische Fragmente" in: H. Heines sämtliche Werke. Hrsg. von Ernst Elster, Leipzig o. J., Bd. 3, S. 494.
53 HI/I, 226, 274, 276, 290, 308. Die häufige Wiederholung dieser Tatsache weist darauf hin, daß Lehnert nicht allein steht, daß er für die Obrigkeit gefährlich werden kann.

unwiderstehlich, „dieser Armseligkeit und Knechterei den Rücken zu kehren und übers Meer zu gehen".(54) Das Gefährliche solcher Reden für die Allgemeinheit hebt denn auch Förster Opitz in seiner Anzeige deutlich hervor: „Er sei ein Verführer für die ganze Gegend, so recht eigentlich, was man einen Aufwiegler nenne, und rede beständig von Freiheit und Amerika, und daß es da besser sei als hier, in diesem dummen Lande."(55) Was Lehnert in seinem Zug nach der amerikanischen Ferne bestärkt, ist zusätzlich ein ihm eingeborener „Hang nach dem Abenteuerlichen".(56) Amerika bedeutet ihm nicht nur das Land politischer und gesellschaftlicher Fortschritte; dort, in der weiten Naturlandschaft, glaubt er auch seine Vorstellungen von einem naturwüchsigen Leben verwirklichen zu können; es besteht darin, der Natur und allen feindlichen Kräften durch Tüchtigkeit und, wenn nötig, auch durch einen geraden, ehrlichen Kampf eine nicht alltägliche Existenz abzuringen. Diese Sehnsüchte eines Abenteurers erklären, weshalb für Lehnert die schönste Zeit in Preußen im Kriege lag. Der Krieg in Frankreich sei „das einzig vernünftige Leben"(57) gewesen, und zu gerne wäre er „bei den Soldaten geblieben und hätte seinem König weiter gedient",(58) wenn nicht sein damaliger Vorgesetzter, der jetzige Förster Opitz, gemein und hinterhältig gegen ihn intrigiert hätte. Lehnert ist kein Anarchist, auch kein Revolutionär, der die hierarchische Ordnungsstruktur umwerfen will. Er opponiert nicht gegen das Prinzip der Über- bzw. Unterordnung:

„Ich war bei den Soldaten und weiß, was Gehorchen heißt, und is gar kein vernünftiger Mensch, der gegen's Gehorchen is. Denn das hält alles zusammen. Und so muß auch das Gesetz sein."(59)

54 HI/I, 278.
55 HI/I, 276 f.
56 HI/I, 262.
57 HI/I, 274 und 331.
58 HI/I, 278.
59 HI/I, 219 und 328: „Wo Verstand befiehlt, ist Gehorsam leicht. Bloß der Befehl rein als Befehl, bloß hart und grausam, da kann ich nicht mit, das kann ich nicht aushalten." Vgl. auch die Worte Opitzens 238: „Ich bin nicht so dumm, daß ich mir einbildete, wenn der Rehbock geschossen wird, geht die Welt unter. Nein die Welt geht nicht unter. Aber Ordreparieren geht unter, Ordreparieren, ohne das die Welt nicht gut sein kann."

Aber er lehnt sich gegen die Ungerechtigkeit und Unmenschlichkeit einzelner Vorgesetzter auf, gegen den „Unteroffizier", der die Soldaten aus persönlichem Übelwollen schindet. Der militärische Dienst als solcher mit seinen harten Spielregeln und verlockenden Auszeichnungen gewährt dem tüchtigen und ehrgeizigen Lehnert ein angemessenes Tätigkeitsfeld und verspricht ihm ein erfolgreiches und ehrenvolles Leben. Doch die Menschen, die den Dienst ausüben, versagen häufig:

„Aber die Menschen, ja, Herr Pastor, die Menschen, die machen den Unterschied, und wenn die nichts taugen, dann ist es schlimm [. . . .] Aber auf die, die den Befehl haben, auf *die* kommt es an, und was gibt es nicht für Vorgesetzte!"(60)

Seine Feindschaft mit Opitz hat zum größeren Teil persönliche Gründe, und nur zu einem geringeren Teil spricht sich in ihr der ‚natürliche' Gegensatz zwischen Förster und Wilderer aus; auch der weltanschauliche Gegensatz von Freiheitsbewußtsein und Obrigkeitsstaat ist nur ein Teilaspekt dieser Feindschaft. Den Glaubenssatz, daß der Förster Obrigkeit sei und daß die Obrigkeit von Gott eingesetzt sei, läßt Lehnert nicht gelten: „Er [Opitz] ist bei dem Grafen in Dienst und für *den* steht er da." Alles andere sei „reine Gotteslästerung".(61) Aber dann erklärt Lehnert auch: „[. . . .] ich bin nicht gegen das Gesetz, auch wenn ich's nicht immer halte, ich bin bloß gegen den Opitz, diesen Schuft und Schelm, diesen Saufaus und Menschenschinder."(62) Nicht daß Opitz seine „Pflicht" ausübt, kritisiert er, sondern daß ihm das auferlegte Amt nur als Tarnung dient, der „Lust" am Menschenschinden nachzugehen.(63) Als Oberjäger in Lehnerts Militärzeit hat er ihm jede Auszeichnung mißgönnt, die Medaille, die er für die Rettung eines Kameraden vor dem Ertrinken erhalten hatte, bezeichnet Opitz abfällig als „Schwimmedaille"(64) und die Verleihung des Eisernen Kreuzes für einen mutigen Einsatz im Krieg wußte er sogar zu verhindern. Das erfahrene Unrecht kann Lehnert um so weniger vergessen, als sein

60 HI/I, 219.
61 HI/I, 256.
62 HI/I, 219. Das *menschliche* Versagen des Försters hebt auch der Erzähler wiederholt hervor: 214, 221, 230.
63 HI/I, 220.
64 HI/I, 237.

ehemaliger Vorgesetzter nach dem Krieg mit dem Amt des Försters betraut wurde; von ihm beim Wildern ertappt, mußte er bereits eine zweimonatige Gefängnisstrafe in Jauer abbüßen, „wie'n Verbrecher, unter lauter Gesindel."(65) — Dieser Überblick zeigt die unterschiedlichen Ursachen, die schließlich zur blutigen Radikalisierung des Konflikts führen. „Er hat mir das Leben verdorben und mein Glück und meine Seligkeit."(66)

Der aufbegehrende Abenteurer Lehnert scheut zwar weder Anstrengung noch Wagnis, aber er sucht überall die Klarheit der Verhältnisse. Das militärische Ordnungsprinzip — je einfacher desto besser — kommt seiner Natur entgegen, indem es überschaubare Spielregeln und Richtlinien für ein aktives, abenteuerliches und zugleich ehrenvolles Leben enthält. Nur der Neid, die Hinterhältigkeit und Gemeinheit einzelner Menschen verwandeln das vertraute Tätigkeitsfeld in einen undurchdringlichen und unbefriedigenden Wirrwarr, in dem das Gehorsamsprinzip nicht mehr die Tüchtigkeit des einzelnen sinnvoll in das Ganze einfügt, sondern ganz im Gegenteil die individuelle Energie tötet. Opitz droht: „[. . . .] und nie vergessen, daß man Vorgesetzte hat".(67)

Aus der Sicht Lehnerts spitzt sich der Konflikt zwischen ihm und dem Förster zu einem Zweikampf zu. Das Waldgehege, darin man sich mit Waffen begegnet, bezeichnet den abenteuerlichen Ort, wo das Prinzip „Mann gegen Mann"(68) gilt. Es ist die Situation, wie sie der amerikanische Mythos vom Wilden Westen tausendfach wiederholt: Zwei unversöhnliche Feinde stehen sich gegenüber, und der ‚bessere Mann' gewinnt, d. h. überlebt. „[. . . .] aus Hund und Katze kann man kein Paar machen; eine Weile mag es gehen, aber mit einem Male hebt die Katze die Pfote wieder, und der Hund packt zu. Hoffentlich bin ich der, der zupackt."(69) — Aber so ganz genau trifft die Zweikampfsituation doch nicht die Art der Begegnung zwischen Lehnert und Opitz. Nicht zu jeder Zeit nämlich bringt Lehnert jene Energie auf, deren es zur bewußten Herbeiführung eines Duells bedarf. Denn so sehr er vom Hang zum Abenteuerlichen bestimmt ist, so kann er sich zuweilen doch nicht von einem ebenso angeborenen Zug zur Apathie befreien. Dann erfaßt ihn eine Ohnmacht, die „Vergeblichkeit alles Ankämpfens" steigt

65 HI/I, 220.
66 HI/I, 278.   68 HI/I, 279.
67 HI/I, 232.   69 HI/I, 262.

ihm zu Bewußtsein, und ihn überkommt „eine plötzliche Sehnsucht danach, die Hände in den Schoß zu legen und alles ruhig über sich ergehen zu lassen."(70) Diese Lethargie überwindet er freilich schnell, als er hört, wie Opitz seinen Versuch, in Frieden auszukommen, auslegt: „ Wer mal zu Kreuze gekrochen ist, der bringt die Courage nicht mehr fertig. Das ist nu mal so."(71) In dem Augenblick, wo Lehnert diese triumphierenden Worte durch die Magd Christine erfährt, ist er wie verwandelt: „Da warf er sich hin und schlug sich vor die Stirn und schwur und zitterte. Denn er war seiner Sinne kaum noch mächtig."(72) — Die Kenntnis von der zweiten Anzeige, in der Opitz nunmehr ein harte, exemplarische Bestrafung empfiehlt,(73) löst dann den eigentlichen Schritt zum Zweikampf aus. Aber Lehnert schreckt offensichtlich davor zurück, den bevorstehenden Kampf als ein Messen der Kräfte zu verstehen, wie es beim Duell der Fall ist. Ganz im Gegenteil weist er jeglichen Anteil an der Entscheidung von sich und überträgt den weiteren Verlauf des Duellgeschehens einem dunklen Schicksal. Er bewaffnet sich im Waldgehege, will es aber dem schicksalhaften Zufall überlassen, ob er dem Förster begegnet. „Ich sage nicht, daß ich's tun will, ich will es nicht aus freien Stücken tun, nein, ich will es in Gottes Hand legen, und wenn *der* es fügt, dann soll es sein. . . ."(74) Das Duell nimmt den Charakter eines Gottesurteils an. Noch einem zweiten Zeichen überläßt Lehnert die Entscheidung über das Weitere.(75) Dann aber übernimmt er wieder die Initiative, wenn er jene Wege im Waldgehege verläßt, auf denen er dem Förster keinesfalls begegnen kann, und den einen einschlägt, wo die Begegnung überhaupt stattfinden kann und auch tatsächlich stattfindet. Opitz schießt zuerst, aber das Zündhütchen seines Gewehrs versagt; dann erst schießt Lehnert und trifft den Förster tödlich. Dieser abermalige Zufall kommt Lehnert gelegen; denn er will noch immer nicht die Verantwortung für eine Entscheidung übernehmen, die zur bewußten und gewollten Tötung eines Menschen führt. Die Konfrontation im Stile des „Mann gegen Mann" läßt sich vor dem eigenen Gewissen leichter rechtfertigen, wenn man sie als einen „Akt der Notwehr" oder gar als einen Eingriff des Schicksals, dessen „Werkzeug" man nur ist, interpretiert:

70 HI/I, 262.   73 HI/I, 276 f.
71 HI/I, 265.   74 HI/I, 279.
72 HI/I, 265.   75 HI/I, 282.

„Das Frühere, mit der Begegnung oder Nichtbegegnung und dem Gottesurteil, das darin liegen sollte, das war etwas Ausgeklügeltes gewesen,
jetzt aber war Gott aus freien Stücken für ihn eingetreten und hatte
gegen Opitz entschieden. Er seinerseits war nur ein Werkzeug gewesen,
dessen sich die Vorsehung zur Abstrafung eines bösen Menschen
bedient hatte. "(76)

Es braucht nicht eigens hervorgehoben zu werden, wie subjektiv solche
Interpretations- und Rechtfertigungsversuche sind; der Erzähler nennt
sie wiederholt Trugschlüsse und Spiegelfechtereien;(77) vor dem Strafrecht bleibt Lehnerts Tat ein krimineller Fall, der den juristischen
Apparat in Bewegung setzt. Lehnert muß fliehen.

Bevor sich die schlesische Szenerie in die amerikanische verwandelt,
lenkt der Erzähler den Blick noch einmal auf die Erlebnisse und
Ansichten einer Berliner Touristenfamilie, die sich zufällig in Krumm-
hübel aufhält und Zeuge des kriminellen Vorfalls wird. Man unterhält
sich gerade über den mutmaßlichen Mörder des Försters, als ein
merkwürdiger Aufzug das Gespräch plötzlich unterbricht. Unter seltsa-
mem Trommeln und Pfeifen erscheint ein „dunkelhäutiger Italiener,
zwei Bären hinter sich, von denen der eine mit seinem wie von Motten
zerfressenen Pelz nur noch als Tummelplatz für zwei blaujackige Affen
diente, während unmittelbar daneben ein großes wohlkonditioniertes
Prachtexemplar, der unzweifelhafte Held der Kavalkade wie der ganzen
Situation, einhertrottet."(78) Dazwischen bewegt sich ein mächtiger
Leierkasten, der „keine gewöhnliche Drehorgel, sondern ein höheres
Kunstinstrument mit Janitscharenmusik war".(79) Daneben schreitet
„eine phantastisch gekleidete schwarze Person"(80) einher. Dann hält der
Zug an, und der Musterbär, „einen Stock über Hals und Rücken",
beginnt seinen Tanz, während „das mit allerlei roten Tüchern drapierte
Zigeunerweib die Leierkastenkurbel" dreht und die Affen in die
Zuschauermenge springen. Die Wirkung dieser Vorführung auf die
Zuschauer ist unterschiedlich. Die kleinen Berlinerinnen − „mit
Kiepenhüten und roten Jacketts" − fasziniert das Schauspiel solcher-
maßen, daß sie, „allen Residenzhochmut und alle Standesunterschiede

76 HI/I, 289.
77 HI/I, 289 und 279.   79 HI/I, 318.
78 HI/I, 317.   80 HI/I, 317.

vergessend", sich mit der Dorfschuljugend in Einmütigkeit vereinen. Nur Espe, das Oberhaupt der Berliner Familie, zeigt Bedenken:

„Jung und alt waren erheitert, nur Espe konnte dergleichen nicht ertragen. Was sich allen andern einfach als Mummenschanz, als ein Stück poetischer, mit dem Zauber des Fremdartigen ausgestatteter Welt darstellte, war ihm nur eine Welt der Unordnung, der Unsitte, der Faulenzerei, durchsetzt mit Keimen, aus denen allerlei Verbrechen über kurz oder lang aufgehen müsse."(81)

Es wird noch zu zeigen sein, in welchem Ausmaß dieser Mann als Repräsentant der modernen preußisch-deutschen Erfolgsgesellschaft gilt; seine hier geäußerte Ansicht spiegelt somit die maßgebliche, offizielle Einstellung zu solchen Phänomenen. Espe nun glaubt einen Zusammenhang zwischen der Geschichte Lehnerts und dem herumziehenden Trupp feststellen zu müssen:

„Und dann sind es nicht mehr zwei, sondern mutmaßlich drei, und der dritte, der sich dann eingefunden hat und sich auf falsche Bärte versteht und es gewiß nicht unter einem anderthalb Fuß langen Sappeurbart tut und der dann vielleicht abwechselnd mit der schwarzen Hexe da den Leierkasten dreht oder auch an der Beckenstrippe zieht — dieser dritte Galgenstrick ist dann unser Freund Lehnert Menz. . ."(82)

In der Sicht eines Repräsentanten der modernen Gesellschaft rückt Lehnert in den Umkreis einer exotisch anmutenden Untergrundwelt; ihre bloße Existenz bedeutet eine Gefährdung des gesellschaftlichen Ganzen, da sie sich weder national noch moralisch gebunden fühlt; „Gesindel," „Verbrechervolk und Mörderbande",(83) die sich dem institutionellen Zugriff ständig entwinden. Allerdings bleibt Espes Befürchtung, Lehnert werde sich diesem Zug zugesellen, nicht unwidersprochen. Ein Assessor glaubt ganz im Gegenteil: „Bärenführer! *Der* wird kein Bärenführer und zieht an keiner Beckenstrippe. . ." Viel eher sieht er Lehnert als einen „Mohrenkönig", einen chinesische[n] Admiral" oder einen „Robinson".(84) In beiden Sichten jedoch wird der

81 HI/I, 318.   83 HI/I, 319.
82 HI/I, 319.   84 HI/I, 320.

weitere Lebensweg Lehnerts mit exotischen Attributen versehen. — In dieser Szene, die den ersten Romanteil abschließt und scheinbar bezuglos innerhalb des Ganzen steht, wird Lehnerts nicht alltägliches Schicksal mit dem Maßstab der gesellschaftlichen Alltäglichkeit gemessen. Der Angehörige einer auf Nivellierung ausgerichteten Gesellschaft sieht im Lebensweg eines Kriminellen die Entscheidung zum Ordnungswidrigen, die er selbstverständlich verurteilen muß (Espe); aber zugleich kann sich ihm (Dr. S. Unverdorben) diese Entscheidung zum Ordnungswidrigen als ein Sprung zum Außerordentlichen darstellen, als ein Wagnis zur exotisch-abenteuerlichen Freiheit, die er als gesellschaftsgebundener mehr oder minder bewundert.

Die sechs Jahre, die Lehnert in Amerika verbringt, scheinen glücklich zu beginnen. In den „Diggings" kommt er zu Vermögen; aber ein Fallissement jener Bank, auf der er sein Geld deponiert hat, macht ihn auf einen Schlag wieder arm. Zu einem abermaligen Neuanfang fehlt ihm die Lust, und er entschließt sich, als Tischler am Mississippi eine neue, aber bescheidene Existenz zu begründen. Auch daran wird er durch ein Eisenbahnunglück gehindert. Nach seiner Genesung stößt er zufällig zu einer Mennonitengemeinschaft, die er bereits aus seiner „Diggings"-Zeit kannte; während er sich damals gegen den angebotenen Eintritt in diese Gemeinschaft entschieden hatte — „Aber ich hatte damals noch die Sehnsucht nach den Diggings hin, weil ich ein Narr war und reich werden wollte."(85) — glaubt er nun in dem erneuten Treffen einen Fingerzeig der „Bestimmung"(86) zu erkennen, die ihm ein Leben mit den Mennoniten anzeigt.

Lehnert hat sich in den sechs Jahren gewandelt. Das zuweilen Fanatische seines Hasses — „Ich hasse ihn [Opitz], und Haß ist überhaupt das Beste, was man hat." (87) — ist gänzlich verschwunden. An seine Stelle tritt ein Zug der Güte, Milde und Demut.(88) Jene Energie, die ihn dazu trieb, in den „Diggings" mit Riesenschritten die

85 HI/I, 326.
86 HI/I, 327.
87 HI/I, 243.
88 Paul Schlenther schreibt in seiner Rezension (Vossische Zeitung, Sonntagsbeilage, Nr. 51 vom 21. Dezember 1890): „Was den Helden selbst betrifft, so veräthert sich seine Persönlichkeit im Umgang mit den Mennoniten in demselben Maße, wie seine Seele sich läutert und sein Herz sich reinigt."

Wohlstandsleiter emporzuklettern, ist gebrochen; seine ‚amerikanischen Gründerjahre' sind gescheitert. Aber diese Entwicklung nahm er, wie es heißt, „ohne tiefere Bewegung" auf,

„weil ihn dieser beinahe völlige Vermögensverlust rasch mit einem Schlag einem im Lauf des letzten halben Jahres in San Franzisko geführten Spekulationsleben entriß, das ihm eigentlich schon widerstand, während er es noch mitmachte. Ja, er sehnte sich aufrichtig danach, an die Stelle des mit deutschen und schweizerischen und vielfach auch mit französischen Abenteurern in den Diggings verbrachten Lebens, und des schlimmren in der kalifornischen Hauptstadt, wieder ein Leben voll Arbeit treten zu lassen, und die Reise nach dem Osten erschien ihm als der erste Schritt dazu."(89)

Angesichts der Möglichkeit, mit der Mennonitengemeinschaft zusammenzuleben, erwacht in ihm eine anders geartete Energie, deren Ziel in einem gemeinnützigen Tätigsein liegt:

„Ich habe, von Kind auf, Schwielen an meinen Händen gehabt, und wenn ich sie hatte, war mir immer am wohlsten. Ich will deinem Vater in der Wirtschaft helfen, pflügen und graben, wenn es sein muß, und das Vieh austreiben. Ich weiß mit Axt und Säge Bescheid und kann Uhren reparieren und dachdecken, mit Schindel und mit Stroh, und einen Stollen in den Berg schlagen. Und ich kann auch die Schreiberei besorgen und werde mich überhaupt schon nützlich machen."(90)

In diesen Worten wird noch einmal die Kluft deutlich, die Lehnert von dem Stadtmenschen des Gesellschaftsromans trennt; einem Waldemar von Haldern fehlten gerade diese Kräfte, über die Lehnert so ursprünglich verfügt.

    Fontanes Erzählweise, die dem Leser den Vorgang der allmählichen Entwicklung Lehnerts vorenthält und nur das Endergebnis vor Augen führt, stieß auf Kritik. Bruno Wille wünschte sich eine ausführlichere Motivation der inneren Wandlung.(91) Demetz erblickte in dem

89 HI/I, 322 f.
90 HI/I, 328.
91 Bruno Wille in: Freie Bühne für modernes Leben, 2. Jg. 1891, S. 143.

Umstand, „daß der Erzähler die langsame Entwicklung kühn überspringt," den technische[n] Mangel des Romans."(92) Aber bedarf es denn hier unbedingt einer charakterologischen Darstellung der individuellen Entwicklung? Die vom Erzähler gegebenen Hinweise über Lehnerts Erlebnisse in den sechs Jahren motivieren hinreichend sein Bedürfnis nach einem ruhigen Leben. Die Befriedigung, die er im allgemeinen Geldrausch der „Diggings" nicht fand, erhofft er sich nunmehr (allerdings nur zaghaft) von dem neuen Lebenskreise. Der psychologische Nexus ist damit überzeugend gegeben; ein ausführlicheres Verweilen bei dem biographischen Wendepunkt im Stile des Bildungsromans konnte wohl kaum im Interesse Fontanes gelegen haben. Wandrey hat bereits beobachtet, daß „Quitt" nicht als der Roman einer Charakterentwicklung gelten könne; dem liefe allein die Schicksalsverwendung entgegen(93); allerdings verbindet er mit dieser Beobachtung vorschnell ein negatives Urteil. Die Biographie Lehnerts — beginnend mit seiner Kindheit und mit dem Tode abschließend —zentriert sich nicht um den pädagogischen Begriff der Entwicklung; ob und in welchem Ausmaß sie auf die moralischen Begriffe von Schuld, Sühne und Läuterung bezogen ist, bleibt noch zu prüfen; doch mag hier bereits vorweggenommen werden, daß sich auch der moralische Aspekt kaum auswirkt. Was Lehnerts Biographie in erster Linie bestimmt, ist das Motiv der Suche nach dem glücklichen, besseren Leben. Während Cécile nur schmerzlich von einer „Reise nach dem Glück"(94) träumen kann, erkämpft sich Lehnert sein Wunschziel, tritt er jene Reise tatsächlich an, zu der es im Falle Waldemar von Halderns nie gekommen war. Doch wenn sich ihm in Schlesien die Verwirklichung seiner Wunschvorstellung als ein äußeres Problem (siegreicher Kampf, erfolgreiche Flucht) darstellte, so verwandelt sie sich in Amerika zusehends in ein inneres; nicht mehr der besseren Umwelt gilt nun die Suche, sondern dem Ausgleich und der Beruhigung des eigenen Ich. Denn in der Mennonitengemeinde findet Lehnert jene Umwelt, nach der sich zu sehnen ihn die Erfahrungen der vergangenen Jahre gelehrt haben.

92 Demetz, S. 102.
93 Wandrey, S. 325.
94 HI/II, 144.

Was ist das für ein Menschenkreis, der so günstige Voraussetzungen für die Gestaltung eines sinnerfüllten Lebens bietet? Aufgrund genauerer Kenntnis der Gemeinschaft fühlt sich Lehnert wiederholt „an einen nach Art eines großen Vogelbauers eingerichteten Schaukasten" erinnert, den er seinerseits in San Franzisko gesehen hatte, „drin nicht nur ein Hund, ein Hase, eine Maus und eine Katze samt Kanarienvogel und Uhu, sondern auch ein Storch und eine Schlange friedlich zusammengewohnt hatten."(95) Dieses paradiesische Schaustück friedlichen Zusammenlebens zwischen ‚natürlichen' Feinden trug die Aufschrift „A happy family". Die tiefen Gegensätze, die die mennonitische Gründung von Nogat-Ehre umfaßt, verbergen sich zunächst dem von außen nahenden Beschauer; dem uneingeweihten Ankömmling bietet sich ein Bild der Gleichheit und Einförmigkeit; die Gehöfte sind „von ziemlich gleichem Aussehen"(96) und erinnern darin an den Forstacker aus „Vor dem Sturm" mit seinen unterschiedslosen Hütten. Doch dieser Eindruck des Nivellierten erweist sich alsbald als oberflächlich. Bewußt hatte Fontane den Mennonitenkreis im Stile der „happy family" entworfen; in einem Brief an Friedlaender erklärt er,

„daß ich das Menonitenhaus in Nogat-Ehre wirklich im Stil von ‚A happy family' behandelte, d. h. Feindliches, diametral Entgegengesetztes f r i e d l i c h daselbst zusammenführte: Monsieur L'Hermite, der den Erzbischof von Paris erschießen ließ, L e h n e r t, der einen Förster erschoß, und M i s t e r K a u l b a r s und Frau, brave, klugschmusige, neunmalweise märkische Leute, die in ihrem preußischen Sechs-Dreier-Hochmuth a l l e s besser wissen."(97)

Eine „bunte Menschenmasse"(98) hatte sich in Nogat-Ehre vereint, das trotz des konfessionellen Namens „nicht einmal durch das Band gemeinsamer kirchlicher Anschauungen zusammengehalten wurde."(99) Von der Gleichgesinntheit der Hohen-Vietzer Gemeinschaft ist nichts

---

95 HI/I, 347. Mit „Hund" und „Katze" hatte Lehnert seinerzeit die ‚natürliche', unversöhnliche Feindschaft zwischen sich und dem Förster beschrieben HI/I, 262.
96 HI/I, 335.
97 Brief an Friedlaender vom 2. Mai 1890; Friedl. Br. 127. Vgl. auch Brief an Wilhelm von Merckel vom 20. September 1858; AB I, 249.
98 HI/I, 346.
99 HI/I, 346.

mehr zu spüren; Gegensätze und Widersprüche prallen hart aufeinander, und dennoch bleibt der Friede bewahrt. Kaulbars und seine Frau sind „Vollblutmärker", Preußen, wie sie im Heimatlande nicht typischer hätten auftreten können. Sie empfehlen sich durch preußische Tugenden wie Ordnungsliebe, Arbeitswilligkeit, Nüchternheit,(100) Sachverstand,(101) gute Zucht und Sitte(102); aber so sehr sie durch ihr preußisches Wesen der Allgemeinheit nützen, so sehr schaden sie ihr auch aus demselben Wesen: Eigensinn, Besserwisserei und Untertanengeist führen zu einer Haltung, die das Geleistete mehr verdirbt als fördert; ein „toter Gehorsam" (103) läßt bei aller Fähigkeit die getane Arbeit nicht zum Guten anschlagen; der preußische Geist, der die ganze Welt ‚verpreußen' will,(104) läßt die wertvollsten Anstrengungen verkümmern. Neben dem Ehepaar Kaulbars, das natürlich zu Luther hält, lebt die Polin Maruschka, eine einfältige Katholikin, die als Kind im Schneegestöber an der Weichsel aufgefunden wurde und schließlich, mit einem roten Tuch auf dem Kopf, dem Leiter der Mennonitengemeinde begegnete und ihm seither treu dient. (105) Auch Totto, der, wenn überhaupt, nur an die schwarzen und weißen Pferde seiner litauischen Urahnen glaubt, hat ein abenteuerliches Leben hinter sich; nach langjährigem Dienen verließ er plötzlich die Gemeinde, um viel Geld zu verdienen, was ihm zunächst auch gelang; aber er verlor ebenso schnell wieder seinen ganzen Reichtum, als er den ‚großen Herrn' spielen wollte; so kehrte er wieder zurück und wurde aufgenommen, ohne mit Fragen nach seinen Erlebnissen in der Zwischenzeit bedrängt worden zu sein.(106) – Das Oberhaupt der Gemeinde, der „Hausgeist", (107) dem es gelingt, die Gegensätze in Frieden zusammenzuhalten, ist Obadja Hornbostel. In seiner feierlichen Steifheit wirkt er zuweilen wie ein „Papst",(108) ein Patriarch oder Kirchenfürst(109); aber er predigt nicht nur sein „Friedensevangelium",(110) sondern er verkörpert es auch in seiner Erscheinung und in seinem Tun; in seiner Auffassung von einem praktischen Christentum(111) rückt er bereits in die Nähe von

100 HI/I, 338.
101 HI/I, 366.
102 HI/I, 338 f.
103 HI/I, 339.
104 HI/I, 341.
105 HI/I, 369.

106 HI/I, 367 f.
107 HI/I, 347.
108 HI/I, 344.
109 HI/I, 422.
110 HI/I, 347.
111 HI/I, 375.

Pastor Lorenzen. Obadja gehört zu den „Neuerungsenthusiasten", „die den Entdeckern das Ei fortziehen, noch eh' es ausgebrütet" ist.(112) Er ist ein Mann des Besitzes, der die Güter ansammelt, nicht aber „zu meiner und meines Hauses, wohl aber zu Gottes und seiner Heiligen Ehre",(113) wie er von sich bekennt; dennoch zeichnet ihn „nach Art vieler Frommen" ein ausgeprägter Sinn für die Güter dieser Welt aus.(114) In seiner Charakteristik des Kaulbarsschen Ehepaares hatte Obadja mit Einschränkungen seine Sympathie mit dem preußischen Geist ausgesprochen; dennoch ist seine eigentliche Geisteshaltung von einem Republikanertum bestimmt, das nicht nur seine politischen, sondern auch seine ästhetischen Anschauungen begründet.

„Und dieser Geist [aus dem Pestalozzis Roman geschrieben ist] ist der republikanische Geist. Und daß derselbe hier lebendig ist, hier in dieser herrlichen alten Schweizergeschichte, das ist ein Vorzug, dessen sich nur wenig deutsche Bücher rühmen dürfen. Über allen deutschen und namentlich über allen preußischen Büchern, auch wenn sie sich von aller Politik fernhalten, weht ein königlich preußischer Geist, eine königlich preußische privilegierte Luft; etwas Mittelalterliches spukt auch in den besten und freiesten noch, und von der Gleichheit der Menschen oder auch nur von der Erziehung des Menschen zum Freiheitsideal statt zum Untertan und Soldaten ist wenig die Rede. Darin ist die schweizerische Literatur, weil sie die Republik hat, der deutschen überlegen, und alle Deutsche, die wie wir, das Glück haben, Amerikaner zu sein, haben Grund sich dieses republikanischen Zuges zu freuen."(115)

112 HI/I, 333.
113 HI/I, 339.
114 HI/I, 358 und 376.
115 HI/I, 387. Vgl. Brief an Henriette von Merckel vom 12. Dezember 1856; AB I, 198; und Friedl. Br. 284 vom 6. Mai 1895. An H. v. Merckel schrieb Fontane: „In Zeiten, wo man bei der Polizei anfragen muß, ob sie einem diesen oder jenen alten Markgrafen zu künstlerischer Verarbeitung gestatten und in der 3. Szene des 3. Akts einen halben Freiheitsgedanken erlauben will, in solchen Zeiten, unter der Direktion von Hülsen-Teichmann-Düringer (Schafskopp), *kann* man allerdings immer noch ein Shakespeare sein, aber es wird einem doch wirklich zu sauer gemacht, besonders in Erwägung des Umstandes, daß man mutmaßlich keiner ist." Und an Friedlaender hieß es: „Eh wir nicht volle Freiheit haben, haben wir nicht volle Kunst."

Doch bei aller Begeisterung für das republikanische Selbstbestimmungsprinzip erkennt er die Problematik, die in seiner in Nogat-Ehre verwirklichten Freiheitsidee liegt:

„Denn die Freiheit, deren wir uns hier rühmen und freuen, ist ein zweischneidig Schwert, und die Despotie der Massen und das ewige Schwanken in dem, was gilt, erfüllen uns, sosehr ich die Freiheit liebe, mit einer Unruhe, die man da nicht kennt, wo stabile Gewalten zu Hause sind."(116)

Und eine solche Unruhe macht sich dann auch öfters in der Mennonitengemeinde bemerkbar. So hatte z. B. Lehnert in seinen Erzählungen von der schlesischen Heimat auch die legendäre Gestalt des Rübezahl erwähnt und die Begeisterung der Zuhörer, auch Obadjas, war so groß, daß man beschloß, eine aus Holz geschnitzte Rübezahlfigur in der Halle ehrenhalber aufzustellen. Kaum aber hat man das vollbracht, als die Figur auch schon bei einigen entfernten Mitgliedern der Mennonitengemeinde, gleichsam dem ‚Milieu' von Nogat-Ehre, Anstoß erregt. Der „Götze",(117) wie man Rübezahl nennt, muß verbrannt werden. Doch nicht genug damit, bietet die einmal laut gewordene Kritik am Einzelfall einen willkommenen Anlaß zur Bekundung allgemeiner Unzufriedenheit mit der demokratischen Liberalität Obadjas, der „sein Haus zur Freistätte für all und jeden mache"(118); der Vorwurf richtet sich erstaunlicherweise weniger gegen Lehnert als vielmehr gegen die Anwesenheit der katholischen Polin Maruschka. Obadjas Kunst besteht darin, die jederzeit möglichen Konflikte in seiner Gemeinschaft abzubiegen, zu entschärfen oder zu lösen. Es gelingt ihm durch Vernunft und Liebe, eine pluralistische Gesellschaft zusammenzuhalten, obwohl er, den inneren Widerspruch nicht scheuend, auf eine allgemein verbindliche Richtlinie der Gesinnung und des Bekenntnisses verzichtet. Er übt unter den Indianern seine missionarische Tätigkeit aus, er ‚rettet' Gunpowder-Face vor den Medizinmännern und lenkt damit manch bösen Blick gegen sich(119); aber diese Missionierung verläuft von

116 HI/I, 338.
117 HI/I, 384.
118 HI/I, 384.
119 HI/I, 396.

seiten Obadjas in Ruhe und Nüchternheit, wodurch er sich deutlich von der herrnhutischen Missionspraxis einer Tante Schorlemmer aus „Vor dem Sturm" unterscheidet.

Eine große Belastungsprobe für den pluralistischen Geist der Gemeinschaft mag vor allem in der Anwesenheit Camille L'Hermites liegen. Diese Figur ist eine groteske Mischung von blutigem Revolutionär, fanatischem Oberpriester der Idee, verzweifeltem Opfer einer unheimlichen Schicksalsmacht und nachtwandlerischem Irrsinnigen. Schon früh fiel der Franzose der Kritik auf(120); seine außerordentlich konkrete historisch-politische Bedeutung hat erst Hans-Heinrich Reuter herausgearbeitet(121); ihm gelten die L'Hermite-Kapitel als „die kühnste Ehrenrettung der französischen Kommunarden und ihres Kampfes, den die bürgerliche deutsche Literatur des letzten Drittels des 19. Jahrhunderts kennt."(122) Dieses Urteil bezieht sich auf die aktive Teilnahme L'Hermites an dem Aufstand der Pariser Kommune von 1871. Er, der bereits in der Junischlacht von 1848(123) auf der Seite der „Roten" gekämpft hatte und verwundet, gefangen und eingekerkert wurde, trat auch für die Sache der Kommune ein; er übernahm sogar das Kommando, als es hieß, die letzte Geisel, den Erzbischof von Paris, zu erschießen; abermals gefaßt, wurde er zu lebenslanger Haft an die Küste Neukaledoniens deponiert; von dort jedoch gelang ihm die waghalsige Flucht. Schon früh mit den Arbeitsbedingungen in den Galmei- und Bleibergwerken vertraut, stand L'Hermite sein Leben lang auf der Seite des Arbeiters. Seine Fertigkeiten auf dem Gebiet der „Höllenmaschinen und Dynamitbomben"(124) — im Krimkrieg hatte er sich als Soldat im Minenkrieg vor Sebastopol ausgezeichnet — stellt er dann auch bereitwillig zur Verfügung. Die Radikalität seiner Anschauungen läßt ihn in dem Republikanismus eines Obadja nur lächerliche „Halbheitszustände"(125) erblicken. Dessen Missionseifer gilt ihm nur als Gegenstand grotesker Verzerrungen; denn der Franzose ist Atheist. „Ihr kennt

120 Siegfried Samosch in: National-Zeitung Nr. 533 vom 18. September 1891. Wille, S. 143.
121 Reuter, „Grundpositionen", S. 30 ff.
122 Reuter, S. 453.
123 Nach Fontanes Worten müßte es sich jedoch um das Jahr 1849 handeln HI/I, 357.
124 HI/I, 357 f.
125 HI/I, 388.

meinen Katechismus und wißt, daß der Pfaffengott nicht darin vorkommt."(126) Und: „Heiland, Erlöser. Bah!"(127) An die Stelle der „pfäffische[n] Lüge"(128) setzt er eine Religion der „Idee"; er verkündet die „Herrschaft der ‚Idee'"(129): „Statt, wie jetzt, in der großen Lüge großgezogen zu werden, müssen wir großgezogen werden in der Idee."(130) Und diese „Idee" ist der „Geist", der „Saint Esprit";(131) „Le grand Sauveur c'est l'idee."(132) Aber trotz seiner ausgeprägt politischen und aufklärerischen Gedanken ist L'Hermite keine politische Natur. Der Erzähler beschreibt ihn als einen „Projektenmacher",

„und was er die ‚Durchführung seiner Idee' nannte, war eigentlich auch nur Projekt und hätt' ihn,wenn es anders gewesen wäre, schwerlich in seinem Gemüte derart ergriffen, wie's jetzt tatsächlich der Fall war. Er hielt Lesseps für den größten Mann des Jahrhunderts, und Isthmusdurchstechung oder eine Tunneleisenbahn unter dem Kanal hin, Ausschöpfung des Zuydersees und Füllung der Saharawüste mit Ozeanwasser, das alles waren Dinge, die seiner Seele mindestens so hoch standen (vielleicht noch höher) als der Sieg der Commune. Sah man auf sein Leben zurück, so war es, in Gutem und Schlechtem, in Glück und Unglück, eine natürliche Folge dieser seiner Beanlagung."(133)

Sein Zimmer in Nogat-Ehre, „ein merkwürdiges und sehr unordentliches Durcheinander von Schlosserwerkstatt und chemischem Laboratorium, von physikalischem Kabinett und Mineraliensammlung",(134) erinnert an ein ähnliches Durcheinander in den Räumen eines Dr. Faulstich und Hansen-Grell aus „Vor dem Sturm". Wenn ihn seine politische Vergangenheit als einen blutigen Fanatiker ausweist, so heißt es doch gleichzeitig von ihm, er sei „der Friedliebendste von uns allen"(135); man sagt ihm ein „feines ästhetisches Gefühl"(136) nach, ja, er wirke zuweilen „wie ein Kind".(137) Solche Charakterzüge bereiten jene seltsame Passivität der Figur vor, wie sie sich im Bewußtsein einer dumpfen unausweichlichen Schicksalsabhängigkeit ausdrückt.

126 HI/I, 429.
127 HI/I, 417.
128 HI/I, 362.
129 HI/I, 386.
130 HI/I, 362.
131 HI/I, 363.

132 HI/I, 417.
133 HI/I, 357.
134 HI/I, 354.
135 HI/I, 343.
136 HI/I, 355.
137 HI/I, 343.

Obadjas Mennonitengemeinde vermag auch dieser Gestalt eine Zufluchtsstätte zu gewähren, ohne auch nur versuchsweise eine Bekehrung unternommen zu haben; der Franzose stellt seine Fähigkeiten der Gemeinschaft bereitwillig zur Verfügung, aber im übrigen lebt er seinen eigenen Interessen nach. Obadjas Nogat-Ehre fehlt gewiß jener symbolische Bezugspunkt, den die Stechlin-Gemeinde in ihrem ‚Stechlin' besitzt. Auch jene historische und politische Relevanz, die den Aktionen der Likedeeler zukommt, besteht hier noch nicht. Doch die Tendenz, Widersprüchliches nicht nur in sich aufzunehmen, sondern es auch wirklich ohne Veränderungs- bzw. Angleichungsabsicht nebeneinander gelten zu lassen und es nur im Geiste eines gemeinnützigen Tätigseins zu vereinen, weist auf einen Gemeinschaftstyp voraus, der erst in den beiden letzten Romanen gestaltet wird. Man hat in der Fontane-Forschung dieser Mennonitengemeinde wiederholt das Attribut ‚utopisch' zugesprochen(138) und bezeichnete damit das Ideale und Modellartige einer solchen Vereinigung; zugleich aber wollte man der eigenen Skepsis gegenüber dem Realitätsgehalt dieser Gesellschaftsform Ausdruck verleihen; dieses Modell habe sich nur in der „Ungeschichtlichkeit der Cooperschen Welt"(139) gestalten lassen, sie sei als ein „Kompromiß"(140) zu verstehen, zu dem Fontane als spätbürgerlicher Schriftsteller allein habe finden können.(141) Doch hat man auch von anderer Seite vor der Anwendung des Begriffs des Utopischen gewarnt(142); in der Gestaltung der Mennonitengemeinde erkannte man weniger den Entwurf eines Modells als vor allem die nüchterne Darstellungsart eines Realisten, der, frei von der Begeisterung für ein neues besseres Leben, illusionslos die Lebensbedingungen einer Gemeinschaft in der Wildnis schildert.(143) Sofern der Einwand einem Verständnis gilt, das in Nogat-Ehre die idealisierte und idyllisierte Form eines harmonisch geglätteten Zusammenlebens sieht, besteht er zu Recht. Zu kraß und zuweilen auch schädlich (Kaulbars) wirken sich die Widersprüche aus, als daß der Eindruck eines eindeutigen utopischen Modells aufkommen

138 Demetz, S. 109. Reuter, „Grundpositionen", S. 28 f. und „Kriminalgeschichte".
139 Demetz, S. 109.
140 Reuter, „Grundpositionen", S. 30 f.
141 Reuter, „Kriminalgeschichte", S. 1374 f.
142 Richter, S. 74. Siehe auch Kahrmann, S. 192, Anm. 21 zu S. 61.
143 Richter, S. 75.

könnte. Aber gerade das Heterogene der „happy family" wollte Fontane gestalten, und zwar nicht aus Unfähigkeit, eine utopische Alternative zu entwerfen, sondern als ein Versuch, neue Gemeinschaftsformen zu entwickeln. Wer im Falle Fontanes das utopische Denken gegen einen sogenannten illusionslosen Realismus ausspielt, verkennt den Impuls, der den Dichter schließlich zur Gestaltung der Likedeelergruppe und der Stechlingemeinde führte.

Noch ohne die besonderen Verhältnisse von Nogat-Ehre genauer zu kennen, zögert Lehnert ein letztes Mal, sich dem Kreis anzuschließen:

„Wie war sein Leben verlaufen? Unter Abenteuer und Gewalttätigkeit und unter Auflehnung gegen Ordnung und Gesetz. Und *er* wollte sich bei den Mennoniten verdingen? [. . . .]Und in solche Friedensstätte wollt' er einbrechen? Das durft' er nicht; er gehörte nicht dahin, er war eine Störung, und wenn er *keine* Störung war und den Frieden der Friedfertigen *nicht* trübte, war er seinerseits der Mann, den Frieden, den er da vorfand, auch nur tragen zu können? Lag es nicht so, daß der Krieg sein einzig Stück glücklich Leben gewesen war? Und was verwürfe der Mennonit mehr als den Krieg? "(144)

Seine Befürchtungen erweisen sich als grundlos. Er findet freundliche Aufnahme, erwirbt sich durch Tüchtigkeit bald Achtung und Zuneigung, gewinnt in L'Hermite einen Freund und bekehrt sich schließlich sogar zum Bekenntnis der Gemeinde; schon früh zieht es ihn zu Ruth, der Tochter Obadjas, um die er dann auch wirbt; als er sie vor dem Tode rettet, scheint die Probezeit, die ihm Obadja auferlegt hatte, zu seinen Gunsten beendet zu sein; doch da stürzt er auf der Suche nach dem verirrten Toby in den Bergen ab und kommt auf dieselbe qualvolle Weise ums Leben wie damals Opitz.

Diese Romanlösung rief bei der Kritik starke Vorbehalte hervor. Paul Heyse sah im Namen der „poetischen Gerechtigkeit" durchaus eine Sühnemöglichkeit für den Helden.(145) Bölsche kritisierte die Verwendung des Zufalls, der zur Wiederholung derselben Situation führt, ohne daß er organisch in der Dichtung verankert sei. (146) Auch Samosch

144 HI/I, 330 f.
145 Heyses Brief an Fontane vom 15. Dezember 1890; HyBr, 211 f.
146 Wilhelm Bölsche in: DR, 68 (1891), S. 152.

erwog überhaupt einen versöhnlicheren Ausgang, indem er vorschlug, den Helden im Angesicht naher Glücksmöglichkeit den Weg der bitteren Entsagung wählen zu lassen.(147) Fontane gab denn auch gegenüber dem Rezensenten zu, daß er das „Aufgehen der [. . . .] Geschichte wie ein Rechenexempel" für einen Fehler halte.(148) Das Problematische des Schlusses hat Demetz genau beschrieben; er erkannte Fontanes Absicht, dem Roman im „Prinzip der Wiederkehr" eine Kreisstruktur(149) zugrunde zu legen, die für eine „wünschenswerte ästhetische Kontur" des Ganzen sorge; aber er sah auch die „ideologische Bürde", die der Erzähler auf sich lud, indem er den Lebensweg seines Helden so stur fatalistisch ablaufen ließ; der humane und aufgeklärte Spielraum des Fontaneschen Erzählens werde dadurch nicht unerheblich gestört.(150)

In der Tat entsteht ein Unbehagen, wenn man Lehnerts Schicksal an Hand des Materials erklärt, das der Roman selbst zur Verfügung stellt. Der Kommunarde L'Hermite wird zum Interpreten und Propheten von Lehnerts Lebensweg. Eine Annäherung zwischen dem Franzosen und dem Schlesier vermerkte der Erzähler schon bald; beider Leben ist durch eine Tat aus der Vergangenheit belastet, und beide sehnen sich nach Erlösung und Unschuld, Ideale, die sie gemeinsam in Ruth verkörpert sehen.(151) Als Lehnert seinem Freunde mitteilt, er liebe

147 Samosch und die Rezension in: Deutsche Dichtung, 10 (1891), S. 32.
148 Brief an Samosch vom 18. September 1891; AB II, 303.
149 Kahrmann, S. 56, schlägt dagegen vor, von der „Struktur der Spirale" zu sprechen.
150 Demetz, S. 87. Den Schluß kritisieren auch Reuter, „Kriminalgeschichte", S. 1373 und Sasse, S. 91. Vgl. auch Martini, Bürgerlicher Realismus, S. 764: „So wird auf düsterem Grunde eine moralische Weltordnung bewahrt." Siehe allgemein dazu Joachim Ernst, „Gesetz und Schuld im Werk Fontanes" in: Zeitschrift für Religions- und Geistesgeschichte, 3 (1951), S. 229: „Sein Humanismus ist ein Surrogat, das die Kälte seiner Gesetzeswelt verbergen soll." Und S. 227. Dagegen Max Salomon, „Schuld und Strafe bei Fontane" in: Schweizerische Zeitschrift für Strafrecht, 52 (1938), S. 93 f: „Nicht der Tod als schicksalsgebende Folge des Verbrechens, nicht der Tod als das nur scheinbar freiwillige, durch Vergeltung diktierte Auslöschen des eigenen Lebens; sondern der Tod als Krönung des Lebens, als Bestätigung eines — von der Ermordung an — in sittlichem Willensentscheid der Liebe gewidmeten Lebens: das ist das Entscheidende. [. . .] so ist es nicht der Tod, sondern vielmehr das Leben, das den Mörder zu seinem ‚ich hoffe: quitt' kommen läßt."
151 HI/I, 344; 329, 333, 345; 381.

Ruth und sähe in einer Ehe mit ihr die Möglichkeit zu einem neuen, glücklichen Leben, erklärt ihm dieser:

„[· · · ·] es gibt ein Fatum. Und weil es ein Fatum gibt, geht alles seinen Gang, dunkel und rätselvoll, und nur mitunter blitzt ein Licht auf und läßt uns gerade so viel sehen, um dem Ewigen und Rätselhaften, oder wie sonst Ihr's nennen wollt, seine Launen und Gesetze abzulauschen."(152)

Und dieses Fatum stünde gegen ihn:

„[· · · ·] ich sag' Euch, Lehnert, Ihr kriegt sie doch nicht, Ihr fallt tot vorm Altar nieder. Und wenn nicht Ihr, so Ruth. Glaubt mir, es soll nicht sein. Es ist da so was Merkwürdiges in der Weltordnung, und Leute wie wir — pardon, ich sage mit Vorbedacht wie *wir* — die nimmt das Schicksal, der große Jaggernaut, unter die Räder seines Wagens und zermalmt sie, wenn sie glücklicher sein wollen, als sie noch dürfen."(153)

Über das Maß des Glücks entscheidet die irrationale Instanz der Gnade; den einen wird Erwählung zuteil, so Ruth und Toby, den anderen bleibt sie versagt; die Gründe für einen solchen Ausschluß lassen sich nicht eindeutig angeben; denn einerseits heißt es: „Wer die Gnade habe, der mühe sich umsonst, sie zu verscherzen."(154) Und „Wen Gott erwählt habe [· · · ·], der könne straucheln und fallen, aber er falle nur, um durch Gott selbst wieder aufgerichtet zu werden."(155) Andererseits aber gilt ebenso: „[· · · ·] wenn man erst mal *heraus* ist, kommt man nicht wieder *hinein*."(156) Damit ist das Schicksal jedes einzelnen von vornherein festgelegt, und an die Stelle einer Energie, die sich Gnade erwerben will, tritt die demütige Passivität, die auf die Erwähltheit nur hoffen kann.(157) Die ethische Frage nach Schuld und Sühne kann sich in einem solchen Weltbild nicht mehr auswirken, denn sie wird von der Idee der Gnade bzw. Bestimmung aufgefangen.

   Günther hat in seiner „Quitt"-Interpretation die fatalistische Deutung L'Hermites aufgegriffen und sie auf den Begriff der Nemesis

152 HI/I, 429.
153 HI/I, 430.
154 HI/I, 415.

155 HI/I, 420.
156 HI/I, 430.
157 HI/I, 337.

bezogen(158); wiederholt mußte Lehnert damals im schlesischen Waldgehege zu der aufdringlich scheinenden Mondsichel hinaufblicken, was ihn offensichtlich störte (159); in der Gegenwart dieser Mondsichel manifestiert sich nach Günther chiffriert eine irrationale Macht, die als Anwalt einer höheren Ordnung Zeuge und unausweichliche Gerichtsbarkeit des Verbrechens sei; keine Flucht in noch so entlegene Regionen kann den Täter vor dem Griff der Nemesis bewahren, kein menschliches Verdienst ihr einmal ausgesprochenes Todesurteil in ein milderes Urteil umwandeln.(160) Diesem Interpretationsversuch, der die fatalistische Komponente in das ideelle Zentrum des Romans rückt, kann ebensowenig widersprochen werden wie einem anderen entgegengesetzten Interpretationsversuch, der die politisch-historische Seite des Romans hervorkehrt und das Fatalistische darin als eine autobiographische Grundposition wertet, die innerhalb der Fontaneschen Genese ebenso notwendig wie vorübergehend war.(161) Für Reuter liegt der Kern des Romaninteresses in dem Vergleich Lehnerts mit L'Hermite, in der Parallelsetzung des schlesischen Zweikampfes mit dem Aufstand der Pariser Kommune: „Die Notwehraktion des trotzigen plebejischen Selbsthelfers [. . . .] wird in dialektischen Bezug gesetzt zum größten Ereignis revolutionärer Selbsthilfe des Proletariats im 19. Jahrhundert."(162) Reuters Analyse mag gelegentlich zu weit gehen, so wenn sie Lehnerts Bericht über den Kampf der Kommune(163) als eine

158 Günther, Symbol, S. 49—53.
159 HI/I, 281, 285, 287.
160 Zum Begriff der Nemesis: Clemens Heselhaus, „Die Nemesis-Tragödie. Fiesco — Wallenstein — Demetrius" in: DU, 1952, Heft 5, S. 40—59. Siehe auch HIII/II, 144 f.: „Das unerbittliche Gesetz, das von Uranfang an unsre Schicksale vorgezeichnet hat, das nur Unterwerfung und kein Erbarmen kennt, und neben dem unsere ,sittliche Weltordnung' wie eine kleinbürgerliche, in Zeitlichkeit befangene Anschauung besteht, dies unerbittliche, unser kleines ,woher' und ,warum', unser ganzes Klügeln mit dem Finger bei Seite schiebende Gesetz, *das* ist es, was die Seele am tiefsten fassen muß, nicht dies Zug- und Klippklapp-Spiel von Schuld und Sühne, nicht die alte Leier von ,Zahn um Zahn' und nicht die haec fabula docet-Lehre: wer Blut vergießt, des Blut soll wieder vergossen werden. All dies ist nicht heidnisch und am wenigsten ,modern überwunden'; — es ist der große Gedanke Calvins, die Prädestination als einen Fundamentalsatz mit in das christliche Bekenntnis hinüber zu nehmen." Aus Fontanes Theaterrezension des „König Oedipus" von Sophokles.
161 Reuter, „Grundpositionen", S. 33 f.
162 Reuter, „Kriminalgeschichte", S. 1375.
163 HI/I, 356.

„Rechtfertigung" der Geiselerschießung versteht(164); diese Worte spricht Lehnert in erster Linie zu dem Zweck aus, um den schweigsamen Kommunarden zu einer Erzählung über seine 71er Erlebnisse zu verleiten. Aber Reuter trifft in seiner Interpretation die Dynamik des Romans, die bis dahin in der Forschung übersehen wurde. Den Berliner Gesellschaftsromanen fehlten die Voraussetzungen für die Gestaltung einer solchen Thematik; das hebt „Quitt" von ihnen ab, was immer man zu seinem literarischen Wert sagen mag, und weist auf die „Likedeeler" und den „Stechlin" voraus. Günthers wie Reuters Interpretationsergebnisse — wenngleich beide dem Werk angemessen — schließen einander aus. Es liegt auf der Hand, daß die fatalistische Thematik die dynamisch politische erstickt. Wer die Sehnsüchte des Menschen, aus der eigenen Enge hinauszukommen, nur unter der Perspektive eines erlaubten oder unerlaubten ‚Mehr-Wollens' sieht, (165) wer Ordnung als einen im vorhinein festgelegten und unveränderbaren Spielraum menschlicher Entfaltung begreift, läuft Gefahr, jede Energie zur individuellen Selbstverwirklichung im Keime zu ersticken. Wer umgekehrt der Dynamik der persönlichen Selbstverwirklichung freien Lauf läßt, öffnet zugleich den möglichen Weg zur rücksichtslosen Unmenschlichkeit, sei es in Form einer bedenkenlosen Gewalttätigkeit (166), sei es in Form des Erfolgs- und Karrieremenschen vom Format Espes, worauf noch zurückzukommen sein wird.

Bevor hier nun versucht wird, die fatalistische und die dynamische Seite des Romans doch in einen adäquaten Zusammenhang zu bringen, bedarf es noch einer weiteren Befragung jener Gründe, die zu Lehnerts Scheitern führen. Es lassen sich nämlich außer den spirituellen Gründen L'Hermites noch andere, realistische und psychologische, nachweisen. In den Sehnsüchten Lehnerts nach dem anderen, besseren Land liegen von Anfang an Unstimmigkeiten, ja Widersprüche, die bei aller äußeren Realisierbarkeit sein Vorhaben zum Scheitern verurteilen. Auf einen solchen Widerspruch deutet bereits Lehnerts Gegenüberstellung von enger und weiter Welt, von Bevölkerungsdichte und Einsamkeit hin. Das schlesische Hier kommt ihm mit seinen zahlreichen staatlichen Aufpassern zum Ersticken eng vor; und so liest er gern in dem Buch über

---

164 Reuter, „Grundpositionen", S. 31.
165 So schon Gottfried Kricker, Theodor Fontane. Von seiner Art und epischen Technik. Berlin 1912, S. 23 f.
166 Siehe die erzählerische Aufwertung Opitzens im Tode HI/I, 300.

Amerika, wo weite Regionen noch völlig menschenleer sind. Aber plötzlich überfällt ihn die Angst gerade vor dieser Einsamkeit der Wildnis: „Einsamkeit! Nein, nein, *nicht* Einsamkeit. Nicht einsam leben, nicht einsam sterben."(167) In Amerika findet er die ersehnte Bewegungsfreiheit, aber trotz der ihm freundlich gesinnten Mennonitengemeinde fühlt er sich „vereinsamt".(168) Hier erwartet ihn bestenfalls ein „Glück der Einsamkeit",(169) das jedoch in jedem Augenblick in das Verhängnis der Einsamkeit umschlagen kann.(170) Als Lehnert auf der Suche nach Toby abstürzt und mit seinem Gewehr ein Hilfesignal gibt, verklingt der Schuß ungehört in der menschenleeren Weite.(171)

Lehnert erwartete von Amerika eine lebensgerechtere Alternative zu Preußen. In der Begegnung mit der Mennonitengemeinde bestätigt sich tatsächlich seine Erwartung vom freien Amerika. Ja, sie wird sogar noch übertroffen, indem ihn die Szenerie von Nogat-Ehre an die schlesische Landschaft erinnert. Inmitten der neuen Umgebung fühlt er sich wie in der „Heimat".(172) Aber gerade diese Analogie erweckt erneut das eingeschlafene Gewissen, und Panik erfaßt ihn; plötzlich — wie damals in Schlesien — „brannte [ihm] der Boden unter den Füßen, und es war ihm, als ob er fliehen müsse."(173) Die amerikanische Landschaft verwandelt sich dem ausreitenden Lehnert in den schlesischen Schauplatz seiner Tat.(174) Der Amerikabegeisterte findet in Amerika nur sein Schlesien wieder. Hier zeigt es sich, wie all jene Interpreten fehlgreifen, die vom Amerikateil des Romans realistische Schilderung erwarten, das schlesische Wirklichkeitsbild Amerikas ist funktional auf Lehnert bezogen

Lehnerts kritische Ausfälle über Preußen täuschen nicht darüber hinweg, wie sehr er seine schlesische Heimat liebt. Trotz seiner in allen Kretschams laut verkündeten Europamüdigkeit spielt er mehr mit dem Gedanken an eine Auswanderung, als daß er es ernst damit meinte. „[. . . .] im Grunde seines Herzens hing er mit Zärtlichkeit an seinem Schlesierland und dachte gar nicht an Fortgehen, wenn ihm der Boden unter den Füßen nicht zu heiß gemacht würde."(175) Hieraus spricht weniger die Aktionsbereitschaft eines nach der besseren Welt Suchenden

167 HI/I, 246.
168 HI/I, 347 und 352.
169 HI/I, 430.
170 Demetz, S. 103, spricht von „tragischer Ironie".
171 HI/I, 439.

172 HI/I, 332 und 370.
173 HI/I, 344.
174 HI/I, 365.
175 HI/I, 274 und 278.

als die Furcht, aus der Heimat vertrieben zu werden. Das Gottesurteil, das Lehnert im Waldgehege herbeiführt, soll darüber entscheiden, ob er in der Heimat bleiben kann oder auswandern muß (176); Opitz bedroht ihn zum zweiten Mal mit dem Gefängnis, und nur um dem zu entgehen, wäre er bereit, Schlesien zu verlassen. (177) Das Gottesurteil entscheidet für ihn günstig, Opitz kann ihn nicht mehr quälen, und somit erübrigt sich auch eine Auswanderung. Ganz im Gegenteil klingt es nun fast wie tragische Ironie, wenn die neue Situation ihm das Hierbleiben nicht nur gestattet, sondern geradezu gebietet.

„Aber mußt' er denn fort? Um was war denn das alles geschehen? Doch nur, um *nicht* in die Welt hinaus zu müssen. Wenn er aber umgekehrt so ohne weiteres Platz machen wollte, dann konnte ‚der andere' auch bleiben und die Leute weiter quälen. Er *durfte* nicht gehen. Wenn er ging, war alles umsonst gewesen." (178)

Das Undurchdachte und Widersprüchliche seiner Haltung wird hier besonders deutlich. Schließlich muß er doch als Krimineller vor dem Justizapparat fliehen, belastet mit einer Tat, die völlig überflüssig war. Amerika bietet ihm zahlreiche Glücksmöglichkeiten, die er alle nicht nützen kann; auch bietet ihm die Mennonitengemeinde ein gewisses Maß an Trost und Ruhe, so daß er zurückblickend sagen kann: „Aber wie's auch komme, *doch* gut, daß ich das alles noch erlebt. . . ." (179) Doch seine Hoffnung auf ein langzeitiges Glück erfüllt sich nicht. Während in Schlesien das glückgewährende Amerika im Bereich der Möglichkeiten seiner *Zukunft* lag, kann er sich in Amerika des Eindrucks nicht erwehren, daß Entscheidungen und Geschehnisse der *Vergangenheit* ihm den Weg zu einer glücklichen Gegenwart verbaut hätten: „[. . . .] ein Gefühl unendlicher Sehnsucht ergriff ihn. Wonach? Nach einer ihm verlorengegangenen Welt." (180) Der widerspruchsvolle Lebenslauf Lehnerts schließt sich kreisartig; sein Scheitern erklärt sich nicht nur aus dem Wirken eines fremden, übergeordneten Schicksalsappa-

176 HI/I, 279.
177 HI/I, 285.
178 HI/I, 290 f.
179 HI/I, 389.
180 HI/I, 345. Ernst, Fontanes religiöse Haltung, S. 91, sieht in Lehnerts Schicksal die Gestaltung des Ahasvermotivs.

rats, sondern auch aus Gründen, die in der Biographie des Helden selbst angelegt sind.

„Ich hoffe: *quitt*" (181) sind Lehnerts letzte Worte, die er mit seinem Blut auf einen Zeitungsrand schreibt. Das Bekenntnis zeigt noch einmal, in welchem Ausmaß sein Leben im Zeichen seiner damaligen Tat stand. Ein Leben, das seiner ganzen Energie nach auf ein ‚Mehr', auf eine Verbesserung der eigenen Situation gerichtet war, muß sich am Ende mit der Hoffnung begnügen, eine Schuld abgetragen zu haben. Das „quitt" bedeutet nicht nur eine Absage an ein Streben, das auf Gewinn gerichtet war, sondern auch eine Anerkennung eines frühen Verlustes, den einzuholen der Rest des Lebens bestimmt war. Auch „Quitt" bleibt, wie die meisten Werke Fontanes, der Roman der Niederlage und des Scheiterns.

Doch ganz genau stimmt dies nicht. In „Quitt" erscheinen durchaus Menschen, deren Biographie die Station ‚Erfüllung' aufweist. Damit sind nicht Ruth und Toby und ebensowenig ihr Vater gemeint. Eher gilt dies schon von dem Pantoffelmacher Hecht, dem Schwager des amerikanischen Preußen Kaulbars, der sich zum Puppenschuhfabrikanten aufwärts entwickelt hat. (182) Und vor allem gilt dies von Espe, der als Tourist wiederholt die Heimat Lehnerts aufsucht. Die ‚sieben mageren Jahre' Lehnerts – Lehnert verbringt tatsächlich sieben Jahre in Amerika (183) – bedeuten für Espe ‚sieben fette Jahre'. Er, der anfangs „noch sehr unten" (184) war, entwickelte sich allmählich zum „Rechnungsrat" und avancierte schließlich nicht nur zum „Geheimen", sondern erwarb sich zudem noch den Orden dritter Klasse; doch nicht genug damit, sah er sich von allerhöchster Seite gnadenvoll ausgezeichnet, als ihm bei der Ordensverleihung der Kronprinz entgegentrat und ihn also ansprach: „Was Tausend, Espe, *auch* hier! Wie geht es? Freue mich sehr." (185) Mit seinem beruflich-gesellschaftlichen Prosperieren verband sich ein stetig wachsendes Eheglück. Geraldine Espe, seinerzeit mit einigem Risiko als Exmaitresse eines „Präsidenten" mit zwei Kindern übernommen, lernt ihren Gatten immer mehr schätzen und lieben; bedurfte sie in den ‚Rechnungsrat'—Zeiten noch vermehrter courtoiser Huldigungen durch Leutnant Kowalski bzw. Dr. Sophus Unverdorben, so

181 HI/I, 443.
182 HI/I, 402. 184 HI/I, 225.
183 HI/I, 449. 185 HI/I, 449.

ändert sich das in den ‚Geheimrat'-Zeiten entscheidend: „Sie lachte jetzt mitunter über die zurückliegenden Zeiten".(186) Im Vordergrund ihrer nunmehrigen Bestrebungen um eine glückliche Zukunft stehen ihre Töchter, die „seit lange schon ein Gegenstand hochfliegendster mütterlicher Pläne waren".(187) Die Espes haben es geschafft und dürfen sich mit Recht als Vorbilder des neugegründeten deutschen Reichs fühlen.(188)

Erfüllung und Niederlage prallen in „Quit"als biographische Stationen hart gegeneinander; wo sich dem einen ein Überfluß an Möglichkeiten zur eigenen Selbstverwirklichung bietet, begegnet dem anderen nur die Dürftigkeit und Ödheit einer Welt des aufgenötigten Verzichts. Diese polare Kontrastierung führt notwendigerweise dazu, die Vorstellung von einem erfüllten Leben im neuen Licht zu überdenken; sie führt zu einer kritischen Revision und Neufassung eines selbstverständlich gewordenen Glücksbegriffs. Es geht jetzt nicht mehr um die Frage, ob der einzelne ein sogenanntes absolutes Glück je erreichen kann oder ob er sich im Bewußtsein der Glücksferne in Demut und Genügsamkeit die Ruhe des Verzichtenden erhalten muß. Zur Diskussion steht die Glücksvorstellung der historisch fixierbaren Nachkriegszeit. Erfüllung des Lebens bedeutet wirtschaftliche und gesellschaftliche Karriere im allgemeinen Aufwärtstrend der Gründerjahre.(189) Beinahe hätte Lehnert, wenn auch in Amerika, daran teilgenommen, als er in den „Diggings" plötzlich zu großem Reichtum fand; aber er verlor das Erworbene wieder. In einer Welt, in der jeder die Erfolgsleiter emporklimmt, scheitert er als einer der wenigen; das zeichnet ihn aus. Der Satz des Preußen Kaulbars, mit dem er die Bekehrung Lehnerts kommentiert, ist im gegenwärtigen Zusammenhang doppeldeutig: „So was kann unserein gar nich passieren."(190) Er läßt sich nämlich auf Lehnerts singuläre Situation der Erfolglosigkeit beziehen.

---

186 HI/I, 449.   187 HI/I, 450.   188 HI/I, 319.

189 Schlenther: „Darauf aber kam es dem Dichter an: er, der so oft für Ordnung und Gesetzlichkeit und *juste milieu* eingetreten ist, zeigt hier, daß es eine höhere Gesetzlichkeit giebt, als ihn der Maßstab der bloß Korrekten und Nieverirrten anzulegen vermag. [...] So ist Fontane's Quittroman trotz der Ungleichheit seines künstlerischen Realismus eine feine und tiefe moderne Variante jenes so oft vergessenen pharisäerfeindlichen Christuswortes von dem Sünder, der Buße thut, und den tausend Gerechten [...], die dem Himmel weniger Freude verursachen." Siehe auch Reuter, S. 691.

190 HI/I, 379.

Die Antwort auf die Frage nach der Bewertung der unterschiedlichen Biographien behält sich der Erzähler vor. Er ironisiert die preußisch-deutsche Erfolgswelt mit einer Schärfe, die bereits auf die Bourgeois-kritik in „Frau Jenny Treibel" vorausweist, während er bei der Erfolglosigkeit des Wilderers mit Ernst und Sympathie verweilt. Damit spielt er nahezu polemisch die offizielle Glückswelt gegen die Geschichte eines Scheiterns aus. Die Biographie Lehnerts erweist sich als eine abenteuerlich-romantische Parabel für die menschliche Niederlage, die man im Rausch triumphalen wirtschaftlichen und gesellschaftlichen Glanzes erleidet. Mehr noch: Wenn der Erzähler die maßgebliche Glücksvorstellung einer modernen Gesellschaft abwertet, so entdeckt er umgekehrt in der Geschichte eines gescheiterten Wilderers einen neuen Wert. Denn in Zeiten, wo sich die Verwirklichung des Glücks auf nicht mehr durchschaubaren Wegen vollzieht, wo sie sich als kronprinzlicher Gnadenakt ‚von oben' auf die demütigen Untertanen ergießt, gewinnt eine Niederlage in aller Klarheit ihrer Gründe und Motive eine neue Bedeutungsdimension. Lehnerts „quitt" besitzt in diesem Zusammenhang gesehen nicht nur eine sühnende Perspektive; er als einziger kann gerechterweise von sich behaupten, mit der Welt „quitt" zu sein.

FRAU JENNY TREIBEL(1)

Das einleitende Kapitel zu der vorliegenden Arbeit hat gezeigt, daß Fontanes Verständnis des Verklärungsbegriffs durchaus auch die ganz vordergründige Bedeutung des Versöhnlichen umfassen kann; das Gebot der Verklärung, dem jedes Kunstwerk zu entsprechen hat, besagt auch, daß die Handlungsführung des Romans ‚versöhnlich' enden solle. Kaum ein anderes Werk Fontanes ist so deutlich von einem guten, versöhnlichen Ausgang gekennzeichnet wie „Frau Jenny Treibel"(2); dies fällt um so mehr auf, als die unmittelbare Nachbarschaft von „Stine", „Unwiederbringlich" und „Effi Briest" alles andere als die Harmonie eines ausgeglichenen Abschlusses erwarten läßt.

Wenn man von *Versöhnung* spricht, setzt man gemeinhin voraus, daß innerhalb des Romanverlaufs gewisse Verwicklungen und Konflikte vorausgingen, die eine Lösung, wie immer sie auch ausfallen mag, einforderten. Es gilt daher, zunächst, jene Motive zu beschreiben, die die Romanhandlung in Situationen lenken, aus denen Konflikte erwachsen müssen.

1 Mit einigen Verkürzungen und Abänderungen wurde dieses Kapitel bereits im Sonderheft der ZfdPh, 92 (1973), veröffentlicht.

2 Vgl. Robert Lange, „Neue Romane" in: Blätter für litterarische Unterhaltung, 1892, S. 808: „Es ist ein erfreulicheres Bild, als die in den früheren Romanen des Dichters entrollten; die schwüle Sumpfluft, die uns in ‚Stine', ‚Irrungen und Wirrungen' umwehte, ist gewichen und mit vollem Behagen können wir uns dem Genusse der meisterhaften Schilderungen Fontane's hingeben." Auch Max Haese in: Das Magazin für Litteratur, 61 (1892), S. 810, schreibt: „Eine mild-ironische Weltbetrachtung, das gereifte Resultat eines wolgeführten Lebens, liegt überhaupt über dem ganzen Buch als Abglanz echter Lebensweisheit." Dagegen stellen die Grenzboten 52, 1 (1893), S. 345, mit Unmut fest: „Denn der Gesamteindruck von ‚Frau Jenny Treibel' ist doch der einer Gesellschaft ohne Ideale, ohne Glauben, ohne tiefreichende Überzeugungen [. . .]" Und weiter: „Die auflackirten Nichtigkeiten, mit denen die meisten Menschen der hier gespiegelten Kreise ihre Tage verbringen, der Mangel an größeren Gesinnungen und Zielen — wären es immerhin nur rein weltliche Ziele —, die seltsame Mischung von innerer Kälte und boshafter Nachrede über den Nächsten mit einem Restchen Gemütlichkeit wirkt auch in der halb ironischen, halb teilnehmenden Wiedergabe Fontanes nicht eben erquicklich."

Grob gesehen lassen sich drei Motivkomplexe unterscheiden, von denen jeder so beschaffen ist, daß er bestimmte Konflikte aus sich entläßt und entsprechende Lösungen anstrebt. Die Tochter des Gymnasialprofessors Wilibald Schmidt, Corinna, möchte den Sohn einer renommierten Fabrikantenfamilie heiraten, weil sie sich davon das große Glück verspricht; doch so wünschenswert diese Verbindung für sie sein mag — von eigentlicher Liebe hört man wenig —, für Kommerzienrats wäre sie das denkbar Ungünstigste, weil damit — kurz gesagt — zuwenig Geld ins Haus und Geschäft flösse. Im weiteren Romanverlauf entscheidet sich dann die Frage, ob es dem jungen Paar gelingt, sich gegen den ausdrücklichen Willen der Eltern durchzusetzen. Es gelingt ihnen nicht; dafür aber findet jeder von ihnen den Ehepartner, der ihm ‚eigentlich' zukommt und mit dem er auch ‚glücklich' wird. Auf eigentümliche Weise verdeckt, klingt hier das alte Romeo-und-Julia-Motiv an; der in diesen Dingen erfahrene Professor deutet denn auch die Hochzeitsreise seiner Tochter nach Verona als eine Pilgerfahrt zur „ägyptische[n] Sargkiste"(3), dem Grab der Julia Capulet.

Die Verwicklungen, die auf der Suche nach dem rechten Ehepartner entstehen, lassen sich noch in einen anderen Motivzusammenhang einordnen. Das Romeo-und-Julia-Motiv erweist sich als Medium für die Analyse und Kritik eines gesellschaftlichen Zustandes. Gleichsam als ein Katalysator deckt es versteckte, im alltäglichen Lebenslauf so nicht sichtbare und sich nicht auswirkende Verhaltensweisen und Bezüge auf: Die Absichten Corinnas geben ihrem Vater Anlaß zu einer grundsätzlichen Charakteristik Jenny Treibels als Bourgeoise(4); Jenny selbst erhält die Gelegenheit, die so oft und so lange beteuerte Haltbarkeit des Freundschaftsbandes zwischen den beiden Häusern zu erproben (13. Kapitel); und auch ihr Ehemann sieht sich aufgrund der neuen Situation auf den Prüfstand des Charakters gespannt (Ende 12. Kapitel). Das hinter dem Schein sich verbergende Eigentliche zu entlarven, war Fontanes erklärte Absicht:

„Titel: ‚Frau Kommerzienrätin oder Wo sich Herz zum Herzen findt'. Dies ist die Schlußzeile eines sentimentalen Lieblingsliedes, das die 50jährige Kommerzienrätin im engeren Zirkel beständig singt und sich

---

3 HI/IV, 477.
4 HI/IV, 368 f. und 465 f.

dadurch Anspruch auf das ‚Höhere‘ erwirbt, während ihr in Wahrheit nur das Kommerzienrätliche, will sagen viel Geld, das ‚Höhere‘ bedeutet. Zweck der Geschichte: das Hohle, Phrasenhafte, Lügnerische, Hochmütige, Hartherzige des Bourgeoisstandpunkts zu zeigen, der von Schiller spricht und Gerson meint."(5)

In einem dermaßen engagiert zeit- und gesellschaftskritischen Roman besitzt das Romeo-und-Julia-Motiv nur noch eine zweitrangige Bedeutung; es löst einen aufklärenden und enthüllenden Vorgang aus. Die gesellschaftskritische Tendenz des Romans verstärkt sich noch, wenn über die kritisch-analytischen Elemente hinaus Momente eines möglichen Widerstandes oder Protests gegen die so demaskierten Figuren angedeutet werden. Auf dem Höhepunkt der Auseinandersetzung wirft Corinna ihrer Gegnerin Jenny entgegen: „Denn wer sind die Treibels? Berlinerblaufabrikanten mit einem Ratstitel, und ich, ich bin eine Schmidt."(6) Die Entzweiung, die mit einer privaten Verlobung begann, erhält nun nahezu historisch-politisches Ausmaß; Bourgeois und Bildungsbürger stehen sich hier als soziologisch gruppierte und weltanschaulich fixierte Gegner gegenüber. Die Bemerkung Schmidts, „Corinna, wenn ich nicht Professor wäre, so würd' ich am Ende Sozialdemokrat"(7), pointiert dieses Verhältnis in provozierender Weise. Allerdings deutet sich diese Gegnerschaft nur der Möglichkeit nach an. Die Romanwirklichkeit umgeht eine harte, tatsächliche Auseinandersetzung mit jener alten, aus der Komödie vertrauten Wendung, indem die Ursachen des Konflikts beseitigt werden, nicht aber der Konflikt selbst gelöst wird, indem also Corinna von ihrem Vorhaben Abstand nimmt. Einer Versöhnung der beiden Häuser steht so nichts mehr entgegen. – Doch unabhängig davon, wie der Konflikt zwischen Jenny und Corinna zu Ende geführt wird, zeigt sich bereits von Anfang an eine gewisse Inkonsequenz in Corinnas Verhalten, die ihren Protest gegen Jenny in

---

5 Brief an den Sohn Theodor vom 9. Mai 1888; AB II, 191. Vgl. auch Brief an Paul Schlenther vom 26. April 1888: „‚Frau Kommerzienrätin oder Wo sich Herz zum Herzen findt‘, eine humoristische Verhöhnung unsrer Bourgeoisie mit ihrer Redensartlichkeit auf jedem Gebiet, besonders dem der Kunst und der Liebe, während sie doch nur einen Gott und ein Interesse kennen: das Goldene Kalb." Zitiert nach A 5, 579.
6 HI/IV, 448.
7 HI/IV, 450.

bestimmter Weise charakterisiert. Denn paradoxerweise führt Corinnas „Hang nach Wohlleben"(8) mitten in jene Welt hinein, die sie als „Schmidt" bald darauf programmatisch bekämpft; einerseits distanziert sie sich von Anfang an von dem „Treibelschen Fabrikgeschäft"(9) aus naturgegebener Anlage, andererseits jedoch läßt sich bei einer ehelichen Verbindung mit dem Sohne dieses Geschäfts kaum eine gewisse Anpassung vermeiden; gerade dies aber wäre einer „Schmidt" „hart angekommen".(10)

Das Widersprüchliche in der Haltung Corinnas gegenüber dem Hause Treibel läßt sich dadurch erklären, daß eine *Entwicklung* der Figur im Verlauf des Romans stattgefunden hat. Dieser dritte Motivkomplex könnte für die Entstehung von weiteren Verwicklungen verantwortlich gemacht werden. Es stellt sich jetzt nämlich folgende Frage: Geht es in diesem Roman nicht − über die Gesellschaftsanalyse hinaus − um die charakterologische Entwicklung einer Figur, um ihre Selbstfindung im Sinne des vom Vater Schmidt zitierten „Werde, der du bist"? (11) Im Gegensatz zu Jenny, deren Charakter eigentlich seit ihrer Kindheit unverändert der gleiche blieb(12), − „Mag übrigens alles schwanken und unsicher sein, eines steht fest: der Charakter meiner Freundin Jenny"(13) − im Gegensatz zu Jenny also steht Corinna noch mitten in ihrer Entwicklung und, will man ihrem Vater glauben, bedarf einer „verständigen Leitung", d. h. „eines Mannes von Bildung und Charakter", der es aber auch verstehen muß, schweigend beiseite zu stehen und nicht durch „Dreinreden [. . . .]" den natürlichen Gang der Dinge" zu stören.(14) Entwicklung heißt also für Corinna, ihre Vorliebe für kleine Brillanten, die „im Ohre blitzen"(15), zu überwinden, auf die Malstunden, den Reitunterricht und die Bekanntschaften mit englischen Familien an der Riviera, „natürlich solche mit einer Pleasure−Yacht", mit der sie dann „nach Korsika oder nach Sizilien gefahren [wäre], immer der Blutrache nach"(16) zu verzichten, anders gesagt, Leopold Treibel, den „Rettungsanker meines Lebens" oder „das aufzusetzende große Marssegel, das bestimmt ist, mich bei gutem Wind an ferne, glückliche Küsten zu führen"(17), aufzugeben. Der Grund für diese

8 HI/IV, 344.
9 HI/IV, 344.
10 HI/IV, 471.
11 HI/IV, 469.
12 HI/IV, 369.

13 HI/IV, 370.
14 HI/IV, 365 und 370.
15 HI/IV, 345.
16 HI/IV, 471.
17 HI/IV, 345.

Wandlung liegt in der zuletzt richtigen Einschätzung der zukünftigen Schwiegermutter:

„Aber diese Mama, diese furchtbare Frau! Gewiß, Besitz und Geld haben einen Zauber; wär' es nicht so, so wäre mir meine Verirrung erspart geblieben; aber wenn Geld alles ist und Herz und Sinn verengt und zum Überfluß Hand in Hand geht mit Sentimentalität und Tränen — dann empört sich's hier, und *das* hinzunehmen wäre mir hart angekommen, wenn ich's auch vielleicht ertragen hätte." (18)

Jene Erfahrung der Gefährlichkeit und Gemeinheit des Bourgeoistyps also, mit der der Leser nach der Absicht Fontanes vertraut gemacht werden sollte, ist zusätzlich noch an einer Romanfigur selbst dargestellt worden. Der Roman klingt damit aus, daß sich Corinnas ‚Treibelei' auch ihr selbst als ein „Schritt vom Wege"(19) erweist, der, nachdem er korrigiert ist, einerseits das alte herzliche Verhältnis zwischen den beiden Häusern in neuem, kaum getrübtem Glanz wiedererstehen läßt, andererseits Corinna zu ihrer eigentlichen Bestimmung als „Schmidt" führt. In der Biographie Corinnas also bleibt die Begegnung mit Jenny eine vorübergehende und schließlich überwundene Phase; die Verbindung mit Leopold erweist sich als Episode mit keinen anderen Auswirkungen für die Zukunft als denen der Erfahrung des eigentlichen, angemessenen Lebensraumes. — Die Spanne dieser Entwicklung ist freilich sehr gering. Die beiden Gespräche zwischen Corinna und Marcell (5. und 16. Kapitel), die Corinnas ‚Treibelei' als Anfangs- und Endpunkte markieren, zeigen, wie wenig sich im Grunde an Corinnas grundsätzlicher Haltung geändert hat, wie gering das Maß der Einsicht ist, das sie durch die Erfahrung hinzugewonnen hat. Eine Bourgeoise vom Format der Jenny Treibel wäre sie nie geworden, denn dazu fehlt ihr von Anfang an das Verlogene und Heuchlerische dieses Typs; aber noch zuletzt hält sie es für möglich, daß sie mit Leopold einigermaßen glücklich geworden wäre; und selbst die „furchtbare Frau" hinzunehmen, wäre ihr zwar „hart angekommen", aber nicht unmöglich gewesen. „Denn ich gehe davon aus, der Mensch in einem guten Bett und in guter Pflege kann eigentlich viel ertragen."(20)

18 HI/IV, 471.   19 HI/IV, 469.
20 HI/IV, 471 f. — Nur mit Einschränkung kann man deshalb von einem „Erziehungsroman ‚Corinna Schmidt'" sprechen, wie G. Erler es tut; A 6, 514.

Welches Motiv man als Quelle der Verwicklungen auch nimmt, die aus ihnen erwachsende dramatische Bewegung blieb wider Erwarten gering Trotz der gegenüber späteren Romanen („Die Poggenpuhls" und „Der Stechlin") relativ reichen Handlung ist der Roman aufs Ganze besehen von einer auffallenden Statik des Geschehens bestimmt. Die Verwicklungen, die sich aus der Frage nach der rechten Ehe und dem besten Glück, nach dem tatsächlichen gesellschaftlichen und charakterlichen Sein und nach der individuellen Selbstfindung ergeben, werden in der Art behandelt, daß ihre Lösungen im Anfang bereits angedeutet, wenn nicht gar festgelegt werden. Das Romanende weist gegenüber dem Beginn nichts wesentlich Neues auf. Die von Corinna gefaßten Pläne scheitern, mußten scheitern, und der Vater hat es von Anfang an gewußt: „Und wenn Corinna sich in Tollheiten überschlägt, laß sie; den Ausgang der Sache kenn' ich. Du [Marcell] sollst sie haben, und du wirst sie haben, und vielleicht eher, als du denkst."(21) Auch Jennys wahres Wesen läßt sich bereits aus den ersten zwei Seiten des Romans eindeutig erkennen und bedürfte nicht unbedingt der illustrierenden Ausführung. „Denn er war zu niedrigen Standes"(22), heißt es über einen abgewiesenen frühen Verehrer Jennys aus der Zeit der „Rührkartoffeln und Karbonade [...], beides mit Seifenwrasen untermischt"(23), ein Rückblick, der ein für Jenny typisches Verhaltensmodell erkennen läßt. Und auch Corinnas „Werdeprozeß"(24) zu den Zielen des „Schmidtschen" und „Klassischen" ist nie ernsthaft gefährdet, ist sie doch „ihres Vaters Tochter"(25), und als solche trägt sie das angestrebte Ziel bereits in sich.

Eine besondere Hervorhebung und Pointierung des Romanabschlusses also wäre nicht nötig gewesen, da sich die Verwicklungen und Gegensätze als nicht so unversöhnbar erwiesen haben. Der vier Jahre später erscheinende Roman „Die Poggenpuhls" zum Beispiel vermeidet es geradezu, den Schluß eigens hervorzuheben; hier wird dem Leser suggeriert, daß das zukünftige Leben aller Beteiligten gleichmäßig, alltäglich, von großen Wandlungen und Schwankungen unberührt, ablaufen wird; mit seinem ‚offenen Ende' überspielt der Roman seine

21 HI/IV, 370.
22 HI/IV, 298.
23 HI/IV, 298.
24 HI/IV, 469.
25 HI/IV, 368.

eigene konkrete Endsituation.(26) Ganz anders „Frau Jenny Treibel": Hier ist der große, hervorgehobene versöhnende Abschluß gewollt, hier wird er von den Figuren selbst geradezu geplant, sein Gelingen liegt im Interesse aller, er ist der Höhepunkt, das ‚Eigentliche' des Ganzen.

„Sonst war es eine durchaus heitere Hochzeit, was zum Teil damit zusammenhing, daß man von Anfang an alles auf die leichte Schulter genommen hatte. Man wollte vergeben und vergessen, hüben und drüben, und so kam es denn auch, daß, um die Hauptsache vorweg zu nehmen, alle Treibels nicht nur geladen, sondern mit alleiniger Ausnahme von Leopold, der an demselben Nachmittage nach dem Eierhäuschen ritt, auch vollständig erschienen waren. Allerdings hatte die Kommerzienrätin anfänglich stark geschwankt, ja sogar von Taktlosigkeit und Affront gesprochen, aber ihr zweiter Gedanke war doch der gewesen, den ganzen Vorfall als eine Kinderei zu nehmen und dadurch das schon hier und da laut gewordene Gerede der Menschen auf die leichteste Weise totzumachen. Bei diesem zweiten Gedanken blieb es denn auch; die Rätin, freundlich lächelnd wie immer, trat in pontificalibus auf und bildete ganz unbestritten das Glanz- und Repräsentationsstück der Hochzeitstafel."(27)

Initiator der Hochstimmung — sie steigert sich bis in die letzte Zeile — und eigentlicher Mittelpunkt ist hier Professor Schmidt. Wenn Fontane Jenny zur Titelheldin wählt und somit auf ihre ausschlaggebende Stellung innerhalb der Romanwirklichkeit verweist, so nimmt doch Schmidt jenen zentralen Ort im Ganzen ein, den er sich durch zahlreiche Aufklärungen und Kommentare, das Geschehen im allgemeinen, die Vergangenheit Jennys und ihr Wesen im besonderen betreffend, erwirbt. Seine Prognosen und Wertungen — wenn sie auch mit denen des Autors Fontane nicht ohne weiteres gleichgesetzt werden können — verdienen besondere Aufmerksamkeit, da sie zum einen vom Romange-

---

26 Eberhard Lämmert, Bauformen des Erzählens. 4., vermehrte Aufl., Stuttgart 1970, S. 191. In diesem Zusammenhang sei auf einen neueren Aufsatz verwiesen: Charlotte Jolles, „‚Gideon ist besser als Botho.' Zur Struktur des Erzählschlusses bei Fontane" in: Festschrift für Werner Neuse. Hrsg. von Herbert Lederer und Joachim Seyppel, Berlin 1967, S. 76–93. Dieser Beitrag verfolgt allerdings andere Wege und Ziele als die hier unternommenen.

27 HI/IV, 473 f.

schehen bestätigt werden, zum anderen sich auch mit denen des Erzählers decken, der gerade in diesem Roman mit eigenen Wertungen auffallend deutlich hervortritt.

Schmidt, was seinen geschichtlich-gesellschaftlichen Ort betrifft, vertritt den Typ des Bildungsbürgers.(28) Als literarischer Figurentypus steht er noch deutlich in der Tradition der zahlreichen deutschen Sonderlinge: Die Hervorkehrung der individuellen Besonderheit, das Gemüthafte, Schrullige, Kauzige und Schelmische des Schulmeisters(29), der Hang zu Bequemlichkeit und Pfeife(30), das genügsame Behagen an der humorigen und ironischen Vogelperspektive des alles Überblickens und alles Vorauswissens(31) sind wiederkehrende Züge dieser in Deutschland bevorzugten literarischen Menschengattung, ob sie nun Fritz Fiebiger und Heinrich Ulex (aus Wilhelm Raabes „Die Leute aus dem Walde") oder Wilibald Schmidt heißen.(32) Doch auch als Sonderling ist Schmidt für Fontane keine Einzelerscheinung. Der Erzähler deutet an, daß selbst er in seinem scheinbar unverwechselbaren So-Sein nicht allein in der Romanwelt stehe: „denn er war ein liebenswürdiger Egoist, wie die meisten seines Zeichens".(33) Selbst sein in der jüngeren Fontane-Forschung gern zitiertes „wenn ich nicht Professor wäre, so würd' ich am Ende Sozialdemokrat", findet ein ernüchterndes Echo aus dem Munde seiner Wirtschafterin: „Ja, das hat Schmolke auch immer gesagt"(35) und trübt so den Glanz des häretisch-progressiven Alleingangs eines preußischen Beamten. Diese Wiederholung einer zunächst nur für Schmidt eigentümlichen Haltung wirft bereits ein ironisches Licht auf dessen Rolle als positive Gegenfigur zu

28 Schon Richard Brinkmann, Das Bild vom Menschen bei Theodor Fontane. Diss. Masch. Tübingen 1949, S. 29, beschrieb den Professor Schmidt als soziologischen Typ des „mittelständigen soliden Bürgers" und „Beamten". Siehe neuerdings die Arbeit von Edeltraud Ellinger, „Das Bild der bürgerlichen Gesellschaft" bei Theodor Fontane. Diss. Würzburg 1970, S. 102 ff.
29 HI/IV, 450.
30 HI/IV, 302.
31 HI/IV, 454.
32 Herman Meyer, Der Sonderling in der deutschen Dichtung. München 1963; jedoch sind Fontanes sonderliche Gestalten in diesem Werk nicht berücksichtigt. Haese hebt in seiner Rezension, S. 810, die „kauzige[n] alte[n] Kerle" hervor.
33 HI/IV, 461.
34 Reuter, S. 48 und 812.
35 HI/IV, 450.

der bourgeoisen Jenny. Es mag deshalb auch wenig verwundern, wenn er es mit dem Ernst seiner ‚sozialdemokratischen' Opposition weder hier noch später so genau nimmt, wie man es von ihm erwartet hätte. Da er nun einmal Professor ist, liegt es in der Logik seines Verhaltens, die Gegensätze nicht zu verschärfen, vielmehr eine Versöhnung mit Jenny anzustreben.

Es ist gerade diese Versöhnung zwischen zeitweilig unverhohlenen Gegnern, die die Fontane-Forschung immer wieder dazu bewogen hat, eine Erklärung für den von Fontane gewählten Romanabschluß zu finden und ein Werturteil über den Roman insgesamt damit zu verknüpfen. Lange Zeit herrschte Wandreys positive Beurteilung vor, die gerade die „behaglich-ironische Gesamtstimmung"(36) des Romans in allen seinen Teilen lobend hervorhob. Für Georg Lukács hingegen liegt der Grund für den versöhnenden Romanabschluß in dem für Fontane typischen Lebensprinzip „fünf gerade sein lassen"(37); es wirkt sich im Roman aus als ein „verständnisvolles Erdulden, als verzeihendes Zur-Kenntnis-Nehmen von Lebenstatsachen der herrschenden Klassen, gegen die der Stoff selbst ein härteres Auftreten fordert".(38) Dieses persönliche Versagen vor den Lebenstatsachen oder die Scheu, die brutalen Zustände bis ins letzte durchdringend zu erfassen, hat nach Lukács ein künstlerisches Manko zur Folge:

„Ein solches allzu weit geführtes, allzu gemütliches ‚Alles verstehen, ist alles verzeihen' nähert trotz glänzender Beobachtungen, trotz ausgezeichneter satirischer Einzelheiten ‚Frau Jenny Treibel' doch der bloßen Belletristik an."(39)

Auch Hans-Heinrich Reuter zieht zur Erklärung der Versöhnung am Ende ein außerpoetisches, autobiographisches Moment hinzu. Bekanntterweise spiegelt sich in dem Verhältnis Professor Schmidts zu seiner

---

36 Wandrey, S. 260. Allerdings findet sich schon in den Grenzboten der Tadel: „Man muß schon auf dem Standpunkte stehen, daß jede Wirklichkeit Befriedigung hervorbringe, um sich eines leisen Fröstelns erwehren zu können, das uns namentlich bei dem Nachklang, bei der letzten Szene im Englischen Hause überschleicht." S. 345.
37 Lukács, „Der alte Fontane", S. 144.
38 Ebd.
39 Ebd.

Tochter Corinna das tatsächliche Verhältnis Fontanes zu seiner Tochter Mete.(40) Was Schmidt in seiner Charakteristik Corinnas hervorhebt(41), berührt ähnliche Fragen und Probleme der Entwicklung und Erziehung, wie sie Fontane in mehreren Briefen über die eigene Tochter besprochen hatte.(42) Der Blick Fontanes auf seine Tochter und die Sorge um ihre durch ihr Naturell gefährdete Zukunft habe es ihm — aus familiären Gründen also — untersagt, eine andere als die gewählte glückliche Lösung poetisch darzustellen. Reuter schreibt:

„Die Furcht vor dem ,Scheitern' der Tochter übertrug sich auf den Roman. Die ,glückliche' Lösung, in der der Dichter ihn ausklingen ließ, überzeugt daher charakterologisch ebensowenig wie sozial: weder das Individuum Mete noch der Typ Corinna vermochten in der Realität der Zukunft denjenigen Sieg zu erringen, den ihnen der Vater und Dichter in der Fiktion der Gegenwart hatte gönnen wollen" [. . .](43)

Ein weiterer Aspekt kommt nach Reuter hinzu: Wenn es Fontane einerseits um die Karikatur des Bourgeois ging, wenn er andererseits aber im Kampf Corinnas gegen Jenny die Professorentochter unterliegen läßt, so durfte diese Niederlage allein deshalb nicht das Tragische streifen (wie in „Effi Briest" und wie es auch in „Frau Jenny Treibel" eigentlich hätte sein sollen), da sonst die Trauer über die Unterliegende das Gelächter über die karikierte Bourgeoise beeinträchtigt hätte(44); so erklärt sich das ,happy end' für Corinna *formal* aus Gründen der literarischen Gattung (Satire), während die *inhaltliche* Ausführung „mit dem blassen Strohmann Marcell" „aufgeklebt" wirkt.(45) Reuter sieht die Ursache für einen solchen Schluß nicht in dem persönlichen gestalterischen Unvermögen Fontanes; die sich hier zeigenden Grenzen lägen in der historischen und gesellschaftlichen Situation des Künstlers

40 So z. B. nennt Fontane in einem Brief an Paul Schlenther vom 7. November 1897 seine Tochter „Corinna"; LA II, 611. Siehe dazu auch Reuter, S. 642 und 867 und Gotthard Erler in A 6, 512—514.
41 HI/IV, 364 ff.
42 Brief an Klara Stockhausen vom 10. September 1878; LA I, 308 f. Die betreffende Briefstelle ist in A 6, 512 f. nach dem Original zitiert.
43 Reuter, S. 694.
44 Ebd.
45 Ebd., S. 695.

im ausgehenden 19. Jahrhundert: „Mit den Mitteln eines bürgerlichen kritischen Realismus waren sie [die Grenzen, „die im Gegenstand und in seiner gesellschaftlichen Dialektik lagen"] nicht mehr zu überwinden."(46) — Auch Dieter Kafitz interpretiert in seinem Aufsatz über „Frau Jenny Treibel", der sich hauptsächlich mit der Bedeutung des Bildungsbürgers, wie er in Schmidt gezeichnet ist, befaßt, die abschließende Versöhnung als ein Symptom für eine umfassende historische und gesellschaftliche Entwicklung. Die Versöhnung zwischen Jenny und Schmidt dokumentiere (in geradezu verräterischer Weise) das tatsächliche Verhältnis von Bourgeois und Bildungsbürger, die sich in einer „stillschweigenden Komplicenschaft"(47) gegenseitig duldeten und in dieser unheilvollen gesellschaftlichen Konstellation die Katastrophe des 20. Jahrhunderts objektiv vorbereiteten.(48)

„In welch fatale Verkettung mit der Bourgeoisie das ausbleibende kritische Engagement führt, wird an exponierter Stelle des Romans, im Schlußtableau, angedeutet.(49)
Indem es [das Bildungsbürgertum] dem Besitzbürgertum kampflos das Feld räumt und in apolitische Passivität verfällt, trägt es mittelbar zum Aufstieg des Kapitalismus bei."(50)

Wie man sieht, hat Fontane viel Anstoß erregt mit dem Versöhnungsfest zwischen dem Haus Treibel und dem Haus Schmidt, vielleicht auch etwas Enttäuschung; hatte man doch gerade von ihm etwas ‚mehr' erwartet: Lukács vermißte vielleicht Kellers humoristische Grausamkeit, mit der der Schweizer seine gerechten Kammacher bedachte(51); Reuter bedauerte das Fehlen des „tatsächlichen Antagonisten der Millionärin", des Proletariats(52); und Kafitz mochte sich wohl die Machete in der Faust des Gymnasialprofessors gewünscht haben. Nun liegt der Einwand nahe, es sei nicht Fontanes Sache gewesen, Konflikte

46 Ebd., S. 695 und auch 637.
47 Dieter Kafitz, „Die Kritik am Bildungsbürgertum in Fontanes Roman ‚Frau Jenny Treibel'" in: ZfdPh, 92 (1973), Sonderheft, S. 99.
48 Ebd., S. 94 ff.
49 Ebd., S. 92.
50 Ebd., S. 94.
51 Lukács, S. 145.
52 Reuter, S. 693 und 799.

auf dem Wege der Gewalt zu lösen(53); aber das ist in dieser allgemeinen Formulierung nicht haltbar; denn tatsächlich hat er in einigen Werken die radikale Auseinandersetzung nicht gescheut. Dies nachzuweisen braucht man nicht einmal auf die Chronik über die rachsüchtige Grete Minde aus Tangermünde zurückzugreifen; im Kampf zwischen dem Förster Opitz und dem Wilddieb Lehnert Menz, ein Konflikt mit durchaus politischen und gesellschaftskritischen Implikationen, fallen schließlich auch Schüsse; „Quitt" erschien zwei Jahre vor „Frau Jenny Treibel" und nimmt mit seiner Espe-Nebenhandlung das Bourgeoisthema vorweg. Und die Likedeeler in Fontanes unvollendetem Seeräuberroman, den er gleich nach „Frau Jenny Treibel" in Angriff nehmen wird, werden noch viel blutiger um ihr Recht gegen die etablierten Mächte kämpfen. Die angeführten Beispiele widerlegen den Verdacht, Fontane hätte es nicht vermocht, in seiner Gestaltung Konflikte in gebotener radikaler Härte zu durchdringen. Der gesellschaftlich und politisch engagierte Fontane schreckte vor dem „großen Krach"(54) und der „Schlacht"(55), wenn sie bei ihm auch zuweilen von einer exotischen Aura umgeben ist, weder historisch-politisch noch poetisch zurück.(56) Vielleicht ist sein Gedicht „Die Balinesenfrauen auf Lombok" aus dem Jahr 1895 das überzeugendste Beispiel dafür, wie ‚radikal' Fontane mit den ihm zur Verfügung stehenden poetischen Mitteln gestalten konnte.(57)

Die Gründe für die Versöhnung am Ende von „Frau Jenny Treibel" müssen im Roman selber gesucht werden, nicht aber außerhalb, sei es in der Weltanschauung des Dichters, sei es in seiner Verflochtenheit in die geschichtlichen Verhältnisse. Nur die fiktive poetische Situation, in der sie sich abspielt, kann die Kriterien für eine angemessene Erklärung des Romanabschlusses erstellen; auf nichts anderes deuteten ja Fontanes zu Anfang zitierte Überlegungen zur Kategorie des Versöhnlichen in der Kunst hin.

53 In diesem Einwand klingt immer schon der Vorwurf des Eskapismus mit an; so bei Roy Pascal, „Theodor Fontane 1819—1898" in: Pascal, The German Novel. Manchester 1956, S. 178—214, bes. 214.
54 Brief an James Morris vom 31. Januar 1896; FrBr II, 370.
55 Brief an Friedrich Stephany vom 29. März 1898; FrBr II, 461.
56 Brief an Friedlaender vom 6. Mai 1895; Friedl. Br. 284.
57 Vgl. dazu HI/VI, 989 f. und PB II, 251 f.

Obwohl Jenny bei der Hochzeitsfeier „unbestritten das Glanz- und Repräsentationsstück"(58) bildet, kommt sie im weiteren Festablauf nicht mehr zur Geltung; auf Beteuerungen wie die am Romananfang: „Mit uns, lieber Professor, bleibt es beim alten, unentwegt"(59), läßt man sich nicht mehr ein; der Erzähler vermerkt nur noch den vorzeitigen Aufbruch Jennys. Erst *danach*, nach ihrem Fortgang, rückt Schmidt die Abwesende in den ideellen Mittelpunkt. Es gilt, das Recht des Alters vor dem der Jugend, die das Feld des Klaviers und somit auch des Tanzbodens zu gewinnen droht, zum letzten Mal zu behaupten:

„Diesen gefahrdrohenden Moment ergriff der schon vielfach mit ‚du' und ‚Bruder' operierende Schmidt mit einer gewissen Feldherrngeschicklichkeit und sagte, während er Krola eine neue Zigarrenkiste zuschob: ‚Hören Sie Sänger und Bruder, carpe diem. Wir Lateiner legen den Akzent auf die letzte Silbe. Nutze den Tag. Über ein kleines, und irgendein Klavierpauker wird die Gesamtsituation beherrschen und uns unsere Überflüssigkeit fühlen lassen. Also noch einmal, was du tun willst, tue bald. Der Augenblick ist da; Krola, du mußt mir einen Gefallen tun und Jennys Lied singen. Du hast es hundertmal begleitet und wirst es wohl auch singen können."(60)

Daß gerade Schmidt diesen Wunsch äußert, zumal noch zu einem Zeitpunkt, wo Jenny bereits fort ist, muß verwundern, hat er doch bei seinem letzten Besuch im Hause Treibel — fünf Monate sind seither vergangen — die Gesellschaft deshalb frühzeitig verlassen, „weil so viel gesungen wurde"(61); so berichtete es Jenny selbst, und Corinna hat es bestätigt: „Ja, das liebt er nicht. Wenigstens dann nicht, wenn er damit überrascht wird."(62) Das ist nun hier nicht der Fall, im Gegenteil scheint der beträchtliche Champagnergenuß Schmidts Sangeslust noch erheblich zu fördern. Teilweise hat sich die Fontane-Forschung mit dem Argument, Schmidt sei am Ende betrunken, begnügt, um sein weiteres Verhalten zu erklären; man sieht in der letzten Szene und besonders im letzten Satz nur noch das Stammeln eines betrunkenen Besserwissers, dessen schulmeisterliche Überlegenheit und selbstgefällige Ironie sich in

58 HI/IV, 474.
59 HI/IV, 305.   61 HI/IV, 302.
60 HI/IV, 476.   62 HI/IV, 302.

ihrer Bedeutungslosigkeit nochmals zeigen.(63) Eine solche Auffassung, die den Rausch der letzten Szene nur oberflächlich als ,realistische' Spiegelung einer späten Wirtshausszene nimmt, hält es offensichtlich nicht für notwendig, die traditionsreiche Bedeutung des Trinkens und seiner Folgen als literarisches Darstellungsmittel in Betracht zu ziehen. In einer neueren Arbeit heißt es über die literarische Verwendungs- möglichkeit des Trinkens: „Das Trinken verändert die Personen derart, daß sie Dinge tun, die ihnen im nüchternen Zustand niemals in den Sinn kämen, und daß sie ausplaudern, was sie unter normalen Umständen unbedingt verheimlichen würden." Das ist freilich im Zusammenhang mit dem Drama gesagt und in der Definition auf die spezifisch dramatische Wirksamkeit hin ausgerichtet. Aber es gilt nicht minder für den Roman, zählt doch das Trinken (und natürlich auch das Essen) zu den selten übergangenen Fixpunkten der epischen Welt.(65) Für die Schlußszene von „Frau Jenny Treibel" gilt es also zu berücksichtigen, ob der Rauschzustand Schmidts nicht eine neue Situation von besonderer Transparenz herstellt. Werden etwa versteckte, im fiktiven Alltagsablauf überdeckte Bezüge in der gelockerten Hochstimmung des letzten Augenblicks deutlicher hervorgehoben? Die besondere Situation suggeriert den Eindruck einer intensiven Bedeutsamkeit nahezu jeder Aussage.

Schmidts Wunsch, „Jennys Lied" zu hören, muß vor dem Hintergrund des Vorausgegangenen gesehen werden. Jedes Treibelsche Fest ,erfüllte' sich erst dann, wenn Jenny ,ihr Lied' höchst persönlich vorgetragen hatte, erhielt nur dann, um ein bekanntes Fontane-Zitat abzuwandeln, seine „rundere Rundung".(66) So gesehen imitiert Schmidt ein Treibel- sches Ritual, wenn er auch — was ja wohl einen entscheidenden Unterschied macht — ohne die Solistin auskommen muß. Der erha- benen Bedeutung dieses Unterfangens und zugleich der Unfähigkeit bewußt, ihr zu entsprechen, entschuldigt sich Schmidt im voraus für die befürchtete Profanierung: „Denn jedes Schaustellen eines Heiligsten ist das, was ich Profanierung nenne."(67) Daß dem Lied das Attribut der

63 Altmann, Die Dichtung Fontanes, S. 110.
64 Peter Pütz, Die Zeit im Drama. Zur Technik dramatischer Spannung. Göttingen 1970, S. 109.
65 Ebd., S. 107.
66 Brief an Salo Schottländer vom 11. September 1881; FrBr II, 56.
67 HI/IV, 476.

Heiligkeit zusteht, erfindet Schmidt nicht erst im momentanen Rauschzustand. Der Rückblick auf die Entstehungsgeschichte des Liedes, der auch weit zurück in Schmidts Jugendtage führt, zeigt es. Verliebt in die junge Jenny, huldigte er ihr mit einem selbst verfaßten Gedicht, dessen ersehnter Erfolg nicht ausblieb:

„[. .] und als ich eines Tages mein berühmtes Gedicht gedichtet hatte, du weißt schon, das Unglücksding, das sie seitdem immer singt und vielleicht auch heute wieder gesungen hat, da warf sie sich mir an die Brust und sagte: ‚Wilibald, einziger, das kommt von Gott.' Ich sagte halb verlegen etwas von meinem Gefühl und meiner Liebe, sie blieb aber dabei, es sei von Gott, und dabei schluchzte sie dermaßen, daß ich, so glücklich ich einerseits in meiner Eitelkeit war, doch auch wieder einen Schreck kriegte vor der Macht dieser Gefühle." (68)

Wilibald Schmidt und „Gott" waren das pädagogische Gestirn am poetischen Himmel des gelehrigen Zöglings Jenny. Ihr „Herz für das Poetische"(69) verdankt sie, wie sie noch zu Romanbeginn beteuert, „nächst Gott, der es in meine Seele pflanzte, deinem Vater".(70) Und in diesem Lied lebt ihre Freundschaft bis zum heutigen Tag.(71) Profaniert, zur Schau gestellt also wird am Ende das Göttliche. Zur Schau stellen − das ist aber auch die Absicht Fontanes mit seinem Roman, zu zeigen, daß das ‚Höhere', auf das Jenny sich durch das Lied Anspruch zu erwerben glaubt, „ihr in Wahrheit nur das Kommerzienrätliche, will sagen viel Geld[. . .]bedeutet."(72) Die Schmidtsche Profanierung hat aber nicht nur diese demaskierende Bedeutungsdimension. Ein Heiligstes, das längst schon als sentimentale Trivialität erkannt wurde, zu guter Letzt nochmals zur Schau stellen, wäre entweder eine bloße Wiederholung oder aber eine doppelte Verneinung, aus der ein neues Positives resultieren könnte. Im letzten Falle gilt es also zu erwägen, ob nicht durch den profanierenden Vortrag ein neuer Sinn im Liede selbst ermittelt werden könnte.

68 HI/IV, 369.
69 HI/IV, 301.
70 HI/IV, 302.
71 HI/IV, 369.
72 Brief an Theo Fontane vom 9. Mai 1888; AB II, 191.

Was besagt eigentlich das Gedicht? Es skizziert in anspruchsloser, gefälliger Weise eine Wunschwelt, in der das höchste Glück gefunden werden kann: ein Leben in arkadisch einfacher Blumenlandschaft, wo sich die Menschen mit Zuneigung begegnen und wortlos verstehen. Es ist ein ‚naives' Gedicht, naiv darin, daß es meint, mit geringstem Aufwand und dafür ungebrochener Zuversicht eine Welt bauen zu können, die dem zeitlichen Wandel und den einschränkenden Kräften des Wirklichen nicht unterworfen ist. Schmidt hat sich zu diesem Zweck der einfachsten stilistischen Mittel bedient. Es fällt nicht schwer zu erkennen, daß er aus dem großen Schatz anerkannter, kanonisierter klassischer Lyrik schöpft; das Gedicht ist eine naive Summe und Ernte vertrauter Bilder und Motive Schillers, Goethes, Eichendorffs und Mörikes. Das etwa wäre der Eindruck eines Lesers, der das Lied aus einem Fontaneschen Gedichtband kennenlernte, ohne also durch den Zusammenhang mit dem Roman voreingenommen zu sein. Und auch den jungen, verliebten Schmidt mag es gedrängt haben, solche gefühlvollen Vorstellungen des glücklichen Zusammenlebens poetisch in naiver Kollage zu formulieren. Was aber wird daraus im Zusammenhang mit der Person, der es gewidmet worden war? Das Wunschbild einer innerlichen und innigen Lebens- und Glücksform wird in Jennys Munde restlos zerstört, verunglimpft. Je mehr sie ihr ‚unausrottbares' Herz für das Poetische(73) beteuert und sich in diesem Sinne des Liedes *bedient*, desto radikaler vernichtet sie es. Poesie ist in ihren Händen ein Luxusartikel, den sie regelmäßig zum festlichen Dessert verbraucht. Spätestens bei der zweiten Lektüre des Gedichts – der Erzähler nötigt den Leser dazu – erweist es sich als Inbegriff gemeiner und gefährlicher Verlogenheit: Gold ist alles, Poesie nichts, Gefühle „Bah" (74) und der in Aussicht gestellte Kuß „Albernheiten" (75). Aber es ist gerade diese zweite Lektüre, die den Leser dazu anhält, sich nicht nur bei der nachgewiesenen Diskrepanz zwischen Anspruch und Wirklichkeit aufzuhalten.(76) Es wird dem während des gesamten

---

73 HI/IV, 301.   74 HI/IV, 449.   75 HI/IV, 472.

76 Vgl. Walter Müller-Seidel, „Besitz und Bildung. Über Fontanes Roman ‚Frau Jenny Treibel'" in: FR, S. 138. Müller-Seidel berücksichtigt nicht, daß der ‚falsche Ton' nicht schon von vornherein im Lied angelegt ist, sondern erst durch den Zusammenhang mit Jenny entsteht. – Mit dem Aspekt der Diskrepanz von Schein und Wirklichkeit befaßt sich eingehend der Aufsatz von David Turner, „Fontane's *Frau Jenny Treibel*: A Study in Ironic Discrepancy" in: Forum for Modern Language Studies, 8 (1972), S. 132–147.

Romanverlaufs gegen Jenny und ihr Lied aufgebrachten Leser zugemutet, eben dieses Lied nochmals zu überdenken und mit Schmidt zusammen, dem Kritiker seines eigenen Produkts, einen positiven Sinn zu entdecken. Der Vortrag Adolar Krolas, des Künstlers und Millionärs in einer Person, findet vor seinem Publikum vollen Anklang:

„Alles war heller Jubel, denn Krolas Stimme war immer noch voll Kraft und Klang, wenigstens verglichen mit dem, was man sonst in diesem Kreise hörte. Schmidt weinte vor sich hin. Aber mit einem Male war er wieder da. ‚Bruder‘, sagte er, ‚das hat mir wohlgetan. Bravissimo. Treibel, unsere Jenny hat doch recht. Es ist was damit, es ist was drin; ich weiß nicht genau was, aber das ist es eben – es ist ein wirkliches Lied. Alle echte Lyrik hat was Geheimnisvolles. Ich hätte doch am Ende dabei bleiben sollen. . .“(77)

Diese Stelle wurde in der Fontane-Forschung überwiegend im Sinne einer menschlich-allzumenschlichen, zur Verzeihung geneigten Angleichung konträrer Positionen bezeichnet(78); beide, Schmidt wie Jenny, hätten im Grunde dasselbe Ideal.(79) Dieser Eindruck liegt nahe, da ja Schmidt für seine Auffassung wiederholt Jenny als Kronzeugin anführt: Sie habe recht, und sie solle entscheiden. Bei genauerem Hinsehen aber ergibt sich anderes. Wenn sich auch Schmidt dem Worte nach an Jenny annähert, so illustriert das nur die besondere Form der Schmidtschen Selbstironie. Diese Selbstironie gründet in dem Spiel mit einer scheinbaren, in Wirklichkeit aber nicht vollzogenen Angleichung von Auseinanderliegendem. Bereits bei der Wahl des Namens für den Schmidtschen

---

77 HI/IV, 477.
78 Siehe schon in der Rezension von Robert Lange, S. 808 f.: „Alles in allem bleibt Frau Treibel eine liebenswürdige Dame, der wir auch in ihren Schrullen nicht ernstlich böse werden können.“ Dagegen bemerken die Grenzboten S. 344: „Frau Jenny Treibel allerdings fordert mit ihrer Herzenskälte, ihrem tief im Blute liegenden Protzentum und ihrer Selbstbelügung zur stärksten Satire heraus, allen übrigen Gestalten kommt ein gewisser Humor und die Billigkeit geistesreifer und lebensfrischer Altersanschauung zu gute.“ Eine nachsichtsvolle Beurteilung entdeckt man auch noch bei Theodorus van Stockum, „Zu Fontanes Lebensanschauung“ in: Neophilologus, 45 (1961), S. 131 und bei Brinkmann, Fontane, S. 37.
79 Hermann Lübbe, „Fontane und die Gesellschaft“ in: Festgabe für Benno von Wiese. Bonn 1963, S. 272.

Kreis wirkte sich diese besondere Form der Ironie aus. „Die sieben Waisen" schlug der Professor bei seiner Suche nach einer originellen Bezeichnung vor; dem naheliegenden Einwand der Entlehnung begegnete er damit, daß der Gleichklang mit dem Namen der bekannten Männer aus Griechenland „Ohr- und Sinnestäuschung"(80) sei; gerade der minimale Unterschied in der Orthographie „verändere nicht nur mit einem Schlage die ganze Situation, sondern erziele sogar den denkbar höchsten Standpunkt, den der Selbstironie." Das Verhältnis Schmidts zu den beiden Treibels, wie es den gesamten Roman hindurch gezeichnet ist, ist durch diese täuschende Nähe bestimmt. Je enger die beiden Personenkreise zusammenzurücken scheinen, desto deutlicher wird der entscheidende Unterschied hervorgehoben. (Man denke auch an die Pläne Corinnas, die eine Annäherung anstreben und im Gegenteil den unüberbrückten Abstand verdeutlichen). Auch die am Romanende vollzogene Annäherung steht im Zeichen der Ironie und dient einer wesentlichen Trennung.

Es kommt noch ein weiteres hinzu, das den fiktiven Rahmen des Romans nahezu sprengt: Der Autor Fontane scheint sich selbst zu Worte zu melden und in eigener Sache sprechen zu wollen. Walter Keitel hat nämlich darauf aufmerksam gemacht(81), daß sich Fontane in der zweiten Zeile der letzten Strophe, „Und dein Haar umspielt der Wind", selbst zitiert; denn dieses Bild findet sich bereits in Distelmeiers Lied aus „Allerlei Glück": „Es weht das Haar im Winde".(82) Schmidts „Es ist was damit, es ist was drin" gewinnt durch diesen versteckten Zusammenhang eine neue Bedeutungsrichtung; hinter der fiktiven Maske des Gymnasialprofessors lugt plötzlich Fontane selbst hervor.

Schmidts Neuentdeckung des Liedes ist nicht nur ironisch gemeint. Was hier geschieht, ist gleichsam die Enteignung, die Zurücknahme eines frühen Geschenks, das auf einem Mißverständnis beruhte. Hinter der scheinbaren Identität mit Jenny spielt sich eine Absage ab, verbunden mit der hinweisenden Geste auf eine Welt, wo sich tatsächlich „Herz zum Herzen find't". Profaniert und zur Schau gestellt wird ein bereits

---

80 HI/IV, 347.
81 HI/VI, 1103.
82 HI/V, 679. Dies spricht übrigens dafür, daß es sich um Fontanes eigenes Lied handelt und nicht, wie etwa das Gedicht in „Unwiederbringlich", um ein übernommenes. Siehe auch Müller-Seidel, „Besitz", S. 138.

vor Romanbeginn Profaniertes. In dieser doppelten Profanierung leuchtet der ursprüngliche Sinn des schlichten Gedichts durch: ein Zusammenleben der Menschen in herzlicher Weise.

So gering diese Forderung veranschlagt ist, die Menschen aus der Welt von „Frau Jenny Treibel" vermögen nicht einmal, dieses Mindestmaß an Herzlichkeit zu verwirklichen. Jenny steht in ständigem Streit mit den Munks, Helene macht ihrem Otto keineswegs die Ehe zur Freude, wie auch Jennys Ehe viel zu wünschen übrig läßt; auch das Verhältnis zwischen den beiden Schwestern Helene und Hildegard ist weit davon entfernt, herzlich genannt zu werden; erst der gemeinsame Gegner führt sie für einen kurzen Augenblick zusammen; Nelson und Vogelsang sind gleichermaßen davon überzeugt, dem anderen überlegen zu sein, während der Erzähler sie beide karikiert(83); die drei Generationen der Treibels verdeutlichen einen Prozeß der Erstarrung und des Verlusts an Lebenssubstanz, der bereits ans Makabre grenzt: Leopold, der noch am meisten menschlich Zugängliche, ist schwach und kann sich nicht durchsetzen(84); nach ihm folgt nur noch Lizzi, zum blutlosen Engel dressiert. Auch der Schmidtsche Kreis erfüllt nicht die Minimalforderung des Gedichts nach einer natürlichen, sich von selbst verstehenden Herzlichkeit(85); nicht aus Freude am Zusammensein treffen sich die „sieben Waisen", sondern sie kommen nur dann, wenn sie nichts Besseres zu tun haben; Friedeberg führt eine Ehe, die sich seit langem bereits an der Grenze der Scheidung bewegt; und auch Schmidt vermag nicht, wo er gebraucht wird, seine egozentrische Behaglichkeit zu überwinden; eigentlich ist es nur der ‚blasse' Marcell, der sich in seiner Hinneigung zu Corinna über alle kleinmütigen Bedenken hinwegsetzt und somit „Herz" beweist. (Wie viel dies bedeutet, mag nur ein Hinweis auf Gordon aus „Cécile" zeigen, der es als Weltmann mit unprovinziellem Weitblick eben nicht fertigbringt, in seinem Verhältnis zu Cécile

---

83 HI/IV, 312.

84 Eine Charakteristik Leopolds aufgrund dessen Getränkewahl gibt David Turner, „Coffee or Milk? — That is the question: on an incident from Fontane's *Frau Jenny Treibel*" in: GLL, 21 (1968), S. 330—335.

85 Daß dieser Kreis der Gefahr der Spießbürgerlichkeit und der Verkalkung ausgesetzt ist, hat schon Hildegard Wolter, Probleme des Bürgertums, S. 6, hervorgehoben. Kahrmann, Idyll im Roman, S. 139, geht sogar so weit, von einer „pessimistischen Perspektive des Romans" zu sprechen, von einer „Unfähigkeit der legitimierten Vertreter der ‚Bildung', diese auf ihre Gegenwart, geschweige denn auf ihre Zukunft zu beziehen und anzuwenden."

über die engen gesellschaftlichen und moralischen Vorurteile hinwegzusehen.)

Zwar läßt sich also das Bild eines authentischen Lebens ausfindig machen und das gerade dort, wo man es am wenigsten erwartet hätte, nämlich in dem von Jenny mißbrauchten Liede; aber selbst dieses geringe Maß angedeuteter Herzlichkeit zu verwirklichen, scheint den Romanfiguren sehr schwer zu fallen.

Wenn der *moralische* Maßstab des Erzählers darin liegen sollte, inwieweit die einzelnen Figuren der Forderung des Liedes gerecht werden, dann gibt es kaum einen Unterschied zwischen all den Gestalten, mögen sie aus dem Hause Treibel oder aus dem Hause Schmidt kommen. Dieser Gleichheit der Figuren in einem so verstandenen moralischen Versagen entspricht eine weitere Gleichheit, die sich aufgrund der *sozialkritischen* Wertung des Erzählers ergibt. Denn als soziale Gruppen und Figuren sind sowohl Treibels als auch Schmidts an ihre konkrete Zeitsituation gebunden; von der politischen Lage der Gründerjahre und dem sozialen Stand geprägt, sind beide typische Exponenten einer historisch umgrenzbaren Zeitsituation; als solche unterliegen sie *gleichermaßen* der Sozialkritik des Autors. Aber trotz dieser doppelten Gleichstellung der beiden Lebenskreise gibt es auch einen unübersehbaren Unterschied, hinter dem sich nicht minder eine erzählerische Wertung nach *allgemeiner* Moralvorstellung ausdrückt. Denn während Jenny als verlogen und heuchlerisch entlarvt wird, erfährt Schmidt durch stets bewiesene Ehrlichkeit und durch seine Fähigkeit zur jederzeitigen Selbstironie eine *moralische* Aufwertung. Man mag hiergegen einwenden, daß die charakterlichen Defekte einerseits und die Vorzüge einer selbstironischen Haltung andererseits doch nicht moralisch-individuelle, vielmehr standestypische Merkmale seien und somit ebenfalls zum Gegenstand der Gesellschaftskritik gehörten. Tatsächlich erweist die Historie die für Jenny charakteristische Verlogenheit als typisch für den Bourgeois; aber in dieser Hinsicht wäre auch der Bildungsbürger von seinem standesspezifischen moralischen Versagen nicht freizusprechen, zudem hat Fontane an anderer Stelle gerade auch diesen Stand sehr scharf kritisiert.(86) Um so mehr muß seine Entscheidung verwundern, wenn er zwar auf gesellschaftskritischer

86 Briefe an Friedlaender vom 12. April 1894, 22. März 1896 und 26. Juni 1896; Friedl. Br. 254, 295 und 298. Brief an die Tochter vom 17. Februar 1891 und 16. Februar 1894; PB II, 168 und 233.

248

Ebene gleichermaßen Fehlverhalten aufdeckt, auf allgemeiner moralischer Ebene aber offensichtlich bemüht ist, einen Unterschied darzustellen, der den Befund des Sozialkritikers wieder überlagert. — Diese „Modelung"(87) muß im Zusammenhang mit Fontanes Kunsttheorie gesehen werden; sie läßt sich als Auswirkung der normativ geforderten Verklärung beschreiben. Der gesellschaftskritische Befund, die Erkenntnis , die die Analyse des gesellschaftlichen Zustandes erbrachte, findet ungebrochen Eingang in den Roman, wie es die eigene Theorie des Realismus erfordert. Demgegenüber aber — und das bezeichnet die Theorie als die eigentliche poetische Leistung — erfolgt eine werkimmanente Ordnung aufgrund von moralischen Kriterien. Auf moralischer Ebene wird also ein Gleichgewicht von Kritik und Gegenbild erstrebt. Wo der gesellschaftskritische Befund den positiven Antagonisten (als Person oder Prinzip) nicht ausweist, bedarf es im Sinne des Kunstgesetzes, das gleichzeitig ein Gesetz der Wahrheit sein soll, einer poetisch vermittelten Gegenwelt. Aber diese Gegenwelt — der Bildungsbürger, wie er sein soll, um das„Stechlin"-Wort abzuwandeln(88) — ereignet sich nur im poetischen Medium. Der gewollte Abstand zwischen Wirklichkeit und Kunstwirklichkeit wird deutlich; gleichzeitig erschließt sich auch seine Aufgabe. Der Autor Fontane setzt Schmidt als aufgewertete, aber fiktive Figur bewußt von dem historischen Bildungsbürger ab. Auf diese Unterscheidung kommt es ihm so sehr an, daß er diese Distanz zusätzlich am Verhältnis der Romanfiguren zu der lyrisch vermittelten Herzenswelt illustriert: Stellt Schmidt als Fiktion eine Idealfigur des Bildungsbürgers dar, den es in der historischen Wirklichkeit repräsentativ nicht gibt, so bezeichnet die Welt des „Wo sich Herz zum Herzen find't" einen poetisch vermittelten Idealbereich, der in der Prosa der Romanwirklichkeit fehlt. Anders als im Falle der Marie aus „Vor dem Sturm", die die märchenhafte Sternenwelt restlos personifizierte, bleibt hier die Gegenwelt ausdrücklich an das poetische Medium gebunden, ereignet sie sich nur in der Welt der Dichtung, die von der historischen Welt und der Welt der Romanfiguren deutlich abgesetzt ist.

Der Gegensatz zwischen historischer und fiktiver Wirklichkeit ermöglicht eine werkimmanente Wertung, die nicht durch die Historie, sondern durch die spezifische Seinsweise des Kunstmediums legitimiert

---

87 HIII/II, 847.
88 Brief an Carl Robert Lessing vom 8. Juni 1896; AB II, 398.

wird. Die ästhetische Grundsituation von Wirklichkeit und Fiktion — so wie sie Fontane versteht — spiegelt sich im Roman in dem Verhältnis der Romanfiguren zu dem Lied. So ist Fontanes Kunstauffassung, seine Theorie dessen, was Kunst ist und was sie leisten soll, das Thema der letzten Seiten von „Frau Jenny Treibel".

Schon der Titel der Erstausgabe: „Frau Jenny Treibel oder ‚Wo sich Herz zum Herzen find't'" umreißt die dem Roman zugrunde liegende Situation: Zunächst scheint das „oder"den ersten Bestandteil des Titels zu explizieren; Lyrik als Attribut der Bourgeoise. Dann aber zeigt es zwei antithetisch gegeneinander gerichtete Pole an, deren letzter genau den Punkt bezeichnet, der der Jenny-Treibel-Welt gänzlich fehlt. In diese Polarisierung fällt aber nicht nur der moralische Gegensatz von Herzlosigkeit und Herzlichkeit, sondern auch der von bourgeoiser Prosa und Poesie. Denn dadurch, daß im Titel die Welt des Herzens nicht nur begrifflich genannt, sondern als Zitat aus dem Lied vergegenwärtigt wird, steht dem „Frau Jenny Treibel" das Lied selbst entgegen. Die beschriebene Welt der Herzlichkeit ereignet sich nicht nur im poetischen Medium, vielmehr wird sie durch ihr Medium selbst repräsentiert. In der Stellung der Romanfiguren zur Kunst als dem Träger und Repräsentanten des Lebenssinns offenbart sich ihr (der Figuren) authentisches Sein. Gegenüber Jenny, die es im entscheidenden Moment — und nur auf den kommt es an — ablehnt, im Geiste des Liedes zu handeln, steht Schmidts Bekenntnis: „Ich hätte doch am Ende dabei [beim Schriftstellern] bleiben sollen. . ."(89)

Wie sehr auch für Fontane selbst das Poetische zum Träger und Repräsentanten einer Gegenwelt wurde, die er in seiner Wirklichkeit nicht fand, zeigt sein letzter Roman, „Der Stechlin", eine stilisierte Menschheitsgeschichte in poetischer, von der historischen Wirklichkeit abgehobener Schwebe.

---

89 HI/IV, 477. — Sehr häufig wird in der Fontane-Forschung mit dem Begriff der Skepsis operiert. Auch Müller-Seidels „Frau Jenny Treibel" — Aufsatz läuft in seinem Endergebnis auf eine Skepsis-Formel hinaus, die jeglichen „festen Standort" in „jene eigentümliche Ambivalenz der Dinge, die Fontanes Erzählform durchgehend bestimmt", verwandelt (S. 140). Doch bestätigt sich wirklich eine solche „allseitige Skepsis" (S. 141) an „Frau Jenny Treibel"? Die Bedeutung des Liedes als poetischer Repräsentant einer authentischen, auf das ‚Herz' gestellten Lebensform widerspricht einer Verabsolutierung des Skepsis-Prinzips. Gerade das Gedicht führt einen Fixpunkt in die Romanwelt ein und erübrigt somit Skepsis, die ja nur dort wirksam wird, wo es keinen solchen Fixpunkt gibt.

Die hier gegebene Interpretation suchte die literaturtheoretische Kategorie des Versöhnlichen in einem speziellen Fall an der Fontaneschen Praxis zu überprüfen. Bewußt entschied sie sich im vorhinein für jene Auslegung des Begriffs, die sich auf die dichterisch vermittelte (stoffliche) Wirklichkeit bezog. Es ging darum, Versöhnung als ein Ereignis nachzuzeichnen, das sich unmittelbar aus der Logik der Romanhandlung ergibt. Versöhnung wurde als Aufhebung konkreter, im Werk entworfener Konflikte aufgefaßt. Dieser Ansatz führte zu einem Ergebnis, das zunächst die Erwartung enttäuschte. Trotz mehrfach aufweisbarer dramatischer Elemente (Romeo-und-Julia-Motiv, Initiierung gesellschafts-geschichtlicher Konflikte, Probleme der Selbstfindung) zeigte sich der Roman von einer auffallenden Statik und Bewegungslosigkeit gekennzeichnet; es geschieht nichts, was nicht im Kern bereits am Anfang vorweggenommen wäre, oder das, was doch geschieht, wird schließlich wieder rückgängig gemacht. Für eine Versöhnung im Sinne eines dramatischen Abschlusses besteht kein Anlaß. Aber gerade auf dem Hintergrund dieser Zuständlichkeit muß um so deutlicher auffallen, daß der Romanabschluß in seinem ereignishaften Charakter solchermaßen betont wird. Da also das Versöhnungsfest keine notwendige Konsequenz der Romanhandlung darstellte, da es als dramatisches Element überflüssig war, mußte seine Begründung in anderem gesucht werden. Sie fand sich in der Ermittlung der zentralen Rolle des Liedes. Zwar ist auch das Lied etwas ‚Altes‘ und Bekanntes; aber gerade jener Vorgang, der dieses Lied von dem ‚Alten‘ abtrennt und ein ‚Neues‘ entdeckt, bezeichnet die Mitte des Geschehens. Von hier aus gesehen erhält das Vorausliegende einen neuen Bezug, den es ohne die letzte Szene nicht besäße.

Jedoch das Aufrollen einer neuen, überraschenden Thematik von rückwärts genügt noch nicht, um sagen zu können, was eigentlich das Versöhnliche ist. Es geht im Lied um die Frage nach dem authentischen Leben, wie es die Romanfiguren nicht führen. Der Ort, wo sich „Herz zum Herzen find't", deutet sich nur im Liede selbst an. Garantiert ist er aber auch hier nicht. Erst wenn die Romanfiguren sich in bestimmter Weise zu diesem Lied hinwenden, kann die Welt des Herzens überhaupt sichtbar und für die Romanwirklichkeit relevant werden. Sobald z. B. eine Jenny das Buch, in dem dieses Lied niedergeschrieben steht und das „ursprünglich einen blauen Deckel hatte", in „grünen Maroquin"(90) binden läßt, wird das „Wo sich Herz zum Herzen find't" zum Inbegriff einer herzlosen Welt. Der Lebenssinn mag also in dem Lied eingebettet sein, aber erst das Verhältnis der Menschen zu ihm entscheidet über seine Qualität oder besser noch: über seine Wirkungsmöglichkeit in der Welt. Damit spannt sich vom Romanschluß ein neuer thematischer Bogen über das Vorausgegangene: Kunst ist eine Gegenwelt zur Alltagswirklichkeit; aber daß sie zu dieser Gegenwelt werden kann, setzt voraus, daß der Mensch zu einem richtigen Verhältnis zur Kunst findet; erst dann erweist sich Kunst als Gegenwelt und nicht etwa als Inbegriff verlogener Sentimentalität. Der ‚Gebrauch‘ von Poesie verrät und typisiert den sozialen und moralischen Ort; schon in ihrer Jugendzeit, noch bevor sie zur tatsächlichen Bourgeoise wurde, ließ Jennys Verhältnis zu dem lyrischen Geschenk Schmidts ihre spätere Entwicklung erkennen.

Wie sehr das Thema von Kunst und Leben Fontane als literarisches Thema und als persönliches Bekenntnis beschäftigt hat, mag nur ein Hinweis auf eine andere Dichtung bezeugen. Gegen Ende der 80er Jahre, also zur Zeit von „Frau Jenny Treibel", erzählte er in Versen die Geschichte des siebzehnjährigen Fritz Katzfuß, der als Lehrling im Laden der geizigen Witwe Marzahn unter Hering, Schlackwurst, Datteln und Schweizerkäse sein armes, enges Leben fristete; ein „herzensguter Junge" schien er trotzdem die Aufträge der Kundschaft nicht mit gewünschter Eile auszurichten; denn schickte man ihn in den Keller oder auf den Boden, so blieb er ungebührlich lange fort; bis ihm dann eines Tages die Witwe nachschlich und den Grund seines Verzugs feststellte:

„Die Witwe Marzahn aber
Schlich sich heran und nahm ein Buch (das war es)
Vom Boden auf und sah hinein: ‚Gedichte.
Gedichte, erster Teil, von Wolfgang Goethe.‘
Zerlesen war's und schlecht und abgestoßen
Und Zeichen eingelegt: ein Endchen Strippe,

---

90 HI/IV, 300. — In seinem Aufsatz „Ironic Discrepancy" S. 138 weist Turner auf die Bedeutung dieses Gedichteinbandes hin, liest jedoch aus diesem Zeichen nur den für Jenny charakteristischen Sinn für Äußerlichkeiten heraus. Fraglich bleibt es, ob die Querverbindung zu „Von Zwanzig bis Dreißig", die Turner entdeckt und die er als versteckte Selbstanspielung Fontanes deutet, eine erzählerische Aufwertung Jennys verursache; Turner, S. 138 f.

Briefmarkenränder, und als dritt' und letztes
(Zu glauben kaum) ein Streifen Schlackwurstpelle,
Die Seiten links und rechts befleckt, befettet,
Und oben stand, nun was? stand ‚Mignonlieder'.
Und Witwe Marzahn las: ‚Dahin, dahin
Möcht' ich mit dir, o mein Geliebter, ziehn. "(91)

Gerade das Ineinander von Kunst und Wirklichkeit, von Goethe und
Schlackwurstpelle, scheint hier beiden, Kunst sowie Wirklichkeit
förderlich zu sein. Der museale Kunsttempel Jennys, wo natürlich auch
Goethe und Mignon mit kostbarsten Einbänden hygienisch vor der
Wirklichkeit verpackt liegen könnten, stellt das Gegenbild zu dieser
Situation dar. Der Erzähler zögert denn auch nicht, seine eigene Lage
mit der des Lehrlings zu vergleichen:

„Armer Lehrling,
Ich weiß dein Schicksal nicht, nur eines weiß ich:
Wie dir die Lehrzeit hinging bei Frau Marzahn,
Ging mir das *Leben* hin. Ein Band von Goethe
Blieb mir bis heut mein bestes Wehr und Waffen,
Und wenn die Witwe Marzahns mich gepeinigt
Und dumme Dinger, die nach Waschblau kamen,
Mich langsam fanden, kicherten und lachten —
Ich lächelte, grad so wie *du* gelächelt,
Fritz Katzfuß, du mein Ideal, mein Vorbild.
Der Band von Goethe gab mir Kraft und Leben,
Vielleicht auch Dünkel. . . All genau dasselbe,
Nur andres Haar und — keine Sommersprossen. "

Kunst kann eine positive Gegenwelt sein, wenn sie nur — das scheint
paradox formuliert zu sein — tief genug mit der Wirklichkeit verflochten ist. Nur dann legitimiert sich ihr Protest:

„*Eure* Welt ist Kram,
Und wenn ihr Waschblau fordert oder Stärke,
Blaut zu, soviel ihr wollt. *Mein* Blau der Himmel. "(92)

91 HI/VI, 366. Siehe auch die Querverweise in der Anm. zu S. 364; vgl. auch
SzL, 477 f.
92 HI/VI, 365.

Versöhnung also ist, auf „Frau Jenny Treibel" bezogen, ein Vorgang, bei dem sich (innerhalb des Romans) in der Auseinandersetzung der Menschen (Jenny und Schmidt) mit dem literarischen Medium (Lied) der poetisch vermittelte Sinn (Herz) und die Poesie selbst erschließen.

Eine solche Interpretation der Versöhnung verweist zurück auf die Einstellung Fontanes bezüglich des Verhältnisses von Kunst und Leben. Dieses Verhältnis stellt sich ihm nicht dar als ein Problem der begrifflichen Abgrenzung. Gerade das Ineinander von Alltagswirklichkeit und Poesie, wie im Falle des Fritz Katzfuß, schafft eine Situation, in der Kunst als Vermittler und Repräsentant des Lebenssinns relevant werden kann. Denn offensichtlich macht es in den Augen Fontanes für die Literatur einen wesentlichen Unterschied, ob sie durch Schlackwurstpelle oder Luxustränen „befettet" wird.

Wenn zu Beginn dieser Arbeit ein Zusammenhang zwischen der Kategorie der Versöhnung und der der Verklärung angedeutet wurde, so gilt es nun, diesen Bezug nochmals zu formulieren. Der zuweilen in der Fontane-Forschung geäußerte Verdacht, Verklärung sei „Abschwächung und Milderung der in der Klassengesellschaft vorhandenen antagonistischen Widersprüche"(93), muß aufgrund der oben ermittelten Versöhnungssituation zurückgewiesen werden. Denn bei einem solchen Verständnis werden Kunst und gesellschaftliche Wirklichkeit noch als autonome Bereiche gegeneinander gestellt, wo hingegen im Sinne Fontanes der enge Bezug von menschlicher Situation zu Kunst bereits vorausgesetzt wird. Erst aus der Art dieses Bezugs wird der sinngebende, ein authentisches Leben bezeichnende Moment in der Kunst freigesetzt und kann dann als verklärender Spiegel der historischen Wirklichkeit auf den Leser rückwirken. Verklärung also meint hier nicht den Vorgang, bei dem historische Wirklichkeit in poetische umgewandelt wird, sondern sie erschließt sich in ihrer Eigenart als Entwurf einer positiven Gegenwelt erst demjenigen Betrachter, der Literatur als existentiell mit seiner eigenen Situation verbunden erfährt. Fontane hat dies deutlich genug im Zusammenhang mit dem Entstehen seines ersten Romans „Vor dem Sturm" ausgesprochen.(94)

---

93 Joachim Biener, Fontane als Literaturkritiker. Rudolstadt 1956, S. 62 und 39.
94 Brief an Mathilde von Rohr vom 1. November 1876; PB III, 171 f.

Kunst darf nicht von der Alltagswirklichkeit fernhalten, sondern muß den Leser dahingehend verwandeln, daß er sich aufs neue und in neuer Sinnerfüllung dem Alltäglichen zuwendet. So fordert Fontane anläßlich einer Kritik an Spielhagens „Sturmflut", daß der Roman „mich wohltuend berühren und mich entweder über das Alltägliche erheben oder aber — das schön Menschliche drin mir zeigend — mir auch das Alltägliche wert und teuer machen soll."(95) Was im theoretischen Kapitel dieser Arbeit bereits ermittelt wurde, bestätigt sich an „Frau Jenny Treibel": Es kommt entscheidend auf die Wirkung der Literatur an.(96)

Was Literatur beim Leser *bewirken* kann, zeigt sich in „Frau Jenny Treibel". Von Professor Schmidt heißt es wiederholt, er sei ein Egoist. Diese Art des Egoismus entdeckt der Erzähler nicht nur an Schmidt allein, sondern er beschreibt sie als typisch für eine bestimmte Gruppe: „denn er war ein liebenswürdiger Egoist, wie die meisten seines Zeichens".(97) Fontanes Briefe zeugen davon, wie sehr auch er selbst sich eingehend mit diesem Problem seiner Zeit auseinandersetzte.(98) Es handelt sich hier offensichtlich um eine Erscheinung, die sich auch in der ausländischen Literatur abzeichnet; man denke nur an die Romane von George Eliot und George Meredith, die sich zentral mit dem Problem des Egoismus, wie er sich aufgrund von philosophischen und wissenschaftsgeschichtlichen, also vor allem positivistischen Zeitströmungen entfaltet hat, befassen und nach Wegen seiner Überwindung suchen. Nicht in jedem Fall hielt es Fontane für nötig, egoistische Anwandlungen zu unterdrücken oder zu verurteilen; vieles rechnete er der alltäglichen Lebenspraxis zu, die eigentlich nur ein Heiliger zu durchbrechen imstande wäre.(99) Zumindest eine Möglichkeit der Befreiung aber sah er. Bei dieser Lösung vom Ich spielt die Wirkung der Kunst auf den Menschen die entscheidende Rolle; Fontane schreibt an seine Tochter:

95 AzL, 90 f.
96 Brief an Karl und Emilie Zöllner vom 31. Oktober bzw. 3. November 1874; PB IV, 55.
97 HI/IV, 461.
98 Brief an Mete vom 22. Mai 1889; PB II, 130 f. Und Brief an Friedlaender vom 7. November 1892; Friedl. Br. 197.
99 Brief an Friedlaender vom 7. 11. 1892.

„Neulich fand ich in der Sonntagsbeilage einen hübschen Aufsatz von einem Berliner Gymnasial-Direktor, *Franz Kern* [. . .] Nun, dieser Franz Kern schrieb ungefähr: „Die schönste Wirkung eines Kunstwerks auf uns, namentlich bei Lesung einer Dichtung, ist die, daß wir uns dabei vergessen. Die Sprache, immer tiefsinnig, nennt das *'sich verlieren'* und drückt damit das Höchste aus, das uns zu Theil werden kann. Auch das höchste Glück. Denn dies gerade liegt in dem ‚sich verlieren'. In unsrem gewöhnlichen Zustande sind wir immer nur mit unsrem *Ich* beschäftigt, das wir befriedigen wollen und je mehr wir danach ringen, je weniger fühlen wir uns befriedigt, je unglücklicher werden wir. Denn das Ich und wieder Ich ist unser Leid, unser Druck, unsre Qual. Und nun treten wir an ein Kunstwerk heran und verlieren *uns* darin! Das ist Erlösung vom ‚ich', Befreiung, Glück." So ungefähr. Man liest nicht oft so gute Stellen."(100)

Indem Schmidt sich am Romanende dem Lied zuwendet und sich in es „verliert", verläßt er seine egoistische Selbstgenügsamkeit und findet zu einer neuen Einschätzung seiner selbst und seiner Umwelt:

„Für mich persönlich steht es fest, Natur ist Sittlichkeit und überhaupt die Hauptsache. Geld ist Unsinn, Wissenschaft ist Unsinn, alles ist Unsinn. Professor auch. Wer es bestreitet, ist ein pecus. Nicht wahr, Kuh. . . Kommen Sie, meine Herren, komm, Krola. . . Wir wollen nach Hause gehen."(101)

---

100 Brief an Mete vom 27. Februar 1891; PB II, 171 f. Die gemeinte Schrift ist: Franz Kern, „Die drei menschlichen Ideale" in: Vossische Zeitung vom 15. und 22. Februar 1891, Sonntagsbeilagen Nr. 7 und 8; wiederabgedr. in: Kern, Kleine Schriften. Berlin 1898, Bd. 2, S. 187–205. Ob Fontanes Zustimmung über die paraphrasierte Stelle weit hinausging und den ganzen Aufsatz betraf, ist zumindest zweifelhaft. Jedenfalls entspricht Kerns Vorschlag, sich der Dichtung in den Mußestunden zu widmen (S. 204), wohl kaum Fontanes Vorstellung; die existentielle Situation eines Fritz Katzfuß nämlich kannte eben keine ‚Mußestunden'. Vgl. zu dem ‚sich vergessen' auch „Quitt" HI/I, 415: „Denn des Lebens Bestes sei doch immer das Ins-Vergessen-Sinken {. . .]" L'Hermite spricht diese Worte. – Über die Erlösungsfunktion des Kunstwerks im Sinne Fontanes schreibt Rainer Bachmann: „Es geht im letzten darum, im Kunstwerk die alltägliche Wirklichkeit vergessen zu machen – um die Erlösungsfunktion der Kunst." Bachmann, Theodor Fontane und die deutschen Naturalisten. Vergleichende Studien zur Zeit- und Kunstkritik. Diss. München 1962, München 1968, S. 216.

101 HI/IV, 477 f.

DIE LIKEDEELER

Mit süßem Schauer — so erinnert sich Fontane in seinem autobiographischen Roman „Meine Kinderjahre" — habe er sich während seiner Swinemünder Kinderzeit mit der legendären Gestalt des Seeräubers Klaus Störtebecker identifiziert.

„Störtebecker und ich. Was mußte ich für ein Kerl sein! Störtebecker war schließlich in Hamburg hingerichtet worden und zwar als letzter seiner Bande. Das war mir nun freilich ein sehr unangenehmer Gedanke. Weil es mir aber, alles in allem, doch auch wieder wenig wahrscheinlich war, daß ich der Hamburger Gerichtsbarkeit ausgeliefert werden würde, so sog ich mir, aus dem Vergleich mit Störtebecker, unentwegt allerhand süße Schauer."(1)

Eine Faszination anderer Art spürte wohl auch der Romancier Fontane, als er den Plan zu einem eigenen Störtebecker-Werk faßte. Doch nicht erst die autobiographische Rückbesinnung der Jahre 1892/93, in denen er „Meine Kinderjahre" niederschrieb, gab den Anstoß zu dem neuen Vorhaben. Im Anschluß an einen Ausflug nach Swinemünde hatte Fontane bereits Ende August 1863 einen „Toast auf die Damen" verfaßt, worin es heißt:

„So schafft weithin der baltische Strand
Dem Liede viel glückliche Stunden,
Doch ein allerschönstes Balladenland,
Das haben wir hier gefunden;
Am Strand hin schreitet die Bernsteinhex,
Es klingen Vinetas Glocken
Und die Räuberkuhle Störtenbecks
Passieren wir leis erschrocken."(2)

1 HIII/IV, 166 f.
2 HI/VI, 481 f.

Die Entwicklung von dem ursprünglich beabsichtigten Balladenplan über einen Novellenentwurf bis zum Romanfragment hat Hermann Fricke ausführlich dargestellt.(3) Hier, in meiner Arbeit, wird im Mittelpunkt der Interpretation die letzte Skizze des Romans von 1895 stehen; doch läßt es sich nicht umgehen, immer wieder auf die früheren Pläne vergleichend zurückzugreifen, besonders um entscheidende Veränderungen in der Motivierung des Geschehens sichtbar zu machen. Zwei Tabellen sollen dabei den Überblick erleichtern.(4)

Jede Interpretation von Fragmenten sieht sich vor die grundsätzliche Frage gestellt, inwieweit das unvollständige Material Aufschluß über die endgültige Gestalt des Werkes geben kann. Darüber hinaus und ungleich wichtiger ist hier die Frage, ob die „Likedeeler" nur aus ‚äußeren‘ Gründen unabgeschlossen blieben, oder ob ‚innere‘ Gründe, also Widersprüche bereits in der Konzeption selbst, unzureichende oder überholte Problematik, die Weiterführung des Planes verhinderten. So vertritt Hans-Heinrich Reuter die These von der „Aufhebung" des Romanfragments in dem letzten Roman „Der Stechlin".(5) Das entspricht den allgemeinen Tendenzen der Fontane-Forschung. Die ursprüngliche Behauptung Frickes hingegen, „Fontanes ‚Likedeeler‘ gingen nicht in dem politischen Roman des ‚Stechlin‘ auf, noch viel weniger bestehen in den Formen der beiden Romane irgendwelche nennenswerten Beziehungen" (6), hat sich nicht durchgesetzt, stieß

---

3 Hermann Fricke, Theodor Fontanes letzter Romanentwurf „Die Likedeeler". Rathenow 1938. Das Manuskript des Fragments ist verschollen; daher kommt Frickes Veröffentlichung grundlegende Bedeutung zu. In jüngster Zeit wurde allerdings ein handschriftlicher Entwurf Fontanes zu dem Fragment wieder entdeckt, der es ermöglicht, den von Fricke edierten Text an zwei Stellen zu korrigieren: Hans Werner Seiffert, „Zwei handschriftliche Entwürfe Theodor Fontanes [„Die Likedeeler" und „Rr oder Gefährdet Glück"]" in: FR, S. 65 ff. An weiteren Einzelpublikationen zu dem Fragment wären noch zu nennen: Arthur Eloesser, „Theodor Fontanes Seeräuberroman" in: Frankfurter Zeitung vom 3. Februar 1921. Hinrich Koch, „Theodor Fontanes ungeschrieben gebliebener Störtebeker-Roman" in: Niederdeutsche Welt, 11, 4 (1936), S. 111 f. und ders., „Ein Störtebeker-Roman, der nicht geschrieben wurde" in: Niedersachsen. Zeitschrift für Heimat und Kultur, 52/53 (1952/53), S. 83 f. (es handelt sich hier um einen kaum veränderten Abdruck des ersten Aufsatzes von Koch).

4 Die Tabellen befinden sich im Anhang dieser Arbeit.

5 Reuter, S. 103. Siehe auch Ernst Rose, „Theodor Fontane's novels and the spirit of old age" in: GR, 23 (1948), S. 260.

6 Fricke, S. 138.

vielmehr in neuerer Zeit auf ausdrückliche Kritik.(7) Dennoch bleibt die Frage offen, ob „Der Stechlin" das Romanfragment tatsächlich ablöste und ersetzte oder ob er es nur zeitweilig verdrängte. Die Absicht Fontanes, nach dem „Stechlin" an den „Likedeelern" weiterzuarbeiten, ist durch Karl Emil Otto Fritsch, dem Betreuer der Familienbriefe, eindeutig bezeugt.(8) Die zuweilen geäußerte Meinung, daß der Like-deeler-Plan „die gestalterischen Kräfte des alten Fontane"(9) überstiegen hätte, entbehrt jeglicher Grundlage. Ebensowenig handelt es sich nur, wie Thomas Mann es formulierte, um einen „Plan des Ehrgeizes, der als solcher erkannt und verworfen wurde."(10) Man ist zwar geneigt, mit Thomas Mann von „Ehrgeiz" zu sprechen, wenn man die folgende Bemerkung Fontanes liest:

„Ich schließe mit dieser Geschichte [‚Frau Jenny Treibel‘] den Zyklus meiner Berliner Romane ab [. . .], und habe vor, wenn mir noch ein paar Jahre vergönnt sind, mit einem ganz balladesken historischen Roman, der um 1400 spielt, abzuschließen. Die Leute mögen dann sehen, daß ich auf Zoologischen Garten und Hanckels Ablage nicht eingeschworen bin und daß ich imstande bin, meine Personen ebensogut eine Simplizitätssprache wie die Bummel- oder Geistreichigkeitssprache des Berliner Salons sprechen zu lassen."(11)

Aber weitaus wichtiger als diese zweifellos vorhandene Demonstrations-absicht ist die Rückkehr Fontanes zur *Geschichte*. Man kann dies nicht ernst genug nehmen. Es zeigt sich nämlich , daß die Berliner Zeitromane und ihr ‚Realismus‘ das Interesse Fontanes an der Geschichte doch nicht aufgehoben haben, daß sich trotz allem die Geschichte als poetisches Interessengebiet neben dem Ehe- und Gesellschaftsroman behaupten konnte. Die Auflösung der Dichotomie Romantik und

7 Walter Müller-Seidel, „Fontane. Der Stechlin" in: Der deutsche Roman. Hrsg. von Benno von Wiese. Düsseldorf 1963, Bd. 2, S. 433, Anm. 7.
8 FaBr II, 337. Siehe auch Hermann Fricke, Theodor Fontane. Chronik seines Lebens. Berlin-Grunewald 1960, S. 89: 1898 Sept. 13—17 „Vorbereitung für die Wiederaufnahme der Arbeiten am Roman ‚Die Likedeeler‘."
9 Studienmaterial, S. 102; siehe auch Biener, Fontane als Literaturkritiker, S. 69.
10 Thomas Mann, „Der alte Fontane", S. 49. Zur Abfassungszeit seines Essays war das gesamte Material über das Fragment noch nicht veröffentlicht.
11 FaBr II, 174.

Realismus, Geschichte und Gegenwart, fällt nicht bereits in die erste Hälfte der 80er Jahre, sondern soll erst durch „Die Likedeeler" auf eine besondere Art geleistet werden. Man wird der Bemerkung Nürnbergers voll zustimmen, daß die Geschichte, wie sie in „Vor dem Sturm" und „Schach von Wuthenow" dargeboten wird, für Fontane nicht Durchgangsstadium oder „Umweg"(12) bedeutete, sondern daß sie bis zuletzt für ihn wichtig blieb, daß Fontane mit seinem Likedeeler-Plan „auf spiralischem Wege zu etwas Höherem, Unbekannten" zurückzukehren beabsichtigte. (13)

Am 16. März 1895 schreibt Fontane an Hans Hertz:

„Ich will einen neuen Roman schreiben [...], einen ganz famosen Roman, der von allem abweicht, was ich bisher geschrieben habe [...], indem er eine Aussöhnung sein soll zwischen meinem ältesten und romantischsten Balladenstil und meiner modernsten und realistischsten Romanschreiberei."(14)

Es geht Fontane um eine Stilsynthese und zugleich um die Verbindung zweier unterschiedlicher Stoffbereiche. Der historische Roman gibt jetzt nicht mehr gemäß der Scott-Rezeption —„'Tis Sixty Years Since" — die Lebens- bzw. Zeitgeschichte der Großeltern, an der die Enkel wahrscheinlicherweise noch teilhaben oder für die sie sich wenigstens in ihrem menschlichen, also ahistorischen Kern interessieren; vielmehr richtet sich nun der Blick des Romanciers auf die ‚wirkliche' Vergangenheit.(15) Konnten „Vor dem Sturm" und „Schach von Wuthenow"nicht nahe genug an der Gegenwart liegen, so zögert Fontane jetzt nicht, bis in das ausgehende Mittelalter zurückzugreifen.

Freilich fällt die Wahl des Zeitpunkts keineswegs zufällig aus. Die Probleme der unmittelbaren Gegenwart lenken den Blick auf eine ganz bestimmte Zeit, von der man glaubt, daß sie am besten dazu geeignet sei, modernes Gedankengut zu tragen und zu spiegeln.(16) Der beträcht-

---

12 Reuter, S. 599.

13 Nürnberger, Fontane, S. 153 und 155.

14 HzBr, 357 f.

15 Für Wolfgang Monecke ist erst das Likedeeler-Fragment ein „historischer Roman" im eigentlichen Sinne; Monecke, „Der historische Roman und Theodor Fontane" in: Festgabe für Ulrich Pretzel. Berlin 1963, S. 288.

16 Fontane schreibt etwa in seiner Scheffel-Rezension: „Die einander fernstliegenden Zeiten sehen sich oft sehr ähnlich;" HIII/I, 406.

liche zeitliche Abstand stört Fontane weniger, als daß er ihm nützt. Der künstlerische Akt des Zusammenbiegens von solchermaßen Auseinanderliegendem bleibt zu jeder Zeit bewußt und bestimmt die Struktur des Werks: „[...] eine Phantasmagorie soll es schließlich auch werden", heißt es in demselben Brief an Hans Hertz. Anders als die auf Identifikation ausgerichtete Darbietungsweise von Geschichte und Gegenwart in „Vor dem Sturm", wo man vergißt und vergessen soll, daß ‚Zeit' dazwischen liegt, soll hier in den „Likedeelern" der zeitliche Abstand stets im Bewußtsein des Lesers gehalten werden. Die Gegenwart des Autors und die Vergangenheit des Erzählten stehen sich durch die Wahl des Stils im Werk selbst spannungsvoll gegenüber; der von Fontane intendierte Stil der Mischung sucht einerseits Vergangenes auf ein Gegenwärtiges zu beziehen, andererseits aber überdeckt dieser Bezug keineswegs das Heterogene der aufeinander bezogenen Bereiche. Zwar läßt die Übertragung von ‚realistischen' Zeitproblemen der modernen Gesellschaft auf weit Zurückliegendes den zeitlichen Abstand vergessen, indem sie die historische Vergangenheit aktualisiert; aber die Unterwerfung des Dargestellten unter den Stil der entlegenen Vergangenheit, der Romantik, wie es Fontane in Ballade und Chronik praktiziert hatte, tritt der aktualisierenden Zeitidentifikation kontrapunktisch entgegen; denn das historisierende Verfahren des balladesken Stils verfremdet das verwandt Anmutende und bestätigt wiederum die zeitliche Distanz. Dieses Spiel mit der Aufwertung eines längst Vergangenen und mit seiner gleichzeitigen Relativierung kennzeichnet den Kern des Romaninteresses und ist von thematischer Relevanz.

Es kommt noch ein anderes hinzu. Jene Zeit des ausgehenden Mittelalters ist nicht nur ein geeigneter Träger moderner Anschauungen Fontanes und seiner Zeit, sondern sie selbst ist voller eigener Konflikte, sie ist sich selbst als Zeitepoche Problem. In ihr machen sich die ersten Zeichen zur ‚großen Wende' (17) bemerkbar. Ihre Gegenwart ist bestimmt vom Umbruch des ‚Alten' zum ‚Neuen', von den „Krämpfe[n] eines untergehenden und [den] Geburtswehen eines neu aufgehenden Wesens".(18) Die Ideen des John Wiclif beherrschen die Gedanken vieler Likedeeler, und damit erscheint im Roman der Name einer Gestalt, die „auf der Grenze zwischen der vergangenen Zeit und unserer [...] die

17 Will-Erich Peuckert, Die große Wende. Repr. Nachdr. Darmstadt 1966.
18 Ebd., S. 9.

ersten zuckenden Ahnungen einer Zeit [spürt]. die kommt — wie fernes Wetterleuchten an einem schwülen und verhangenen Sommerabend, das schon das aufziehende und die Lüfte reinigende Wetter ahnen läßt".(19) Diese Zeit ist in sich zutiefst zerspalten. ‚Mittelalterlichkeiten' stehen im Augenblick der Jahrhundertwende von 1400 unvermittelt und feindselig neben Neuerungen von überraschender Aktualität. Der Zusammenprall dieser entgegengerichteten Kräfte führt nicht etwa zur Aussöhnung, wie vielleicht Fontanes briefliche Bemerkung zur Stiltendenz seines neuen Plans vermuten ließe, sondern macht das Unversöhnliche erst recht deutlich.

So kommt zu dem Phantastischen der Phantasmagorie das Groteske, das sich aus dem Zusammenprall zweier heterogener Welten ergibt. Fontanes Brief an Hans Hertz betont dies. Die Lösung des Konfliktes, wenn man überhaupt von einer Lösung sprechen darf, vollzieht sich innerhalb der Grenzen der damaligen Zeit, d. h. die sich in der Likedeeler-Welt entfaltenden Ideen und Ideale bleiben sowohl im Augenblick ihres Triumphs als auch in dem ihrer Zerstörung an die historische Situation gebunden; der ideelle Schritt aus der Vergangenheit in die aktuelle Gegenwart unterbleibt bewußt, wie das Studium der einzelnen Schaffensphasen noch ergeben wird. Das Moderne der Gedanken und Motive soll mit dem ‚Schauderösen'(20) des Endes kontrastieren; die revolutionäre Zeitproblematik spielt sich ab und entwickelt sich in der Welt des bänkelsängerischen Volksbuches nach der gängigen Formel: „die Leiden und Freuden, Leben, Tod und Höllenfahrt der Vitalienbrüder oder ‚Likedeeler'".(21) Gerade dieser Zusammenprall zweier Zeiten interessierte Fontane: „Der Stoff in seiner alten mittelalterlichen Seeromantik und seiner sozialdemokratischen Modernität [...] reizt mich ganz ungeheuer [...]"(22) Der Ausgang eines solchen Konflikts konnte und sollte nur als „Tragödie" dargestellt werden. Thomas Mann wertete Fontanes Überwechseln in die tragische Sphäre als die Reaktion eines Schriftstellers, der es bis dahin unterlassen hatte, sein Talent an sensationellen Stoffen zu beweisen:

19 Ebd., S. 491.
20 Ein von Fontane öfter gebrauchtes Wort, das das Blutrünstige der Likedeeler-Welt treffend umschreibt; HzBr, 293.
21 Brief an Friedrich Holtze vom 16. März 1895; AB II, 369.
22 Ebd.

„Anlagen und Bedürfnisse vornehmer Natur, die lange unscheinbaren und bürgerlichen Gegenständen zugute kamen, sie innerlich edel machten und für den Kenner weit über ihre Sphäre erhöhten, sollen schließlich, angewandt auf einen ‚würdigen' Stoff, auch blöden Augen sich in ihrem Adel offenbaren."(23)

Inwieweit diese Mutmaßung zutrifft, läßt sich wohl kaum mit Sicherheit entscheiden. Zudem bleibt es fraglich, ob Fontane unter ‚Tragödie' mehr meinte als nur den tragischen, d. i. blutigen Ausgang des Romans. Der Zwiespalt des Stoffes legt eine zwiespältige tragische Darstellungsweise nahe; aber keine pathetische Tragödie wollte Fontane schreiben, sondern eine ‚phantastische und groteske Tragödie'. (24) Gerade der von Thomas Mann vermißte „Reiz des Gegensatzes" drückt sich in einer solchen Tragödienkonzeption aus und erweist sich für den Likedeeler-Plan als grundlegend.

Die Einheit des Romans, sofern sie im hergebrachten Sinne des harmonischen Abgestimmtseins aller Teile untereinander und zum Ganzen überhaupt beabsichtigt war, sollte bewußt mit jener Gewaltsamkeit vollzogen werden, wie sie die im Stoff enthaltenen Konflikte vorgaben.

In der Konfrontation von Mittelalter und Moderne, von Romantik und Realismus, liegt das thematische Interesse des Romanfragments. Neues Gedankengut tritt altem entgegen und sucht sich zu behaupten. Die Zukunft kündet sich an und will die Vergangenheit ablösen. Noch ist nichts entschieden; so ist die historische Gegenwart von 1400 durch die besondere Mischung von Vergehendem und Werdendem gekennzeichnet. Noch deutlicher und vor allem konzentrierter als im „Stechlin" gestaltet hier Fontane die Thematik von ‚Alt' und ‚Neu'. Geschichte stellt sich dar als eine nicht zum endgültigen Abschluß gelangende Konfrontation von Altem und Neuem, von Vergangenheit und Zukunft. Die gegeneinander gerichteten Zeitformen mögen mit unterschiedlichem Ideengut gefüllt sein, aber die Struktur dieses Geschichtsbildes bleibt davon unverändert. Fontane erkennt in der Geschichte die

23 Th. Mann, S. 49.
24 HzBr, 358.

Kontinuität des Umbruchprinzips.(25) Geschichte bedeutet den Vorgang ständigen zeitlichen und somit auch ideellen Wandels. Jede Gegenwart kennt den Zusammenstoß von Vergangenem und Zukünftigem; das trifft für das ausgehende Mittelalter im selben Maße zu wie für Fontanes eigene Zeit. „Es war damals, wie's immer ist"(26), „alles schon dagewesen"(27), entdeckt Fontane immer wieder, als er das Material zu seinem neuen Roman aufarbeitet; Geschichte ist durch einen fortwährenden Umbruch bestimmt, mit dem sich jede Gegenwart erneut auseinandersetzen muß. Es bleibt in diesem Zusammenhang unerfindlich, was die Erkenntnis des „alles schon dagewesen" mit einer „beliebte[n] Fluchtposition spätbürgerlicher Richtungslosigkeit" zu tun haben soll.(28)

Als Frucht der langjährigen Beschäftigung Fontanes mit dem Likedeeler-Stoff ergab sich lediglich Bruchstückhaftes. Von kaum einer Szene kann man mit Sicherheit behaupten, daß sie so, wie sie in dem Manuskript vorliegt, in den fertigen Roman eingegangen wäre. Was an Textmaterial vorliegt, übersteigt selten den Charakter von „Gedankenentwürfen".(29) Es wird deshalb nicht ausreichen, bei dem Versuch einer Interpretation sich auf die zeitlich letzten Pläne und Entwürfe zu beschränken. Erst recht bleibt das, was Walter Keitel als ‚Text' anbietet, viel zu skizzenhaft, als daß man daran wichtige Detailfragen beantworten könnte. Hier interessiert vor allen Dingen, die Motive für das jeweilige Romangeschehen zu ermitteln; denn sie geben den Ausschlag über die Qualität von Gedanken, Ideen und Taten. Die Veränderung der Motive, die Fontane von Entwurf zu Entwurf vornimmt, sind für die Interpretation sehr aufschlußreich.

Von Sommer 1880 bis Frühjahr 1895 belegen zahlreiche Notizen, Studienblätter, Kapitelpläne und Ausführungen einzelner Szenen die intensive Arbeit Fontanes an dem Likedeeler-Stoff.(30) Die Likedeeler,

25 Hier zeigt es sich, wie unzutreffend die Auffassung ist, die in Fontanes Geschichtsbild nur das Statische von anekdotisch vermittelten Personalbiographien sieht; so Ernst, „Gesetz", S. 222 f.
26 HI/V, 1108.
27 AB II, 369.
28 Reuter, S. 103.
29 Nürnberger, Fontane, S. 153.
30 Exkurs: Bezüglich der Datierung weisen die beiden Editionen der Likedeeler-Entwürfe einige ungeklärte Fragen auf. Bei Fricke wird nicht ganz deutlich, wann Fontane sich zum letzten Mal mit dem Plan zur Likedeeler-Novelle befaßt

das sind jene Seefahrer, die als Piraten mit offiziell ausgestellten Kaperbriefen in jenen Kämpfen beteiligt waren, die Albrecht von Mecklenburg um seinen Anspruch auf die schwedische Krone gegen Margareta von Dänemark in der Ostsee führte; während der Belagerungszeit von Stockholm durch die Dänen versorgten die Piraten die Stadt mit Nahrungsmitteln, daher auch ihr Name: Vitalienbrüder. Nach

hat: Einmal heißt es hinsichtlich eines Entwurfs im Anschluß an einen Besuch in Ostfriesland und die damit verbundene Bekanntschaft mit einem Ortskundigen (bei Keitel S. 1095 ff. mit dem Jahr 1883) auf S. 43, es handle sich um den Abschluß der Arbeit am Novellenplan; später, S. 55, wird das Jahr 1887 als die zeitlich letzte Beschäftigung mit dem Novellenplan genannt. Es muß auch richtiggestellt werden, daß der Entwurf zur „Likedeeler-Novelle", wie Fricke sie auf S. 40 f. nennt (bei Keitel S. 1092 f.), nicht, wie behauptet, aus 17 Kapiteln besteht; es handelt sich hier nur um eine Aufzählung von Gliederungspunkten, die, wie eine Bemerkung Fontanes deutlich macht, für die Kapitel 2 bis 10 berücksichtigt werden sollten. Genaueres hätte man auch gern über Keitels Gründe erfahren, weshalb er den einen Novellenentwurf, S. 1091 ff., auf den August 1882 datiert und den anderen, S. 1095 ff, auf das Jahr 1883; aus Frickes Darstellung kann man das so genau nicht entnehmen, nur so viel wird bei Fricke S. 25—28 deutlich, daß die erneute Aufnahme des Novellenplans in die Zeit von Fontanes 2. Aufenthalt in Ostfriesland fällt, wo er durch einen neuen Bekannten, Friedrich Sundermann, Wichtiges über den Likedeeler-Stoff erfahren hat; im Sommer 1883 wiederholt sich der Besuch in Ostfriesland; aber weitere Schlüsse auf die zeitliche Verteilung der Pläne, wie Keitel sie vornimmt, findet man bei Fricke nicht. Noch schwieriger und verwirrender wird es bei der Datierung der Romanpläne. Hier gibt Keitel für die Entstehung einer Reihe von Entwürfen, S. 1100 ff., global die Zeit von Februar 1893 bis Januar 1894 an. Den letzten ausführlichen Kapitelentwurf bezeichnet Keitel lediglich als „neue[n] Plan" ohne Datumsangabe. Bei Fricke sieht das etwas anders aus. Er setzt auf S. 66 Fontanes Arbeitszeit an allen Romanplänen in die Zeit von Ende des Jahres 1894 bis Mitte 1895. Jene Entwürfe, die Keitel mit Februar 1893—Januar 1894 datiert, zerfallen bei Fricke in zwei Phasen: So gehören die ersten vier Kapitel des ersten Kapitelentwurfs für den Roman (bei Keitel S. 1103 f.) nach Fricke, S. 70, in den Februar 1895; die Kapitel 5—14 hingegen, deren Anordnung bei Keitel den Eindruck erweckt, als handle es sich um einen ununterbrochenen Arbeitsprozeß, setzt Fricke, S. 76, erst später, Anfang März 1895 an. Es ist wichtig, selbst um diese geringfügigen chronologischen Unterschiede zu wissen, da Fontane gerade jetzt laufend neues Quellenmaterial erhält, dessen Wirkung sich in den einzelnen Entwürfen deutlich niederschlägt. Die bei Keitel, S. 1106, mit „Studienblätter" bezeichneten Notizen — es sind wesentlich Exzerpte aus Quellen — liegen nach Fricke nicht vor dem 27. 2. 1895. Was Keitel, S. 1117, „neuer Plan" nennt, datiert Fricke, S. 68, ab Ende März 1895.
Zuletzt sei noch auf einen Druckfehler bei Fricke hingewiesen. Die erste Fassung des 2. Kapitels des letzten ausführlichen Entwurfs (bei Keitel S. 899 ff.) setzt Fricke, S. 113, zwischen den 18. 3. und 10. 4. 1898 (!) an; es dürfte sich hier um das Jahr 1895 handeln.

Beendigung der politischen Auseinandersetzungen setzten die Vitalienbrüder ihr Seeräubertum fort, jetzt auch gegen jene, von denen sie vormals geworben worden waren. Sie pflegten ihre Beute unter sich in gleichen Teilen aufzuteilen, daher der Name Likedeeler. In mehreren Kämpfen wurden sie zuerst aus der Ostsee vertrieben; in der Nordsee, wohin sie geflohen waren, wurden sie schließlich besiegt und ihre Anführer, Gödecke Michels und Klaus Störtebecker, hingerichtet.(31)

Seit den ersten Plänen steht es für Fontane fest, seine Geschichte erst mit dem Rückzug der Likedeeler in die Nordsee beginnen zu lassen. Die Handlung gliedert sich damit in drei Phasen: 1. Ankunft, 2. Intermezzo des Friedens und 3. Untergang. Folgende Fragen sollen an Fontanes Entwürfe gestellt werden: Aus welchen Gründen kommen die Likedeeler in die Nordsee nach Marienhafe? Was hält sie dort fest? Was vertreibt sie wieder, und wie kommt es zu ihrem Untergang?

Es zeigt sich, daß Fontane die Seeräuber, die die hansischen, d. h. likedeelerfeindlichen Chroniken als übelste Verbrecher verurteilen(32), zunehmend *humanisiert*. Haben sie in den ersten Novellenplänen noch die Absicht, Marienhafe als einen Räuberstützpunkt einzurichten, von dem aus sie neue Raubzüge untenehmen wollen, so tritt dieses Motiv im letzten Entwurf völlig zurück; hier entscheidet das Bedürfnis nach Seßhaftigkeit und Ruhe über die Wahl einer neuen Heimat. (Immerhin bleibt auch ganz zuletzt im Hintergrund der Drang der Seeräuber zum unruhigen, abenteuerlichen Leben erkennbar.) Aus der berüchtigten „Kolonie" der Seeräuber, ursprünglich als Schlupfwinkel und Ausfalltor gedacht, entwickelt Fontane eine Form der Staats- und Gesellschaftsutopie. Das klingt schon in den ersten Plänen an, wenn auch erst als Ergebnis einer Entwicklung: Unter dem Einfluß der mystisch-religiösen Hyma (=Theda = Geta) wandelt sich der Anführer der Likedeeler, Störtebecker, zum Guten. Diese innere Wandlung, die Reue über das Getane und der darauf folgende Bußgang Störtebeckers,

31 Bruno Gebhardt, Handbuch der deutschen Geschichte. Bd. 1, 8. Aufl., Stuttgart 1954, S. 501; siehe auch Fricke, S. 5 f.

32 Siehe etwa: „dat vormaledyede unnd heilose Volck, des leidigen Duvels Kinder, de V i c t a l l i e n B r o d e r e" in: „Auszüge aus der Chronik des Reimar Kock vom Jahre 1227 bis 1400. Ergänzungen zur Chronik des Detmar" in: Chronik des Franciscaner Lesemeisters Detmar, nach der Urschrift und mit Ergänzungen aus anderen Chroniken. Hrsg. von F. H. Grautoff, Hamburg 1829 f., Teil 1, Kp. IV, S. 497.

findet sich auch in den letzten Plänen wieder. Von dem Verlauf des Bußgangs hängt die weitere Motivierung des Geschehens ab: Entweder bleibt der Bußgang Störtebeckers erfolglos, und der darauf folgende Untergang erscheint als die sittlich-religiöse Strafe für den Piratenfrevel, oder aber die durch den Bußgang erzwungene Trennung des Schiffshauptmanns von seiner Mannschaft und seine lange Abwesenheit (abgesehen davon, ob die Buße angenommen wird oder nicht) geben den Hansischen eine günstige Gelegenheit zu einem schweren Gegenschlag gegen die „Kolonie", der Störtebecker so trifft, daß er an einem weiteren friedlichen Leben nicht mehr interessiert sein kann. Je nach dem, zu welchem Motiv Fontane greift, fällt auch die Motivierung des Endes aus: Entweder setzt Störtebecker sein altes Leben fort, nachdem die ohnehin nur schwachen Bindungen an Marienhafe gerissen sind, und wird schließlich dabei gefangen und hingerichtet, oder aber er fährt zu einer Entscheidungsschlacht aus, in der er sich für den grausamen und ungerechten Überfall rächen will, und geht dabei zugrunde.

Über das Selbstverständnis der Likedeeler gibt folgende Textstelle Auskunft:

„Tuen wir andres als die andern? Wer sind die Friedfertigen? Sind die Hansischen die Friedfertigen? Wir standen in ihrem Dienst. Da durften wir alles tun und es war nichts anderes als was wir jetzt tuen. Aber dazu nickte, es gut und recht und billig weil der hohe Rat mit dem Kopf dazu nickte, weil er den Vorteil davon hatte und jetzt wo sich's gegen ihn richtet, soll es wider Gottes Willen sein. Ist er dagegen, dann ist alles dagegen was wir tun und was die andern tun." (33)

Das sind Gedanken des Magister Wigbold, die er in einer „halb humoristisch"(34) geführten Gegenpredigt ausspricht. Er erinnert hier seine Zuhörer an jene Zeit, als die Likedeeler noch „ehrlich waren und ehrlichen Krieg" führten.(35) Schon im allerersten Entwurf zum Novellenplan hatte sich Fontane die Frage gestellt: „Wodurch waren sie [die Likedeeler] dahin geführt, diese Anschauungen überhaupt zu haben?"(36) Noch bevor er die ergiebigen Quellen kannte(37),

33 HI/V, 915.
34 HI/V, 914.   36 HI/V, 1091.
35 HI/V, 896.   37 Fricke, S. 24.

vermutete er: „Wahrscheinlich in Folge vorangehender Ausnutzung ihrer Kräfte als Vitalienbrüder." Das spätere eingehende Studium der Quellen bestätigte diese Vermutung. So zeigt z. B. der ausführliche Aufsatz von Johannes Voigt über die Vitalienbrüder(38) — Fontanes ‚Studienblätter' (39) sind zu einem wesentlichen Teil Exzerpte aus dieser Darstellung —, wie es zu dieser ‚Seeräuberplage' kommen konnte: Nicht die kriminelle Anlage einer kleinen Gruppe von Abenteurern verursachte das über mehrere Jahrzehnte anhaltende Piratentum; vielmehr wirkte sich die Seeräuberei als die unmittelbare Folge einer *politischen* Praxis der ‚Ordnungsmächte' aus. Kriminalität erwies sich als ein Symptom für eine Politik, deren alleiniges Kriterium im geschäftlichen Interesse, in der Vermehrung des Gewinns lag. Denn da der Seekrieg zwischen Margareta von Dänemark und Albrecht von Mecklenburg einerseits Gewinn versprach, andererseits aber den täglichen Handelsverkehr empfindlich störte, vergewisserten sich viele Kaufleute des beliebig verwendbaren ‚seeräuberischen Mittels', um sich die jeweilige Situation geschäftlich nutzbar zu machen. Die ständigen Maßnahmen der Geschäftsleute gegen die Seeräuber wurden häufig von denselben wieder zunichte gemacht, indem sie noch lange nach Beendigung des Krieges heimlich mit den Piraten neue Verträge abschlossen. Ursprung und langjähriges Bestehen der Vitalienbrüder erklärte sich somit aus dem politischen und wirtschaftlichen Interesse vor allem der Hanse, die sich in der Erhaltung des Seeräubertums geschäftlichen Gewinn versprach. — Diesen Sachverhalt übernimmt Fontane in seine Pläne; und er kommentiert dazu in den Studienblättern: „Dasselbe geschieht im Kriege auch heute noch. *Alle* Mittel gelten, um einen bestimmten Zweck zu erreichen. S[iehe] Bismarck."(40) Und: „Wo's aber paßte, brauchte man sie [die Piraten] oder schacherte mit ihnen. Es war damals, wie's immer ist."(41)

In der dritten Fassung des ersten Kapitels — es stellt Fontanes letzte Beschäftigung mit dem Likedeeler-Plan dar(42) — richtet sich das

38 Johannes Voigt, „Die Vitalienbrüder" in: Historisches Taschenbuch. Hrsg. von Friedrich von Raumer, N. F. 2. Jg. Leipzig 1841, S. 1—159.
39 HI/V, 1106 ff.
40 HI/V, 1107.
41 HI/V, 1108.
42 Fricke, S. 106: nach 4. 4. 1895.

Gespräch auf die humanistische Bildung des bereits erwähnten Magister Wigbold. Seine Kenntnisse in der griechischen Sprache erregen bei allen, die ihn noch nicht kennen, Verwunderung: „„Ein Seeräuber und ein Grieche‘ da kann man freilich lachen", meint der eine Gesprächsteilnehmer; doch der andere fügt hinzu: „Die Griechen [. . .] waren Seeräuber. Sie nannten das Kolonien. Das wollen wir auch."(43) Das ist zwar pointiert formuliert, verweist aber zugleich auf eine grundsätzliche Position im Selbstverständnis der Likedeeler. Wenn die Richtlinien und Ziele einer guten und erfolgreichen Politik in der Mehrung des staatlich-gesellschaftlichen Wohles liegen, so besteht — sachlich gesehen — kein Unterschied zwischen den Raubzügen der Piraten und den Eroberungskriegen der Griechen, die hier zweifellos als Modell für eine besonders hohe und edle Form politischer Praxis angeführt werden. Beide betreiben sie die seit Jahrhunderten übliche Politik, und wenn die einen als Kriminelle verurteilt werden, während die anderen aufgrund desselben Tuns als Vorbilder gelten, so drückt sich in dieser Unterscheidung das unbillige Werten nach zweierlei Maß aus. Hierauf beruht die Forderung der Likedeeler nach Gleichwertigkeit; sie wollen sich in ihrer Lebensform als eine selbständige, ‚legitime‘ Gesellschafts- und Staatsform unter anderen begreifen. So läßt Fontane sie am Anfang seines Romans als eine wichtige politische, besser militärische Macht auftreten; die anschließenden Vertragsgespräche erwecken den Eindruck, „als ob gleichberechtigte Mächte mit einander verhandelten und ein Abkommen von politischer Tragweite zu treffen gedächten."(44) In den ostfriesischen Wirren — ein „Krieg aller gegen alle"(45) — wird die Anwesenheit der Likedeeler einen entscheidenden Einfluß ausüben. „Sie [die friesischen Häuptlinge] brauchen Euch mehr, als Ihr sie braucht."(46)

Bemühen sich die Likedeeler einerseits, ihr Außenseitertum, insofern es nur im Lichte der Kriminalität gesehen wird, zu überwinden oder zu

43 HI/V, 894; siehe auch: „[. . .] daß die, die die großen Worte machen wie die Lübischen und all die Hansen, daß sie nicht anders sind wie wir, sie wollen herrschen und wollen ihren Vorteil und wollen im Rat sitzen und eine Schaube tragen, daran das Rauchwerk ein Vermögen ist." HI/V, 902.

44 HI/V, 882 und 888: „Das Gespräch wird ganz politisch diplomatisch geführt."

45 HI/V, 883 und 896.

46 HI/V, 897.

rechtfertigen, so wollen sie sich andererseits keineswegs nur an ihre Umwelt angleichen; aus der Rechtfertigung, nichts anderes zu tun als die anderen auch, entwickelt sich der Anspruch, etwas Besseres zu sein als die anderen. Da sie aufgrund des Rechts und der Moral einer alten Zeit als Ausgestoßene gelten, können sie in ihrem bindungslosen Außenseitertum zu Trägern von Ideen einer neuen Zeit werden. Fontane vergleicht sie mit „Karl Moor und [den] Seinen".(47) „Kuck, Martin [. . .] dat is he. De in de Mitt, dat is he. De Röwer. Ja. Awers he röwert nich arme Lüd, uns deiht he nix. Bloß de, de riek sin und [. . .] to veel hebben. Uns gibt he wat."(48) Fontane verwandelt die Piratenplage der hansischen Chroniken in ein sozialethisches Räubertum, in eine revolutionäre Gruppe, die die Wirklichkeit verändern will. Seeräuberei bedeutet revolutionäre Mission.

47 Brief an Hans Hertz vom 16. 3. 1895; HzBr, 358. Exkurs: Fontanes Hinweis auf das Schillersche Drama meint sicherlich nur die vordergründige Parallele zu den ‚idealistischen Verbrechern'. Seine Haltung gegenüber den „Räubern" als Kunstwerk ist eher zurückhaltend; vgl. SzL, 428. Der frühe Aufsatz „Unsere lyrische und epische Poesie seit 1848" spricht dem Drama den geringsten Anteil an dem propagierten Realismus zu; HIII/I, 239. Auch die drei Theaterrezensionen der späteren Zeit ändern an der nüchternen, fast kühlen Aufnahme des Stücks wenig. Im Jahr 1873 führt ihn lediglich das Interesse an der schauspielerischen Leistung zum Theaterbesuch; HIII/II, 110. Fünf Jahre später schreibt er eine Charakteristik Karl Moors, die in einigen Zügen das Bild Störtebeckers vorankünden könnte: „Die ganze Figur ist aus der Renommier-Epoche des vorigen Jahrhunderts herausgeboren, und konnte vollendet nur von jenen Renommier-Genies gespielt werden, die damals das Leben und die Bühne unsicher machten. Sie sind dahin. Requiescant in pace. [. . .] Um den Karl Moor zu spielen, muß man an ihn glauben. Aber welcher gebildete Mensch kann das. Fände sich einer, so tut er mir leid. Im Leben wird jede Kraftmeierei verlacht; auf der Bühne sollen wir sie nach wie vor pietätvoll hinnehmen. [. . .] Es gibt keine Karl Moors mehr, und *weil* es keine mehr gibt, so sind sie auch nicht mehr zu spielen." HIII/II, 347. Eine weitere Theaterrezension bringt vielleicht noch einen für Störtebecker wichtigen Charakterzug; Fontane erwähnt lobend eine Eigenart des Karl-Moor-Darstellers, die er sonst zu tadeln pflegte, die aber nun ganz am Platze ist: „Er ist der geborne Karl Moor. Der mich in seinem Spiel so oft beleidigende, weil ganz willkürlich auftretende Gegensatz von Gewittersturm und Nachtigallenschlag, von isländischem Berserkertum und Jasminlaubensentimentalität, *hier* ist das alles wundervoll am Platz und feiert Triumph über Triumph." HIII/II, 836. Diese Mischung gilt auch für Störtebecker. Im übrigen scheint sich für Fontane das Wort „Karl Moor und die Seinen" zu einem legèren Begriff für revolutionäre Erneuerungsbestrebungen verfestigt zu haben; über G. Hauptmann schreibt er an Mete am 14. September 1889, er sei „ein wirklicher Hauptmann der schwarzen Realisten-Bande, welche letztere wirklich was von den Schillerschen Räubern hat und auch dafür angesehen wird [. . .]" PB II, 155.

48 HI/V, 894.

„[. . .] aber wir haben bloß Feinde in der Welt und das arme Volk, das für uns ist und uns liebt, weil wir es lieben und ihm sein Brot geben und gute Tage und einen billigen Verdienst, das arme Volk hat keine Macht und die Großen regieren und die Lübischen voran, die Pfeffersäcke, die sich einbilden, sie seien fromme Christen. Heiden sind es, Pharisäer sind es und wir wollen sie austreiben aus dem Tempel, den sie verunehren."(49)

Nicht die Hoffnung auf reiche Beute hat viele dazu bewegt, unter die Seeräuber zu gehen, sondern die Enttäuschung, die sie in der alten Welt erfahren haben. Viele Adlige befinden sich unter ihnen.(50) So heißt Störtebecker in Wirklichkeit Nicolaus von Halsmühlen.(51) „Ich bin ein Ritterbürtiger. Als ich meine Habe verpraßt bin ich nach Wismar gegangen und habe mich werben lassen gegen die norwegische oder dänische Margarethe."(52) So erzählt er seine Vorgeschichte noch in der zweiten Fassung des ersten Romankapitels.(53) Die letzte Fassung weist hingegen eine bedeutsame Veränderung auf: Unversehens drückt sich in dem Entschluß, zu den Seeräubern zu gehen, eine Kritik am herrschenden Bildungssystem aus: Er hatte es „satt [. . .] mit all der Weisheit und der Gelehrsamkeit"(54); genau so wie dem „Studenten in Prag" erging es auch dem Magister Wigbold, dem „die freien Künste [. . .] nicht frei genug" waren.(55)
Gesellschaftskritische Elemente treten in den letzten Arbeitsphasen am Roman immer deutlicher hervor; daß Fontane sie in einen geheimen Bezug zur eigenen Gegenwart setzt, braucht nicht eigens gesagt zu werden; dennoch hat dieser Aspekt nur Nebenbedeutung. Es geht Fontane um die Darstellung von Zeiterscheinungen. Das ausgehende Mittelalter sieht sich Gegenkräften gegenübergestellt, die es selbst heraufbeschworen hat; eine Zeit steht in der Situation des Goetheschen

49 HI/V, 903.
50 HI/V, 906.
51 In seinen Studienblättern notiert sich Fontane, HI/V, 1111, „noch seinen *eignen* Namen finden oder kreieren. Vielleicht den Ort seiner Geburt. Er war von Adel und in seiner Jugend eine Figur wie Wallenstein in Altdorf."
52 HI/V, 891.
53 Nach Fricke, S. 103, etwa Anfang April 1895 geschrieben.
54 HI/V, 896.
55 HI/V, 895.

Zauberlehrlings. So sehr Störtebecker als individuelle Persönlichkeit erscheint, auch er bleibt Zeiterscheinung, Produkt seiner Zeit und ihrer Tendenzen. Sein Gang zu den Seeräubern war keine biographische Einzelerscheinung, sondern entsprach einer allgemeinen Zeittendenz: Er ging an Bord, „so wie [es] viele von uns taten".(56) Fontanes Interesse richtet sich auf den allgemeinen Prozeß der Verselbständigung, der ‚Emanzipation'. Ein politisches *Mittel* besinnt sich auf sich selbst (man denke nur an die Gegenpredigt des Magister Wigbold) und beginnt sich als Selbstzweck zu begreifen. Aus dem geweckten Selbstbewußtsein entwickelt sich die Forderung nach Autonomie. Die Rechtfertigung vor den anderen verwandelt sich in die Erklärung und Aufwertung der eigenen Lebensform und Denkungsart. Man nützt die Gelegenheit, eine neue, bessere Welt aufzubauen, man hat den Mut zur Utopie.

„[...] und wie's im Psalmisten steht: wir wollen hier Hütten bauen". (57) Die Absicht der Likedeeler, eine Kolonie zu errichten, läßt sich in Fontanes Entwürfen weit zurückverfolgen. Bereits der Plan vom August 1882 entwickelte aus der Absicht, in Marienhafe ein „Standquartier" aufzuschlagen, von dem sie dann „ihre Raub- und Eroberungszüge bis England hin"(58) unternehmen könnten, die Idee einer „Kolonie", „ganz kommunistisch eingerichtet, Barackenstil, Veteranen-Kolonie, Häuschen, Gärtchen, Fischfang, Angeln, Jagd."(59) Diese Beschreibung ist bewußt in einem idyllischen Gartenlauben-Stil gehalten, wie er dem ausgehenden 19. Jahrhundert vertraut war. Der letzte Novellenplan von 1883 bringt demgegenüber eine interessante Neuerung. Noch steht der Konflikt zwischen der immer unruhiger werdenden Mannschaft und dem ‚verheirateten' Hauptmann im Vordergrund — „Die Schiffe verfaulen im Süßwasser"(60) —, aber die Idee des Likedeelertums sollte das ‚schauderöse' Ende ihrer Träger überdauern: Das vierzehnte Kapitel zeigt noch einmal nach dem Untergang den Ort Marienhafe und seine weiterbestehende Kolonie; das Likedeelertum wird zum Mythos, indem Fontane es aus dem geschichtlichen Augenblick ins Spukhafte überträgt. „Marienhafe, der Spuk, das Gespensterschiff in allen Nordmeeren."(61) Die Novelle sollte mit dem Lied ausklingen:

56 HI/V, 896.
57 HI/V, 903.
58 HI/V, 1091.

59 HI/V, 1093, Punkt 2.
60 HI/V, 1096.
61 HI/V, 1096.

„Das Gespenst, das in Marienhafe umgeht.
Das ist Klaus Störtebeker, der in Marienhafe umgeht.
Aber durch die Welt geht das Gespenst der Likedeeler."(62)

Abermals können die Anklänge an Fontanes Gegenwart nicht übersehen
werden. Die weiteren Pläne jedoch greifen dieses balladeske Motiv
nicht mehr auf. So interessant es im Augenblick auch sein mochte, es
hätte im Roman eher gestört. Es geht um die Entwicklung eines
historischen Phänomens, um die Darstellung von Ereignissen und Ideen,
wie sie in dieser typischen Form nur in einer bestimmten Zeit entstehen
konnten(63); diesen Ideen dadurch dauerhafte Bedeutung zu verleihen,
daß man sie durch ein balladeskes Mittel aus dem Zeitablauf heraus-
nimmt, hätte einen willkürlichen Eingriff des Autors von außen
bedeutet, der seiner Intention, zeitgebunden zu verfahren, genau
entgegengelaufen wäre. So gestaltet Fontane in allen übrigen Plänen die
Likedeeler-Kolonie als eine *vorübergehende* Erscheinung. Mit derselben
Notwendigkeit, mit der sie entstand, sollte sie auch wieder untergehen.
In der Mitte dieses zeitbedingten Ablaufs sollte sich ein idealer,
autonomer Staat, eine Utopie, für wenige Augenblicke verwirklichen.
Die militärische Stärke ist zwar die erste und wirkliche Grundlage für
die neue Gesellschaftsform, sie macht aber noch nicht ihren utopischen
Charakter aus. Mehrere Momente tragen dazu bei, „eine Likedeeler-
Herrschaft mit den den Likedeelern eigenen politischen Grundsätzen zu
stiften."(64) Da ist zunächst der wirtschaftliche Aspekt; durch langjäh-
rige gründliche Raubzüge ist die Beute der Likedeeler so groß geworden,
daß sie mit diesen Waren einen eigenen Markt unterhalten können.
Fontane vermerkte sich in den Studienblättern das ganze Spektrum der
Raubgüter(65); sie plünderten schlechthin alles. Da sie so billig zu den
Waren kamen, konnten sie es sich leisten, zu geringsten Preisen zu
verkaufen. Ihre geschäftlichen Beziehungen beschränkten sich so nicht
etwa nur auf das arme Volk, das für eine solche Kaufgelegenheit natürlich

---

62 HI/V, 1097.
63 Hans Lange, Die gesellschaftlichen Beziehungen in den Romanen Theodor
Fontanes. Diss. Masch. Halle 1950, S. 130: „Ein Roman also, der eine bestimmte
historische Situation aus den ihr immanenten gesellschaftlichen Verhältnissen
erklärt [. . .]"
64 HI/V, 887.
65 HI/V, 1108.

dankbar war, sondern erstreckte sich auch bis in die vornehmsten Kreise der ‚alten' Gesellschaft.(66) Den in der Hanse organisierten Kaufleuten wuchs hier eine bedrohliche Konkurrenz heran, die sie auf die Dauer nicht dulden konnten. Der Kauf des Landes um Marienhafe geht zunächst auf diesen wirtschaftlichen Aspekt zurück: Die Likedeeler wollen eine feste „*Verkaufs*stätte"(67) einrichten. Das gegenseitige wirtschaftliche Interesse verspricht ein gutes Auskommen mit den Nachbarn: „Sie werden Vorteile von uns haben, denn wir sind gute Käufer und nicht gewöhnt den Pfennig zu drehen und zu wenden. Unser Geld rollt rasch."(68) Der „Zuzug von aller Welt Ecken her" verspricht einen guten „Markt, weil hier Geld ist und Handel und Wandel. Und den Handel brauchen wir."(69) Gerade Marienhafe ist die am meisten geeignete neue Heimat der Likedeeler. Das vierte Romanka-pitel sollte das bunte, fast exotische Markttreiben schildern.

Der Grundsatz, nach dem die Likedeeler die Waren bzw. deren Erlös untereinander aufteilten, kennzeichnet das Wesentliche ihres Likedee-lertums. „Sie waren Likedeeler und teilten alles, auch die Ehre."(70) Das Prinzip der Gleichheit stellt die ideelle Grundlage für den Versuch dar, eine neue, bis dahin unbekannte Gesellschaftsform zu verwirkli-chen. Der Gleichheitsgrundsatz hat einen wirtschaftlichen und einen humanen Aspekt: Mit dem Abkommen, die Güter zu gleichen Teilen untereinander auszustreuen, verbindet sich das Bewußtsein der sozialen Gleichheit. So gab es viele Adlige unter den Likedeelern. „Aber ihr Adel unterschied sie nicht. Die See, der Ton und die Teilungsform in der sie lebten, sorgte für Gleichheit."(71) Das Likedeelertum darf sich zudem noch auf eine Tradition berufen: Es will die Lehren des Wiclif bzw. des Huß verwirklichen. In diesem Zusammenhang ist es aufschlußreich zu

66 HI/V, 1115 f.: „Zwei Kapuziner brachten Briefe der Likedeeler nach Hamburg, unterhandelten mit dem hohen Rat und wurden einquartiert und bewirtet. [Abschnitt] Diese Szene an und für sich ist nicht zu verwerten, aber sie zeigt, daß *alles* teils ihnen dienstbar war, teils mit ihnen verkehrte: Fürsten, Städte, Hochmeister, Bischöfe, Orden."

67 HI/V, 887.

68 HI/V, 890 f.; siehe auch HI/V, 909 und 1108.

69 HI/V, 902.

70 HI/V, 906. Der Novellenplan von 1883 motiviert ausdrücklich den Haß gegen die Lübischen mit weltanschaulichen Unterschieden: „Haß gegen die Lübischen ‚weil sie keine Likedeeler sind' sondern das Gegenteil davon." HI/V, 1095.

71 HI/V, 906.

verfolgen, wie Fontane dieses Motiv in den letzten Arbeitsphasen am Roman verändert. In der ersten Fassung des ersten Kapitels(72) kommt Störtebecker auf die politischen Zustände in Ostfriesland und auf das Verhältnis der ostfriesischen Häuptlinge zur Kirche zu sprechen:

„Sie [die Häuptlinge] mißgönnen der Kirche den reichen Besitz und hören gern von der Irrlehre, die jetzt überall laut wird in England und in Böheim und der Kirche nehmen will, was sie hat. Aber, und hier hob er seine Linke, die Kirche soll haben, was sie hat. Das gelobt Euch Klaus Störtebecker."(73)

Das dritte Kapitel, das zeitlich später anzusetzen ist, weist demgegenüber eine Veränderung auf, obwohl auch hier ein deutlicher Unterschied zwischen Störtebecker und den Anhängern Wiclifs bestehen bleibt.(74) Fontane charakterisiert eine Teilgruppe innerhalb der Likedeelergesamtheit, die die übrigen aber immer wieder zu beeinflussen sucht:

„Es waren Wicliffanhänger, die den Bauernaufstand in England mitgemacht hatten und die Lehre von der Teilung von Grund und Boden und von Hab und Gut und allem irdischen Besitz mitgebracht und die Grundsätze mitgebracht und eingeführt hatten, um derentwillen sie alle die ‚Likedeeler' hießen. Sie hatten keines der Schiffe unter Kommando aber sie waren die Steuerleute und Vollmatrosen und herrschten eigentlich. Was sie sagten, das galt [. . .]"(75)

72 Nach Fricke, S. 93, noch vor dem Studium der geschichtlichen Quellen Ende März 1895 verfaßt.
73 H I/V, 883 f. Siehe auch Probst Ludiger: „Denn ich habe Euer Wort, daß ihr der Kirche zu dienen gedenkt und daß Eure Lehre nichts gemein hat mit der Irrlehre derer, die den Felsen Petri, darauf die Kirche ruht, bestürmen." H I/V, 884.
74 Der letzte Kapitelplan zum Roman vermerkt, daß in der Gegenpredigt des Magister Wigbold ein „Hinweis auf Wikleff" und den Aufstand des „Walt Tayler" erfolgen soll; H I/V, 1120. (Walt Tayler: eigentlich Wat bzw. Walter Tyler oder Teghler, gest. 1381, in den englischen Bauernkriegen ein gewählter Führer, der mit seiner Gruppe gegen das feudale System und für Arbeits- und Handelsfreiheit kämpfte; seinen anfänglichen Erfolg verscherzte er sich wieder durch fortgesetztes Morden und Plündern, wobei er selbst umkam; vgl. Encyclopaedia Britannica. London 1962, Bd. 22, S. 641.
75 H I/V, 907.

Trotz dieser Annäherung und sogar Identifizierung des Likedeelertums mit den Ideen Wiclifs bleibt diese Gruppe mit ihrer revolutionären Unruhe für Störtebecker immer hart am Rande der Meuterei; so kam es nicht selten vor, daß er „eisern" durchgreifen mußte.

„Einen ließ er hängen, als er seinen Willen durchzusetzen und mit der Mannschaft zu meutern versuchte. Seitdem hatte er Ruhe vor ihnen aber ihr Einfluß blieb sie waren die Seele, die Wortführer und sie predigten auch."(76)

An der Charakteristik Störtebeckers läßt sich abermals Fontanes Absicht erkennen. Er vermeidet ein gradliniges Gleichsetzen des Likedeelertums mit modernen revolutionären Ideen, indem er bereits innerhalb der Likedeeler Gegensätze und Widersprüche sichtbar macht, die die Zeitgebundenheit dieses neuartigen Unternehmens betonen. Störtebecker als gesellschaftlicher Außenseiter ist zwar dazu bestimmt, Träger einer neuen Zeit zu sein, er mag durch seine militärische und wirtschaftliche Macht einerseits, durch revolutionäre und humane Ideen andererseits fähig sein, eine Alternativwelt aufzubauen; aber er bleibt trotz allem an die alte Welt, aus der er kommt, gebunden. Das zeigt sich schon in der eher romantisch-balladesken Art, wie er den ‚weltanschaulichen' Zwiespalt im eigenen Lager zu beenden pflegt. Die neue humane Gesellschaftsform der Likedeeler läßt selten ihren seeräuberischen Ursprung vergessen. Störtebeckers Hang zu einer sentimentalen Frömmigkeit, seine Christlichkeit, steigern noch den Eindruck des Widersprüchlichen. Fontane vermerkt sich diesen Wesenszug aller Likedeeler in den Studienblättern: „ihre Grausamkeiten; ihre Wildheit und ihre Frömmigkeit".(77)

„Ihr (der Likedeeler) Spruch war: ‚Gottes Freund und aller Welt Feind'. Danach verfuhren sie auch und das erklärt, daß *so viel Widersprechendes* in ihnen steckte und daß viele von ihnen gläubige Christen waren, wenn auch auf ihre Weise [. . .]"(78)

In der ersten Begegnung mit dem Probst bekennt Störtebecker: „Denn wir sind ein christlich Volk und wollen dazu helfen, daß dem Volke

76 HI/V, 907.
77 HI/V, 1107.
78 HI/V, 1108.

geholfen wird und das Wort Christi, das ein Wort des Mitleids war, eine Wahrheit werde."(79) Und später noch einmal: „Ich bin ein Christ und schätze nichts höher als diese Kapsel mit einem Splitter vom Heiligen Vincenz."(80) Während seine Mannschaft Marienhafe nur als „Schlupfwinkel" und „Ausfalltor"(81) ansieht, treibt ihn das Bedürfnis nach Ruhe, „eine Stätte des Friedens"(82) zu erbauen. Die Sehnsucht nach einem Platz, wo man „heimisch" werden könnte, verbindet sich mit einem religiösen Schuldbewußtsein oder zumindest mit einer religiösen Unsicherheit. Trotz aller revolutionären Einstellung beurteilt er sein Leben vom christlichen Standpunkt und fürchtet, als Seeräuber gegen Gott gefrevelt zu haben. Schon Fontanes Quellen berichten von einem Schuldbewußtsein der Likedeeler, das sie dazu führte, zahlreiche Messen und Kirchenfenster zu stiften.(83) Störtebecker bezweifelt, ob er mit seinen Leuten wirklich noch, gemäß ihrem Wahlspruch, „Gottes Freund[e]" seien.(84) „Alles Messestiften es war nur Buße gewesen, nur Verlangen abzubüßen."(85)

Die religiöse Sensibilität Störtebeckers bereitet die Begegnung mit Geta vor. Schon in dem frühen Entwurf von 1882 notiert Fontane den entscheidenden Einfluß Getas (hier noch Hyma genannt) auf ihn. Die Schilderung der Keno-Burg, wo Hyma mit ihrem Vater Keno wohnt, sollte zuerst „mittelalterlich romantisch", einerseits „finster und gruslich", andererseits „humoristisch" gehalten sein, bis sich unter dem Einfluß Hymas alles ins Poetische, Idyllische und Heitere verwandelt.(86) Die letzten Pläne begrenzen die Bedeutung Getas auf den religiösen Bereich; sie erscheint Störtebecker als der „Engel, der vom Himmel stieg"(87), als die personifizierte Erlösung.(88) Wieweit Fontane dieses Motiv fortführen wollte, läßt sich nicht bestimmen. Wenn Störtebecker zuweilen in eine christlich-jenseitige Heilserwartung ausweicht, so steht das in einem auffallenden Gegensatz zu seinem

79 HI/V, 883.
80 HI/V, 889 f.
81 HI/V, 900.
82 HI/V, 900.
83 HI/V, 1109; Fontane notierte sich dies aus Voigt, S. 42 f.
84 HI/V, 900.
85 HI/V, 900. Hier schließt dann das Motiv der Aussöhnung mit der Mutter an. Zu dem religiösen Aspekt vgl. die Interpretation von Fricke, S. 142.
82 HI/V, 1093 f.
87 HI/V, 912.

sonstigen Bemühen, aufgrund des Likedeelertums eine *irdische* Alternativwelt zu verwirklichen. Diese Haltung erklärt sich allerdings aus der widersprüchlichen Anlage seiner Person. Sie mag aber auch auf Grenzen des Likedeelertums verweisen; das gesamte Unternehmen hat den Charakter des Rohen, Unfertigen, Verfrühten; die Ideen der neuen Zeit werden von Menschen getragen, die für sie noch nicht reif genug sind: Als Piraten vertreten sie eine neue Zeit, die Züge des Utopischen aufweist; aber als verwirklichte neue humane Gesellschaft verraten sie sich allzuoft entweder als Diebe und Mörder oder als der Kirche ergebene Diener. „Eine seltsame Gesellschaft. Räuber und Gurgelabschneider, Mörder und ergebene Diener der Kirche und Friedensapostel."(89)

Die inneren Widersprüche können der neuen Gesellschaftsform keine Dauer verleihen. Das bedeutet keinen Einwand gegen den Versuch, der alten Welt eine neue entgegenzusetzen; aber es zeigt die Schwächen der Likedeeler und läßt so den schließlichen Sieg des Alten notwendig werden. Die Kolonie ist kaum fertig gebaut, da beginnen auch schon die Gegenmaßnahmen der alten Welt. So wie die alte Zeit mit ihrer Politik dazu beigetragen hat, daß aus ihr eine neue Zeit entsteht, setzt sie jetzt alle Mittel in Gang, ihr eigenes Produkt wieder zu zerstören. Das Phantasmagorische, das gerade in diesem Aufblitzen der utopischen Möglichkeit aus dem Nichts bestand, hatte Fontane fasziniert. Nur für einen ganz kurzen Augenblick haben die Likedeeler existiert; nach ihrer Vernichtung sollte der ‚Spuk' spurlos verschwunden sein. Durch ein Motto, das Fontane für das Titelblatt des Romans wählte, ließ er von Anfang an keinen Zweifel über das zukünftige Schicksal der Piraten. Es ist der Geist der alten Zeit, der aus diesen Zeilen spricht:

„Störtebeker un Göde Micheel
De roweden beyde tho like Deel
Tho Water un tho Lande,
Bis unsen Gott dat nich mihr gefeel,
Da koamen se beyd' tho Schande."(90)

88 Siehe das Lied, das Geta am Weihnachtsabend spricht; HI/V, 914.
89 HI/V, 886.
90 HI/V, 892.

Die Moral vom strafenden Gott gehört ganz dem Stil der Chronik, der alten Zeit an. Religiöses vermischt sich hier in naiver Weise mit politischen Interessen; denn Gottes Zorn vereint sich mit dem Zorn der Hansischen.

Fontane erprobt zahlreiche Motive für den Untergang der Likedeeler. Politische und private Momente konnten den Ausschlag geben: der Neid der Ordnungsmächte und ihre fortgesetzten Herausforderungen; die Entdeckung des doppelten Spiels Kenos gegen die Lübischen; die Rache des Abtes; die Unruhe der Likedeeler-Mannschaft, die wieder auf das Meer hinausfahren will und nahe daran ist, ihren Hauptmann abzusetzen; der Tod des Kindes bzw. Getas, der die Bindung Störtebeckers an Marienhafe auflöst bzw. ihn zur Rache zwingt; der mißlungene Aussöhnungsversuch mit seiner Mutter. Fontane entscheidet sich schließlich dafür, einen militärischen Überfall der Hansischen darzustellen, wobei Geta ermordet wird. Wenn Störtebecker sonst gegenüber den Gefahren, die ihn und seine Mannschaft ständig erwarten, einen gewissen Gleichmut bewies(91), so empört ihn der Mord an einer Unschuldigen aufs tiefste und läßt ihn nur noch an Rache denken:

„Dies Krämervolk mit dem frommen Gesicht und der Gerechtigkeit, war das Gerechtigkeit. Und wenn sie die Welt zerstören wollten, diese durften sie nicht zerstören. Alles Hohe und Heilige ging vor ihr her. Die Elenden, daß sie das nicht fühlten, das richtet sie. Ich will sie richten.[. . .] Eh der Zweig welk ist, ist es geschehen."(92)

---

91 „Er hatte Anhänglichkeit für seine Leute. Aber er nahm es nicht bange damit. Ein Ende sollte es doch haben. Und ihr Leben war ein beständiges Schwanken zwischen Leben und Tod. ‚Wenn es geschehn, so ist es geschehen.'" HI/V, 916.

92 HI/V, 919. – Exkurs: Es ist nicht ganz deutlich, ob Fontane das Motiv des treulosen Hauptmanns beibehalten wollte. In dem mit „Nächstes Kapitel" bezeichneten Kapitel übernimmt nämlich Störtebecker das Kommando mit den Worten: „[. . .] ich wollte euch untreu werden, wollte mich hier niederlassen. Du weißt was ich wollte, warum ich es wollte." HI/V, 919 f. Gehört dieses Motiv noch frühen Entwürfen an, das Fontane später gestrichen hätte? Die Tendenz der verschiedenen Fassungen des ersten Kapitels in der Ausführung lief ja darauf hinaus, eine engere Übereinstimmung von Hauptmann und Mannschaft für das Kolonie-Projekt zu erzielen. Andererseits steht die hier zitierte Bemerkung Störtebeckers über seine Trennungsabsicht in unmittelbarer Nachbarschaft zur Abu-Ben-Isa-Geschichte, die erst ganz zuletzt in den Romanplan hineingearbeitet wurde, so daß Fontane noch sehr spät das Trennungsmotiv in Erwägung gezogen haben muß.

Unter dem Jubel der Mannschaft übernimmt er das Kommando und fährt seinem Verderben entgegen. Schon vor dem Kampf mit den Hansischen versteht er den Tod seines Lieblingsbegleiters, Abu ben Isa, als ein Vorzeichen für seinen eigenen Untergang.(93)

Die Enthauptungsszene, mit der der Roman schließen sollte, beabsichtigte Fontane recht blutig zu gestalten. Der Henker, der bis an die „Enkel" im Blut steht — Fontane entnahm diese Szene dem bekannten Störtebeckerlied(94) — paßt ebenso zu dem blutrünstigen Schauspiel wie der Bericht von Störtebeckers letztem Wunsch, seine Kameraden ‚freilaufen' zu dürfen; er erbat sich nämlich von seinen Richtern, daß sie alle jenen das Leben schenken möchten, an denen er noch *nach* seiner Enthauptung kopflos vorbeizulaufen vermöchte; die Quellen berichten von fünf bis elf Geretteten, und nur die Hinterlist eines Henkers, der ihm ein Hindernis in den Weg geworfen habe, hätte es vereitelt, daß er noch weitere Likedeeler freigelaufen hätte.(95) Fontane, der dieses makabre Ende für seinen letzten Novellenplan vorsah, fand es eine „famose Szene".(96) Ob er sie in den Romanplan übernommen hätte, bleibt ungewiß. Wer jedoch gerade von dieser Szene aus Fontanes Abwendung vom Likedeeler-Stoff erklären will, verkennt dessen Absicht. So schreibt etwa Friedrich Holtze in seinen „Erinnerungen": „Fontane war auch, als er einen Blick in die Literatur geworfen, viel zu geschmackvoll, um irgendeinen Gefallen an diesem Stoff, bei dem er im Schmutz der Untaten und im Blute der Rache hätte wühlen müssen, zu

93 HI/V, 907. — Exkurs: Das Motiv von einem Begleiter Störtebeckers fand Fontane bereits in den Quellen. Karl Koppmann, „Der Seeräuber Klaus Störtebecker in Geschichte und Sage" in: Hansische Geschichtsblätter, 3 (1877), S. 57, berichtet davon, daß sich unter der Schiffsmannschaft auch eine Holzfigur befunden hätte, die einen Mohren darstellte und „Störtebeckers Page" genannt wurde. Vgl. auch J. C. M. Laurent, „Klaus Störtebeker" in: Zeitschrift des Vereins für hamburgische Geschichte, 2 (1847), S. 43—92, bes. 63. Fontane wandelte diese Figur in eine lebende Gestalt um und machte sie zum „Glückssymbol", so Fricke S. 122, für Störtebecker. In den früheren Plänen, in denen dieser Knabe noch nicht erscheint, erfüllt das Kind Getas und Störtebeckers eine ähnliche Funktion: Der Tod des Kindes, nicht etwa der Getas, motivierte dort die Rückkehr zum alten Seeräuberleben.
94 HI/V, 1117.
95 Koppmann, S. 57 f. und ein bei Fricke, S. 28—35, bes. 33, abgedruckter Zeitungsaufsatz über „Die Vitalienbrüder und Klaus Störtebecker in Ostfriesland".
96 HI/V, 1096.

finden."(97) Das Blutige und ‚Schauderöse' paßte Fontane durchaus in seinen Plan, die „Höllenfahrt" der Likedeeler zu gestalten. Es ging ihm keineswegs darum, das Likedeelertum idyllisch, d. h. von dem „Schmutz" gereinigt als ein zeitentbundenes humanes Phänomen darzustellen, sondern als eine konsequente Zeitentwicklung; gerade weil die Ideen des Likedeelertums so weit über die damalige Zeit hinauswiesen, mußten sie wieder untergehen; denn sie überforderten die Menschen der alten Welt. Die Vernichtung wurde so gründlich ausgeführt, daß selbst der Henker — vermutlich insgeheim auch ein Likedeeler — nach seiner Arbeit hingerichtet wurde. Das Likedeelertum ist spurlos versunken, als ob es nie dagewesen wäre.

Die heute noch faszinierende Aktualität des Fragments liegt gewiß in der Entfaltung der kommunistischen Thematik. Aber man sollte diese Parallele nicht überbetonen; Radbruch sah vor allem in der Likedeeler-Losung „Gottes Freund und aller Welt Feind" Bezüge zur christlichsozialen Bewegung eines Stöcker(98); und Fontane selbst hob die Ähnlichkeit zwischen Störtebecker und Bismarck hervor.(99) Entscheidender als die konkreten Anspielungen auf die Gegenwart des Autors ist der *Modellcharakter* des Dargestellten. Fontane formt die aufsehenerregenden Geschehnisse von 1400 zu einem Modell für das eigene Geschichtsbild. Was damals am Ausgang des Mittelalters geschehen war, wertet er als ein Modell, als exemplarische Abbreviatur, des Geschichtsverlaufs überhaupt. Geschichte bedeutet nichts Zuständliches, und nichts ereignet sich in Isolation von seiner Umgebung. Geschichte ist die fortwährende Bewegung vom Alten zum Neuen, und das einzelne Ereignis steht in ursächlichem Zusammenhang mit den anderen. Geschichte ist ein Wechselspiel der Kräfte, in dem jede Kraft ihre

97 Friedrich Holtze, „Erinnerungen an Theodor Fontane" in: Mitteilungen des Vereins für die Geschichte Berlins, 43 (1926), S. 76; zitiert nach Fricke, S. 54; zu einigen Richtigstellungen in diesen Erinnerungen siehe auch Fricke, S. 55.

98 Gustav Radbruch, Theodor Fontane oder Skepsis und Glaube. 2. Aufl., Leipzig (1948), S. 36 f.

99 Brief an Hans Hertz vom 31. März 1895; HzBr, 359: „An diesem Vorabend des Bismarck-Tages beschäftigt mich unpatriotischerweise mein neuer Freund Klaus Störtebeker mehr als der ihm nicht ganz unverwandte Altreichskanzler. Beide waren ‚Stürzebecher' und ein Schrecken ihrer Feinde. Selbst mit Religion und Kirche haben sich beide befaßt, wenn es gerade vorteilhaft war. Nur war Bismarck nie ‚Likedeeler'; er behielt immer möglichst viel für sich." Zum Verhältnis Fontane — Bismarck: Walter Müller-Seidel, „Fontane und Bismarck" in: Nationalismus in Germanistik und Dichtung. Berlin 1967, S. 170—201.

Gegenkraft hervorruft. Ein Produkt dieser Geschichtsentwicklung sind die Likedeeler. Indem Fontane ihre Ideen, Pläne und Taten in den historischen Zusammenhang stellt, zeigt er einerseits das Bedingte, andererseits das Zukunftsweisende eines solchen utopischen Phänomens. Die erzählerische Erfassung des gesamten Vorgangs von der Entstehung der Likedeeler bis zu ihrem Untergang verleiht dem Dargestellten eine bis dahin aus Fontanes Werken nicht vertraute historische Tiefendimension.

Kein anderes Werk Fontanes stellt die Frage nach der ideellen und praktischen Überwindungsmöglichkeit der ‚schlechten Welt‘ so sehr in den thematischen Vordergrund wie „Die Likedeeler“; in der neuartigen Thematik liegt das Besondere des Fragments und widerlegt somit die These von seiner Überflüssigkeit.(100) Nie zuvor stand der Aspekt der Staatengründung solchermaßen im Zentrum der Fontaneschen Werke. Von hier aus gesehen rückt das Fragment in die Nähe des utopischen Romans im Sinne des Romans vom besten Staat. Allerdings zeigt der neue Likedeelerstaat bei weitem nicht jene ins Ideale stilisierten Züge, wie sie den üblichen Staatsromanen eigen sind. Neues (das Prinzip der Gleichheit, eine neue Moral) verbindet sich mit dem Alten (Hang zur Piraterie, sentimentale Frömmigkeit) und bringt in dieser Zusammensetzung ein eher groteskes Gebilde hervor. Aber das bezeichnet nur die Absicht des Autors. Der neue Staat soll nicht isoliert als ein idealer *Zustand* betrachtet werden. Im Mittelpunkt steht deshalb der historische Prozeß von Welt zu Gegenwelt. Fontane stellt jene geschichtliche Bewegung dar, die einerseits mit Notwendigkeit von der schlechten Wirklichkeit zur utopischen Alternative führt und die andererseits mit nicht geringerer Notwendigkeit von der verfrühten Utopie wieder zurück zur alten Wirklichkeit leitet. Die Likedeeler verdanken ihre Existenz einem politischen Konzept, das in ihnen nur ein beliebig verfügbares Instrument in eigenen machtpolitischen Auseinandersetzungen erblickte. Aber im Augenblick, wo sich die Piraten auf ihre eigenen Möglichkeiten besinnen, verwandeln sie sich in einen höchst unbequemen militärischen, wirtschaftlichen und weltanschaulichen Konkurrenten. Nahm man zunächst die Piraten mit ihren offiziellen Kaperbriefen als notwendiges Übel, als kriminelle Begleiterscheinung

---

100 Die Auffassung von der ‚Überflüssigkeit‘ des Likedeeler-Fragments vertrat als prominenter Fontane-Interpret Th. Mann, S. 49.

eines politischen und wirtschaftlichen Kalküls in Kauf, so sieht man in ihnen nun eine ernsthafte Bedrohung der eigenen Position. Selbständigkeit aufgrund militärischer und ökonomischer Kräfte sowie besserer, menschlicherer Prinzipien verleihen dem neuen Gebilde utopische Züge. Aber diese Staats- und Gesellschaftsutopie weicht nicht aus in eine insularische Zeitlosigkeit der ‚grünen Stellen"(101), wie sie dem historischen Roman in der Nachfolge Scotts eigen sind; auch das Pathos, mit dem der Staatsroman sein Modell entwickelt und zur Verwirklichung aufdrängt, fehlt hier gänzlich. Eine gesellschaftliche Paria, deren man sich als politisches Mittel vergewissert zu haben glaubte, behauptet für kurze Zeit ihr Recht auf Autonomie.

Die Geschichte der Likedeeler verstand Fontane freilich nicht als interessanten Einzelfall der Vergangenheit. Einerseits spiegelten die Ereignisse um 1400 die eigene unzureichende Zeitsituation; jene Expektorationen der Likedeeler gegen ihre Feinde erinnern an ähnlich scharfe Äußerungen der Fontaneschen Alterskorrespondenz zur Zeit- und Gesellschaftspolitik und zur herrschenden Moral.(102) Andererseits bot bereits der historische Befund, wie ihn Fontane aufgrund seines Quellenstudiums ermittelt hatte, die Gelegenheit, *beispielhaft* den Übergang von einer alten Zeit zu einer neuen zu gestalten. Die Vorstellung, daß sich das Neue unmittelbar aus den Auswirkungen des Alten entwickeln kann, gewinnt modellhafte Bedeutung für die Gegenwart Fontanes; denn diese Gegenwart muß erst jene Entwicklung

---

101 Demetz, S. 36 f.
102 Nur eine Auswahl der zahlreichen Zeugnisse Fontanes zur historischen Alt-Neu-Problematik sei hier angeführt. Am 12. April 1894 heißt es in einem Brief an Friedlaender, Friedl. Br. 254: „Mensch ist Mensch. Goethe würde sich gehütet haben, es zu bestreiten; aber jeder agrarische Schafzüchter prätendiert eine Sonderstellung. Indessen der Krug geht so lange zu Wasser bis er bricht; in den eignen Reihen dieser Leute wird es zur Revolte kommen und alle die, die das Herz auf dem rechten Flecke haben, werden sich von den selbstsüchtigen Radaubrüdern scheiden." Am 6. Mai 1895 heißt es an denselben (Friedl. Br. 284): „Mein Haß gegen alles, was die neue Zeit aufhält, ist in einem beständigen Wachsen und die Möglichkeit, ja die Wahrscheinlichkeit, daß dem Sieg des Neuen eine furchtbare Schlacht vorausgehen muß, kann mich nicht abhalten, diesen Sieg des Neuen zu wünschen." Und am 5. April 1897 schreibt er an den Freund (Friedl. Br. 310): „Daß Staaten an einer kühnen Umformung, die die Zeit forderte, zu Grunde gegangen wären, — d i e s e r Fall ist sehr selten. Ich wüßte keinen zu nennen. Aber das Umgekehrte zeigt sich hundertfältig."

vollziehen, die zur ‚besseren Welt' im Sinne Fontanes führen soll. Das in den „Likedeelern" vorgeprägte Muster der Bewegung von Welt zu Gegenwelt konnte Fontane in seiner Zeit ansatzweise bereits erkennen: Er sah, wie die Sozialdemokratie trotz Unterdrückungsmaßnahmen immer stärker hervortrat, und er verfolgte schon früher den Aufstand der Pariser Kommune des Jahres 1871, die als Folge des deutsch-französischen Krieges entstand(103); auch die nationalen Freiheitskämpfe Polens und Griechenlands, die Aufstände der Einheimischen gegen die Kolonisation in Afrika und Indien mögen Fontane bei der Gestaltung der Likedeelergruppe beeinflußt haben.(104)

Natürlich diente auch „Vor dem Sturm" dazu, aus der bewährten Vergangenheit ein Modell für die Gegenwart abzuleiten; beispielhaft erprobte sich die Gesinnung ‚menschlicher' Menschen im entscheidenden Augenblick historischer Bewährung; man zeigte sich fähig und bereit , den ‚großen Ideen' und dem ‚großen Fühlen', das damals die Zeit gebar(105), angemessen zu entsprechen. Je näher diese Figuren der Gegenwart standen, um so verpflichtender mußte ihr Vorbild auf die unmittelbaren Nachfahren wirken; das glückliche Ende des Romans versprach den Erben einen gleichen Erfolg, so sie sich nur auf das Vorbild besännen. Dennoch unterscheidet sich der Modellcharakter der Hohen-Vietzer Gemeinschaft wesentlich von dem der Likedeeler. Denn im Grunde gerät im Romanerstling das Beispielhafte für *alle* Menschen damit in Konflikt, daß das glückliche Endziel nur wenigen Erwählten vorbehalten ist und daß diese Auslese nur auf dem irrationalen Weg der Vorherbestimmung getroffen wird: Einerseits betont Fontane das Vorbildliche so stark, daß die Lektüre des Romans zur unmittelbaren

103 Die Pariser Kommune 1871. Hrsg. von Helmut Swoboda, München 1971 (= dtv dokumente), Einleitung.

104 Siehe dazu den sehr wichtigen frühen Brief an Henriette von Merckel vom 20. September 1857; AB I, 231 f.; bes. 232: „Mein Herz jubelt stets, wenn ein getretnes Volk, Christ oder Heide, seine Bedrücker niederwirft. Ich verkenne auf der andern Seite nicht, daß Männer und Völker ihre großartig mörderischen Missionen haben. Ich sympathisiere mit dem Widerstand der alten Sachsen, aber ich habe gleichzeitig Respekt vor jenem Kaiser Carol, der mit Blut und Feuer taufte. *Das war eine Mission*. Diese englische Kattun-Mission aber mit etwas spackem Christentum und Unzucht und Opiumkisten mag auch ein Werkzeug in der Hand des Höchsten sein, aber ich kann mich ebensowenig dafür begeistern wie für die Taten des Schweinetreibers und Quartanerhelden Pizarro. Wenn man älter wird, denkt man gering von diesen Schlagetots." Vgl. auch HIII/IV, 109—113.

105 Brief an W. Hertz vom 17. Juni 1866; HzBr, 131.

Identifikation der Generationen führen sollte, andererseits errichtet er durch weltanschauliche Voraussetzungen eine Schranke zwischen den zum Glück Bestimmten und den übrigen, die er als unüberschreitbar darstellt; der Anspruch des Modellhaft-Vermittelnden und somit des Wiederholbaren wird in sich fraglich. Zudem sind die Gestalten viel zu wenig an ihre Zeit gebunden — sie streifen gleichsam nur ein Zeitereignis im Vorübergehen —, als daß sie ein *historisches* Modell begründen könnten, das ja wesentlich von der Spannung zwischen Zeitgebundenheit und seiner aktuellen Übertragbarkeit lebt.

„Die Likedeeler" spiegeln den historischen Vorgang als solchen und reduzieren ihn nicht zum bloßen Hintergrund für „liebenswürdige Gestalten".(106) Das historisch-politische Geschehen sowie die großen entscheidenden Geistesströmungen sind im Stoff eingefangen und werden thematisch gestaltet.Hans-Heinrich Reuter hat Folgendes festgestellt: „[...] unter den Händen gedeiht dem alten Fontane ein *historischer Stoff* [...] zu Plan und Vorwurf eines großen, insgeheim parabolischen Romans, einer poetischen Auseinandersetzung mit der *Gegenwart*."(107) Diese Auseinandersetzung liegt gewiß vor; aber Reuter engt Fontanes Interesse an den Likedeelern auf die bloße zeitgeschichtliche Parallele ein. Der Likedeeler-Stoff umfaßte jedoch für Fontane modellhaft die geschichtliche Entwicklung überhaupt: Im Sinne der Umbruchsthematik erscheint hier Geschichte als die Auseinandersetzung zwischen Alt und Neu, wobei das Neue immer als Reaktion auf das Alte entsteht. Das Modell dieses geschichtlichen Prozesses ist auf die Gegenwart so gut wie auf jede andere Zeit anwendbar. Die jeweils gegenwärtige Trostlosigkeit einer verfahrenen alten Welt bedeutet noch kein Verdikt über die Zukunft; umgekehrt, je aussichtsloser die Gegenwart, um so näher und unaufhaltsamer der kommende Umschlag. Die Zukunftsvisionen der Fontaneschen Alterskorrespondenz werden wesentlich von diesem Geschichtsbild getragen; nur ahnt hier Fontane im Unterschied zu seinem Romanplan die „Höllenfahrt" des Alten voraus. Das „Neue"(108), die

106 Ebd.
107 Reuter, S. 102.
108 Brief an Friedrich Stephany vom 23. Februar 1895; AB II, 366; und Friedl.-Br. 283 f. Fontanes ‚große utopische Vision' hat Mario Krammer überzeugend beschrieben: Theodor Fontane. Berlin 1922, S. 124 f.
109 Brief an James Morris vom 22. Februar 1896; AB II, 396.

„neue, bessere Welt"(109), rückt ins Blickfeld; wodurch sie begründet wird, bleibt noch unsicher: Fontane spricht von elementaren Kräften(110), von einer nichtzivilisierten Welt(111), vom Urzuständlichen(112), von Volksempfindungen (113) und vom vierten Stand.(114)

Auch „Der Stechlin" wird sich zentral mit der Frage nach der Beziehung zwischen Alt und Neu auseinandersetzen. Der Unterschied liegt in Folgendem: In den „Likedeelern" entwickelt sich die Alt-Neu-Thematik geschichtlich vorzüglich im Reich der Ballade und Chronik, im „Stechlin" im aktuellen politischen Gegenwartsroman. Das Fragment gestaltet die Handlung mit ihrer Alt-Neu-Thematik fast schon als Drama, der letzte Roman bewältigt das ohnehin dürftige Geschehen hauptsächlich im Gespräch. Alt-Neu wird hier im Rahmen des Phantasmagorischen eingefangen, dort in dem des Symbolischen. Für die Seeräuber löst sich der Konflikt tragisch-grotesk, für die Stechline tritt der Aspekt der dramatischen Lösung in der humoristisch-ironischen Behandlung erst gar nicht zutage. Den einen bedeutet das Leben romantisches Abenteuer, abenteuerlich wollen sie auch das Problem der Zeitenwende bewältigen, den anderen bedeutet es urbanes Kultur- und Zivilisationsbewußtsein; dementsprechend spielt sich für sie die Zeitproblematik auf dieser Ebene ab. Die Likedeeler legen es auf eine praktische Verwirklichung ihrer neuen Ideen an und errichten in diesem Sinne eine Kolonie, in der Aussicht auf eine pädagogische Vorbereitung und Leitung Woldemars sind alle praktischen Erwartungen der Stechline erschöpft, man möchte fast sagen verkümmert; an die Stelle der Praxis tritt die Voraussetzung für eine ‚richtige' Praxis: die individuelle Gesinnung. Hier richtet sich die Intention des Autors auf ein exemplarisch Wiederholbares, dort auf ein visionär Verlängerbares. Der Prozeß der

110 Brief an Friedrich Paulsen vom 13. Juli 1898; AB II, 444.
111 Brief an James Morris vom 6. Januar 1898; AB II, 431.
112 Brief an James Morris vom 26. Oktober 1897; AB II, 430.
113 Brief an James Morris vom 6. 1. 1898; AB II, 432.
114 Brief an Emilie vom 5. Juni 1878; AB I, 451 f; weiterhin: AB II, 395 f., PB II, 242 und PB III, 133. Die Behauptung Wolfgang Posers, dem späten Fontane läge revolutionäres Denken fern, entbehrt jeglicher Grundlage; Poser, Gesellschaftskritik im Briefwechsel Fontanes. Diss. Frankfurt 1958, S. 162. Entschieden genauer stellte Richard Samuel schon früher (1954) fest: „Fontane's artistic work was of a revolutionary character, artistically." Samuel, „Theodor Fontane" in: Selected Writings. Melbourne 1965, S. 121.

Likedeeler ist als Einheit in sich abgeschlossen, der der Stechline bleibt offen.

Ein historischer Roman, der einerseits eine konkrete Gesellschafts-utopie entwirft, andererseits auf eng umrissenem Raum ein Geschichts-modell entwickelt, ist im ausgehenden 19. Jahrhundert ungewöhnlich. Fontane war sich auch durchaus bewußt, daß er mit seinem neuen Plan „von allem Dagewesenen abweicht".(115) Trotzdem rechnete er damit, daß mancher Leser „Die Likedeeler" in eine Reihe mit Scheffels „Ekkehard" oder Freytags „Ahnen" stellen würde. „Er weicht aber doch ganz davon ab", vermerkte er(116); der Unterschied liege in seiner neuen Stiltendenz; diese finde er allenfalls in Alexis' „Die Hosen des Herrn von Bredow" vorgebildet, nur mit dem einen Unterschied, daß Alexis' Roman humoristisch gehalten sei, während er das eigene Werk als eine Tragödie bezeichnet. Thematisch jedoch zeigen die beiden Romane keine Verwandtschaft. Fünfzehn Jahre später versucht Thomas Mann eine neue literaturgeschichtliche Einordnung des Fontaneschen Fragments. Obwohl er dem gesamten Plan kritisch gegenübersteht, würdigt er dessen Bedeutung, indem er „Die Likedeeler" in einen weltliterarischen Zusammenhang stellt: „Wären die ‚Likedeeler' ge-schrieben worden, so besäßen wir heute den historischen Roman von höchstem poetischen Rang, den Frankreich in ‚Salambô', Belgien im ‚Ulenspiegel' besitzt."(117) Thomas Manns wertender Vergleich bezieht sich abermals auf die Stilintention Fontanes, wie dieser sie in dem Brief an Hans Hertz beschrieben hat: Gerade die Mischung von Romantik und Realismus findet Thomas Mann sowohl bei Flaubert als bei de Coster(118); doch auch hier bestehen thematisch keine Berührungs-punkte.

Querverbindungen, denen zufolge das Fragment Fontanes in einen umfassenden literarhistorischen Zusammenhang rücken könnte, lassen sich allenfalls zu dem Romanverständnis der Jungdeutschen zie-

---

115 Brief an H. Hertz vom 16. 3. 1895; HzBr, 357.
116 Ebd.
117 Th. Mann, S. 49.
118 Vgl. Georg Lukács, Der historische Roman. Berlin 1955, S. 203; Lukács spricht im Zusammenhang mit Flauberts „Salambo" von „einer Mischung von äußerer Exotik und innerer Modernität". Ähnliches gilt nach Lukács auch für den „Till Ulenspiegel", S. 229—236.

hen.(119) Infolge ihrer kritischen Einstellung gegenüber Scott und insbesondere gegenüber dessen Nachfolgern entwickelten sie im Ansatz eine neue Form des historischen Romans. Geschichtliche Ereignisse, Themen und Probleme dürften nur dann Eingang in die Dichtung finden, wenn sie in einem geheimen oder offenen Bezug zur aktuellen Gegenwart stünden und somit einen literarischen Beitrag zur tagespolitischen Diskussion leisteten. Bei dieser Konzeption verzichtete man bewußt auf die von Scott so sorgfältig und geradezu ‚antiquarisch‘ gepflegte Objektivität und forderte ausdrücklich die Parteilichkeit des Autors, dem das Geschichtsstudium nur zur Bestätigung der eigenen Position, der ‚Tendenz‘ dienen dürfe. Theodor Mundt z. B. hatte versucht, mit einem Roman über Thomas Müntzer einen solchen zweckgebundenen Typ des Geschichtsromans zu verwirklichen.

Was sich jedoch bei den Jungdeutschen nur sporadisch zeigte, gewinnt im 20. Jahrhundert neue, auf breiter Ebene sich auswirkende Bedeutung. Es scheint, als ob die Verschärfung der politischen Zustände die Entfaltung des ‚tendenziösen‘ historischen Romans begünstigte. In der literarischen Auseinandersetzung mit dem Nationalsozialismus verwenden Schriftsteller unterschiedlicher weltanschaulicher Positionen in ähnlicher Weise diesen Romantyp, um die politischen Vorgänge zu erklären und Wege zu ihrer Regulierung bzw. Überwindung zu weisen. Jochen Klepper entwirft das Modell des ‚Vaters‘, Stefan Zweig exemplifiziert die Misere der Gegenwart an der fehlgeschlagenen Begegnung zwischen Erasmus und Luther, Bert Brecht definiert an dem Bericht über die ‚Geschäfte des Herrn Julius Cäsar‘ beispielhaft das Wesen politischer und menschlicher Größe, und Heinrich Mann modelliert den Widerstand gegen das Dritte Reich am Kampf des ‚guten Königs‘ gegen Spanien, die Liga und die „fée mauvaise" (Moralité zu ‚Der Louvre‘). Wer in dieser Zeit einen historischen Roman schreibt, sieht in ihm eine Waffe gegen die Gewaltherrschaft und zugleich eine Quelle der Hoffnung, die durch den historischen Tatbestand verbürgt ist. Heinrich Mann schreibt in diesem Sinne:

119 Die folgenden Ausführungen über das Verständnis des historischen Romans und seine Umwandlung im Jungen Deutschland gründen auf der noch nicht veröffentlichten Habilitationsschrift von Hartmut Steinecke über die Entwicklung des Romanverständnisses in Deutschland von der Scott-Rezeption bis zum programmatischen Realismus.

„Wir werden eine historische Gestalt immer auch auf unser Zeitalter beziehen. Sonst wäre sie allenfalls ein schönes Bildnis, das uns fesseln kann, aber fremd bleibt. Nein, die historische Gestalt wird, unter unseren Händen, ob wir es wollen oder nicht, zum angewandten Beispiel unserer Erlebnisse werden, sie wird nicht nur bedeuten, sondern sein, was die weilende Epoche hervorbringt oder leider versäumt. Wir werden sie den Mitlebenden schmerzlich vorhalten: seht dies Beispiel. Da aber das Beispiel einst gegeben worden ist, die historische Gestalt leben und handeln konnte, sind wir berechtigt, Mut zu fassen und ihn anderen mitzuteilen." (120)

Daß der Leser angesichts des historischen Modells Mut fassen solle, ist auch — so will es scheinen — das Ziel Fontanes, das er mit seinem Likedeeler-Roman anstrebte.

120 Heinrich Mann, „Gestaltung und Lehre" in: H. Mann, Verteidigung der Kultur. Antifaschistische Streitschriften und Essays. Berlin 1971, S. 481. Vgl. auch Lukács, Der historische Roman, S. 370: „Die heute vorherrschende direkte und ideenhafte Beziehung zur Gegenwart weist dagegen immanent die Tendenz auf, die Darstellung der Vergangenheit in ein *Gleichnis der Gegenwart* zu verwandeln, der Geschichte unmittelbar ein ‚Fabula docet' abzuringen, was dem Wesen der historischen Konkretheit des Inhalts und der wirklichen, nicht formellen Abgeschlossenheit der Gestaltung widerstreitet." Siehe dazu die kritische Antwort von Ernst Hinrichs, „Die Legende als Gleichnis. Zu Heinrich Manns Henri-Quatre-Romanen" in: Heinrich Mann. Hrsg. von Heinz Ludwig Arnold, Stuttgart und München 1971, S. 101; Hinrichs spricht weiterhin von Heinrich Manns „Drang zur beispielhaften Nutzanwendung von Geschichte, *zur sozialen und politischen Utopie*", S. 113.

DER STECHLIN

„Im Jahre 1878 erschien Fontanes erster Roman: ‚Vor dem Sturm‘,
zwanzig Jahre später, nach seinem Tode, sein letzter, ‚Der Stechlin‘.
Beider Schauplatz ist die Mark, in jenem der Barnim-, in diesem der
‚Ruppiner Winkel‘, die Heimath des Dichters. Der erstere spielt in
Preußens trübster Zeit (1806–13), der andere in der heutigen mit dem
Hintergrunde der ruhmvollen Vergangenheit, aber auch mit dem
Vorblick auf eine nicht sturmfreie, soziale Zukunft. In beiden Romanen
tritt uns derselbe herzenswarme Freund seiner märkischen Heimath
entgegen. Fontane, als Kenner von Land und Stadt, von Adel und
Bauer, von Geschichte und Sitte der Mark ist etwas Selbstverständli-
ches. Aber seit W. Alexis haben wir keinen Schriftsteller gehabt, der
diese Mark auch so geliebt hätte, wie Fontane. Und diese seine Liebe
hat so gar nichts ‚Modernes‘ an sich, sie ist so gar nicht gekünstelt, aber
noch viel weniger ‚naturalistisch‘“. (1)

Mit diesen Worten leitet die Kreuz-Zeitung ihre Besprechung des
„Stechlin“ ein. Fontane hatte mit seinen Berliner Gesellschaftsromanen
bei der konservativen Kritik Befremden, zuweilen auch Entrüstung
hervorgerufen (2); dennoch wandte man den Blick nicht endgültig von
ihm ab. Jene Kritik, die von jedem Kunstwerk ‚Idealität‘ forderte und
darunter nicht nur eine ästhetische, sondern ebenso eine moralische und
nationalpolitische Norm verstand, begegnete auch Fontane mit Interesse, sobald dieser nur geringfügig von seiner ‚naturalistischen‘ Richtung
abwich. Das Natürliche seiner Figurenzeichnung wird dann gelobt, der
„zart[e] Schimmer des Idealismus“, der ein erfreulicher Gegensatz sei
zu den Figurenphotographien des Naturalismus.

---

1 Neue Preußische Zeitung vom 13. November 1898.
2 Man denke nur an den durch Wandrey, S. 213, überlieferten Satz eines
entrüsteten Lesers von „Irrungen, Wirrungen“: „Wird denn die gräßliche Hurenge-
schichte nicht bald aufhören?“

„Uns hat es immer leid gethan, zu beobachten, daß Fontanes e r s t e r
Roman ‚Vor dem Sturme' nicht die Beachtung mehr fand, die er vor
manchen seiner späteren Romane, wie z. B. l'Adultera, Graf Petöfy,
Cécile, Stine, Frau Jenny Treibel, unserer Ansicht nach wohl verdient.
Möge dem letzten seiner Werke nicht ein ähnliches Schicksal zu Theil
werden, mögen ihm vor allem unsere Märker, vornehm wie gering, die
Theilnahme entgegenbringen, deren er im hohen Grade werth ist. Uns,
die wir freilich etwas sehr märkisch und sehr altmodisch fühlen, hat er
beim Lesen das Herz warm und froh und dankbar gemacht."

Man hat bereits darauf hingewiesen, wie sehr die Rezeption des
„Stechlin" durch den Tod seines Autors beeinflußt wurde (3); die
Persönlichkeit Fontanes stellte den Angelpunkt sämtlicher interpretatorischen Ansätze dar. So schrieb Paul Mahn: „Das Buch ist in mehr als
dem äußerlichen Sinne ein letztes Werk." (4) Fontane habe hier
ausgedrückt, was er „noch auf der Seele hatte", und also fielen hier wie
auch in anderen Rezensionen Begriffe wie Vermächtnis, Testament
(auch politisches Testament), Schlußwort, Schlußakkord, Summe und
Brevier. Man rühmte die Weisheit und Humanität des Dichters,
würdigte seinen Roman als ein „Erzeugnis schönster Geistes-
reife und Geistesfreiheit" (5); hier läge ein „Werk des Alters" vor, in dem
der Dichter ein letztes Mal sich anschicke, „über die Dinge dieser Welt
ein paar allgemeine monumentale Sätze zu sagen." (6) Paul Mahn sieht
den weltanschaulichen Standort Fontanes folgendermaßen:

„Und zum Eigenthümlichsten in allen persönlichen Aueßerungen
Fontanes gehören hier wie sonst der fröhliche Glaube, die heitere
Zuversicht, die sich verkünden. Er ist wesentlich Optimist. Sein
Zweifeln, sein Autoritätenstürzen ist nur der Ausfluß eines unbändigen
Gerechtigkeitsdranges.[. . .] Er stand im einzelnen Falle jenseits von Gut

3 Charlotte Jolles, Theodor Fontane. Stuttgart 1972, S. 86.
86 Paul Mahn, „Theodor Fontanes letzter Roman" in: Vossische Zeitung vom
21. Oktober 1898, 1. Beilage.
5 Richard Friedrich, „Neue Romane" in: Blätter für litterarische Unterhaltung,
1898, S. 828.
6 Hans Landsberg, „Fontanes ‚Stechlin'" in: Das Magazin für Litteratur, 68
(1899), Spalte 327.

und Böse, um doch im Ganzen gleichsam instinktiv im Geiste einer eingeborenen Fortentwicklung zu leben.

Das giebt all seinem Schaffen das Milde und Versöhnte, das Ausgeglichene und Stärkende. Er kannte die Zwieträchtigkeit, das Zwiespältige des Lebens und wußte doch nichts von der Zerrissenheit, der Wehmuth der Modernen, die nicht gleich ihm einen Fond im Leben gefunden hatten."

In der Alt-Neu-Thematik und in der Gestaltung des Sees erkannte man die politische Dimension des Romans; doch während Landsberg glaubte, Fontane auf seiten des Alten zu finden (7), war Heilborn eher geneigt, ihn auf der Seite des Neuen zu suchen.(8) Dagegen vertrat die Kreuz-Zeitung eine vielleicht etwas überraschend anmutende Auffassung:

„Dazu kommt, daß es Fontane in diesem Roman offenbar darauf ankam, nicht sowohl, wie man wohl behauptet hat, seine e i g e n e Lebensanschauung darzulegen, als vielmehr zu zeigen, wie die religiösen, politischen, sozialen Fragezeichen der Gegenwart in den Charakterfiguren des märkischen Lebens ihre Antwort finden."

Dem Gehalt des Romans, seinem Persönlichen und seinem Fontaneschen zuliebe hat man es vielerorts in Kauf genommen, daß der Roman „eigentlich gar kein Roman" sei (9), daß man ihn zwar einen „Plauderroman" oder eine „Romanplauderei" nennen könne, nicht aber ein „Romankunstwerk".(10) Allein für Arthur Eloesser scheint sich auch in der Romanform des „Stechlin" etwas Bemerkenswertes auszudrücken:

„Dieser Roman ist nichts, will nichts sein als Plauderei, oder wenn das besser klingt, Causerie, und diese Form möchte heute als die einzig

---

7 Landsberg, Spalte 325.
8 Ernst Heilborn, „Der Stechlin" in: Das litterarische Echo, 1 (1898/99), Spalte 58.
9 Heilborn, Spalte 59.
10 A. B. in: Literarisches Centralblatt für Deutschland, 1898, Spalte 1799.

passende für einen ernsthaften Menschen erscheinen, der sich überhaupt noch entschließen mag, einen Roman zu lesen. (11)

Hier deutet sich bereits jene Wertschätzung der Form an, die später Thomas Mann zeigen wird, wenn es gilt, die artistischen Vorzüge des Romans gegenüber der Kritik eines ‚jungen Gelehrten' in Schutz zu nehmen. (12)

Die Kunde davon, daß der alte Baron von Stechlin erkrankt sei und daß es mit ihm wohl zu Ende gehe, verbreitet sich rasch am Stechliner See. Pflegte sonst Dubslav über die Einsamkeit in seinem Ruppiner Winkel zu klagen, so häufen sich nun die Besuche; jeder will sich nach dem Befinden des alten Junkers erkundigen. Das könnte auf einen

11 Arthur Eloesser, „Neue Bücher", in: Neue deutsche Rundschau, 10 (1899), S. 486. Fritz Mauthner beschrieb folgendermaßen seinen Leseeindruck: „Wir genießen den ‚Stechlin' langsamer, weniger ergriffen, mitunter kopfschüttelnd über das allzu behagliche Geplauder, wir legen das Buch ab und zu bei Seite, weil auch wir Anfangs nicht recht ‚gespannt' sind auf die Fortsetzung, – bis wir plötzlich gefaßt werden von einer Rührung, gegen die die gewöhnliche Poesiewirkung gar nicht aufkommen kann, bis wir uns erschüttert sagen: das ist ja trotz alledem und alledem ein Fontane ersten Ranges, das ist nicht mehr und nicht weniger als das Testament Theodor Fontanes." Mauthner, „Fontanes letzter Roman", in: Berliner Tageblatt vom 18. November 1898. Sigmund Schott bekannte sich ebenfalls zu Fontanes letztem Werk: „Als der Unterzeichnete vor ein paar Jahren ‚Die Poggenpuhls' an dieser Stelle besprach und seiner Freude über dieses liebenswürdige Büchlein Ausdruck gab, da wurde ihm von hochverehrter und – wie kaum eine zweite – berufener Seite vorgehalten, daß in dieser Kritik nicht im Namen einer höheren Kunst gegen das Uebergewicht des Milieus, die bloße Stimmung, den Mangel einer in sich geschlossenen Komposition und folgerichtigen Entwicklung Protest erhoben wurde. Alles das läßt sich gegen das neue Buch auch einwenden, und es wird viele Leser geben, die im Namen der Gesetze der Kunst diesen Mangel nachdrücklich betonen zu müssen glauben, die an den vielen Mosaikbildchen, wie schön, ja entzückend sie auch sein mögen, doch auszustellen haben, daß es eben Mosaiken sind. Und dennoch ist es ein Buch, das man liebgewinnen und liebbehalten wird. Darf ‚Frau Jenny Treibel' als das künstlerisch abgerundetste Werk Fontane's bezeichnet werden, ist Effi Briest dasjenige seiner Bücher, in dem er das Menschliche mit der siegreichen Kraft der Liebe und Barmherzigkeit behandelt und in dessen Heldin er eine der interessantesten Figuren der neueren erzählenden Dichtung, eine Persönlichkeit voll tiefsten Reizes geschaffen hat, so ist ‚Der Stechlin' sein allerpersönlichstes Buch, in dem der Verfasser selbst am direktesten und deutlichsten zu uns spricht." Schott, „Theodor Fontane's letzter Roman", in: Allgemeine (Augsburger) Zeitung, Beilage, vom 11. November 1898, S. 4 f.

12 Thomas Mann, „Anzeige eines Fontane-Buches" in: Schriften und Reden, Bd. 1, S. 109 f.

schönen Zug der Stechlin-Gemeinschaft hinweisen, auf ein gut nachbarliches Verhältnis, bei dem die Sorge um den anderen noch ein persönliches Anliegen des einzelnen darstellt. Aber das Gegenteil ist hier der Fall. Dubslavs Krankenstätte zieht nicht *Menschen* an, sondern *Vertreter* unterschiedlicher Ideologien und Interessen, die nur das eine gemeinsam haben, daß sie den Moment vor dem Tod für besonders geeignet halten, um ihren missionarischen oder geschäftlichen Eifer zu beweisen. Dubslavs Krankenlager wird zum Prüfstein für jene Ideologien und Haltungen, die das ausgehende 19. Jahrhundert für den Menschen in Not bereithält. Wie der Mensch ‚eigentlich' ist, wie er ‚eigentlich' zu den anderen steht, wird hier transparent.

Als erster ‚Besorgter' tritt Baruch Hirschfeld auf. Der kapitalkräftige Jude hatte sich im Laufe der Zeit als ein wahrer Freund des Stechliner Schloßherrn erwiesen; aus dessen kleinen und großen Verlegenheiten half er stets bereitwillig mit Darlehen und Hypotheken; denn er hatte Sympathie für den Schloßherrn: „Ich bin fürs Alte und für den guten alten Herrn von Stechlin. Is doch der Vater von seinem Großvater gefallen in der großen Schlacht bei Prag und hat gezahlt mit seinem Leben." (13) Daß bei dieser Sympathie das Geschäftliche nicht zu kurz kommt, zeigt folgende Erwägung im Anschluß an das Sympathiebekenntnis: „Und wenn er kippt, nu, da haben wir das Objekt: Mittelboden und Wald und Jagd und viel Fischfang. Ich seh' es immer so ganz klein in der Perspektiv', und ich seh' auch schon den Kirchturm." (14) Dieser Baruch Hirschfeld also fährt in seinem Einspänner als erster an der Stechliner Rampe vor und entsteigt seinem „etwas sonderbare[n] Gefährt" „langsam und vorsichtig". (15) Allein die Bewegungsart läßt darauf schließen, daß hier mehr als nur ein üblicher Krankenbesuch abgestattet werden soll. „[. . .] da wollt' ich mir doch die Freiheit genommen haben, mal nach der Gesundheit zu fragen. Habe gehört, der Herr Major seien nicht ganz gut bei Wege." So leitet der Freund des Kranken seine wohlgesetzte Rede ein, gedenkt alsdann des bisherigen glatten Auskommens, um schließlich mit vorsichtiger Großzügigkeit ein neues Kapital „zu dreiundeinhalb" anzubieten; der „Kirchturm" sollte wohl etwas größer in die „Perspek-

13 HI/V, 12.
14 HI/V, 13.
15 HI/V, 315.

tiv'" rücken. Dubslav ist augenblicklich in der glücklichen Situation, ablehnen zu können. Er hatte wohl nie angenommen, daß sein Freund ihm aus lauter Güte stets hilfreich zur Seite stand; aber dieser letzte Besuch erst öffnet ihm die Augen: „Es war ihm zu Sinn, als hätt' er seinen alten Granseer Geld- und Geschäftsfreund (trotzdem er dessen letzte Pläne nicht einmal ahnte) zum erstenmal auf etwas Heimlichem und Verstecktem ertappt" (16), und das verstimmt ihn ernsthaft. Die menschenfreundlich anmutende Verbindung von „Herz für die Menschheit" und „Dividende", wie sie Baruch noch bei seinem Krankenbesuch überzeugend herstellt, täuscht über das eigentliche Interesse nicht hinweg; sie zeigt vielmehr, zum ersten Mal auch für den Baron deutlich, den darin verborgenen „Pferdefuß". (17) Dubslav findet eine alte Erfahrung neu bestätigt:

„Wenn sich die Menschen erst nach Krankheit erkundigen, dann ist es immer schlimm. Eigentlich is es jedem gleich, wie's einem geht. Und ich habe sogar welche gekannt, die sahen sich, wenn sie so fragten, immer schon die Möbel und Bilder an und dachten an nichts wie Auktion." (18)

Baruch muß sich vom Schloßherrn „wenig befriedigt" (19) verabschieden, hatte er sich doch anderes erhofft: „Die geträumten Schloß Stechlin-Tage schienen mit einem Male für immer vorüber." Und so wird man ab nun in der Stechliner Gegend des öfteren vernehmen, daß sich der alte Stechlin „einigermaßen verändert" (20) habe. Die folgenden Besuche werden zu dieser Veränderung das Ihre beitragen.

Die Stechliner Umgebung weist zwei Persönlichkeiten auf, die durch Geburt bzw. durch bereits bewiesene Fähigkeiten zu weit Höherem berufen sind, als ihre gegenwärtige Situation es anzeigt. Frau Oberförsterin Ermyntrud Katzler ist eine geborene Prinzessin von Ippe-Büchsenstein, die sich aus „reiner Liebe" (21) für eine bürgerliche Ehe mit Katzler entschieden hatte. Seit ihrem Verzicht auf den fürstlichen Lebenskreis, auf den Vorrang des Prinzessinnentitels, unterwirft sie sich vorbehaltlos den Anforderungen eines bürgerlich-preußischen Familien-

16 HI/V, 316.
17 HI/V, 317.
18 HI/V, 317.

19 HI/V, 316.
20 HI/V, 321.
21 HI/V, 75.

lebens und betrachtet deren getreue Erfüllung als eine ethische Notwendigkeit. „Was uns obliegt, ist nicht die Lust des Lebens, auch nicht einmal die Liebe, die wirkliche, sondern lediglich die Pflicht..." (22) Die Zurückhaltung, die Fontane überall dort zeigte, wo der Anspruch einer sogenannten reinen Liebe absolut auftrat, findet hier in der Gestalt der Ermyntrud Katzler eine tiefere Begründung: Das unbedingte Glück, das dem Erlebnis einer reinen Liebe entsprang, verwandelt sich in die Strenge eines Verzichts- und Pflichtethos, das den ursprünglichen Wert der Lebensfreude herb verneint. – Verzichten muß auch der Superintendent Koseleger. Er, der mit siebenundzwanzig Jahren in Gesellschaft einer Großfürstin die vornehme große Welt kennengelernt hatte, war von dem Ehrgeiz durchdrungen, etwas Großes für die Menschheit zu leisten, mithin nicht von einem „kindischen", sondern von einem „echten" Ehrgeiz, „der höher hinauf will, weil man da wirken und schaffen kann" (23); doch wartete ihm das Leben mit einer ungerechten Enttäuschung auf und führte ihn nur in das Dorf Quaden-Hennersdorf, wo er sich selbstverständlich „deplaciert" (24) vorkommt. – Beide, die Prinzessin und der Superintendent, finden denn auch bald in ihrem wesensverwandten Streben zueinander. In gemeinsamem Verantwortungsbewußtsein für die lokale kirchliche Situation und aus entsprechendem initiativefreudigen Unternehmungsgeist kommt man überein, „einen energischen Vorstoß gegen den Unglauben und die in der Grafschaft überhandnehmende Laxheit" (25) zu machen. Seinen Anfang soll dies Vorhaben beim alten Schloßherrn von Stechlin nehmen, dem „nächste[n] Objekt" (26) und wohl auch in zweierlei Hinsicht am meisten geeigneten Objekt; ist doch zu erwarten, daß der Kranke durch asthmatische Beschwerden willfähriger sei; und zudem darf eine Missionierung in diesem Fall auch als besonders ratsam angesehen werden, da „sein [Dubslavs] Prinzip, das nichts Höheres kennt als ‚leben und leben lassen', [...] in unsrer Gegend alle möglichen Irrtümer und Sonderbarkeiten ins Kraut" habe schießen lassen.

Und so spricht bei Dubslav als zweiter Krankenbesucher der Superintendent vor. Der Diener Engelke meldet ihn seinem Herrn mit der Bemerkung an, er, der Superintendent, sähe „sehr wohl aus, und ganz

22 HI/V, 178.
23 HI/V, 174 f.   25 HI/V, 322.
24 HI/V, 182.   26 HI/V, 322.

blank." (27) Seinem äußeren Erscheinungsbild entsprechend beginnt der „Weltmann" (28) Koseleger sein kirchliches Reinigungswerk nicht unmittelbar an Dubslav, sondern wählt dazu geschickt einen Umweg über Krippenstapel, einen sehr sonderbaren Dorfschullehrer, der sich der besonderen Gunst des Schloßherrn erfreut. Vorsichtig lenkt der Superintendent das Gespräch auf Signaturen der modernen Zeit, die sich selbst in der ländlichen Grafschaft anzeigten; er befürchtet „Unbotmäßigkeit, Überschätzung und infolge davon ein eigentümliches Bestreben, sich von den Heilsgütern loszulösen, und die Befriedigung des inneren Menschen in einer falschen Wissenschaftlichkeit zu suchen." (29) Zur Stützung seiner Zeitdiagnose erwähnt er „Klagen kirchlich gerichteter Eltern", die gerade in der Lehrmethode des besagten Krippenstapel den „Ernst des Glaubens arg vernachlässigt" sähen. Vor solchen Verdächtigungen nimmt Dubslav seinen schrulligen Freund eindeutig in Schutz, und Koseleger, das Aussichtslose weiterer Bemühungen überschauend, lenkt rasch ein; mit einem allgemeinen Ausdruck des Bedauerns, das die imperialistische Außenpolitik der Zivilisations- und Kulturländer soviel Grausamkeiten mit sich brächte, weiß er sich einen „guten Abgang" (30) zu verschaffen. Dubslav spürt, daß der Besucher sein eigentliches Ziel nicht erreicht hat, und kann sich deshalb des ungewissen Eindrucks nicht erwehren, als ob noch ein weiterer, nicht minder bedeutender Besuch ausstünde. (31) Doch gibt ihm schon Koseleger genug zu denken. Er vergleicht den würdigen und welterfahrenen Kirchenmann mit dem minder bedeutenden Pastor Lorenzen, dem Freunde, der so wenig an einen „richtige[n] Pastor" (32) erinnert, und kommt zu dem „Schlußresultat, daß ihm Lorenzen ‚mit all seinem neuen Unsinn' doch am Ende lieber sei als

27 HI/V, 323.
28 HI/V, 325.
29 HI/V, 324.
30 HI/V, 325. — Wenn Reuter, S. 818, Fontanes „Abscheu gegen den Imperialismus" belegen will — das ist im Falle Fontanes durchaus berechtigt —, so sollte er jedoch nicht eben Koselegers Kritik an den Grausamkeiten des deutschen Kolonialismus als Zeugnis anführen. Koseleger wie Dr. Moscheles (vgl. Anm. 95 dieses Kapitels) sind ein Beispiel dafür, wie sehr die Integrität der Person über die Qualität des Urteils und der Sicht entscheidet.
31 HI/V, 326.
32 HI/V, 365.

Koseleger mit seinen Heilsgütern". (33) Zwar räumt er den sogenannten Heilsgütern, all diesen durch die Kirche getragenen Einrichtungen, sich des persönlichen Anteils am kommenden Reiche Gottes zu vergewissern, ihre Berechtigung ein; aber er sieht in einer möglichen Loslösung von ihnen nicht jene große Gefahr, die der Superintendent befürchtet: „Eigentlich kommt's doch immer bloß darauf an, daß einer sagt, ‚dafür sterb' ich'. Und es dann aber auch tut. Für was, ist beinah gleich." Als „sittlich" gilt dem Schloßherrn nicht das Bekenntnis zu den offiziellen Glaubenssätzen, sondern die persönliche Einsatzwilligkeit, das „Für-was-sterben-Können und -Wollen" (34); ein Inneres, die Willensrichtung, die Gesinnung, enscheidet. „Daß man überhaupt so was kann, wie sich opfern, das ist das Große." (35) Es ist bezeichnend, daß in jenen Zusammenhängen, wo die eigene Position formuliert wird, keineswegs auf pathoshaltige Begriffe wie „das Große" verzichtet wird.

Den Höhepunkt der denkwürdigen Besuchsreihe bildet zweifelsohne die Visite der „Frau Katzler, Durchlaucht". (36) Ihr theatralischer Auftritt stellt alles Vorhergegangene in den Schatten. Dubslav ist fasziniert von dem „halb Nonnen-, halb Heiligenbildartigen ihrer Erscheinung". (37) Er, der die Prinzessinnenschaft der Frau Oberförsterin nicht vergessen kann, fühlt sich trotz Krankheit ganz als „Ritter seiner Dame". Doch soll sich das bald ändern. Nach flüchtig hingeworfenen Bemerkungen zur ärztlichen Fürsorge lenkt die Prinzessin alsbald auf die Bedeutung des geistlichen Zuspruchs über, der das „eigentlich Heilsame" für jeden schwer Erkrankten darstelle, und sie formuliert ihr Programm, „alle wahre Hilfe fließt aus dem Wort. Aber freilich, das richtige Wort wird nicht überall gesprochen." Dubslav erkennt, daß das Ziel des Besuchs darin liegt, „seine Seele zu retten"; und um über die tieferen Motive etwas zu erfahren, holt er selbst zu einer längeren „Bekenntnisrede" (38) aus, in der er provozierend seine eigene Haltung darlegt: Die beste Hilfe, für Leib wie für Seele, sei nicht jene Hilfe, die den medizinisch-wissenschaftlichen bzw. kirchlichen Richtlinien entspräche, sondern die, die dem jeweiligen Individuum wohltue. „Alle Worte, die von Herzen

33 HI/V, 326.
34 HI/V, 327.
35 HI/V, 326.

36 HI/V, 327.
37 HI/V, 328.
38 HI/V, 329.

kommen, sind gute Worte, und wenn sie mir helfen [. . .], so frag' ich nicht viel danach, ob es sogenannte ‚richtige' Worte sind oder nicht." Während Dubslavs Rede verliert die Prinzessin immer mehr ihr verbindlich freundliches Wesen, und ihre grundsätzlich ablehnende Haltung gegenüber dem Gesagten wird immer offener. Eindringlich rät sie ihm, den geistlichen Beistand des Superintendenten zu suchen, und wie um ihren Worten eine tiefere Wirkung zu verleihen, küßt sie den Kranken „halb wie segnend" (39) auf die Stirn, während ihr Elfenbeinkreuz einige Augenblicke auf dessen Brust ruht. „Denke dir, Engelke, sie wollen mich bekehren!" (40) Er sieht sich angegriffen und behauptet die eigene Position:

„Der Alte auf Sanssouci, mit seinem ‚nach der eignen Façon selig werden', hat's auch darin getroffen. Gewiß. Aber wenn ich euch eure Façon lasse, so laßt mir auch die meine. Wollt nicht alles besser wissen, kommt mir nicht mit Anzettelungen, erst gegen meinen guten Krippenstapel, den kein Wässerchen trübt, und nun gar gegen meinen klugen Lorenzen, der euch alle in die Tasche steckt." (41)

Man sagt vom Stechliner Schloßherrn, er sei „Fortiter in re, suaviter in modo". (42) Die gegenwärtige Situation zeigt, daß er zu gegebener Zeit selbst die Milde in der Urteilsform nicht bewahren will. Der Ton dieser Szene erinnert in seiner Schärfe an den der Fontaneschen Alterskorrespondenz, an den „fast phänomenalen Altersradikalismus", wie Thomas Mann es anläßlich des Erscheinens der Friedlaender-Briefe sagte. (43) Nur selten finden sich ähnliche leidenschaftliche Ausbrüche im Werk selbst; man denkt an die Ausnahme in „Effi Briest", wo Effi nach der Begegnung mit der ihr völlig entfremdeten Tochter genauso heftig und betroffen reagiert wie der alte Stechlin. (44) Der letzte Besuch hat Dubslav gezeigt, wo er mit seiner Haltung unversöhnlich auf Gegner-

39 HI/V, 330.
40 HI/V, 331.
41 HI/V, 330 f.
42 HI/V, 175.
43 Th. Mann, „Noch einmal der alte Fontane" in: Schriften und Reden, Bd. 3, S. 275.
44 HI/IV, 274 f.

schaft stoßen muß, und so ist er denn von sich aus nicht mehr gewillt, alles nur hinzunehmen. (45) Er beginnt, in eigenem Interesse und nach eigenem Gutdünken zu handeln.

Das erste, was Dubslav in diesem Sinne tut, ist, daß er dem neuen Arzt den Zutritt in sein Haus nicht mehr gestattet. Der alte Arzt, Dr. Sponholz, dessen Erfolge zu gleichem Maße auf seine medizinischen Maßnahmen wie seine persönliche Fürsorge zurückzuführen waren, geht in Urlaub und hat deshalb einen Stellvertreter berufen, von dessen ärztlicher Tüchtigkeit er sich faszinieren ließ. (46) Dieser Stellvertreter, Dr. Moscheles, gehört zu den „Allerneuesten" (47) und das nicht nur auf medizinischem, sondern vor allem auch auf politischem Gebiet. Eifrig verficht er die Ideen und Ziele der Sozialdemokratischen Partei und geht in seiner Sympathie so weit, selbst in der Farbenwahl für seine Krawatte − „rot" − seinen Standort kundzutun; allerdings vergißt er dabei doch nicht das gebotene Maß an Vorsicht und mildert − wie Dubslav bemerkt − das Provozierende der roten Farbe durch ein schwarzes Käfermuster. Gerade am Mangel an Aufrichtigkeit, an der diplomatischen Glätte dieses Arztes, die eine offene Sprache nicht kennt, nimmt Dubslav Anstoß; der neue Arzt fasse seinen Stock so sonderbar an, äußert Dubslav wiederholt. (48) Freilich schadet sich der Kranke mit seiner Entscheidung, den Arzt nicht mehr vorzulassen, selber am meisten. Als es ihm wieder besonders schlecht geht, muß er auf einen ärztlichen Beistand verzichten.

In seiner Notsituation verfällt er auf den Gedanken, die alte Buschen kommen zu lassen. Sie, die in der Grafschaft als „Hexe" (49) gilt, hatte doch bekannterweise in einem ähnlichen Fall helfen können. Nachdem das Medizinisch-Wissenschaftliche nicht geholfen hat, will es Dubslav im Zwischenreich des Volksglaubens versuchen. Freilich fehlt der alten Buschen noch weit mehr die magische Aura als seinerzeit der Hoppenmarieken aus „Vor dem Sturm". Noch stärker als bei jener

---

45 Wenn Lorenzen in seiner Grabrede erklärt, Dubslav habe keine Feinde gehabt, da er gütig und weisheitsvoll tolerant gewesen sei (377), so ist das eine nachträgliche Verschönerung des tatsächlichen Verhältnisses; gerade Dubslavs Toleranz bringt ihm Feinde.
46 HI/V, 321.
47 HI/V, 332.
48 HI/V, 323 und 332.
49 HI/V, 333.

dringt bei dieser der Zug der Verschlagenheit (50) hervor. Aber ihre Heilkunst empfiehlt sich dadurch, daß sie für jedermann einleuchtend ist, daß sie sich auf ein überschaubares Minimum an Aufwand reduzieren läßt. „Dat möt allens rut" (51), heißt es, und die dazu gehörenden Mittel heißen „Bärlapp", „Katzenpoot" (52) und etwas Wasser; denn: „Dat Woater nimmt dat Woater weg." (53) Dubslav findet an dieser ‚natürlichen‘ Methode Gefallen:

„Nu ja, nu ja, das kann schon helfen. Dazwischen liegt eigentlich die ganze Weltgeschichte. Mit Bärlapp zum Einstreuen fängt die süße Gewohnheit des Daseins an und mit Katzenpfötchen hört es auf. So verläuft es. Katzenpfötchen. . . die gelben Blumen, draus sie die letzten Kränze machen. . . Na, wir wollen sehn." (54)

Die heilsame Wirkung tritt wider Erwarten ein. Das Vertrauen, das sich zu dem neuen Arzt nicht hat einstellen wollen, ergibt sich hier zu dem eindringlichen „Hexenspruch": „Dat Woater nimmt dat Woater weg". Die Möglichkeit, daß in einer durchweg zivilisierten Welt auch natürliche, elementare Vorgänge wirksam werden können, deutet Fontanes letzter Roman mehrfach an: Die Bewegungen des Stechlin-Sees verweisen auf elementare Geschehnisse und Bezüge im Verborgenen, und das Verhalten der Gräfin Melusine zeigt, daß es eine eigengesetzliche Wirklichkeit des elementaren Bereichs gibt. (55) Die Bedeutung dieser anderen Welt liegt nicht etwa in ihrem romantischen Gehalt, sondern in ihrer Funktion, in ihrer Zuordnung zu einer Zivilisations- und Kulturwelt, in deren Nüchternheit und Künstlichkeit das Elementare provozierend und korrigierend wirkt. (56) Auf den Werten des Elementaren, Ursprünglichen und Natürlichen läßt sich ein umfassendes Weltbild fundieren, und Dubslav wäre der letzte, der sich weigern würde, das

50 HI/V, 334.
51 HI/V, 335.
52 HI/V, 336.
53 HI/V, 335.
54 HI/V, 336.
55 Renate Schäfer, „Fontanes Melusine-Motiv" in: Euphorion, 56 (1962), S. 69—104.
56 Vgl. Werner Hollmann, „The Meaning of ‚Natürlichkeit‘ in the Novels of Fontane" in: Festschrift für Helen Adolf. New York 1968, S. 247.

Hilfreiche einer solchen Sicht anzuerkennen. Ob sich jedoch die Natürlichkeitsideologie auf die Dauer bewähren kann, wird erst der weitere Romanverlauf zeigen. Zunächst hat die Buschen auf ihre Art geholfen, und ihre erste Wohltat scheint zudem noch eine Reihe anderer Freuden für den Kranken nach sich zu ziehen. (57)

Der vertraute Freund, Pastor Lorenzen, kommt zu Besuch, und schon dessen Begrüßungsworte vermögen die beklemmende Atmosphäre zu vertreiben, die die missionarischen Eiferer zurückgelassen haben:

„Herr von Stechlin, Ihre Seele macht mir, trotz dieser meiner Vernachlässigung, keine Sorge, denn sie zählt zu denen, die jeder Spezialempfehlung entbehren können. Lassen Sie mich sehr menschlich, ja für einen Pfarrer beinah lästerlich sprechen. Aber ich muß es. Ich lebe nämlich der Überzeugung, der liebe Gott, wenn es mal soweit ist, freut sich, Sie wiederzusehen." (58)

Bekehrungsversuche hat der Schloßherr von dieser Seite nicht zu befürchten. Doch das Gespräch dreht sich auch hier um weltanschauliche Positionen. Es geht um die Bestimmung des Heldischen in Vergangenheit und Gegenwart. (59) Dubslav als „Friedricus Rex-Mann" knüpft seine Vorstellungen vom Heldischen an Namen wie Zieten, Blücher und Wrangel, mithin Männer, deren Leben im Zeichen des militärischen Dienstes stand und deren Ruf auf besonderen militärischen Leistungen beruht. Aber sein tieferes Interesse gilt nicht ausschließlich dem Soldaten auf dem Schlachtfeld, sondern auch dem ‚Menschen' vor und nach dem Kampf. Individuelles, Originelles und Privates verbinden sich in diesem Heroenbild eng mit Politisch-Militärischem. Der Ruf solcher hervorragenden menschlichen Soldaten, deren Leben gleichwertig in einen öffentlichen und privaten, bedeutenden und nebensächlichen Bereich aufgeteilt ist, wird am besten durch die Anekdote weitergegeben, denn sie ist die angemessene literarische Form für eine Biographie, die durch eine Polarisierung der Lebensbe-

57 HI/V, 338 f.
58 HI/V, 340.
59 Über das Heldische im „Stechlin" handelt — allerdings wenig ergiebig — ein Kapitel bei Guido Vincenz, Fontanes Welt. Eine Interpretation des „Stechlin". Zürich 1966, S. 80—85.

reiche gekennzeichnet ist. Der Heroenkultus, wie Dubslav ihn auffaßt, besteht im Sammeln von Anekdoten über bestimmte Persönlichkeiten des militärischen Lebens. Es wäre irrig anzunehmen, daß die anekdotische Hervorkehrung des ‚Menschlichen' das Kriegerische des Berufs relativiere oder es gar völlig ausschalte. (60) Das sogenannte Menschliche — z. B. wie dem General Zieten einmal das Essen nicht schmeckte und er deshalb am Tisch in Gegenwart Friedrichs des Großen einschlief (61) — erhält nur vor dem Hintergrund des kriegerischen Wesens die besondere Note. Es überrascht nicht, daß Dubslav als „der Typus eines Märkischen von Adel" (62) unter den Feldherrn seine Vorstellungen vom Heldischen verwirklicht sieht; selbstverständlich hat er gedient und sich den Rang des Majors erworben. Aber zu besonderen kriegerischen Leistungen hat er es nicht gebracht; denn seine Zeit bei den Kürassieren fiel wesentlich in die „Friedensjahre" (63); selbst während des 64er Krieges, an dem er in Schleswig teilnahm, kam er nicht „zur Aktion". Der ‚unkriegerische' Lebenslauf des Schloßherrn verhindert jedoch nicht die Sympathiebildung mit den Persönlichkeiten aus dem militärischen Bereich; gerade die eigene Bedeutungslosigkeit auf diesem Gebiet erklärt die Achtung vor der militärischen Elite. Vom Krankenbett aus begründet Dubslav den Sinn eines solchen Heroenkults: „Je schlechter es einem geht, je schöner kommt einem so was kavalleristisch Frisches und Übermütiges vor." (64) Was einem persönlich verwehrt bleibt, bewundert man am anderen um so mehr.

Lorenzens Heldenbegriff setzt sich davon deutlich ab; das Heldische „auf dem Schlachtfelde" gilt ihm nur als ein „Heldentum zweiter Güte". (65) Dem „Schädelspalten" (66) als Inbegriff heroischer Lei-

60 Betreffs der Fontaneschen Preußenlieder sagt Helmuth Nürnberger, Der frühe Fontane. Politik. Poesie. Geschichte. 1840 bis 1860. Hamburg 1967, S. 378, Anm. 64 des 2. Kapitels: „Der preußische Held, wie Fontane ihn feiert, ist zunächst Mann der *Tat*, und zwar [. . .] der sittlich guten Tat. Der entscheidende Akzent wird auf das Menschliche und Anekdotische gelegt, niemals sind die Preußenlieder eine Verherrlichung des Militärischen schlechthin."
61 HI/VI, 208 f.
62 HI/V, 9.
63 HI/V, 10.
64 HI/V, 340.
65 HI/V, 341.
66 HI/VI, 206: Der alte Derfflinger.

stung stellt er ein stummes, einsames und weltabgewandtes Heldenbild entgegen. (67) Doch überraschenderweise meint er damit nicht die karitative Tätigkeit einzelner unermüdlicher Seelen; weltabgewandt bedeutet, daß sich das Heldentum in den unerforschten Randzonen der Welt abspielt; einsam heißt, daß die Tat einem persönlichsten Entschluß entspringt, das sie im „Dienst einer Eigenidee, eines allereigensten Entschlusses" (68) steht; stumm bedeutet, daß deren Akteure selten das Wagnis überleben. Unter Heldentum versteht Lorenzen das Wagnis des Experiments, den Mut zur Pionierleistung:

„Da sind zunächst die fanatischen Erfinder, die nicht ablassen von ihrem Ziel, unbekümmert darum, ob ein Blitz sie niederschlägt oder eine Explosion sie in die Luft schleudert; da sind des weiteren die großen Kletterer und Steiger, sei's in die Höh', sei's in die Tiefe, da sind zum dritten die, die den Meeresgrund absuchen wie 'ne Wiese, und da sind endlich die Weltteildurchquerer und die Nordpolfahrer." (69)

Nicht selten bringt die Situation des Experiments, die radikale, neuartige und deshalb befremdende Aktionen erfordert, den Forscher in den Verdacht des Verbrechens. Während die Taten des Kriegers überall auf Anerkennung stoßen und seine Bravour als ‚schön' erkannt wird, droht dem Helden im Lorenzenschen Sinne eine gesellschaftliche und moralische Ächtung, da er sich durch seine Pioniertat von seiner Umwelt zu weit entfernt hat, als daß er von dieser noch angemessen beurteilt werden könnte. Den Prototyp eines solchen Helden, dessen Taten immer im Licht des Niedrigen und Häßlichen erscheinen müssen, sieht Lorenzen in dem Spion, wie ihn James F. Cooper in seinem ersten Roman geschildert hat; im geheimen Dienst für die amerikanische Freiheitsarmee leistet dieser Hervorragendes, ohne jemals auf öffentliche Rehabilitierung und Ehrung hoffen zu können. Dem neuen Helden fehlt der Resonanzboden der Gesellschaft, jener öffentliche Applaus für die Erfolge, wie er den Feldherrn immer zuteil wurde. Schon deshalb verlagert sich das Kriterium dieses Heldentums in das Subjektive des Willens: „Die Gesinnung entscheidet." (70) Der zentrale Satz des

67 Vgl. Brief an James Morris vom 31. Januar 1896; FrBr II, 370.
68 HI/V, 342.
69 HI/V, 341.
70 HI/V, 342.

Stechlin-Romans spezifiziert sich in der Diskussion über das Heldische. Lorenzen führt detailliert ein Beispiel an: Der Leutnant Greeley war der Leiter einer gescheiterten Nordpolexpedition, von der nach langer Irrfahrt nur noch fünf Männer übrig geblieben waren; der Rückweg schien nur dann gesichert zu sein, wenn jeder sich auf seine knapp bemessene Proviantration beschränkte; es stellte sich aber heraus, daß der Proviantträger, der kräftigste unter ihnen, heimlich mehr an sich nahm, als ihm zustand; dadurch drohte allen der Hungertod; Greeley beriet mit den anderen Gegenmaßnahmen und entschied schließlich unter allseitiger Billigung, den Dieb „hinterrücks" (71) zu erschießen, da weder gewöhnliche Bestrafung hier in Frage kam noch eine offene Auseinandersetzung wegen Schwäche gewagt werden dürfte. Die Maßnahme führte zum Erfolg, die nunmehr vier Überlebenden gelangten an ihr Ziel, wo sich Greeley freiwillig einem Gericht stellte und für unschuldig befunden wurde. Diesem Mann, seinem gewagten Entschluß, zollt Lorenzen die volle Bewunderung. Ihn beeindruckt dessen Verantwortungsbewußtsein für das Wohl der anderen; Greeley hatte als Leiter einer Expedition und somit auch als deren oberster Gerichtsherr im Augenblick der Krise die Pflicht zu handeln; zudem durfte er sich bei seiner Tat auf die Majorität der drei anderen Betroffenen berufen. Die heroische Leistung des Leutnants liegt auf moralischem Gebiet. Er erkennt, daß jede Situation ihr eigenes moralisches Koordinatensystem besitzt und daher eine jeweils entsprechende Handlungsweise fordert; was im Lichte einer allgemeinen Moral als verwerflich gilt, kann unter veränderten Bedingungen zum Ausdruck höchsten moralischen Bewußtseins werden.

„In solchem Augenblicke richtig fühlen und in der Überzeugung des Richtigen fest und unbeirrt ein furchtbares Etwas tun, ein Etwas, das, aus seinem Zusammenhange gerissen, allem göttlichen Gebot, allem Gesetz und aller Ehre widerspricht, *das* imponiert mir ganz ungeheuer und ist in meinen Augen der wirkliche, der wahre Mut. Schmach und Schimpf, oder doch der Vorwurf des Schimpflichen, haben sich von jeher an alles Höchste geknüpft. Der Bataillonsmut, der Mut in der Masse (bei allem Respekt davor), ist nur ein Herdenmut." (72)

71 HI/V, 343.
72 HI/V, 344.

Vergleicht man die Heldenbilder Dubslavs und Lorenzens miteinander, so mag man die Aura des Elitären mehr den preußischen Feldherrn als den fanatischen Forschern zugestehen; der Abstand zur ‚Norm‘, zur gesellschaftlichen und moralischen Wirklichkeit des Volkes, scheint bei jenen größer zu sein als bei diesen. Das Gegenteil aber ist der Fall. Die Taten eines Zieten, sein Leben, vollziehen sich im vertrauten Raum gesellschaftlicher und moralischer Normen; sie sprengen nicht das allgemein geltende Weltbild, sondern bestätigen es; als Selbstbestätigung werden sie auch gefeiert. Lorenzens Hereon dagegen brechen aus; ihr Mut zum Alleingang in wissenschaftliche und moralische Randzonen bedeutet jedesmal eine wissenschaftliche und moralische Horizonterweiterung. Die Moral, die bis dahin als allgemein gültig, als überall und zu jeder Zeit geltend, auftrat, sieht sich jetzt zurückgebunden an eine konkrete Situation, mit deren Wandel sich auch die sittliche Anforderung verändert; der Totalitätsanspruch der Moral wird hier in einzelne unterschiedliche moralische Koordinatensysteme aufgegliedert. Vor dem Hintergrund dieser Partikularisierung erscheint die zentrale Forderung nach dem Zusammenhang der Dinge in neuem, konkretem Licht.

Die Fontane-Forschung hat Lorenzens Greeley-Exempel unterschiedlich aufgenommen. Peter Demetz teilte mit Dubslav das Unbehagen an der Begeisterung Lorenzens (73), während Richard Brinkmann nach ausführlichem Zitat hier die „Grundform sittlichen Handelns"(74) entdeckte, zu der sich nicht nur Dubslav (also entgegen der Auffassung von Demetz), sondern auch der Erzähler und Fontane selbst bekennten; für Brinkmann liegt ein ‚extremer Fall‘ vor, der die „realistische Situationsethik" (75) Fontanes beispielhaft reflektiere und dessen Relativismus illustriere. (76) Dieser Sicht kann jedoch nicht voll zugestimmt werden. Greeley ist kein extremer Fall des Ethischen, sondern ein typischer des Heldischen; er reflektiert nicht Fontanes *Ethos*, sonder Lorenzens *Heldenbild*; dieser Konzeption des Heldischen entspricht es auch, wenn Lorenzen an anderer Stelle James Watt und

---

73 Demetz, S. 187 f.
74 Brinkmann, S. 110.
75 Ebd., S. 94.
76 Zu Brinkmanns Relativismus-Verständnis S. 94 f.

Siemens zu den Protagonisten der modernen Geschichte erklärt (77); sein Heldenbild ist ein bürgerlich-demokratisches, und nicht ohne Pathos weiß er für seinen Begriff vom Heldischen zu werben, der durchaus von einer elitären Distanz zum Durchschnittlichen geprägt ist. Die heroische Leistung im Sinne Lorenzens steht immer im Zeichen der Ausnahme und wird durch die dramatischen Momente der Krise und der Notsituation herbeigeführt. Hier bestätigt sich unerwarteterweise Dubslavs zu Romanbeginn geäußerter Satz: „Heldentum ist Ausnahmezustand und meist Produkt einer Zwangslage." (78)

Sowohl Dubslavs als auch Lorenzens Bestimmungsversuche des Heldischen verdienen eine besondere Hervorhebung; denn hier wird der Vorgang der Idolisierung und somit der Ideologisierung von Geschichte und Gegenwart transparent. Eine solche Stelle gibt all jenen Fontane-Interpreten unrecht, die im Stechlin-Roman den Ausdruck einer erzählerisch bewußten weltanschaulichen „Unentschiedenheit" sehen (79) Die ausgesprochenen Vorstellungen über das Heldische zeigen, wie ernst es sowohl Dubslav als auch Lorenzen um die weltanschauliche Fixierung von Personen und Ideen geht. Die Wahl der Vorbilder charakterisiert die Gesinnung. Daß die großen Aktionen durch heroische Persönlichkeiten zustande kommen, weist auf die humane, d. i. auf die personbezogene Wirklichkeitsstruktur hin; davon wird noch zu sprechen sein.

Von etwas ‚anderem' gehört zu haben, tut dem kranken Dubslav wohl; das Gespräch mit Lorenzen — zusammen mit dem Katzenpfötchentee der Buschen — bessert sein Befinden sichtlich. Aber der Besuch seiner Schwester Adelheid droht das Gewonnene wieder zunichte zu machen. Sie verkörpert den Geist des Prosaischen, d. i. den Geist der märkischen Enge und des Mißtrauens gegenüber allem Schönen und Leichtlebigen. (80) Massiver denn je setzen erneut die Bekehrungsversuche ein. „Er fühlte, daß sich sein ganzer Zustand mit einem Male wieder verschlechterte, und daß eine halbe Atemnot im Nu wieder da

77 HI/V, 273. Vgl. dazu Brief an Mete vom 8. August 1880; PB II, 29 f. Und die Briefe an Friedlaender vom 1. Februar 1894 und 5. April 1897; Friedl. Br. 250 und 310.
78 HI/V, 28.
79 Müller-Seidel, „Der Stechlin" in: Der deutsche Roman, Bd. 2, S. 186.
80 HI/V, 82 und 253.

war." (81) Der magisch klingende Spruch der alten Buschen, auf den er seine Hoffnung gesetzt hatte, wird als unchristliche „Hexenkunst" verurteilt, die erquickliche Wirkung des Gesprächs über Helden und Heldenverehrung mit den Vokabeln „Menschenanbetung" und „Götzendienst" (82) zerstört. Dubslav sinnt auf höfliche, aber wirksame Gegenmaßnahmen. Er verfällt auf ein Mittel, bei dem zum zweiten Mal das elementare Außenseitertum der Buschen bzw. ihres Enkelkindes die entscheidende Funktion einnehmen soll. Wie Franz Moor, „an den er sonst wenig erinnerte" (83), bereitet er eine Intrige gegen seine Schwester vor: Er läßt Agnes, das Enkelkind der Buschen, heimlich ins Schloß kommen und verspricht sich von deren Gegenwart eine so große Schockwirkung auf seine ‚petrefakte' (84) Schwester, daß diese unverzüglich das Haus verlassen würde. Der Plan hat Erfolg. Adelheid wird solchermaßen von dem ‚Naturkind' und insbesondere von dessen ‚brandroten' (85) Socken schockiert, daß sie nach kurzem Streitgespräch das Haus verläßt. Die Reaktion der Domina gegenüber dem Kind ist – ähnlich wie gegenüber der Gräfin Melusine (86) – durch spontanen, unversöhnlichen Widerwillen gekennzeichnet. Das Zeichenhafte der roten Socken empört sie zutiefst; sie gelten ihr als eine weltanschauliche Herausforderung, als ein Angriff auf die eigene Existenz: „Sie sind ein Zeichen von Ungehörigkeit und Verkehrtheit. [...] sie sind ein Zeichen davon, daß alle Vernunft aus der Welt ist und alle gesellschaftliche Scheidung immer mehr aufhört." (87) Adelheid, die in ihren „von Baum und Strauch überwachsene[n] Trümmermassen" (88) des Klosters Wutz zu „Gläubigkeit und Apostolikum" (89) hält, wirft ihrem Bruder vor, solche Zeichen der Zeit nicht nur zu dulden, sondern auch zu billigen. Sie sieht die Gefahr einer „richtige[n] Revolution", der „Revolution in der Sitte". Dabei fürchtet sie keineswegs das republikanische Losungswort der Freiheit: „Freiheit ist gar nichts; Freiheit ist, wenn sie sich versammeln und Bier trinken und ein Blatt gründen." Ebensowenig glaubt sie die märkische Tradition durch die Glasfabrikarbeiter bedroht. „Aber wenn erst der Buschen ihre Enkelkinder, denn die Karline wird doch wohl schon mehrere haben, ihre Knöpfstiefel und ihre roten

81 HI/V, 345.
82 HI/V, 347.
83 HI/V, 349.
84 HI/V, 284.
85 HI/V, 350.

86 HI/V, 267 und 285.
87 HI/V, 352.
88 HI/V, 79.
89 HI/V, 353.

Strümpfe tragen, als müßt' es nur so sein, ja, Dubslav, dann ist es vorbei." (90) Ist es das ,Aufgesteifte' (91) dieser Figur, das sie so heftig gegen die an sich harmlosen roten Strümpfe reagieren läßt, oder aber liegt in diesen Strümpfen tatsächlich so viel revolutionäre Dynamik? Rot ist nach dem Glauben der Stechlin-Bewohner der Hahn, der bei besonders starken Erdbeben aus dem Stechlin-See emporsteigt und laut ins Land hinein kräht (92); rot ist jener Stoffstreifen, der eigentlich nach der Reichsgründung an jede schwarz-weiße Flagge angenäht werden müßte, was aber auf Schloß Stechlin unterbleibt, da eine derartige Erweiterung der Flagge das ohnehin arg strapazierte Tuch restlos zerstören würde (93); rot sind die Ziegeldächer der Kolonie Globsow, wo die Glasfabrikarbeiter wohnen; rot ist der Teppich, der im Hotel lag, in dem die Hochzeit Woldemars stattfand (94); rot ist auch der Schlips des Dr. Moscheles, der mit der Sozialdemokratie sympathisiert und wiederholt die Notwendigkeit eines „Generalkladderadatsch, Krach, tabula rasa" (95) hervorhebt; und rot sind auch die Beine jener storchenartigen Vögel, die Agnes im Zoologischen sah. (96) Trotz dieser auffallend häufigen Verwendung der roten Farbe läßt sich eine eindeutige Bedeutung nicht ermitteln; inwiefern sie im Zusammenhang mit den Strümpfen das ,Proletarische' signalisiere, wie behauptet wurde (97), bleibt fraglich; denn nicht das wirkliche Proletariat der Globsower forderte die Domina heraus, sondern eben die roten Strümpfe. Mit Gewißheit läßt sich nur das eine sagen, daß dieses provokatorische Zeichen die lebensgefährliche Pflege Adelheids abwendet.

Auch nach der Abreise der Domina bleibt Agnes im Schloß. Dubslav findet an dem Kind Gefallen. Sie bringt ihm eine Welt eigener Art ins

90 HI/V, 353 f.
91 HI/V, 287. − Siehe dazu Max Rychner, „Theodor Fontane: Der Stechlin" wiederabgedr. in: Interpretationen 3. Deutsche Romane von Grimmelshausen bis Musil. Hrsg. von Jost Schillemeit, Frankfurt 1966, bes. S. 220 f.
92 HI/V, 7.
93 HI/V, 15.
94 HI/V, 310.
95 HI/V, 332. Vgl. Fontanes eigene Worte über die Notwendigkeit eines „Krachs": PB III, 133; FrBr II, 370 und 461; Friedl. Br. 254 und 283 f.; AB I, 249; AB II, 248 und 308 und 432.
96 HI/V, 355.
97 Reuter, S. 862.

Haus; nicht nur ihr Äußeres erfreut den Kranken, auch ihre besondere Existenzweise fasziniert ihn. Von den Geschehnissen ihrer alltäglichen Umgebung bleibt sie unbetroffen; denn sie „träumte bloß so hin". (98) Nur zuweilen ‚wacht' sie auf: ‚Agnes horchte. Verhaftung! Demokratennest ausgenommen! Das war doch noch besser als ein Märchen ‚vom guten und bösen Geist'." (99) In ihrer Person macht sich eine andersgeartete Welt- und Menschensicht geltend: „Das Auge, womit sie die Welt ansah, war anders als das der andern." (100) Auf Agnes konzentrieren sich alle Hoffnungen und Wunschträume auf eine sich langsam, unregulierbar, aber auch nicht aufhaltbar heranbildende Welt der Ursprünglichkeit und Natürlichkeit; darin liegt das Anstößige ihrer Person, und der Erzähler deutet auch an, daß sie wegen ihrer Art noch manch böses Wort wird anhören müssen. In Agnes zeichnet sich frühzeitig die Möglichkeit ab, außerhalb der vertrauten Bindungen durch Zivilisation und Kultur eigene Wege zu gehen. In der Todesstunde Dubslavs kommt „ihr ein Gefühl des Lebens". (101) Später wird Woldemar im Bewußtsein ihrer Eigenart eine ‚unpädagogische' Haltung ihr gegenüber anraten. (102) Doch bei allem Trost und Glück, die Dubslav durch die Gegenwart des Kindes erfährt, wird er sich selbst einer gewissen „Verarmung" (103) bewußt. Agnes kann nicht Melusine ersetzen. (104) Die Sympathie mit einer Figur, die die Welt des Natürlichen verkörpert, schaltet keineswegs das entgegengesetzte Bedürfnis nach der Welt gesellschaftlicher Konvention und gesellliger Konversation aus. So kommt es dazu, daß Dubslav in Stunden der Einsamkeit mit Agnes „fast mit Sehnsucht an die Tage zurückdachte, wo Schwester Adelheid sich ihm bedrücklich gemacht hatte." (105) Es zeigt sich, daß auch die Faszination, die vom Weltbild des Ursprünglichen ausgeht, nicht dauernd anhalten kann, nicht jene Befriedigung und Zuversicht bringt, die der Kranke braucht.

Der schrullige Dorfschullehrer Krippenstapel spricht vor, um sich nach dem Befinden des Schloßherrn zu erkundigen; fast etwas wie Freundschaft hatte beide über Jahre hinweg zusammengehalten. Er bringt eine Honigwabe mit und empfiehlt eindringlich deren Wirkung: „Richtiger Honig ist wie gute Medizin und hat die ganze Heilkraft der

---

98 HI/V, 362.
99 HI/V, 363.
100 HI/V, 362.
101 HI/V, 373.

102 HI/V, 386.
103 HI/V, 358.
104 Vgl. HI/V, 310 f.
105 HI/V, 358.

Natur." (106) Dubslav, dem nun auch die Maßnahmen der Buschen unbequem werden, glaubt gern an die „gesamte Heilkraft der Natur" (107), erspart er sich doch, wenn tatsächlich „alles" im Honig liegt, jede andere unangenehme Medizin. Krippenstapels Glaube an die Kraft der reinen Natur tritt wohltuend an die Stelle des allmählich schwindenden Vertrauens in den doch verdächtigen Heiltrunk der Buschen. Aber auch das neue Mittel bewährt sich nur kurze Zeit, „es hilft immer bloß drei Tage". (108) Dubslavs Zustand verschlechtert sich. „Engelke, schaff die Wabe weg; ich kann das süße Zeug nicht mehr sehn. Krippenstapel hat es gut gemeint. Aber es is nichts damit und überhaupt nichts mit der ganzen Heilkraft der Natur." (109)

Der Kampf gegen den Tod, wie er mit medizinischen, magischen und natürlichen Mitteln geführt wurde, ist vergeblich; „Du meinst also: ‚für'n Tod kein Kraut gewachsen ist'. Ja, das wird es wohl sein; das mein' ich auch." (110) Was nunmehr zu tun übrig bleibt, ist die weltanschauliche Einordnung des nicht umgehbaren Endes, ist die heilsame Interpretation des Todesgeschehens; und auch die zukünftige Entwicklung der engeren und weiteren Welt rückt nochmals in den Blickwinkel. Die ersten Interpretationsversuche am Krankenbett durch Koseleger und Ermyntrud waren gescheitert; das lag an der mangelnden Integrität der Personen. Dubslav resümiert: „Die Buschen hilft nicht mehr, und Krippenstapel hilft nicht mehr, und Sponholz hilft schon lange nicht mehr; der kutschiert so in der Welt rum. Bleibt also bloß noch der liebe Gott." (111) Die Worte richten sich zunächst recht unverbindlich an Uncke, jenen Vertreter der lokalen „Sicherheitsbehörde" (112), der alles „zweideutig" (113) findet und der Dubslav gerade einen Krankenbesuch abstattet. Aber Dubslav beginnt in seinem immer schlechter werdenden Zustand tatsächlich, sich mit der christlichen Heilslehre auseinanderzusetzen. Dabei wird ihm wiederum bewußt, daß sein Pastor gerade in diesen Fragen eine auffallende Zurückhaltung zeigt:

„Sonderbar [. . .], dieser Lorenzen is eigentlich gar kein richtiger Pastor. Er spricht nicht von Erlösung und auch nicht von Unsterblichkeit,

---

106 HI/V, 359.
107 HI/V, 361.
108 HI/V, 363.
109 HI/V, 370.

110 HI/V, 371.
111 HI/V, 363.
112 HI/V, 166.
113 HI/V, 317.

und is beinah, als ob ihm so was für alltags wie zu schade sei. Vielleicht is es aber auch noch was andres, und er weiß am Ende selber nicht viel davon.' (114)

Selbst der gutwillig Suchende, denkt Dubslav, kann nicht mit Sicherheit zu religiöser Glaubensstärke und Heilsgewißheit finden; denn wenn er ehrlich ist, muß er bekennen, daß er über das, was nach dem Tode geschieht, nichts weiß. Zwar gibt es die Möglichkeit, durch göttliche Offenbarung das zu erfahren, was der Mensch aus sich heraus nicht wissen kann, aber:

„Auf dem Sinai hat nun schon lange keiner mehr gestanden, und wenn auch, was der liebe Gott da oben gesagt hat, das schließt eigentlich auch keine großen Rätsel auf. Es ist alles sehr diesseitig geblieben; du sollst, du sollst, und noch öfter ,du sollst *nicht*'. Und klingt eigentlich alles, wie wenn ein Nürnberger Schultheiß gesprochen hätte."

Ob der Ton dieses Monologs als witzelnd (115), frivol (116) oder ernst bezeichnet werden sollte, mag nebensächlich sein. Von ungleich wichtigerer Bedeutung ist die Frage danach, was hier kritisiert wird und welche eigene Position sich in dieser Kritik ausspricht. Für Reuter (117) spiegelt sich in Dubslavs Worten die atheistische Position Fontanes. Brinkmann (118) erkennt abermals die Auswirkungen einer Relativierung, die auch das Konfessionelle als geschichtliche Erscheinungsform interpretiert, und bezeichnet die Ernsthaftigkeit der Gesinnung als einzig zuverlässiges Kriterium für konfessionelle Geltungsansprüche. Für Strech, der Dubslavs Räsonnement durchaus von der Schwere der Todesnähe gekennzeichnet sieht (119), spricht sich darin im ganzen doch eine gelassene „Balancierung zwischen S k e p s i s u n d   G l a u b e n" aus; ausdrücklich bezieht er sich dabei auf die Beobachtungen Radbruchs. In allen Interpretationen wird dagegen zuwenig Gewicht auf die Tatsache gelegt, daß hier ein Sterbender

114 HI/V, 365.
115 Reuter, S. 840.
116 Heiko Strech, Theodor Fontane: Die Synthese von Alt und Neu. „Der Stechlin" als Summe des Gesamtwerks. Berlin 1970, S. 135.
117 Reuter, S. 839f.
118 Brinkmann, S. 174 f.
119 Strech, S. 136.

vergeblich nach Möglichkeiten sucht, den eigenen Verfall sinnvoll und trostreich in einen umfassenden und geltenden Zusammenhang einzuordnen. Nicht der intellektuelle Triumph des Kritikers, der die Welt- und Menschenferne einer gottzentrierten Lehre durchschaut, macht sich geltend; die Ehrlichkeit, die sich zum Nichtwissen bekennt, die Gesinnung, deren Redlichkeit allein zählen soll, schließt nicht die Lücke in dem Entwurf eines Zusammenhangs, der den Tod mit einbezieht, sondern macht sie recht eigentlich sichtbar.

Dubslav, dem es jetzt um Klärung und Abgrenzung der unterschiedlichen Positionen geht, läßt Lorenzen kommen. Das Gespräch dreht sich zunächst um einen nationalliberalen Politiker, Rudolf von Bennigsen, dessen selbstlose Einsatzfreudigkeit in der Öffentlichkeit neuerdings mancherlei Verdächtigungen ausgesetzt war. Lorenzen nennt ihn einen „Excelsior-Mann". (120) Mit demselben Wort hatte Woldemar seinen Lehrer auf der Rückfahrt von dem „Eierhäuschen" beschrieben: „Er ist so recht ein Excelsior-, ein Aufsteigemensch, einer aus der wirklichen Obersphäre, genau von daher, wo alles Hohe zu Haus ist, die Hoffnung und sogar die Liebe." (121) „Excelsior" bezeichnet hier nicht — wie G. Erler meint (122) — ein „Modewort, das im Aufstiegsrausch der Gründerjahre aufkam." Es ist der Titel einer 1841 erschienenen Ballade des amerikanischen Dichters Henry W. Longfellow, der zu seiner Zeit nicht nur in Amerika, sondern auch in Europa eine ausgedehnte Wirkung zeigte. (123) Laut Literaturgeschichte (124) gilt diese heute kaum noch genannte Ballade als typisch für Longfellows Darstellung fremder, bunter Welten und für seine Entwicklung eines Idealismus, der sein Ethos auf klare, allgemeinverständliche Grundsätze reduziert. — Die öffentliche Haltung gegenüber dem ‚Excelsiortum' eines Bennigsen bedeutet für Lorenzen ein charakteristisches Zeichen der Zeit:

„Jedes höher gesteckte Ziel, jedes Wollen, das über den Kartoffelsack hinausgeht, findet kein Verständnis, sicherlich keinen Glauben. Und bringt

120 HI/V, 366.
121 HI/V, 156.
122 A 8, 481, Anm. zu S. 165.
123 Fontane hielt 1860 einen Vortrag über ihn und verglich ihn in einem weiteren Vortrag mit Tennyson; HIII/I, 325 ff. und Nürnberger, Fontane, S. 96 und AzL, 411.
124 Walter F. Schirmer, Geschichte der englischen und amerikanischen Literatur, 5. Aufl. Tübingen 1968, S. 510.

einer irgendein Opfer, so heißt es bloß, daß er die Wurst nach der Speckseite werfe." (125)

Es muß überraschen, daß Lorenzen so emphatisch für den Idealismus eintritt. Ziele, die „über den Kartoffelsack" hinausgehen, wurden zwar schon immer als edel bezeichnet und zum Kriterium des Idealismus erhoben; sie jedoch in Zeiten ausgedehnter materieller Not erneut zu proklamieren, scheint nicht so recht den augenblicklich anstehenden Anforderungen zu begegnen. Gerade Lorenzen verwies an anderer Stelle auf die Leistungen der „Neulandtheorie" (126), die den Armen erst einmal den „Kartoffelsack" besorgen will. Doch Dubslavs Reaktion auf Lorenzens Worte zeigt, daß dessen Idealismuskonzeption nicht im Gegensatz steht zu seinen sozialen Bemühungen, sondern sie in engerer Weise definiert. Dubslav wertet die Begeisterung seines Pastors für das „Excelsior" als einen typischen „Ritt ins Bebelsche". (127) In dieser Verbindung von „Excelsior" und „Bebel" wird konkret greifbar, was Fontane unter einem „veredelten Bebel- und Stöckertum" verstanden hatte. (128) Dubslav, dem man sonst nachsagt, daß in ihm als einem „richtigen Junker" auch ein „Stück Sozialdemokratie" (129) stecke, läßt sich hier jedoch nicht auf einen sozialdemokratischen Diskurs ein. Deutlich rückt er von dem „Steckenpferd" (130) seines Pastors ab. An Bebel werden im Roman nicht seine „Gesinnung und Intelligenz" gerühmt, wie Reuter pauschal behauptet (131); vielmehr entwirft Dubslav, den die Modernität seines Sohnes besorgt, ein negatives Zukunftsbild, in dem Bebel unter anderen sozialdemokratischen Persön-

125 HI/V, 366.
126 HI/V, 69.
127 HI/V, 366.
128 Brief an Friedrich Paulsen vom 29. November 1897; LA II, 612. − Reuter (S. 806) versucht, das veredelte, aber unbequeme Stöckertum zu eskamotieren und spricht, wiederholt ungenau zitierend, von einem „veredelten Bebel- oder Stöckertum". Dagegen bemerkt G. Erler: „,Bebel- und Stöckertum': revolutionäre Sozialdemokratie und klerikal-konservative Bewegung der achtziger und neunziger Jahre werden unbedenklich im gleichen Atemzug genannt, und auch diese Ungenauigkeit gehört zu den spezifischen Merkmalen des Neuen im ‚Stechlin', zu gewissen poetischen Unsicherheiten des alten Fontane." In: A 8, 427.
129 HI/V, 207.
130 HI/V, 367.
131 Reuter, S. 801.

lichkeiten eine entscheidende Rolle spielen würde; Woldemar, so fürchtet Dubslav, würde dann öffentlich erklären: „Sehen Sie da den Bebel. Mein politischer Gegner, aber ein Mann von Gesinnung und Intelligenz." (132)

Das Thema, dasDubslav interessiert, lautet „König und Kronprinz oder alte Zeit und neue Zeit." (133) Es geht ihm um die politische und gesellschaftliche Zukunft im engsten Kreis, um die Zukunft der Grafschaft und die des neuen Schloßherrn. Ungleich seiner Schwester Adelheid fürchtet Dubslav den politischen Aufstieg der Globsower Fabrikarbeiter. Sein Sohn werde diese Entwicklung eher befördern als dämpfen; und so entwirft Dubslav in ausführlicher Rede ein Bild davon, wie die Zukunft auf Schloß Stechlin unter dem neuen Herrn aussehen werde: (134) Da wird im renovierten Schloß ein verbitterter Bismarck-gegner mit neugewonnenem Selbstvertrauen auftreten, ein „Katheder-sozialist, von dem kein Mensch weiß, ob er die Gesellschaft einrenken oder aus den Fugen bringen will," wird eine Adlige „mit kurzge-schnittenem Haar (die natürlich schriftstellert)" zum Tanz führen; ein Afrikareisender, ein Architekt und ein Portraitmaler werden durch ihre Anwesenheit den stattfindenden Gesellschaften und Bällen einen besonders farbigen Reiz geben; zur allgemeinen Unterhaltung werden dann auf dem Schloß lebende Bilder mit sozialkritischem Einschlag gestellt — „ein Wilddieb von einem Edelmann erschossen" —, man wird engagierte Ehebruchsdramen aufführen, "drin eine Advokatenfrau gefeiert wird, weil sie ihren Mann mit einem Taschenrevolver über den Haufen geschossen hat"; ein langmähniger Klavierspieler wird über die Tasten hinfegen und seinem Publikum Pathos und Selbstbewußtsein einer sich expandierenden Nation vermitteln; und in einem Stechliner Album der Berühmtheiten werden interessierte Besucher neben den Bildern des alten Wilhelm, Kaiser Friedrichs, Bismarcks und Moltkes auch die Bilder Mazzinis, Garibaldis, Marxens, Lassalls, Bebels und W. Liebknechts entdecken. Dubslavs Zukunftsvision vergegenwärtigt eine ausgesöhnte Allianz von Aristokraten, Akademikern, Künstlern, Globe-trottern und Revolutionären. Es ist das Bild einer modernen und dynamisch auftretenden Aristokratie, die die fortschrittlichen politi-

---

132 HI/V, 368. Heilborn, Spalte 58, bemerkt dazu: „Den einen wird das Neue zu innerlichem Liberalismus, andere führt's zum Bebel-Mode-Mitmachen."
133 HI/V, 367.
134 HI/V, 368.

schen, sozialdemokratischen und ästhetischen Tendenzen der Zeit bewußt aufnimmt, um sie zu einem glanzvollen Schaustück, zur heroisierten Selbstdarstellung der Wilhelminischen Ära zusammenzufügen; ähnliche Gesellschaftsbilder werden sich in Heinrich Manns Romanen („Im Schlaraffenland", „Empfang bei der Welt") wiederfinden. Für Dubslav liegt diese Entwicklung noch im Bereich gefürchteter Möglichkeiten, die befördert, aber auch abgewendet werden können. Lorenzen, zur Stellungnahme aufgefordert, hält es für unmöglich, das Woldemar je den heraufbeschworenen Weg einschlagen werde. Seine Energie als „Kronprinz" werde bald erlahmen, und er selbst wieder „in alte Bahnen und Geleise" (135) einlenken. Die Erziehung im Geiste eines neuen Christentums, die Woldemar von Lorenzen empfangen hatte, stünde der Rückbesinnung auf die „Alten vom Cremmer Damm und von Fehrbellin" (136) mit ihrem karitativen Gesellschaftsethos keineswegs im Wege, sondern würde sie im Gegenteil befördern; denn „dies neue Christentum ist gerade das alte." (137) Im übrigen gibt Lorenzen jede pädagogische Verantwortung für die Zukunft Woldemars auf: „Die Zeit wird sprechen, und neben der Zeit das neue Haus, die blasse junge Frau und vielleicht auch die schöne Melusine." (138) Man darf wohl mit Recht annehmen, daß hauptsächlich der Einfluß Melusines den Schloßherrn über die Zukunft des Hauses und der ‚Welt' beruhigt; hatte sich doch dieselbe Sympathie, die er dem Kinde mit den roten Strümpfen entgegenbrachte, im verstärkten Maße auf die Gräfin gerichtet.

Aber die innere Ruhe nach dem Gespräch mit Lorenzen hält nicht vor. Dubslavs gesundheitlicher Zustand verschlechtert sich rapide; ein von Ermyntrud Katzler eintreffender Brief, der pädagogische Pläne bezüglich Agnes entwickelt und so nichts Gutes für die Zukunft verspricht, trägt kaum zum Wohlbefinden bei. Die Krise kommt, aber die Hoffnung auf Heilung und Linderung ist bereits erloschen. Dubslav versucht sich zu trösten:

„Das „Ich" ist nichts — damit muß man sich durchdringen. Ein ewig Gesetzliches vollzieht sich, weiter nichts, und dieser Vollzug, auch wenn

135 HI/V, 369.
136 HI/V, 370.
137 HI/V, 369.   138 HI/V, 370.

er ‚Tod' heißt, darf uns nicht schrecken. In das Gesetzliche sich ruhig schicken, das macht den sittlichen Menschen und hebt ihn." (139)

Diese Sätze werden gern von der Fontane-Forschung aus dem Zusammenhang gerissen und zur weltanschaulichen Quintessenz sowohl Dubslavs als auch des gesamten Romans erhoben (140), man spricht von einer Apotheose des Sterbens (141), erkennt darin den „Ausdruck einer Selbstbesinnung, die den natürlichen Zusammenhang von Leben und Tod überschaut" (142) und betont Dubslavs fast vollkommene Gefaßtheit in der ‚Kunst des Sterbens'. (143) Dubslavs Worte stehen im engen Bezug zur Lehre des Stechlin-Sees vom Zusammenhang der Dinge, der hier als die Aufgabe des Ich und die Einfügung in ein ewig Gesetzliches, in ein fortwährend sich Vollziehendes interpretiert wird. (144) Melusines letzte Worte werden an diese Auslegung anknüpfen. — Daß das Ich im Ganzen aufgehen soll, stellt für Dubslav gewiß eine trostreiche Erfahrung dar; sie kann aber keineswegs seine Angst vor dem unbekannten Tod gänzlich bannen.

„Er hing dem noch so nach und freute sich, alle Furcht überwunden zu haben. Aber dann kamen doch wieder Anfälle von Angst, und er seufzte: ‚Das Leben ist kurz, aber die Stunde ist lang.'

139 HI/V, 372.
140 Wilhelm Seipp, „Fontanes Persönlichkeit (nach seinen Briefen und seinem Selbstportrait, dem alten Stechlin)" in: Pädagogische Warte, 35 (1928), S. 916.
141 Erich Behrend, Theodor Fontanes Roman „Der Stechlin". Marburg 1929. S. 64
142 Richter, Resignation, S. 106.
143 Strech, S. 138. Als einen Ausdruck der „Himmelsruhe des alten Stechlin" deutet Elisabeth Moltmann-Wendel diese Stelle; eine solche Ruhe besitzt ihrer Meinung nach eine eschatologische Dimension, die bereits im Diesseits erfahrbar sei: Hoffnung — jenseits von Glaube und Skepsis. Theodor Fontane und die bürgerliche Welt. In: Theologische Existenz Heute. N. F. 112, München 1964, S. 28. — Pierre-Paul Sagave, „Aspects du protestantisme dans les romans de Fontane" in: Sagave, Recherches sur le roman social en Allemagne, S. 86, beobachtet hier einen Loslösungsvorgang von irdischen Dingen, den Autor und Figur erführen. In einer solchen geistigen Haltung setze sich der Schopenhauerische Pessimismus an die Stelle der Glaubensartikel des Protestantismus. Von einem pessimistischen Zug, der durch den Tod Dubslavs im Werk deutlich würde, spricht schließlich Gerhard Kaiser in seiner Rezension des Buchs von Ohl; „Realismusforschung ohne Realismusbegriff" in: DVjs, 43 (1969), S. 155 f.
144 Auch Kahrmann, Idyll im Roman, S. 171, spricht von einem „Philosophem von der Nichtigkeit des Ich im großen Zusammenhang der Dinge".

Die Nähe des Todes läßt zwar nochmals die Bedeutung des Zusammenhangs und das Nebensächliche des Individuellen erkennen. Aber diese Erfahrung bleibt kontemplativ. Die Wirklichkeit der Todesstunde zeigt dem Schloßherrn nur, wie isoliert er ist; auch die trostreiche Lehre vom Aufgehen im übergeordneten Allgemeinen macht die trostlose Vereinzelung im Tode nicht ungeschehen. In dieser bitteren Erfahrung stirbt Dubslav.

Es mag gewiß zutreffen, daß das Bewußtsein der Todesnähe alle Erscheinungen des Lebens in Frage stelle, daß der Tod, wie Müller-Seidel es formulierte, eine „Form der humanen Skepsis" sei. (144a) Doch die genaue Analyse des Situationszusammenhangs zeigt, daß von einer *humanen* Leistung des Todes (im Sinne eines skeptischen Relativierens aller Absolutheitsansprüche) nur eingeschränkt gesprochen werden darf. Dubslav kann sich durch keinen Glaubenssatz den Tod vertraut machen; Sterben bereitet ihm viel eher Angst. Es bleibt bei dem Satz: Hören Sie, wir wissen es auch nicht, wie müssen es abwarten." (145

Lorenzens Grabrede kann als ein ethisches Psychogramm des verstorbenen Schloßherrn gelten. Ebensowenig wie dem Erzähler zu Romanbeginn (146) geht es dem Pastor allein um eine wirklichkeitsnahe Figurenbeschreibung. Was er über den Verstorbenen aussagt, kommt einer programmatischen Erklärung des authentischen Menschenbildes gleich, des Adels, „wie er bei uns sein *sollte*". (147) Dubslav von Stechlin ist ein Wunschbild, an dem ein weltgültiges Ethos ablesbar wird; ja, seine Persönlichkeit kann als Ethos unmittelbar interpretiert werden. (148) Mit einem Zitat aus dem Buch Isaias (57,2) beginnt Lorenzen seinen Nachruf: „Wer seinen Weg richtig wandelt, kommt zu

---

144a Müller-Seidel, S. 182.

145 HI/V, 365.

146 HI/V, 9 f.

147 Brief an Carl Robert Lessing vom 8. Juni 1896; AB II, 398. Für Dietrich Sommer, „Probleme der Typisierung im Spätwerk Theodor Fontanes. ‚Der Stechlin'" in: FR, S. 109, spricht sich in der Figur Dubslavs eine „humane Utopie" aus. Dem marxistischen Ansatz entsprechend, formuliert er: „Es triumphiert die abstrakt-menschliche Perspektive gegenüber der Perspektivelosigkeit des junkerlichen Standes."

148 Als realistische Zeichnung des Adels, wie er tatsächlich sei, verstand Julius Petersen die Figur des alten Stechlin: „Fontanes Altersroman" in: Euphorion, 29 (1928), S. 56.

seiner Ruhe in der Kammer." (149) ‚Richtig wandeln', das bedeutet: ein „Herz" zu besitzen, aus der „Gesinnung" zu leben und im Geiste der „Liebe" zu wirken. Das „Herz" definiert Lorenzen als jenen menschlichen Kernbereich, der „über alles Zeitliche hinaus liegt" und allein den Maßstab für ein sittlich relevantes Handeln setzt; in der Positionsbestimmung zwischen den politischen und weltanschaulichen Gruppierungen, dem das thematische Interesse des Romans gilt, entscheidet die jeweilige Motivation des eingenommenen Standorts; wenn die Motive aus dem „Herzen" erwachsen, so ist, unbeschadet ihrer Wirkung, die Qualität des Aktes garantiert. Im Begriff „Gesinnung" vereint Lorenzen all das, was sich als das „Beste" des Menschen vorstellen läßt; nicht der Adel des Standes, sondern der der Person zählt. Menschlichkeit versteht sich als ein Tun am Menschen im Geist der Liebe, als Güte, die dem anderen denselben Lebensraum zugesteht, den man auch für sich beansprucht. Christlichkeit heißt Verwirklichung von „Friedfertigkeit", „Barmherzigkeit" und „Lauterkeit des Herzens". Lorenzen schließt mit den Worten: „Er war das Beste, was wir sein können, ein Mann und ein Kind. Er ist nun eingegangen in seines Vaters Wohnungen und wird da die Himmelsruhe haben, die der Segen aller Segen ist." Lorenzen selber gibt die Quelle des von ihm entwickelten Menschenbildes an: die Bergpredigt des Neuen Testaments. (150)

Liegen besondere historische und geistesgeschichtliche Gründe dafür vor, daß die Lehre Jesu, verdichtet in der Bergpredigt, am Ausgang des 19. Jahrhunderts in die Begründung eines idealen Menschenbildes wieder einbezogen wird? Theologiegeschichtlich erklärt es sich durch eine ausgedehnte Leben-Jesu-Forschung, die im 19. Jahrhundert einen hohen Popularitätsgrad erreichte. Fontane war indirekt mit den Thesen David Friedrich Strauss' vertraut; sie wurden ihm durch das Buch E. Zellers „David Friedrich Strauß in seinem Leben und seinen Schriften geschildert" (Bonn 1874) vermittelt; er selbst las Strauss' „Der alte und der neue Glaube. Ein Bekenntnis" (erschienen 1872). In einem Brief an Emilie Zöllner vom 19. August 1886 schreibt er darüber:

„Das berühmte Buch von Strauß enttäuschte mich ein wenig, so glänzend es als rein literarische Leistung dasteht. Die Kritik der Christuslegende

149 HI/V, 377.
150 Vgl. dazu PB II, 218 und Friedl. Br. 294 vom 13. März 1896.

[...] hat- etwas machtvoll Ueberzeugendes, was nachher kommt, schwebt gerade so in der Luft, wie *alles* was durch Jahrtausende hin über Gott und Unsterblichkeit gesagt ist und in ferneren Jahrtausenden darüber gesagt werden wird. Der Mensch als solcher bringt in *dieser* Frage die ‚Forsche' nicht ‚raus'." (151)

Der Abbau einer theologisch behüteten Christuslegende öffnet neue, außertheologische Möglichkeiten, die Lehre Jesu zu interpretieren und zu verwirklichen. Aus der Humanisierung der Lehre vom Göttlichen erwächst die Energie zur sozialpolitischen Aktivität, zur Behebung von Problemen, wie sie der in Entfaltung begriffene Industriestaat hervorbrachte. ‚Christlich-sozial' wurde zum parteipolitischen Programm. Der evangelische Theologe Paul Göhre z. B. befaßte sich eingehend mit der Situation der Fabrikarbeiter und bemühte sich, das Christliche und das Sozialdemokratische miteinander zu verbinden; sein christlich-soziales Engagement führte ihn so weit, daß er das kirchliche Amt des Pastors aufgab und schließlich der Sozialdemokratischen Partei beitrat. (152) Als ein Mann, der „zur Richtung Göhre" (153) gehört, wird denn auch Lorenzen bezeichnet. Eine populäre humane Theologie mußte aber auch unmittelbar politische, die Regierung betreffende Folgen zeigen: In zahlreichen Reden beharrte Kaiser Wilhelm II. auf seinem Königtum von Gottes Gnaden, auf dem persönlichen Bund zwischen sich und Gott. (154) Vermenschlichung des christlichen Glaubensgutes mußte notwendigerweise die Voraussetzung für eine göttliche Legitimierung des Monarchen beseitigen. Die Besinnung auf die Lehre Jesu vollzog sich im Rahmen historisch fixierbarer demokratischer Tendenzen und

151 PB IV, 92 und die Anm. dazu.
152 Darüber ausführlich Reuter, S. 812 f. Paul Göhre verfaßte die Schrift: Drei Monate Fabrikarbeiter und Handwerksbursche. Eine praktische Studie. Leipzig 1891. Sein Programm war „die Erziehung, die Veredlung, die Christianisierung der heute noch wilden, heidnischen Sozialdemokratie, und die Vernichtung ihrer widerchristlichen materialistischen Weltanschauung." S. 222. (Der Originaltext ist gesperrt.) Emphatisch vertrat er den Grundsatz: „daß ein Sozialdemokrat Christ und ein Christ Sozialdemokrat sein kann." S. 216 (Ebenfalls im Originaltext gesperrt.) Christianisierung aber heißt für Göhre hauptsächlich, die Arbeiter auf das sozial-ethische Vorbild des historischen Jesus von Nazareth hinzuweisen. S. 219.
153 HI/V, 376.
154 Reden des Kaisers. Ansprachen, Predigten und Trinksprüche Wilhelms II. Hrsg. von Ernst Johann. dtv Nr. 354, S. 55 und 75.

trug von sich aus wiederum zu deren Beförderung bei. — Die „kritische" Methode der Leben-Jesu-Forschung wandte sich gegen das Dogma vom Gottmenschen und rückte damit zugleich die Problematik der dogmatischen Strukturierung des christlichen Glaubens in den Vordergrund. 1870, bei der Erklärung des Unfehlbarkeitsdogmas, entzündete sich die Diskussion erneut; wiederholt nehmen Fontanesche Figuren zu diesem Thema Stellung. (155) Das Phänomen der Dogmatisierung des religiösen Bekenntnisses betraf keineswegs nur den Katholizismus. An G. Friedlaender schreibt Fontane am 29. November 1893:

„An die Stelle bestimmter Dogmen, die Produkt der Kirche waren, hat Luther Dogmen gesetzt, die seiner persönlichen Bibelauslegung entsprachen und diese neueren Dogmen, die übrigens mit den alten vielfach eine verzweifelte Aehnlichkeit haben, sollen nun, trotzdem die Forschung f r o m m e r Männer ihre Fraglichkeit dargethan hat, mit demselben Feuer und Schwert-Rigorismus aufrecht erhalten werden, wie die alten." (156)

Fontanes Reaktion auf jeden dogmatischen Anspruch ist Skepsis, eine Skepsis, die keine allgemein menschlichen Züge trägt, sondern konkret historische. Die Idee des Christlich-Sozialen ist ein Vorschlag, dogmatische Frontenbildungen zu überwinden; deshalb nehmen sowohl dogmatisch denkende Vertreter des Christentums als auch der Sozialdemokratie daran Anstoß. (157) Das Bemühen um eine neue Positionsbestimmung ist charakterisiert durch die Scheu vor jedweder Norm. Ein Ethos, das eine, Soll'- Struktur aufweist, ist von vornherein verdächtig. Also sucht man nach einem ‚Sein'. Man findet es in der Persönlichkeit; Dubslav von Stechlin gehört zu jenen, die „sich selber ihr Glaubensbekenntnis" (158) sind. Die Kluft, die das normative und dogmatische Sollen aufreißt, wird hier im Sein der Person überbrückt. „Sein schönster Zug war eine tiefe, so recht aus dem Herzen kommende Humanität". (159) Quelle, Bezugspunkt und Bewahrungsort des neuen

155 „Quitt" HI/I, 230 und HI/V, 83.
156 Friedl. Br. 242.
157 Viktor Cathrein, Der Sozialismus. Eine Untersuchung seiner Grundlagen und seiner Durchführbarkeit. 12. bis 13. Aufl. Freiburg i. B. 1920, S. 330.
158 HI/V, 353.
159 HI/V, 9.

Ethos liegen in der Person. Das „Herz" bezeichnet die naturwüchsige und ideelle Gegebenheit des anthropozentrischen Weltbildes; die Gesinnung erscheint als Aktivierung des Herzens, als der ideelle Vermittler zwischen Innen und Außen, zwischen Ausrichtung aufs Gute und der Tat. — Man hat in der Fontane-Forschung den Begriff der Gesinnung zur grundlegenden Interpretationskategorie des „Stechlin" erhoben. (160) Müller-Seidel stellt fest: „Nicht die Konflikte der Wirklichkeit, nicht die Utopie einer konfliktlosen Welt, sondern die Wirklichkeit der Gesinnung wird im „Stechlin" thematisch." (161) In der Tat — Müller-Seidel hat dies eingehend und überzeugend dargelegt — entscheidet über den Wert von Figur und Sache allein die Instanz der Gesinnung. Sie ermöglicht die angemessene, wahre und eindeutige Wertverteilung. Was die Geschwister Dubslav und Adelheid trennt und die Gegner Wrschowitz und Cujacius verbindet, liegt in ihr beschlossen. Die wertende Scheidung nach dem Prinzip der Gesinnung vollzieht sich dabei so unaufdringlich und ‚natürlich', daß sie von vornherein mit dem Einverständnis des Lesers rechnen darf. Als selbstverständlich erscheint, was Gesinnung als Wertmaßstab ausrichtet.

Als jenes ‚alles Beste umschließende Etwas' bezeichnet Lorenzen die Gesinnung. Das klingt nicht nur abstrakt, sondern auch tautologisch; denn was ist das Beste, und welche Kriterien entscheiden über eine solche optimale Qualität? Freiheit, verstanden auch als ein Freisein von der Anbetung des Goldenen Kalbes, Güte und die Tugenden der Bergpredigt werden als Haltungen (durchaus im Sinne der Aristotelischen Tugenddefinition) des Verstorbenen gerühmt und gleichzeitig zu den Konstituenten allzeit geltender Humanität erklärt. Aber nicht auf kodifizierten Haltungen liegt hier der Akzent, sondern auf dem pauschal angewandten Gesinnungsbegriff. Der Wille zum Guten, Edlen und Werthaften schon würde genügen, heißt es an anderer Stelle. (162) Die inhaltliche Füllung des Zielpunktes scheint variabel; sie kann mit

160 Müller-Seidel, „Der Stechlin", S. 185 ff. und Reuter, S. 847. Auch Paul Böckmann, „Der Zeitroman Fontanes" in: DU, 11, 5 (1959), S. 76.
161 Müller-Seidel, S. 187. — Von einem „Wagnis der Konfliktlosigkeit" spricht auch Robert Minder, „Über eine Randfigur bei Fontane" in: Minder, „Hölderlin unter den Deutschen" und andere Aufsätze zur deutschen Literatur. Frankfurt 1968, S. 60 (edition suhrkamp 275).
162 HI/V, 270.

Wertvorstellungen der alten und der neuen Zeit vorgenommen werden; vor der Pervertierung in eine fixe oder falsche Idee hingegen bewahrt ihn die Natur, das Herz der Persönlichkeit. Das sprachlich Tautologische, wo es um die Definition eines historisch doch so vertrauten Begriffs geht (163), hat eine bestimmte Funktion: Sie ermöglicht einen kontinuierlichen Regress in die Innerlichkeit. Die Gesinnung läuft der zum Weltbild sich fixierenden Meinung immer um einen Schritt voraus; das Bekenntnis zu einer bestimmten Idee und Weltanschauung weist zurück auf den irrationalen Kern des Menschlichen.

Welche Folgen ergeben sich aus einer solchen Wendung nach innen? Verrät sich darin noch Fontanes Zugehörigkeit zur deutschen Tradition der Innerlichkeit, zur „Versponnenheit im Althergebrachten des Winkels", wie Auerbach es formulierte? (164) Die Fundierung des idealen Menschenbildes auf der Gesinnung scheint hinter den Erkenntnissen des Gesellschaftskritikers Fontane zurückzubleiben. Inwiefern läßt sich der „Stechlin" noch mit den Worten Heinrich Manns als „das gültige, bleibende Dokument einer Gesellschaft, eines Zeitalters" auffassen, das „soziale Kenntnis gestalten und vermitteln" will (165)? Heinrich Mann jedenfalls hob die Wandlung des herben Realismus der „Effi Briest"-Phase zum Geisterhaften des „Stechlin" hervor. (166) Fontane selbst war bekannterweise davon überzeugt, daß er mit seinem letzten Roman nicht nur eine mögliche, sondern auch die „gebotene Art" gefunden hatte, „einen Zeitroman zu schreiben." (167) Er führt sein Vorhaben aus unter bewußtem Verzicht auf ‚romanhafte' Verwicklungen, Lösungen, Herzenskonflikte, Spannungen und Überraschungen.

---

163 Gesinnung meint im 19. Jahrhundert vor allem ‚politische Denkungsweise' (Duden-Etymologie); sie findet sich als zentraler Begriff in der Kantschen Ethik (z. B. Grundlegung zur Metaphysik der Sitten. Akademie-Ausgabe, S. 435); Gesinnung bezeichnet auch allgemein ein Weltbild, das sich zur selbstverständlichen, unveräußerlichen Haltung des einzelnen verfestigt hat; die Gesinnung zu bilden, sie zu unterweisen, heißt hier, unter bewußtem Verzicht auf ‚Moralisieren' suggestiv weltanschauliche Normen zu vermitteln (Der Große Herder, 4. Aufl. 1931 ff., s. v. Gesinnung).

164 Erich Auerbach, Mimesis. Dargestellte Wirklichkeit in der abendländischen Literatur. 4. Aufl. Bern 1967 (Sammlung Dalp), S. 479.

165 Heinrich Mann, „Theodor Fontane, gestorben vor 50 Jahren" in: H. Mann, Briefe an Karl Lemke. Berlin 1963, S. 174.

166 Ebd., S. 175.

167 Brief an Adolf Hoffmann vom Mai/Juni 1897; AB II, 427.

„Einerseits auf einem altmodischen märkischen Gut, andrerseits in einem neumodischen gräflichen Hause (Berlin) treffen sich verschiedene Personen und sprechen da Gott und die Welt durch. Alles Plauderei, Dialog, in dem sich die Charaktere geben, und mit ihnen die Geschichte." (168)

Was also ist an der Darstellung der „Wirklichkeit der Gesinnung" zeittypisch?

Die Verinnerlichung des Menschenbildes steht im Dienst einer Vermittlung zwischen Person und Welt. Der Rückgriff auf Innerlichkeit und Gesinnung läßt sich mit dem Zurücktreten eines Beobachters vor einem übergroßen Objekt vergleichen; der Mensch muß sich auf das Fundament seines Eigentlichen, Unakzidentellen stellen, damit er die geographische, historische, politische und ideologische Totalität und Komplexität der Welt in den Blickpunkt bekommt. Aus einer solchen Verinnerlichung spricht nicht eine fluchtartige Abwendung von der Außenwelt, die Ratlosigkeit des Ohnmächtigen, nicht das Wunschbild von einem behüteten Innenbezirk des Menschlich-Privaten; die Verinnerlichung stellt vielmehr die Voraussetzung für das angemessene Erfassen einer modernen, komplizierten, sich in mannigfaltige Richtungen entwickelnden Welt dar. Wenn Müller-Seidel andeutet, daß Gesinnung dem Bewußtsein entspricht, daß sie auf die Gültigkeit und Wirksamkeit der Bewußtseinswelt verweist (169), dann kann das nur unter der Bedingung gelten, daß Bewußtsein Wissen bedeutet und nicht im Sinne des modernen Romans auf den Monolog des stream of consciousness abzielt; denn die Weltfülle etwa Joycescher Monologe gründet nicht in der Kategorie des Wissens, sondern in der nichtgewußten assoziativen Wirkungsweise des Unbewußten. Im „Stechlin" ist das Bewußtsein vom Zusammenhang der Dinge die vom Erzähler autorisierte Form der Gesinnung. Die Definition muß in dieser Art unbestimmt bleiben, da der Mensch es mit Phänomenen zu tun hat, die sich in Bewegung befinden und deshalb noch nicht bestimmbar sind. Gesinnung bezeichnet jenen humanen Bezirk, der sowohl auf die Kontinuität des

168 Vgl. auch die Rezension von Mahn: „Wie sich die Personen gegen einander benehmen, ihre Meinungen und Empfindungen austauschen, sich von der gleichfalls fertigen Umgebung berühren lassen, das ist der ‚Stoff' des Romans."
169 Müller-Seidel, S. 187 f.

Werthaften als auch auf die Veränderungen und Neubildungen reagiert. Weltoffenheit ist Angelegenheit des Menschen, seines Innerlichen, seines Wesens. Die Verinnerlichung des Menschenbildes versteht sich als erzählerische Erforschung jener Instanz, die die Entfremdung der Person von ihrer Umwelt bewältigt; das Erlebnis des „tyrannisierende[n] Gesellschafts-Etwas" (170) löst sich auf in einer neuen, von der Gesinnung gesteuerten Integration von Ich und Welt. Daß der einzelne von der Außenwelt ebenso betroffen wie an ihr beteiligt ist, wird an seiner Gesinnung ablesbar. Dem geologisch-naturwissenschaftlichen Phänomen des Sees entspricht damit das humane individuelle und zugleich kollektive Phänomen der Gesinnung.

Gesinnung fungiert weiterhin nicht etwa als Instrument, mit dem man der weltanschaulichen Interpretation der Wirklichkeit entgegentreten könnte. Sie ermöglicht, befördert und kontrolliert vielmehr die Bildung von Ideen und Idealen. Sie zeigt die Quelle des Weltanschaulichen, den Menschen, an. Ideologisierung der Wirklichkeit heißt hier, Wirklichkeit zu humanisieren, sie mit Persönlichem und Eigenem zu durchdringen. Gesinnung entmündigt nicht die Rede, das Bekenntnis, die Weltanschauung, aber sie bezeugt in jedem Augenblick den menschlichen und persönlichen Ursprung des Gesagten. Deshalb wiegen Dünkel, Überheblichkeit und Dogmatik im Negativen so schwer, weil sie über diesen Ursprung hinwegtäuschen wollen.

Fontanes Gesellschaftsromane haben die Glücksmöglichkeiten aus der Perspektive des einzelnen bzw. des Vereinzelten nach unterschiedlichen Seiten abgetastet und beschrieben. Hier nun richtet sich der Blick des Erzählers auf ein Ganzes; dieses Ganze versteht sich weder als eine konkrete Gesellschaftsform (etwa das Junkertum im Sinne Dubslavs, die bürgerliche Leistungsgesellschaft Lorenzens oder der vierte Stand nach den Worten Barbys) noch als eine bestimmte Geschichtsepoche (die Zeit des Soldatenkönigs, des alten Fritz, der Befreiungskriege, Kaiser Wilhelms I.); vielmehr ist es eine objektive Gegebenheit, die geologische, mythische und symbolische Realität besitzt. In ihr manifestiert sich das Sinnsubstrat der Stechliner Welt: der Zusammenhang der Dinge. Die erzählerische Wertung der Romanfiguren beruht auf deren existentieller, intellektueller und moralischer Reaktion darauf. Jene Personen, die mit ihrem Innersten auf das Allgemeine zustimmend

170 HI/IV, 236.

antworten, bilden eine Gemeinde, die Stechlin-Gemeinde. (171) Sie ist die Keimzelle der nunmehr möglichen „neuen, besseren Welt".

Indem der Gesellschaftsroman eine fremde, überpersönliche, institutionalisierte Wirklichkeitsstruktur entwirft, bereitet er den Roman der totalen, fremden Institutionalisierung vor (siehe Kafka). Anonymität und Undurchschaubarkeit der Motive und Ursachen für das Geschehen kennzeichnen eine Wirklichkeit, von der das Individuum praktisch und ideell weitgehend ausgeschlossen bleibt. Nicht die Kategorien der Verantwortlichkeit und Solidarität für und am öffentlichen Geschehen charakterisieren das Leben in der modernen Gesellschaft, sondern die Kategorien des persönlich-privaten Opfers, der Entsagung und des Leids. Im „Stechlin" ist die Wirklichkeit — ideell zumindest, denn es kommt nicht zur Tat — persönlichkeitszentriert; (172) das im See geborgene Ganze begreift sich nur aus dem Bezug auf das Menschliche und stellt keine absolute, für sich seiende Wesenheit dar. Die Hoffnung, die moderne, politisch und moralisch sich immer mehr institutionalisierende Wirklichkeit durch die Disposition der Persönlichkeit (Gesinnung) aufheben zu können, bezeichnet das utopische Substrat des „Stechlin".

171 Vgl. Günther, Symbol, S. 97: „Mit hinein in dieses mythische Bild vom See werden alle jene gestellt, die um ihn wohnen, und die in ihrem Wissen von dieser eigentümlichen Tätigkeit des Sees eine Gemeinschaft finden." Vgl. auch Siegfried Holznagel, Jane Austens „Persuasion" und Theodor Fontanes „Der Stechlin", eine vergleichende morphologische Untersuchung. Diss. Masch. Bonn 1956, S. 368 f.: „Im ‚Stechlin' dagegen ist das Ich zugleich Welt, und die ‚Geschichte' ist eine so ‚öffentliche' Geschichte, daß Individuum und Welt sich identifizieren dürfen, unter der einen Voraussetzung, daß die Person sich die Welt anzuverwandeln vermag: Hier heißt, zugleich auch Nicht-Ich und Welt zu sein und im Zusammenhang aller Dinge zu leben den schönsten Lohn einer ausgebildeten Persönlichkeit zu erringen, weltoffen und in sich ruhend zugleich." Von einem „Bund der guten Menschen" spricht Jost Schillemeit, Theodor Fontane. Geist und Kunst seines Alterswerks. Zürich 1961, S. 109.

172 Vgl. zum gegenwärtigen Begriff der Persönlichkeit den anregenden Artikel von Joachim Kaiser: „Der Einzelne — und das ‚Haus mit Telephonen'. Zwischen billigem Heroenkult und wohlfeilem Gerede von der Personalisierung" in: Süddeutsche Zeitung, Feuilleton-Beilage vom 28./29. April 1973.

SCHLUSSWORT

Die Ergebnisse und Einsichten des interpretatorischen Teils dieser Arbeit lassen sich folgendermaßen zusammenfassen:

Vor dem Sturm

Fontanes erster Roman ist ein umfassender, aber auch einmaliger Versuch, eine Welt auf der Grundlage ihrer Idealität zu konzipieren. Die interpretatorische Aufgabe bestand darin, die Konstituenten dieser Idealität zu ermitteln: Imaginationsvermögen und Gläubigkeit stellen die persönlichen Leistungen des Menschen vor den Anforderungen der astralischen Bestimmung und der epochalen Geschichte dar; in einem „Fühlen" erschließen sich sowohl das Märchenhafte des privaten Lebensweges als auch das Teleologische des Geschichtsverlaufs. Aussöhnung und Erfüllung bezeichnen den Zielpunkt eines dramatischen Geschehens, das sich in dreifacher Stufung abspielt: Erfüllung einer Liebe, Erlösung vom Familienfluch und Befreiung von der Fremdherrschaft. Während sich das private, familiäre Schicksal vorzüglich auf imaginativer (auch magischer) Wirklichkeits- und Erfahrungsebene ereignet, entscheidet sich das historisch-nationale Geschehen im ideellen Raum sogenannter altpreußischer Wertvorstellungen; die Bedeutung der Geschichte, die in der Spezialforschung zu unrecht gering geschätzt wurde, kann hier eingehend beschrieben werden. — Aber so vorbildlich die Welt des Idealen auch vom Autor gemeint sein mag, sie erweist sich doch nicht für jedermann als zugänglich; im Gegenteil zeigt die Interpretation deutlich ihre Exklusivität, ihren Ausnahmecharakter selbst in der Welt des „Vor dem Sturm". Gesinnung vereinigt nicht nur Menschen, sondern trennt sie auch rigoros, indem sie eine bestimmte Form der Gesinnung verlangt (Treue-Ethos, soldatische Haltung). So lassen sich Außenseiter erkennen, die in der dargestellten Welt des Idealen zwar noch ‚gerechterweise' zu kurz kommen, die aber in den späteren Werken Fontanes die eigentliche Mitte des Geschehens bilden. Selbst jene Helden, die als Heroen der preußischen Geschichte gefeiert werden, sind viel problematischer, als es auf den oberflächlichen Blick erscheinen mag. — Der Romanschluß, auf den alles Geschehen hindrängt, präsentiert sich als Kompromiß zwischen dem Absoluten des Märchens und dem Privaten einer glücklichen Ehe. In dem auffallenden Wechsel der Erzählerperspektive lassen sich erste Anzeichen für eine Abwendung Fontanes vom Hohen-Vietzer Weltbild erkennen.

Allerlei Glück

Dieses Fragment antwortet dem Vers „Und kann auf Sternen gehn" mit dem neuen Bewußtsein: „aber solange wir nicht gelernt haben, auf Sternen zu gehn". Hier öffnet sich für jeden einzelnen eine Welt vielfältiger Möglichkeiten; das Absolute der Sterne rückt in die Ferne, und die Schwere persönlicher und öffentlicher Dekadenz belastet noch nicht.

Schach von Wuthenow

Die „Erzählung aus der Zeit des Regiments Gensdarmes" kennt nur noch die Situation der individuellen und staatlichen Niederlage. Trotzdem erweist sich die Erzählung nicht als jene Abrechnung mit der preußischen Geschichte, die nach „Vor dem Sturm" notwendig erschien. Die Interpretation versuchte, die sehr komplizierte Gestalt des Rittmeisters aus seinem besonderen Weltbild zu erklären. Sein mittelalterlich-ritterliches Wertdenken begründet das Kritikwürdige, das Anachronistische, das Lächerliche und das Tragische dieser Figur. Die Äußerlichkeit, die man Schach vorwirft, erweist sich aus seiner mittelalterlichen Sicht als eine Form der Öffentlichkeit und Ehrlichkeit, die als Alternative nur die Lüge kennt. Die Sympathie mit dem Templerorden erklärt seinen Begriff von Größe, der von außen gesehen nur als lächerlich erscheint; hier findet Schach vorgegeben, daß auch im Untergang Größe liegen kann. Durch diese Aufwertung einer zur Katastrophe führenden Entwicklung erscheinen auch seine illusionären Zukunftspläne in neuem Licht: Sie verstehen sich als eine Flucht aus der gesellschaftlichen Bindung in die exotische Freiheit eines irrealen Ortes; diese Pläne werden entworfen, um im Sinne von ‚Hilfskonstruktionen' die tatsächliche Entfernung von der gesellschaftlichen Umwelt zu überspielen. — Schachs Tun und Denken, das zunächst so widersinnig und moralisch auch niedrig erscheint, erschließt sich nun als Ausdruck eines konsequenten Verhaltens. Diese Konsequenz bleibt von den anderen Figuren nicht unbeobachtet und legt den Weg zum Verständnis einer problematischen Gestalt frei. Konsequenz wird zum Hilfsbegriff für das Verstehen, indem sie Ungewöhnliches zu erklären vermag. Das Erklärbare der zunächst unverständlichen Phänomene birgt die Möglichkeit zur versöhnenden Sicht. Die humanisierende Dimension des Erklärbaren wird (in Anlehnung an die Romankonzeption von George Eliot) als die eigentliche Leistung der Dichtung begriffen.

Stine

Am Schicksal Waldemars und Stines wird ein Psychogramm der Wirklichkeitsferne erarbeitet, am Leben der Pittelkow ein Psychogramm der Wirklichkeitsnähe. Dabei erweist sich das zunächst auffallende Mesalliance-Thema nur als Material für ein anderes. Wirklichkeitsferne bedeutet, den Anforderungen des Lebens mit einer Märchenwelt bzw. mit Amerikaträumen begegnen zu wollen. Diese Passivität der Figuren, ihre Schwäche und ihre Kränklichkeit stehen mit der historischen Situation einer siegreichen Nachkriegsgeneration in enger Verbindung; das individuelle Scheitern kontrastiert mit der allgemeinen Prosperität und entlarvt deren Seelenlosigkeit. Wirklichkeitsnähe bedeutet zunächst einmal völliges Ausgeliefertsein an eine Lebensform, die man sich nicht freiwillig erwählt hat. Aber eine solche Situation muß sich nicht nur negativ auswirken. Mit der Figur der Pittelkow zeigt Fontane, was eine nahezu elementare Gesundheit und die Souveränität in der Behandlung des Lebens auszurichten vermögen. Was die einen zum tödlichen Ende führt, verwandelt sich für die Pittelkow kraft ihrer Persönlichkeit in die lebbare Welt der Gesellschaftskomödie. In dieser Figur gestaltet Fontane die Möglichkeit, eine tödlich bedrängende Wirklichkeit zu entschärfen.

Quitt

Wunschbilder und Amerikaträume des Invaliden Waldemar werden hier als verwirklichbar dargestellt. Die Lösung der Konflikte liegt im Bereich des einzelnen. Zivilisation und Wildnis prägen — als zwei entgegengesetzte Erfahrungsbereiche — das Wirklichkeitsbild dieses Romans. Dennoch zeigt es sich, daß auch der Weg des resolut Kämpfenden schließlich doch nur in die Niederlage führt. Aber das bestätigt keineswegs die Auswirkungen einer Schuld-Sühne-Konzeption.

Abermals spielt die Kategorie des Erklärbaren eine entscheidende Rolle: Hier dient sie dazu, das Phänomen des Erfolgs und der Glückserfüllung im historischen Raum der ‚Gründerjahre' abzuwerten und die singuläre Niederlage in aller Klarheit ihrer Motive demgegenüber aufzuwerten. Das „quitt" am Romanende besitzt somit eine positive Bedeutungsdimension. — Zudem ergeben sich in der „happy family" Perspektiven einer neuen, pluralistischen Gesellschaftsform. Überhaupt konnte der Amerikateil des Romans, der in der Forschung immer als unrealistisch und somit unkünstlerisch beurteilt wurde, neu bewertet werden: Das ‚unrealistische' schlesische Wirklichkeitsbild Amerikas ist funktional auf die Hauptfigur zugeordnet und verrät darin eine bis dahin unterschätzte künstlerische Bewußtheit Fontanes.

Frau Jenny Treibel

Im Gegensatz zum Wildererroman legt es „Frau Jenny Treibel" auf eine urbane Versöhnung an. Dennoch geschieht hier anderes, als es der Begriff zunächst unterstellt. In der Rolle des Liedes, das anfangs nur im verzerrenden Zusammenhang bourgeoiser Gefühlsheuchelei erscheint, wird die zentrale Aufgabe und Wirkung von Kunst überhaupt erkannt. Der lyrische Ort des „Wo sich Herz zum Herzen find't" wird als positive Gegenwelt zur Prosa der Romanwirklichkeit beschrieben. Die Leistung des Menschen besteht darin, zu einem ‚richtigen' Verhältnis zur Kunst zu finden. Dann vermag die Dichtung ihrerseits, den Menschen zu verändern, ihn aus egozentrischer Verkapselung zu lösen.

Die Likedeeler

Am Paria-Motiv — erste Versuche dieser Art finden sich bereits in „Vor dem Sturm" — gestaltet Fontane wiederum die Möglichkeit, sich kämpferisch das zu erringen, was einem verwehrt wird. Dieses Fragment bezeugt am deutlichsten Fontanes Interesse an gesellschaftlichen und kulturellen Bewegungen ‚von unten.' Zugleich stellt es eine Rückkehr Fontanes zur Geschichte dar. „Die Likedeeler" werden als ein Versuch gedeutet, eine Staats- und Gesellschaftsutopie aufgrund von militärischen, wirtschaftlichen und ideellen Voraussetzungen darzustellen. Seine Aktualität erhält das Fragment durch mehr oder minder offene Bezüge zur Gegenwart des Autors. Darüberhinaus entwirft es ein umfassendes Geschichtsbild, ein exemplarisches Modell: Geschichte bedeutet Geschichtlichkeit aller Phänomene, und zwar sowohl aller gesellschaftlichen als auch aller ideellen Phänomene. Geschichte bedeutet weiterhin die ständige Bewegung von Altem zu Neuem, wobei das Neue unmittelbar aus den Mißständen des Alten erwächst. Das geschichtlich verbürgte Hoffnungsprinzip liegt darin, daß jede Kraft ihre Gegenkraft erzeugt.

Der Stechlin

Der Roman ist eine Auseinandersetzung mit dem Ideengut des 19. Jahrhunderts. Es handelt sich dabei um einen Versuch, die Geschehnisse der Welt, die Leistungen von Institutionen und Ideologien in die Hände von individuellen Persönlichkeiten zu geben. Der Begriff des Helden spielt hier eine entscheidende Rolle. Der zentrale Begriff der Gesinnung aus „Vor dem Sturm" erscheint nun wieder, aber ohne seine dort ermittelte Ambivalenz. Er dient zur Begründung einer persönlichkeitszentrierten, nicht entfremdeten Welt. Besitz und Macht, die sich der abenteuerliche Kämpfer erwirbt, können zu einem ‚Vermögen' verinnerlicht werden, das die Persönlichkeit konstituiert und die Person davor bewahrt, ohnmächtig in einer fremden Welt zugrunde zu gehen. Innerlichkeit versteht sich als Garant ständiger Weltoffenheit und kann deshalb auch als Zentrum eines Romans gelten, der sich selbst als einzig gebotene Form des ‚Zeitromans' begreift.

Die Untersuchung ging vom Begriff der Verklärung aus und suchte ihn in einem theoretischen Kapitel näher zu fassen. In dem interpretatorischen Teil hingegen trat der Begriff merklich zurück. Es kam nicht darauf an zu demonstrieren, an welchen Stellen Verklärung vorläge. Verklärung bezeichnet — so kann jetzt formuliert werden — die maßgebliche Wirklichkeitsstruktur der hier berücksichtigten Fontaneschen Werke. Es handelt sich dabei um eine Struktur, die ein bestimmtes ideelles Substrat aus sich entläßt. Verklärung ist der Generator des Ideengehalts; er ist ein Apparat aus der Poetik, der im einzelnen Werk die ideelle Substanz erzeugt. Mehr noch: Verklärung wirkt sich nicht nur werkimmanent aus, sondern reguliert auch das Verhältnis zwischen Werk und Leser, zwischen Poesie und Wirklichkeit; sie bestimmt Funktion, Stellenwert und Wirkungskraft der Kunst in der Gesellschaft. Die im Zusammenhang mit Fontane oft zitierte neue bessere Welt kann als Produkt der Verklärung verstanden werden.

Die vorliegende Arbeit erkennt hierin Fontanes spezifischen Standort. Nach Fontane wird sich anderes geltend machen. Der, dem man die „Fontane-Schülerschaft auf den Kopf" zusagen wird (1), wird die Konzeption seines Lehrers genau umkehren. Verklärung ist dann nicht mehr das Primäre, das Regulierende, das Aktive gegenüber der ungenügenden Wirklichkeit, sondern im Gegenteil ihr Produziertes, ihre Begleiterscheinung. Da heißt es, daß das Anliegen der „Buddenbrooks" „die Psychologie ermüdenden Lebens, die seelischen Verfeinerungen und ästhetischen Verklärungen war, welche den biologischen Niedergang begleiten." (2) Und Dr. Spinell sagt: „Weil es nicht selten geschieht, daß ein Geschlecht mit praktischen, bürgerlichen und trockenen Traditionen sich gegen das Ende seiner Tage noch einmal durch die Kunst verklärt." (3) Rückblickend schreibt Thomas Mann an Henry H. H. Remak: „Den alten Fontane habe ich nicht mehr gekannt. Ich hätte ihn wohl in München treffen können, im Hause des Verteidigers Bernstein, aber damals verkehrte ich noch nicht dort, ich war zu jung. Ist ‚Der kleine Herr Friedemann' wirklich noch zu seinen Lebzeiten erschienen? Ich wüßte es nicht zu sagen. Jedenfalls bin ich nicht auf den Gedanken gekommen, ihm ein Exemplar zu schicken. Ich wollte, er hätte das Erscheinen von ‚Buddenbrooks' noch erlebt. Es hätte ihm sicher gefallen, vielleicht hätte er sogar darüber geschrieben." (4) Zugegeben daß sich beide Romanciers in ihren artistischen Ansprüchen die Waage halten, daß ihr Prosastil verwandt ist (5), zugegeben weiterhin, daß Th. Mann den raffinierten artistischen Zauber der Fontaneschen Kunst, in der sich der „Stoff durch die Form ‚verzehre'" (6), immer bewundert hatte, so ist doch der diametrale Unterschied zwischen beiden Erzählern nicht zu übersehen, der sich in der Verklärungskonzeption ausdrückt.

1 Brief an Henry H. H. Remak vom 7. Februar 1951; Th. Mann. Briefe. Hrsg. von Erika Mann, Bd. 3: Briefe 1948–1955 und Nachlese, Frankfurt 1965, S. 190.
2 Th. Mann. Das essayistische Werk. Miszellen, S. 209 (= „Zu einem Kapitel aus ‚Buddenbrooks'").
3 Th. Mann. Tristan. Die Erzählungen (Taschenbuchausgabe), Bd. 1, S. 176.
4 Brief an Remak vom 21. Juli 1954; Briefe, Bd. 3.
5 Brief an Joseph Angell vom 11. April 1937; Briefe 1937–1947, Frankfurt 1963.
6 Brief an Agnes E. Meyer vom 12. Mai 1942; Briefe 1937–1947.

KAPITELSYNOPSE

1883	1895 Febr.
1 Kp. Abzug aus d. Heimat Wollin; Brief St's an G.M.	Ankunft in Marienhafe
2. Kp. Marienhafe; Lokal Schlechte Voraussage	Kloster Politisches Gespräch mit d. Abt; Zusicherung gegenseitiger Hilfe, da Rivalität zw. Abt. u. T. Broke; da- durch spätere Rache d. Abtes
3. Kp. St. u. Theda; Verlobung St's Erzählung von seinen Taten St's Haß gegen d. Lüb, da keine Lik.	Etablierung d. Lik. Moriscoknabe
4. Kp. Hochzeit; Pracht; Reichtum Vorher: Stiftung Absicht, an Land zu bleiben u. Kenos Erbe anzutreten	Persönliche Kontakte Likedeelertum historisch-roman- tisch beschrieben
5. Kp. 3/4 Jahr später: Kind (Frühgeburt)	
6. Kp. Konvent d. Lik; wollen St. ab- setzen	
7. Kp. Einfluß d. Lüb. auf Keno; Krän- kungen. Tod d. Kindes. Es soll nicht sein! Auslaufen	
8. Kp. Raub- u. Siegeszüge	
9. Kp. Lüb. Abgesandte an Keno; Entdeckung seines doppelten Spiels Handschuh	
10. Kp. Rüstung d. Hanse; Die bunte Kuh	
11. Kp. Kampf	
12. Kp. Hinrichtung aller; Freilaufen	
13. Kp. Henker St. u. Rosenfeld	
14. Kp. Marienhafe. Kolonie Spuk, Gespensterschiff Entgrenzung	

	Anfang März 1895	Neuer Plan, ab Ende März 1895
1. Kp.		1. Einfahrt 2. Begrüßung; der Knabe
2. Kp.		Am Morgen nach der Ankunft: 1. Planung 2. Politisches Gespräch mit d. Prior
3. Kp.		1. Drei Tage später bei d. Arbeit 2. Gespräch d. Schiffsleute; Lik-Ethos 3. Funde beim Graben
4. Kp.		1. Baufortschritte; Gänsemarkt 2. Politisches Gespräch zw. St. u. Prior; Seßhaftigkeit; der Kirche dienen
5. Kp.	Keno zweites politisches Gespräch	1. Besuch bei Keno 2. St. u. Ludiger
6. Kp.	Neue Nachrichten von Sieg u. Niederlage	Allgemeinpolitisches Thema [oder überhaupt fallengelassen]
7. Kp.	Besuch bei Keno zu Weihnachten	1. Sturmflut 2. Weihnachten. Keno, Geta
8. Kp.	Predigt-Gegenpredigt	1. Predigt 2. Gegenpredigt
9. Kp.	St. u. Geta	1. St. u. Keno 2. St. u. Geta
?. Kp.		Nachricht v. Niederlage; Entrüstung über d. Strenge; Gelassenheit St's; deshalb Unruhe in d. Reihen d. Lik.
10. Kp.	Bund mit Geta unter d. Bedingung seiner Wandlung	Friedensgespräch St's mit Keno unter d. Einfluß von Geta; St's Ruhebedürfnis; Kenos Erbschaftsangebot St. u. Geta: Buße, Wandlung
11. Kp.	Bußgang: Mutter bleibt unversöhnt	1. Bußgang mit Erfolg 2. Rückreise; Ahnung
12. Kp.	Inzwischen Überfall auf Keno Tod Getas. St's Gelübde	1. Bericht d. Priors über d. Geschehene 2. Daher d. Bußgang doch ohne Erfolg. Sein Gelübde; Ablegen der schützenden Reliquie
13. Kp.	Wieder auf See	1. Übernahme d. Kommandos durch St. 2. Ausfahrt zur rächenden Entscheidungsschlacht
14. Kp.	Kampf, Niederlage, Hinrichtung, Haltung d. Henkers	Ausfahrt d. Hansen Kampf, Niederlage d. Lik. Hinrichtung Meister Hans

	Ankunft	Intermezzo des Friedens	Untergang
1880 Juli	Einquartierung in Marienhafe als neuem Stützpunkt für Raubüberfälle	Wandlung St's unter d. Einfluß T. B's Tochter. St's Bußwanderung Während St's Abwesenheit ereignet sich etwas, das alle seine Pläne zerstört u. ihn wieder auf See treibt.	Bei dieser erzwungenen Seefahrt geht er zugrunde
1882 Aug.	Rückzug aus d. Ostsee Zuflucht bei dem alten Freund Keno. Aufbau einer idyllisch-kommunistischen Kolonie	Bindung St's an Hyma; Kind Bußgang, vermutlich ohne Erfolg Sehnsucht St's nach dem Meer Wende: 1. Unruhe d. Lik. 2. Beleidigung durch d. Lübischen, da denen d. Kolonie unbequem 3. Tod d. Kindes Entdeckung d. doppelten Spiels Kenos, dadurch Bruch mit d. Lübischen Darauf fröhliche Ausfahrt d. Lik. zu neuen Raubzügen	Darauf die erfolgreiche Reaktion der Hansischen
1883	? (Fluchtziel, Winterquartier?)	Durch Bindung an Theda Wandlung St's zur Seßhaftigkeit Kind Bau einer Kolonie Wende: 1. Unruhe d. Lik., sie wollen St. absetzen 2. Kränkungen durch d. Lüb. 3. Tod d. Kindes	Bei den neuen Raubzügen Untergang Doch Weiterbestehen d. Kolonie Spukhafte Entgrenzung u. Überschreitung des Ende = ewiges Likedeelertum
1893–1894	?	Bindung an Geta unter d. Bedingung, daß er seinen Bußgang antritt. Bußgang ohne Erfolg [Inzwischen Rache d. Abtes, da St. zur Gegenseite, Keno, übergegangen.] Dabei Tod Getas St's Gelübde	Bei dieser Ausfahrt Untergang
Neuer Plan	St's Neigung zu Seßhaftigkeit u. Dienst für d. Kirche	Unter d. Einfluß Getas St's Bedürfnis nach Ruhe Sein Bußgang mit Erfolg Inzwischen Überfall auf Keno Tod Getas St's Gelübde	Bei d. Entscheidungstreffen Untergang

335

ABKÜRZUNGEN

A	Theodor Fontane. Romane und Erzählungen. 8 Bde, hrsg. von Peter Goldammer, Gotthard Erler, Anita Golz und Jürgen Jahn, Berlin (Aufbau) 1969. 2. Aufl. 1973.
AB	Fontanes Briefe in zwei Bänden. Hrsg. von Gotthard Erler, Berlin (Aufbau) 1968.
AzL	Theodor Fontane. Aufzeichnungen zur Literatur. Ungedrucktes und Unbekanntes. Hrsg. von Hans-Heinrich Reuter, Berlin 1969.
DR	Deutsche Rundschau.
DVjs	Deutsche Vierteljahresschrift für Literaturwissenschaft und Geistesgeschichte.
DU	Der Deutschunterricht (Stuttgart).
EG	Etudes germaniques.
FaBr	Theodor Fontanes Briefe an seine Familie. 2 Bde, Berlin 1905.
FrBr	Theodor Fontanes Briefe. Zweite Sammlung [An seine Freunde]. 2 Bde, hrsg. von Otto Pniower und Paul Schlenther, Berlin 1910.
FR	Fontanes Realismus. Wissenschaftliche Konferenz zum 150. Geburtstag Theodor Fontanes in Potsdam. Vorträge und Berichte. Hrsg. von Hans-Erich Teitge und Joachim Schobeß, Berlin 1972.
FRB	Theodor Fontane. Briefe an Julius Rodenberg. Eine Dokumentation. Hrsg. von Hans-Heinrich-Reuter, Berlin 1969.
Friedl. Br.	Theodor Fontane. Briefe an Georg Friedlaender. Hrsg. von Kurt Schreinert, Heidelberg 1954.
GLL	German Life and Letters.
GR	The Germanic Review.
GRM	Germanisch-Romanische Monatsschrift.
H	Theodor Fontane. Werke, Schriften und Briefe. 2. Aufl. hrsg. von Walter Keitel und Helmuth Nürnberger, München (Hanser) 1970 ff. 1. Aufl. 1962 ff.
HyBr	Der Briefwechsel von Theodor Fontane und Paul Heyse. 1850—1897. Hrsg. von Erich Petzet, Berlin 1929.
HzBr	Theodor Fontane. Briefe an Wilhelm und Hans Hertz. 1859—1898. Hrsg. von Kurt Schreinert und Gerhard Hay, Stuttgart 1972.
KlBr	Theodor Fontane. Briefe an Hermann Kletke. Hrsg. von Helmuth Nürnberger, München 1969.
LA	Theodor Fontane. Briefe an die Freunde. Letzte Auslese. 2 Bde, hrsg. von Friedrich Fontane und Hermann Fricke, Berlin 1943.
MLN	Modern Language Notes.

N	Theodor Fontane. Sämtliche Werke. Hrsg. von Edgar Groß, München (Nymphenburger) 1959 ff.
NA	Schillers Werke. Nationalausgabe. Erzählungen. Bd. 16, hrsg. von Hans Heinrich Borcherdt, Weimar 1954.
PB	Theodor Fontane. Briefe I—IV. Hrsg. von Kurt Schreinert und Charlotte Jolles, Berlin (Propyläen) 1968 ff.
SuF	Sinn und Form.
SzL	Theodor Fontane. Schriften zur Literatur. Hrsg. von Hans-Heinrich Reuter, Berlin 1960.
TFW	Theodor Fontanes Werk in unserer Zeit. Potsdam 1966.
ZfdPh	Zeitschrift für deutsche Philologie.

LITERATURVERZEICHNIS

Werke Fontanes

Theodor Fontane. Werke, Schriften und Briefe. 2. Aufl., hrsg. von Walter Keitel und Helmuth Nürnberger, München 1970 ff. Abt. I, Bd. 1–7 [ersch. 1–3]: Sämtliche Romane, Erzählungen, Gedichte, Nachgelassenes.
Bd. 4–6 wurden nach der 1. Aufl. zitiert: Th. F. Romane, Erzählungen, Gedichte. Hrsg. von Walter Keitel, München 1962 ff.
Abt. II, Bd. 1–3:
Wanderungen durch die Mark Brandenburg. Hrsg. von Walter Keitel, München 1966–68.
Abt. III, Bd. 1:
Aufsätze, Kritiken, Erinnerungen. Hrsg. von Jürgen Kolbe, München 1969.
Bd. 2:
Theaterkritiken. Hrsg. von Siegmar Gerndt, München 1969.
Bd. 4:
Autobiographisches. Hrsg. von Walter Keitel, München 1973.
Theodor Fontane. Sämtliche Werke. Hrsg. von Edgar Groß, Kurt Schreinert u. a. München 1959 ff.
Theodor Fontane. Romane und Erzählungen, 8 Bde. Hrsg. von Peter Goldammer, Gotthard Erler, Anita Golz und Jürgen Jahn, Berlin 1969. 2. Aufl. 1973.
Theodor Fontane's Briefe an seine Familie. Hrsg. von K. E. O. Fritsch, 2 Bde., Berlin 1905.
Briefe Theodor Fontanes. Zweite Sammlung. Hrsg. von Otto Pniower und Paul Schlenther, 2 Bde. Berlin 1910.
Der Briefwechsel von Theodor Fontane und Paul Heyse. 1850–1897. Hrsg. von Erich Petzet, Berlin 1929.
Theodor Fontane. Briefe an die Freunde. Letzte Auslese. 2 Bde. Hrsg. von Friedrich Fontane und Hermann Fricke, Berlin 1943.
Theodor Fontane. Briefe an Georg Friedlaender. Hrsg. von Kurt Schreinert, Heidelberg 1954.
Theodor Fontane. Schriften zur Literatur. Hrsg. von Hans-Heinrich Reuter, Berlin 1960.
Theodor Fontane: Schach von Wuthenow. Deutung und Dokumentation von Pierre-Paul Sagave, Frankfurt 1966 = Dichtung und Wirklichkeit Bd. 23.
Fontanes Briefe in zwei Bänden. Hrsg. von Gotthard Erler, Berlin 1968.
Theodor Fontane. Briefe I–IV. Hrsg. von Kurt Schreinert und Charlotte Jolles, Berlin 1968–71.
Bd. I: Briefe an den Vater, die Mutter und die Frau. 1968.

Bd. II: Briefe an die Tochter und an die Schwester. 1969.

Bd. III: Briefe an Mathilde von Rohr. 1971.

Bd. IV: Briefe an Karl und Emilie Zöllner und andere Freunde. 1971.

Theodor Fontane. Aufzeichnungen zur Literatur. Ungedrucktes und Unbekanntes. Hrsg. von H.-H. Reuter, Berlin 1969.

Theodor Fontane. Briefe an Julius Rodenberg. Eine Dokumentation. Hrsg. von H.-H. Reuter, Berlin 1969.

Theodor Fontane. Briefe an Hermann Kletke. In Verbindung mit dem Deutschen Literaturarchiv Marbach a. N. hrsg. von Helmuth Nürnberger, München 1969.

Theodor Fontane. Briefe an Wilhelm und Hans Hertz 1859–1898. Hrsg. von Kurt Schreinert und Gerhard Hay, Stuttgart 1972.

Fontane-Literatur

1. Bibliographische Hilfsmittel

HERDING, Gertrud, Theodor Fontane im Urteil der Presse. Ein Beitrag zur Geschichte der literarischen Kritik. Diss. Masch. München 1945.

SCHOBESS, Joachim, Literatur von und über Theodor Fontane. 2. Aufl. Potsdam 1965.

FONTANE-Blätter. Potsdam 1965 ff.

JOLLES, Charlotte, Theodor Fontane. Stuttgart 1972. Sammlung Metzler, Bd. 114.

2. Rezensionen

(Hier werden nur solche Rezensionen aufgeführt, die im Text verarbeitet wurden. Die folgende Liste beruht zum Teil auf eigenen Nachforschungen, zum Teil auf den Angaben in den Anmerkungen zu den Hertz-Briefen; auch das Potsdamer Bestandsverzeichnis war in einigen Fällen behilflich. Der Anmerkungsteil der Aufbau-Ausgabe enthält eine umfassende Auswahl wirkungsgeschichtlichen Materials.)

Vor dem Sturm

Über Land und Meer, 41 (1879), Nr. 21, S. 406.

Norddeutsche Allgemeine Zeitung vom 30. November 1878.

Neue Evangelische Kirchenzeitung vom 7. Dezember 1878, Jg. 29, Nr. 49, Spalte 779.

Kölnische Zeitung vom 30. Dezember 1878.

Kieler Zeitung. Abendausgabe vom 10. März 1879.

„Theodor Fontane [‚Vor dem Sturm‘ ‚Grete Minde‘, ‚Ellernklipp‘, ‚L'Adultera‘]" in: Die Grenzboten, 41, 2 (1882), S. 538–546.

Ludovica Hesekiel in: Neue Preußische (‚Kreuz‘-) Zeitung, Nr. 291 vom 12. Dezember 1878. Beilage.

Ludovica Hesekiel in: Wochenblatt der Johanniter-Ordens-Balley, Brandenburg, 20 (1879), Nr. 3 vom 15. Januar S. 17 f.

W. L. = Wilhelm Lübke in: Schwäbischer Merkur. Beilage der „Schwäbischen Kronik" zu Nr. 298 vom 15. Dezember 1878.

L.P. = Ludwig Pietsch in: Vossische Zeitung vom 22. November 1878, Nr. 275.

Ludwig Pietsch in: Die Gegenwart, Bd. 17, Nr. 17 vom 24. April 1880, S. 262—264.

Mm = Julius Rodenberg in: Deutsche Rundschau, 18 (1879), S. 317—319; wiederabgedr. in: FRB, 120—124.

Otto Roquette in: Augsburger Allgemeine Zeitung vom 5. Dezember 1878, Nr. 339, S. 5005 f.

Friedrich Karl Schubert in: Blätter für litterarische Unterhaltung, 1879, S. 131 f.

Eugen Zabel in: Mehr Licht, Jg. 1 (1878/79), Nr. 15, S. 235 f.

Schach von Wuthenow

Deutsche Rundschau, 35 (1883), S. 478.

Die Grenzboten, 42, 3 (1883), S. 318—320.

Ludovica Hesekiel in: Neue Preußische (‚Kreuz‘-) Zeitung, Nr. 290 vom 10. Dezember 1882.

Eduard Engel in: Das Magazin für Litteratur, 52 (1882), S. 720—722; wiederabgedr. in: Schach-Ullstein, S. 181—185.

Wilhelm Jensch in: Magdeburgische Zeitung, Nr. 573 vom 7. Dezember 1882; wiederabgedr. in: Schach-Ullstein, S. 185 f.

Hermann Kletke in: Vossische Zeitung, Sonntagsbeilage Nr. 51 vom 17. Dezember 1882; wiederabgedr. in: Schach-Ullstein, S. 187 f.

Wilhelm Lübke in: Schwäbischer Merkur. Beilage der „Schwäbischen Kronik", Nr. 296 vom 15. Dezember 1882; wiederabgedr. in: Schach-Ullstein, S. 186 f.

Stine

Die Grenzboten, 49, 3 (1890), S. 524—526.

M. Benfey, „Vergehendes und Werdendes" in: Blätter für litterarische Unterhaltung, 1890, bes. S. 469 f.

Maximilian Harden, „Stine und Leontine" in: Die Nation, 7 (1889/90), S. 678—680.

Robert Hessen in: Deutsches Wochenblatt, 3 (1890), S. 352.

Walter Paetow in: Die Gegenwart, 37 (1890), S. 411 f.

Theodor Wolff in: Berliner Tageblatt vom 20. Mai 1890.

Quitt

Die Grenzboten, 50, 2 (1891), S. 620–625.

h. m. in: Deutsche Dichtung, 10 (1891), S. 32. 32.

Wilhelm Bölsche, „Neue Romane und Novellen" in: Deutsche Rundschau, 68 (1891), S. 151 f.

Siegfried Samosch, „Theodor Fontanes neueste Romane [‚Quitt' und ‚Unwiederbringlich']" in: National-Zeitung, Nr. 533 vom 18. September 1891; Morgenausgabe.

Paul Schlenther in: Vossische Zeitung, Sonntagsbeilage, Nr. 51 vom 21. Dezember 1890.

Paul von Szcepanski in: Neue Monatshefte, 1890/91, Heft 6.

Bruno Wille in: Freihe Bühne für modernes Leben, 2. Jg. 1891, S. 142–144.

Frau Jenny Treibel

Die Grenzboten, 52, 1 (1893), S. 340–347.

Max Haese, „Noch einmal der alte Fontane" in: Das Magazin für Litteratur, 61 (1892), S. 809–811.

Robert Lange, „Neue Romane" in: Blätter für litterarische Unterhaltung, 1892, S. 808 f.

Der Stechlin

Neue Preußische Zeitung vom 13. November 1898.

A. B. in: Literarisches Centralblatt für Deutschland, 1898, Spalte 1798–1800.

Arthur Eloesser, „Neue Bücher" in: Neue deutsche Rundschau, 10 (1899), S. 485–497, bes. 486–488.

Richard Friedrich, „Neue Romane" in: Blätter für litterarische Unterhaltung, 1898, S. 826–829, bes. 828 f.

Ernst Heilborn in: Das litterarische Echo, 1 (1898/99), Spalte 57–59.

Hans Landsberg in: Das Magazin für Litteratur, 68 (1899), Spalte 325–327.

Paul Mahn, „Theodor Fontanes letzter Roman" in: Vossische Zeitung vom 21. Oktober 1898, 1. Beilage.

Fritz Mauthner, „Fontanes letzter Roman" in: Berliner Tageblatt vom 18. November 1898.

Sigmund Schott, „Theodor Fontane's letzter Roman" in: Allgemeine (Augsburger) Zeitung, Beilage vom 11. November 1898, S. 2–5.

3. Sekundärliteratur

ADLER, Dorothea, „Fontanes Gestalten im Bann elementarer Kräfte" in: Jahrbuch für brandenburgische Landesgeschichte, 21 (1970), S. 37–40.

ALTMANN, Hans, Die Dichtung Fontanes, ein Spiel vom Leben, Diss. Masch. Bonn 1950.

ATTWOOD, Kenneth, Fontane und das Preußentum. Berlin 1970.

BACHMANN, Rainer, Theodor Fontane und die deutschen Naturalisten. Vergleichende Studien zur Zeit- und Kunstkritik. München 1968.

BEHREND, Erich, Theodor Fontanes Roman „Der Stechlin". Marburg 1929 = Beiträge zur deutschen Literaturwissenschaft, hrsg. von Ernst Elster, Nr. 34.

BEREND, Eduard, „Die historische Grundlage von Theodor Fontanes Erzählung ,Schach von Wuthenow'" in: DR, 200 (1924), S. 168—182.

DERS., „Zur Entstehungsgeschichte von Th. Fontanes ,Schach von Wuthenow'" in: Willibald-Alexis-Bund. Jahrbuch, 3 (1928; ersch. 1929), S. 46—50.

BETZ, Frederick, „Theodor Fontane's *Vor dem Sturm* in the *Augsburger Allgemeine Zeitung*: Karl Gutzkow or Otto Roquette? in: MLN, 87 (1972), S. 768—776.

BIEHAHN, Erich, „Fontanes ,Vor dem Sturm', die Genesis des Romans und seine Urbilder" in: Frankfurter Oderzeitung vom 19. bis 28. Juli 1938; wiederabgedr. in: FB, 2, 5 (1971), S. 339—354.

BIENER, Joachim, Fontane als Literaturkritiker. Rudolstadt 1956 = Wir diskutieren, Heft 4.

BODE, Dietrich, Nachwort zu „Stine". Stuttgart (Reclam) 1963.

BÖCKMANN, Paul, „Der Zeitroman Fontanes" in: DU, 11, 5 (1959), S. 59—81.

BONK, Jürgen (Leitung), „Theodor Fontane. ,Schach von Wuthenow'" in: Studienmaterial zu Analysen von Werken der deutschen Literatur, ausgearbeitet von einem Lektorenkollektiv unter Leitung von Jürgen Bonk, Berlin 1954, S. 101—113.

BOSSHART, Adelheid, Theodor Fontanes historische Romane. Diss. Zürich 1957.

BRANDT, Rolf, Theodor Fontane. Bielefeld, Leipzig (1913) = Velhagen und Klasings Volksbücher, 97.

BRINKMANN, Richard, Das Bild vom Menschen bei Theodor Fontane. Diss. Masch. Tübingen 1949.

DERS., Theodor Fontane. Über die Verbindlichkeit des Unverbindlichen. München 1967.

BRÜGGEMANN, Diethelm, „Fontanes Allegorien" in: Neue Rundschau, 1971, S. 290—310 und 486—505.

CARLSSON, Anni, „Preußen vor dem Sturm. Zu Theodor Fontanes erstem Roman" in: Neue Zürcher Zeitung, Nr. 88 vom 30. März 1963, Blatt 22 b.

DAVIS, Arthur L., „Theodor Fontane's Interest in America as Revealed by His Novel *Quitt*" in: The American-German Review, 19, 3 (1953), S. 28 f.

DEMETZ, Peter, Formen des Realismus. Theodor Fontane. München 1964.

DERS., Kitsch, Belletristik, Kunst: Theodor Fontane. Berlin 1970 = Anmerkungen zur Zeit. Hrsg. von der Akademie der Künste, Berlin, Heft 14.

ELLINGER, Edeltraud, „Das Bild der bürgerlichen Gesellschaft" bei Theodor Fontane. Diss. Würzburg 1970.

ELOESSER, Arthur, „Theodor Fontanes Seeräuberroman" in: Frankfurter Zeitung vom 3. Februar 1921.

ERNST, Joachim, Die religiöse Haltung Theodor Fontanes. Diss. Masch. Erlangen 1951.

DERS., „Gesetz und Schuld im Werk Fontanes" in: Zeitschrift für Religions- und Geistesgeschichte, 3 (1951), S. 220—229.

FAUCHER, Eugène, „Fontane et Darwin" in: EG, 25 (1970), S. 7—24 und 141—154.

FAURE, Alexander, „Eine Predigt Schleiermachers in Fontanes Roman ‚Vor dem Sturm'" in: Zeitschrift für Systematische Theologie, 17 (1940), S. 221—279.

FRICKE, Hermann, Theodor Fontanes letzter Romanentwurf „Die Likedeeler". Rathenow 1938.

DERS., Theodor Fontane. Chronik seines Lebens. Berlin-Grunewald 1960.

FRIEDRICH, Gerhard, „Das Glück der Melanie van der Straaten. Zur Interpretation von Theodor Fontanes ‚L'Adultera'" in: Jahrbuch der Schillergesellschaft, 12 (1968), S. 359—382.

DERS., „Die Schuldfrage in Fontanes ‚Cécile'" in: Jahrbuch der Schillergesellschaft, 14 (1970), S. 520—545.

FRYE, Lawrence, „The Unreal in Fontane's Novels" in: GR, 37 (1962), S. 106—115.

GELLHAUS, Augusta, Sittliches Werten bei Fontane. Diss. Bonn 1931.

GEORGE, E. F., „Illusions and illusory values in Fontane's works" in: Forum for Modern Language Studies, 7 (1971), S. 68—75.

GÜNTHER, Vincent, Das Symbol im erzählerischen Werk Fontanes. Bonn 1967.

HAFFNER, Sebastian, „Theodor Fontane" in: Preußische Portraits. Hrsg. von Wolfgang Venohr, Hamburg 1969, S. 203—220.

HAHN, Anselm, Theodor Fontanes „Wanderungen durch die Mark Brandenburg" und ihre Bedeutung für das Romanwerk des Dichters. Diss. Breslau 1935.

HAYENS, Kenneth, Theodor Fontane. A Critical Study. London 1920.

HESEKIEL, Ludovica, „Graf Petöfy" in: Neue Preußische (‚Kreuz'-) Zeitung, Sonntagsbeilage vom 16. November 1884.

HILLEBRAND, Bruno, Mensch und Raum im Roman. Studien zu Keller, Stifter, Fontane. München 1971.

HOCK, Erich Theodor, „Fontanes Verhältnis zur Erzählkunst Turgenevs" in: I. S. Turgenev und Deutschland. Materialien und Untersuchungen. Bd. 1, hrsg. von Gerhard Ziegengeist, Berlin 1965, S. 303—329.

HOHENDAHL, Peter, „Theodor Fontane: Cécile. Zum Problem der Mehrdeutigkeit" in: GRM, 18 (1968), S. 381—405.

HOLLMANN, Werner, „The Meaning of ‚Natürlichkeit' in the Novels of Fontane" in: Festschrift für Helen Adolf. New York 1968, S. 236—251.

HOLZNAGEL, Siegfried, Jane Austens „Persuasion" und Theodor Fontanes „Der Stechlin", eine vergleichende morphologische Untersuchung. Diss. Masch. Bonn 1956.

JOLLES, Charlotte, „‚Gideon ist besser als Botho.' Zur Struktur des Erzählschlusses bei Fontane" in: Festschrift für Werner Neuse. Hrsg. von Herbert Lederer und DIES., „Fontanes Studien über England" in: FR, S. 95—104.

land" in: FR, S. 95—104.

DIES., Theodor Fontane. Stuttgart 1972 = Sammlung Metzler, Bd. 114.

KAFITZ, Dieter, „Die Kritik am Bildungsbürgertum in Fontanes Roman ‚Frau Jenny Treibel'" in: ZfdPh. 92 (1973). Sonderheft S. 74—101.

KAHRMANN, Cordula, Idyll im Roman: Theodor Fontane. München 1973.

KAISER, Gerhard, „Realismusforschung ohne Realismusbegriff" in: DVjs, 43 (1969), S. 147—160.

KLETTE, Erhard, Theodor Fontane als Kritiker deutscher erzählender Werke des 18. und 19. Jahrhunderts. Diss. Masch. Greifswald 1923.

KLIENEBERGER, H. R., „Social Conformity and Non-Conformity in the Novels of Fontane" in: Forum for Modern Language Studies, 4 (1968), S. 387–395.

KNORR, Herbert, Theodor Fontane und England. 2 Bde. Diss. Masch. Göttingen 1961.

KOCH, Franz, „Fontane" in: Koch, Idee und Wirklichkeit. Deutsche Dichtung zwischen Romantik und Naturalismus. Bd. 2, Düsseldorf 1956, S. 374–431.

KOCH, Hinrich, „Theodor Fontanes ungeschrieben gebliebener Störtebeker-Roman" in: Niederdeutsche Welt, 11, 4 (1936), S. 111 f.

DERS., „Ein Störtebeker-Roman, der nicht geschrieben wurde" in: Niedersachsen. Zeitschrift für Heimat und Kultur, 52/53 (1952/53), S. 83 f.

KRAMMER, Mario, Theodor Fontane. Berlin 1922.

KRICKER, Gottfried, Theodor Fontane. Von seiner Art und epischen Technik. Berlin 1912.

KUCZYNSKI, Jürgen, „‚Schach von Wuthenow' und die Wandlung der deutschen Gesellschaft um die Wende der siebziger Jahre" in: Neue deutsche Literatur, 2, 7 (1954), S. 99—110.

KÜHN, Joachim, „Die schöne Frau von Crayen und die Ihren. Ein Nachwort zu Fontanes ‚Schach von Wuthenow'" in: Der Bär von Berlin, 1972, S. 89—108.

KUHLMANN, Carl, „Über Ursprung und Entwicklung des Dubslav-Charakters in Th. Fontanes Roman ‚Der Stechlin'" in: Zeitschrift für den deutschen Unterricht, 32 (1918), S. 219—231.

LÄMMERT, Eberhard, „Die Gesamtfunktion der Gespräche in einer redereichen Erzählung [‚Die Poggenpuhls']" in: Lämmert, Bauformen des Erzählens. 4. Aufl. Stuttgart 1970, S. 226—233.

LANGE, Hans J. M., Die gesellschaftlichen Beziehungen in den Romanen Theodor Fontanes. Diss. Masch. Halle 1950.

LAZAROWICZ, Klaus, „Moral- und Gesellschaftskritik in Theodor Fontanes erzählerischem Werk" in: Festschrift für Hermann Kunisch. Berlin 1961, S. 218—231.

LÜBBE, Hermann, „Fontane und die Gesellschaft" in: Festgabe für Benno von Wiese. Bonn 1963, S. 229—273.

LÜBKE, Wilhelm von, „Theodor Fontane als Erzähler" in: Augsburger Allgemeine Zeitung vom 16. Juni 1887, Beilage Nr. 165, S. 2418 f. und vom 17. Juni 1887, Beilage, S. 2434 f.

LUKACS, Georg, „Der alte Fontane" in: Die Grablegung des alten Deutschland. Essays zur deutschen Literatur des 19. Jahrhunderts. Ausgewählte Schriften I, Reinbek 1970, S. 120—159.

MANN, Heinrich, „Theodor Fontane, gestorben vor 50 Jahren" in: H. Mann, Briefe an Karl Lemke. Berlin 1963, S. 174—176.

MANN, Thomas, „Der alte Fontane" in: Th. Mann, Das essayistische Werk. Taschenbuchausgabe in acht Bänden. Hrsg. von Hans Bürgin. Darin: Schriften und Reden zur Literatur, Kunst und Philosophie. Frankfurt 1968, Bd. 1, S. 36—55.

DERS., „Anzeige eines Fontane-Buches" in: Schriften und Reden, Bd. 1, S. 102—110.

DERS., „Noch einmal der alte Fontane" in: Schriften und Reden, Bd. 3, S. 272—277.

MARTINI, Fritz, „Theodor Fontane" in: Martini: Deutsche Literatur im bürgerlichen Realismus 1848—1898. Stuttgart 1962, S. 737—800.

MINDER, Robert, „Über eine Randfigur bei Fontane [‚Der Stechlin‘]" in: Minder, „Hölderlin unter den Deutschen" und andere Aufsätze zur deutschen Literatur. Frankfurt 1968, S. 46—63 = edition suhrkamp 275.

MITTENZWEI, Ingrid, Die Sprache als Thema. Untersuchungen zu Fontanes Gesellschaftsromanen. Bad Homburg 1970 = Frankfurter Beiträge zur Germanistik, Bd. 12.

MOLTMANN-WENDEL, Elisabeth, Hoffnung — jenseits von Glaube und Skepsis. Theodor Fontane und die bürgerliche Welt. In: Theologische Existenz Heute, N. F. 112, München 1964.

MOMMSEN, Katharina, *Gesellschaftskritik* bei Fontane und Thomas Mann. Heidelberg 1973 = Literatur und Geschichte. Eine Schriftreihe, Bd. 10.

MONECKE, Wolfgang, „Der historische Roman und Theodor Fontane" in: Festgabe für Ulrich Pretzel. Berlin 1963, S. 278—288.

MÜLLER-SEIDEL, Walter, „Fontane. ‚Der Stechlin‘" in: Der deutsche Roman. Hrsg. von Benno von Wiese, Düsseldorf 1963, Bd. 2, S. 146—189.

DERS., „Der Fall Schach von Wuthenow" in TFW, S. 53—66.

DERS., „Fontane und Bismarck" in: Nationalismus in Germanistik und Dichtung. Berlin 1967, S. 170—201.

DERS., „Besitz und Bildung. Über Fontanes Roman ‚Frau Jenny Treibel‘" in: FR, S. 129—141.

NÜRNBERGER, Helmuth, Der frühe Fontane. Politik. Poesie. Geschichte. 1840 bis 1860. Hamburg 1967.

DERS., Theodor Fontane in Selbstzeugnissen und Bilddokumenten. Reinbek 1968 = rowohlts monographien 145.

OHL, Hubert, Bild und Wirklichkeit. Studien zur Romankunst Raabes und Fontanes. Heidelberg 1968.

OSIANDER, Renate, Der Realismus in den Zeitromanen Theodor Fontanes. Eine vergleichende Gegenüberstellung mit dem französischen Zeitroman Stendhal, Balzac, Flaubert. Diss. Masch. Göttingen 1952.

PASCAL, Roy, „Theodor Fontane 1819—1898" in: Pascal, The German Novel. Manchester 1956, S. 178—214.

PETERS, Konrad, Theodor Fontane und der Roman des 19. Jahrhunderts. Diss. Münster; Emsdetten 1932.

PETERSEN, Julius, „Fontanes Altersroman" in: Euphorion, 29 (1928), S. 1–74.

DERS., „Fontanes erster Berliner Gesellschaftsroman [‚Allerlei Glück']" in: Sonderausgabe aus den Sitzungsberichten der preußischen Akademie der Wissenschaften. Phil. hist. Klasse. Berlin 1929, Nr. 24, S. 480–562.

POSER, Wolfgang, Gesellschaftskritik im Briefwerk Fontanes. Diss. Frankfurt 1958.

PREISENDANZ, Wolfgang, „Theodor Fontane und Wilhelm Raabe. Die verklärende Macht des Humors im Zeitroman Theodor Fontanes" in: Preisendanz, Humor als dichterische Einbildungskraft. Studien zur Erzählkunst des poetischen Realismus. München 1963, S. 214–270.

PUTZENIUS, Charlotte, Theodor Fontanes erster Roman „Vor dem Sturm" als Spiegel der Welthaltung des Dichters. Diss. Masch. Hamburg 1947.

RADBRUCH, Gustav, Theodor Fontane oder Skepsis und Glaube. 2. Aufl. Leipzig 1948.

REITZIG, Hans, „Theodor Fontanes ‚Quitt'. Geschichtliches zum Roman über die letzte Förstertragödie im Riesengebirge" in: Schlesien, 15 (1970), S. 214–222.

REUTER, Hans-Heinrich, „Grundpositionen der ‚historischen' Autobiographie Theodor Fontanes" in: TFW, S. 13–36.

DERS., Fontane. 2 Bde. München 1968.

DERS., „‚Die Weihe der Kraft'. Ein Dialog zwischen Goethe und Zelter und seine Wiederaufnahme bei Fontane [‚Schach von Wuthenow']" in: Studien zur Goethezeit. Festschrift für Lieselotte Blumenthal. Weimar 1968, S. 357–375.

DERS., Theodor Fontane. Grundzüge und Materialien einer historischen Biographie. Leipzig 1969 = Reclams Universal-Bibliothek, Bd. 372.

DERS., „Kriminalgeschichte, humanistische Utopie und Lehrstück. Theodor Fontane, ‚Quitt'" in: SuF, 23 (1971), S. 1371–1376.

RICHTER, Karl, Resignation. Eine Studie zum Werk Theodor Fontanes. Stuttgart 1966.

ROCH, Herbert, Fontane, Berlin und das 19. Jahrhundert. Berlin-Schöneberg 1962.

ROSE, Ernst, „Theodor Fontane's novels and the spirit of old age" in: GR, 23 (1948), S. 254–262.

ROSENFELD, Hans Friedrich, Zur Entstehung Fontanescher Romane, Groningen 1926.

RYCHNER, Max, „Theodor Fontane: Der Stechlin" in: Interpretationen 3. Deutsche Romane von Grimmelshausen bis Musil. Hrsg. von Jost Schillemeit, Frankfurt 1966, S. 218–229.

SAGAVE, Pierre-Paul, Quellenfrage und geschichtlicher Hintergrund in Fontanes „Schach von Wuthenow". Thèse complémentaire Masch. Paris 1950.

DERS., „Aspects du protestantisme dans les romans de Fontane" in: EG, 14 (1959), S. 22–39; wiederabgedr. in: Sagave, Recherches sur le roman social en Allemagne. Aix-en-Provence 1960, S. 67–86.

DERS., „Un roman Berlinois de Fontane: ‚Schach von Wuthenow'" in: Sagave, Recherches, S. 87–108.

DERS., „Der geschichtliche Hintergrund in Fontanes ‚Schach von Wuthenow'" in: Schach-Ullstein, S. 113–152.

DERS., „„Schach von Wuthenow' als politischer Roman" in: FR, S. 87—94.

SALOMON, Max, „„Schuld und Strafe bei Fontane" in: Schweizerische Zeitschrift für Strafrecht, 52 (1938), S. 89—112.

SAMUEL, Richard, „Theodor Fontane" in: Journal of the Australasian Universities Modern Language Association, 2 (1954), S. 1—12; wiederabgedr. in: Samuel: Selected Writings. Melbourne 1965, S. 112—122.

SASSE, Hans-Christopher, Theodor Fontane. An Introduction to the Novels and Novellen. Oxford 1968.

SCHÄFER, Renate, „Fontanes Melusine-Motiv" in: Euphorion, 56 (1962), S. 69—104.

SCHILLEMEIT, Jost, Theodor Fontane. Geist und Kunst seines Alterswerks. Zürich 1961.

SCHLAFFER, Heinz, „Das Schicksalsmodell in Fontanes Romanwerk. Konstanz und Auflösung" in: GRM, 16 (1966), S. 392—409.

SCHMEISER, Ingeborg, Theodor Fontanes Auffassung von Kunst und Künstlertum unter besonderer Berücksichtigung der Dichtung. Diss. Masch. Tübingen 1954.

SCHMITZ, Marianne. Die Milieudarstellung in den Romanen aus Fontanes reifer Zeit. „Mathilde Möhring", „Frau Jenny Treibel", „Effi Briest", „Die Poggenpuhls". Diss. Masch. Bonn 1950.

SCHRADER, Ingeborg, Das Geschichtsbild Fontanes und seine Bedeutung für die Maßstäbe der Zeitkritik in den Romanen. Diss. Göttingen 1943.

SEIFFERT, Hans Werner, „Zwei handschriftliche Entwürfe Theodor Fontanes [‚Die Likedeeler' und ‚Rr oder Gefährdet Blück']" in: FR, S. 65—86.

SEIPP, Wilhelm, „Fontanes Persönlichkeit (nach seinen Briefen und seinem Selbstportrait, dem alten Stechlin)" in: Pädagogische Warte, 35 (1928), S. 907—916.

SHEARS, Lambert, The Influence of Walter Scott on the Novels of Theodor Fontane. Diss. Columbia University 1922.

SIEPER, Clara, Der historische Roman und die historische Novelle bei Raabe und Fontane. Weimar 1930.

SOMMER, Dietrich, „Prädestination und soziale Determination im Werk Theodor Fontanes" in: TFW, S. 37—52.

DERS., „Probleme der Typisierung im Spätwerk Theodor Fontanes ‚Der Stechlin'" in: FR, S. 105—119.

SPIERO, Heinrich, Fontane. Wittenberg 1928.

STAHR, Adolf, Rezension von „Oderland" in: National-Zeitung, 16 (1863), Nr. 572.

STOCKUM, Theodorus C. van, „Zu Theodor Fontanes Lebensanschauung" in: Neophilologus, 45 (1961), S. 123—138.

STRECH, Heiko, Theodor Fontane: Die Synthese von Alt und Neu. „Der Stechlin" als Summe des Gesamtwerks. Berlin 1970.

SYMPOSION: Theodor Fontanes Werk in unserer Zeit. Symposion zur 30-Jahr-Feier des Fontane-Archivs der Brandenburgischen Landes- und Hochschulbibliothek. Potsdam 1966.

TEITGE (Hrsg.): Fontanes Realismus. Wissenschaftliche Konferenz zum 150. Geburtstag Theodor Fontanes in Potsdam. Vorträge und Berichte. Hrsg. von Hans-Erich Teitge und Joachim Schobeß, Berlin 1972.

TURK, Horst, „Realismus in Fontanes Gesellschaftroman. Zur Romantheorie und zur epischen Integration" in: Jahrbuch der Wittheit zu Bremen, 9 (1965), S. 407—456.

TURNER, David, „Coffee or Milk? — That is the question: on an incident from Fontane's Frau Jenny Treibel" in: GLL, 21 (1968), S. 330—335.

DERS., „Fontane's *Frau Jenny Treibel*: A Study in Ironic Discrepancy" in: Forum for Modern Language Studies, 8 (1972), S. 132—147.

VAGET, Rudolf H., „Schach von Wuthenow: ‚Psychopraphie' und ‚Spiegelung' im 14. Kapitel von Fontanes *Schach von Wuthenow*" in: Monatshefte, 61 (1969), S. 1—14.

VINCENZ, Guido, Fontanes Welt. Eine Interpretation des „Stechlin". Zürich 1966.

WAFFENSCHMIDT, Heinrich, Symbolische Kunst in den Romanen Theodor Fontanes. Diss. Frankfurt 1932.

WAGNER, Walter, Die Technik der Vorausdeutung in Fontanes „Vor dem Sturm" und ihre Bedeutung im Zusammenhang des Werkes. Marburg 1966.

WALTER, Fritz, Theodor Fontanes „Vor dem Sturm" und seine Stellung zur Romantik. Diss. Masch. Münster 1924.

WANDREY, Conrad, Theodor Fontane. München 1919.

WIESE, Benno von, „Theodor Fontane. Schach von Wuthenow" in B. von Wiese, Die deutsche Novelle von Goethe bis Kafka. 2. Bd. Düsseldorf 1962, S. 236—260.

WIRTH: „Das Urbild zu Fontanes Hoppenmarieken (Nach den Aufzeichnungen von G. U. Wirth-Letschin)" in: Brandenburg. Zeitschrift für Heimatkunde und Heimatpflege, 4 (1926), S. 374.

WISKOTT, Ursula, Französische Wesenszüge in Theodor Fontanes Persönlichkeit und Werk. Diss. Berlin 1938.

WÖLFEL, Kurt, „‚Man ist nicht bloß ein einzelner Mensch'. Zum Figurenentwurf in Fontanes Gesellschaftsromanen" in: ZfdPh, 82 (1963), S. 152—171.

WOLTER, Hildegard, Probleme des Bürgertums in Theodor Fontanes Zeitromanen. Diss. Marburg 1935.

WRUCK, Peter, „‚Schach von Wuthenow' und die ‚Preußische Legende'" in: Frieden — Krieg — Militarismus im kritischen und sozialistischen Realismus. Hrsg. vom Germanistischen Institut der Humboldt-Universität Berlin 1961, S. 55—83.

DERS., „Zum Zeitgeschichtsverständnis in Theodor Fontanes Roman ‚Vor dem Sturm'" in FB 1, 1 (1965), S. 1—9.

DERS., Preußentum und Nationalschicksal bei Theodor Fontane. Zur Bedeutung von Traditionsbewußtsein und Zeitgeschichtsverständnis für Fontanes Erzählungen „Vor dem Sturm" und „Schach von Wuthenow". Diss. Masch. Humboldt-Universität Berlin 1967.

DERS., „Historischer Roman und epische Technik [Rezension von Wagners Buch über die Vorausdeutung]" in: FB, 1, 5 (1967), S. 231—233.

ZERNER, Marianne, „Zu Fontanes *Vor dem Sturm*", in: The German Quarterly, 13 (1940), S. 201—206.

ZIEGELSCHMIDT, A. J. F., „Truth and Fiction and Mennonites in the Second Part of Theodor Fontane's Novel *Quitt*; The Indian Territory" in: The Mennonite Quarterly Review, 16 (1942), S. 223—246.

Allgemeine Literatur

1. Texte

ALEXIS, Willibald, Ruhe ist die erste Bürgerpflicht. Vaterländischer Roman. Halle a. d. S. (Otto Hendel) o. J.

CARLYLE, Thomas, History of Friedrich II of Prussia called Frederic the Great. 3 Bde. London 1905.

DERS., Past and Present. London 1843.

ELIOT, George, Middlemarch. Ed. by W. J. Harvey, repr. Harmondsworth 1968. The Penguin English Library.

DIES., The Mill on the Floss. Repr. London 1969. Everyman's Library.

The George Eliot Letters. 7 vols., ed. by Gordon S. Haight, London 1954—55.

GROSSE, Julius, Ausgewählte Werke. II, 2: Dramen. Hrsg. von Antonie Grosse, eingeleitet von Hanns von Gumppenberg, Berlin 1909.

DERS., Tiberius. Tragödie in fünf Acten. Wien 1876.

HEINE, Heinrich, „Englische Fragmente" in: Heinrich Heines Sämtliche Werke. Hrsg. von Ernst Elster, 3. Bd. Leipzig o. J.

The Letters of James Joyce. Vol. I, ed. by S. Gilbert, London 1957.

MANN, Thomas, Die Erzählungen. Taschenbuchausgabe, 2 Bde., Frankfurt 1967.

DERS., Briefe. Hrsg. von Erika Mann, Bd. 2 und 3, Frankfurt 1963 und 1965.

DERS., „Zu einem Kapitel aus ‚Buddenbrooks‘" in: Das essayistische Werk. Miszellen, S. 208—211.

PLATZ-WAURY (Hrsg.): English Theories of the Novel. III: Nineteenth Century. Hrsg. von Elke Platz-Waury, Tübingen 1972.

SCHILLERS Werke. Nationalausgabe. Erzählungen. 16. Bd., hrsg. von Hans Heinrich Borcherdt, Weimar 1954.

SCOTT, Walter, Guy Mannering. Repr. London 1968 = Everyman's Library.

DERS., Waverley; Or, 'Tis Sixty Years Since. Ed. by Andrew Hook, Harmondsworth 1972 = The Penguin English Library.

TURGÉNIEW, Iwan, Neuland. Berlin (Otto Janke) o. J.

WERNER, Zacharias, Die Söhne des Thals. Dramatisches Gedicht. Z. Werners Sämmtliche Werke. Aus seinem handschriftlichen Nachlasse hrsg. von seinen Freunden, o. O. o. J., Bd. 4—5.

2. Sekundärliteratur

AUERBACH, Erich, Mimesis. Dargestellte Wirklichkeit in der abendländischen Literatur. 4. Aufl. Bern 1967 = Sammlung Dalp.

CATHREIN, Viktor, Der Sozialismus. Eine Untersuchung seiner Grundlagen und seiner Durchführbarkeit. 12. und 13. Aufl. Freiburg i. B. 1920 (1. Aufl. 1890).

Chronik des Franciscaner Lesemeisters Detmar, nach der Urschrift und mit Ergänzungen aus andern Chroniken. Hrsg. von F. H. Grautoff, 2 Tle. Hamburg 1829 f. = Die lübeckischen Chroniken in niederdeutscher Sprache, 2 Tle.

Das Buch Daniel. Übers. und erkl. von Johann Goettsberger, Bonn 1928.

GANSBERG, Marie Luise, Der Prosa-Wortschatz des deutschen Realismus. 2. Aufl. Bonn 1966.

GEBHARDT, Bruno, Handbuch der deutschen Geschichte. Bd. 1, 8. Aufl. Stuttgart 1954.

GÖHRE, Paul, Drei Monate Fabrikarbeiter und Handwerksbursche. Eine praktische Studie. Leipzig 1891.

GROSSKOPFF, Rudolf, „Jäger ohne Schonzeit" in: Deutsches Allgemeines Sonntagsblatt, Nr. 8 vom 25. Februar 1973, S. 3.

HESELHAUS, Clemens, „Die Nemesis-Tragödie. Fiesco — Wallenstein — Demetrius" in: DU, 1952, Heft 5, S. 40—59.

HINRICHS, Ernst, „Die Legende als Gleichnis. Zu Heinrich Manns Henri-Quatre-Romanen" in: Heinrich Mann. Hrsg. von Heinz Ludwig Arnold, Stuttgart 1971, S. 100—114 = Text und Kritik, Sonderband.

KAISER, Joachim, „Der Einzelne — und das ,Haus mit Telephonen'. Zwischen billigem Heroenkult und wohlfeilem Gerede von der Personalisierung" in: Süddeutsche Zeitung, Feuilleton-Beilage vom 28./29. April 1973.

KERN, Franz, „Die drei menschlichen Ideale" in: Vossische Zeitung, Sonntagsbeilagen Nr. 7 und 8 vom 15. und 22. Februar 1891; wiederabgedr. in: Kern, Kleine Schriften. 2, Berlin 1898, S. 187—205.

KOPPMANN, Karl, „Der Seeräuber Klaus Störtebecker in Geschichte und Sage" in: Hansische Geschichtsblätter, 3 (1877), S. 35—58.

LAURENT, J. C., „Klaus Störtebeker (Mit Zusätzen von Herrn Archivarius Dr. Lappenberg)" in: Zeitschrift des Vereins für hamburgische Geschichte, 2 (1847), S. 43—92.

LUKÁCS, Georg, Der historische Roman. Berlin 1955.

MANN, Heinrich, „Gestaltung und Lehre" in: H. Mann, Verteidigung der Kultur. Antifaschistische Streitschriften und Essays. Berlin 1971, 481—486.

MEYER, Herman, Der Sonderling in der deutschen Dichtung. München 1963.

MEYER, Richard M., Die deutsche Literatur des Neunzehnten Jahrhunderts, Berlin 1912.

PARIS, Bernard J., Experiments in Life. George Eliot's Quest for Values. Detroit 1965.

PEUCKERT, Will-Erich, Die große Wende. Repr. Nachdruck Darmstadt 1966.

PREISENDANZ, Wolfgang, „Voraussetzungen des poetischen Realismus in der deutschen Erzählkunst des 19. Jahrhunderts" in: Formkräfte der deutschen

Dichtung vom Barock bis zur Gegenwart. Göttingen 1963, S. 187—210; wieder-abgedr. in: Begriffsbestimmung des literarischen Realismus. Hrsg. von Richard Brinkmann, Darmstadt 1969, S. 453—479.

PÜTZ, Peter, Die Zeit im Drama. Zur Technik dramatischer Spannung. Göttingen 1970.

Reden des Kaisers. Ansprachen, Predigten und Trinksprüche Wilhelms II. Hrsg. von Ernst Johann, dtv 354.

SCHIRMER, Walter F., Geschichte der englischen und amerikanischen Literatur. 5. Aufl. Tübingen 1968.

STEINECKE, Hartmut, Die Entwicklung des Romanverständnisses in Deutschland von der Scott-Rezeption bis zum programmatischen Realismus. Manuskript der Bonner Habilitationsschrift 1973.

SWOBODA (Hrsg.): Die Pariser Kommune 1871. Hrsg. von Helmut Swoboda, München 1971 = dtv dokumente.

VOIGT, Johannes, „Die Vitalienbrüder" in: Historisches Taschenbuch. Hrsg. von Friedrich von Raumer, N. F. 2. Jg. Leipzig 1841, S. 1—159.

WIEGAND, Julius, Geschichte der deutschen Dichtung nach Gedanken, Stoffen und Formen, in Längs- und Querschnitten. 2. Aufl. Köln 1928.

WIESE, Benno von, Friedrich Schiller. 3. Aufl. Stuttgart 1963.